निम्मी पैटर्न

NSQF Level 3

प्लम्बर प्रैक्टिकल

I YEAR

गौरव लोधी

arihant
SUCCESS AND NOTHING LESS

arihant
SUCCESS AND NOTHING LESS

अरिहन्त प्रकाशन (इण्डिया) लिमिटेड

卐 **रजि. कार्यालय**

'रामछाया' 4577/15, अग्रवाल रोड, दरियागंज, नई दिल्ली- 110002
फोन: 011-47630600, 43518550

卐 **मुख्य कार्यालय**

कालिन्दी, टी.पी. नगर, मेरठ (यूपी)– 250002
फोन: 0121-7156203, 7156204

मुख्य वितरक

शर्मा बुक एजेन्सी, ओम नगर, आगरा देहली बाईपास (निकट अलवर ब्रिज), मथुरा
फोन: 09219662591, 8433486830 ई.मेल: sharmabookagency25@gmail.com

卐 **शाखा कार्यालय**

आगरा, अहमदाबाद, बरेली, बेंगलुरु, चेन्नई, दिल्ली, गुवाहाटी, हैदराबाद, जयपुर, झाँसी, कोलकाता, लखनऊ, नागपुर तथा पुणे

卐 **मूल्य** ₹ 280.00

PO No : TXT-XX-XXXXXXX-X-XX

PUBLISHED BY ARIHANT PUBLICATIONS (INDIA) LTD.

'अरिहन्त' की पुस्तकों के बारे में अधिक जानकारी के लिए हमारी वेबसाइट **www.arihantbooks.com** पर लॉग इन करें या **info@arihantbooks.com** पर सम्पर्क करें।

Follow us on...

प्रस्तावना

तकनीकी शिक्षा के क्षेत्र में नेशनल कॉउन्सिल ऑफ वोकेशनल ट्रेनिंग, NCVT एक महत्त्वपूर्ण भूमिका निभाता है, क्योंकि यह प्रशिक्षुओं के लिए पाठ्यक्रम पर निर्धारित ऑल इण्डिया ट्रेड टैस्ट आयोजित करने के साथ ही उन्हें राष्ट्रीय व्यापार प्रमाण-पत्र द्वारा भी प्रमाणित करता है। NCVT द्वारा ही विविध ट्रेडों के पाठ्यक्रम में निरन्तर बदलाव किए जाते हैं जिससे की प्रशिक्षुओं को अपने-अपने क्षेत्र में लगभग पूर्ण विशेषज्ञ बनाया जा सके। ट्रेड थ्योरी के अतिरिक्त, प्रशिक्षुओं के पाठ्यक्रम में ट्रेड प्रैक्टिकल भी सम्मिलित किए गए हैं क्योंकि प्रैक्टिकल ही एक ऐसा माध्यम है जिसके द्वारा प्रशिक्षुओं में अवधारणाओं की सटीक समझ एवं कौशल का विकास किया जा सकता है।

अरिहन्त प्रकाशन द्वारा प्रकाशित पुस्तक **'प्लम्बर प्रैक्टिकल'** इन्हीं बातों को ध्यान में रखकर तैयार की गई है। यह पुस्तक निम्मी पैटर्न एवं DGT और NCVT के नवीनतम पाठ्यक्रम के अनुसार तैयार की गई है। प्रस्तुत पुस्तक में पाठ्यक्रमानुसार (Syllabus) प्रैक्टिकल निहित है। इस पुस्तक का उद्देश्य प्रैक्टिकल सम्बन्धी पाठ्यक्रम के दृष्टिकोण को व्यक्त करने के साथ-साथ प्रशिक्षुओं को कार्यशाला में प्रैक्टिकल करने के लिए उपयुक्त मार्गदर्शन प्रदान करना भी है। इस पुस्तक के प्रत्येक प्रैक्टिकल में आवश्यक उपकरण एवं सामग्री तथा सम्पूर्ण कार्यविधि को विभिन्न चरणों में सटीक एवं स्पष्ट चित्रों सहित दर्शाया गया है जिससे की विषयक् जटिलता को न्यूनतम स्तर पर लाया जा सके। यही कुछ विशेषताएँ इस पुस्तक को अन्य पुस्तकों से अलग एवं सर्वश्रेष्ठ बनाती हैं।

अतः इन सभी विशेषताओं के आधार पर यह कहा जा सकता है कि यह पुस्तक वास्तव में प्रशिक्षुओं के लिए सफलता प्राप्त करने के लिए अति उपयोगी सिद्ध होगी।

प्रकाशक

विषय-सूची

SYLLABUS

1. Importance of trade training, List of tools & Machinery used in the trade. (08hr)
2. Safety attitude development of the trainee by educating them to use Personal Protective Equipment (PPE). (5 hrs)
3. First Aid Method and basic training. (08hrs)
4. Safe disposal of waste materials like cotton waste, metal chips/burrs etc. (05hrs)
5. Hazard identification and avoidance. (2 hrs)
6. Safety signs for Danger, Warning, caution & personal safety message. (06 hrs)
7. Preventive measures for electrical accidents & steps to be taken in such accidents. (04 hrs)
8. Use of Fire extinguishers. (7 hrs)
9. Practice and understand precautions to be followed while working in the trade. (04hrs)
10. Safe use of tools and equipment used in the trade. (1 hr)
11. Use Steel rule and Steel Tape for measuring, Use Scriber and Divider for marking on raw materials. (10hrs)
12. Demonstrate use of different types of Vice: - Bench vice, Pipe vice, Chain Vice, Hand vice, Chain Wrench. (20 hrs)
13. Demonstrate use of various Hand Tools: - Different Files, Hammer, Centre Punch, Hacksaw, Chisel, Callipers, Pipe Wrench, Stock & Dies, Taps and Holders. (20hrs)
14. Thread Inner on M.S. flat by using Tap.(5 hrs)
15. Use various locking device.(5 hrs)
16. Outer thread on Pipe by using Die. (3 hrs)
17. Fixing of different Pipe fittings in different position of Pipe. (2 hrs)
18. Cutting different diameter of MS pipes in different angles. (10 hrs)
19. Joining of Pipe in same dia by gas welding. (05hrs)
20. Joining of Pipes in different dia by gas welding. (05hrs)
21. Demonstrate proper handling of Mason's hand tools: - Straight edge, Spirit level, Plumb bob, Square, Trowel etc. (5 hrs)
22. Setting out work with Tape, Rule, Square, Line pin and level as per drawing. (5hrs)
23. Prepare Cement mortars in different proportions to suit various purposes. (5 hrs)
24. Prepare Plane Cement Concrete and RCC in different proportions to suit various purposes. (5 hrs)
25. Benching and Channelling of base plate. (5hrs)
26. Damp proofing. (2 hrs)
27. Plastering the walls. (3 hrs)
28. Cutting of Masonry wall for concealing with Electric Cutting Tools. (5 hrs)
29. Demonstrate proper handling of Plumber's Tools & Equipment. (05hrs)
30. Use and care of Plumber's Tools and Equipment. (05hrs)
31. Cutting of G.I Pipes of different Diameter and Sizes by cutting tools. (05hrs)

32. Cutting of C.I Pipe of different Diameter and Sizes by cutting tools. (05hrs)
33. Cutting of all kinds of PVC Pipe of different Diameter and Sizes by cutting tools. (05 hrs)
34. Bending of G.I Pipe as per drawing using Bending Machine up to 50 mm dia. (10 hrs)
35. Bending of PVC Pipe as per drawing using heat process up to 50 mm dia. (5 hrs)
36. Preparation of PVC pipe & Fittings in different dia. (1 hr)
37. Preparation and precaution of Electric Hot Plate. (1hr)
38. PVC Pipe welding various dia, using welding machine. (13hrs)
39. Weld various type of PVC Pipe with various dia, using welding machine. (5hrs)
40. PPR pipe welding joint various dia of pipe using welding machine.(5hrs)
41. CI/HCI Pipe Flange joint with Bend and Tee. (5hrs)
42. Socket joint of CI Pipes with lead. (5 hrs)
43. Detachable joint of AC pressure Pipe. (5 hrs)
44. Titan/Socket & Spigot joint of Ductile Iron (DI) Pipe with Rubber ring.(4hrs)
45. Prepare and Study the drawing of Pipe line circuit and schedule use of Tools and accessories.(2hrs)
46. Make a Pipe line circuit on GI Pipe with Socket, Elbow, Bend, Flange, Tee, Union etc. And Fixing Cocks & Valves as per drawing. (4hrs)
47. PVC pipe cutting & shaping in various dia, using Hacksaw and Pipe cutters. (10 hrs)
48. Preparation of PVC pipe and Fittings with emery paper. (5hrs)
49. Use & fixing of PVC fittings use Solvent Cement etc. (5hrs)
50. Layout of PVC pipe according to drawing. (5hrs)
51. Preparation of Water and Water analysis kit. (1 hr)
52. Water Analysis Test by Analysis Kits. pH, TDS, Temperature etc. (4hrs)
53. Preparation of Hydraulic Pressure Test Machine. (1 hr)
54. Static water pressure test by Hydraulic Pressure Test Machine apply on Plastic Water bottle. (4hrs)
55. Static water pressure test by Hydraulic Pressure Test Machine apply on Cistern and Tank. (4hrs)
56. Steps of simple pipe line connection as per drawing. (3 hrs)
57. Make a pipe line for water distribution as per drawing. (4hrs)
58. Make a pipe line for OHR water distribution system as per drawing. (02hrs)
59. Installation of water hammer arrester. (02 hrs)
60. Interpret drawing of sanitary plumbing. (08hrs)
61. Lay & align hummed pipe. (05hrs)
62. Demonstrate use of specific dia in different location. (04hrs)
63. Use various sanitary fitting. (06 hrs)

64. Use various fitting of different materials. (06 hrs)
65. Use joining materials of pipe. (10 hrs)
66. Join pipe as per laid down Procedure. (06 hrs)
67. Demonstrate use of different pump. (10 hrs)
68. Demonstrate installation of electric pump (10 hrs)
69. Demonstrate maintenance of electric pump. (10 hrs)
70. Demonstrate working process of centrifugal, reciprocating, submersible pump. (15 hrs)
71. Demonstrate delivery of water to overhead tank through pump, presser head, delivery pipe, suction pipe, etc, (15 hrs)
72. Produce BSP thread on pipe. (05 hrs)
73. Produce Internal and external thread on PVC pipes of different dia. (05 hrs)
74. Join PVC pipe with thread. (05hrs)
75. Join PVC pipe with solvent cement and heat process(05hrs)
76. Join PVC pipe as per layout. (10hrs)
77. Demonstrate inspection chamber, manhole, gully trap, septic tank, soak pit. (04 hrs)
78. Construct inspection chambers, cesspool, septic tank, soak pit etc. (21 hrs)
79. Demonstrate drawing layout of drainage pipe line. (06 hrs)
80. Perform testing for smoke test, water test, smell test, ball test mirror test. (10 hrs)
81. Join heavy cast iron socket pipe. (03 hrs)
82. Sealing of heavy cast iron pipe joint with lead & caulking tools. (06 hrs)
83. Identify location of leakage pipe. (06 hrs)
84. Removing out leakages pipe. (10 hrs)
85. Removing of air locks (06 hrs)
86. Demonstrate rain water harvesting system. (03 hrs)
87. Demonstrate different cocks & valves including materials. (10 hrs)
88. Employ cocks & valves at different place. (20 hrs)
89. Employ different cock& valve with sensor system. (20 hrs)
90. Demonstrate maintenance of different cocks & valves. (15 hrs)
91. Demonstrate use of packing washer gasket of different cock & valve. (10 hrs)
92. Demonstrate location of meter. Fitting of water meter, bath tub, wash basin. (10 hrs)
93. Install water metre, bath tub, hand wash basin, water closet urinal, sink etc with sensor system. (20 hrs)
94. Demonstrate maintenance of water metre, bath tub, hand wash basin, water closet urinal, sink etc. (15 hrs)
95. Demonstrate testing of water metre, Bath Tub, Hand wash basin. (10 hrs)

96. Demonstrate rain water and drainage pipe system. (10 hrs)
97. Installation of concealed flushing cistern. (10 hrs)
98. Demonstrate bending of pipes in bending machine. (08 hrs)
99. Bend GI pipe of different diameter in different angle. (14 hrs)
100. Bend G.I. pipe as per drawing and measurement. (14 hrs)
101. Bend PVC pipe of different diameter in different angle with dry sand by heating. (14 hrs)
102. Demonstrate process of C.I pipe cutting & joining. (12 hrs)
103. Process of C.I. pipe fitting for waste pipe line in different section. (08 hrs)
104. Employ Process of fixing of external soil pipe. (12 hrs)
105. Demonstrate process of fixing of rain water gutter outlet and ground pipe. (10 hrs)
106. Demonstrate process of measurement of waste pipe line. (08 hrs)
107. Demonstrate working of solar water heating system. (02 hrs)
108. Analyse temperature of water (hot and cold). (02 hrs)
109. Layout pipe line for hot and cold water distribution as per drawing. (04 hrs)
110. Install pipe line for distribution of hot & cold water. (08 hrs)
111. Install hot water system & solar water heating system. (08 hrs)
112. Symbolise distribution of hot & cold water pipe line. (01 hr)
113. Perform repairing of different trap, valve, cistern etc. (03 hrs)
114. Demonstrate construction of over head tank as per measurement. (08 hrs)
115. Maintenance and recondition pipe line. (10 hrs)
116. Perform smoke test far waste pipe line. (04 hrs)
117. Demonstrate cleaning of sanitary pipe line. (02 hrs)
118. Perform cleaning of sanitary pipe line. (02hrs)
119. Remove corrosion from pipe line. (02hrs)
120. Demonstrate scraping & painting. (02 hrs)
121. Perform scraping & painting of pipe line. (02hrs)
122. Maintenance of broken or cracked sanitary fitting. (05 hrs)
123. Estimate and work out abstract cost of plumbing work as per drawing/layout. (05 hrs)

प्रैक्टिकल संख्या 1

✎ ट्रेड प्रशिक्षण की महत्ता, ट्रेड में प्रयुक्त औजारों एवं मशीनों की सूची
Importance of Trade Training, List of Tools & Machinery used in the Trade

उद्देश्य Object

ट्रेड प्रशिक्षण की महत्ता, ट्रेड में प्रयुक्त औजारों एवं मशीनों की सूची से अवगत होना।

आवश्यक उपकरण/सामग्री Essential Apparatus/Materials

- प्लम्बर ट्रेड से सम्बन्धित चार्ट
- ट्रेड में प्रयुक्त औजारों की सूची
- ट्रेड में प्रयुक्त मशीनों की सूची
- ट्रेड से सम्बन्धित यूजर मैनुअल

सुरक्षा सावधानियाँ/निर्देश Safety Precautions/Instructions

1. ट्रेड प्रशिक्षण हेतु, अनुदेशक से सभी आवश्यक जानकारी प्राप्त कर लें।
2. यूजर मैनुअल का ध्यानपूर्वक अवलोकन करें।
3. सभी औजारों से अवगत हो लें।
4. किसी भी औजार/मशीन को अनावश्यक रूप से न छुएँ।
5. अनुदेशक द्वारा दिए गए निर्देशों का पालन करें।

कार्यविधि Working Method

1. सर्वप्रथम ट्रेड से सम्बन्धित यूजर मैनुअल का ध्यानपूर्वक अवलोकन करते हैं।
2. ट्रेड से सम्बन्धित समस्त सुरक्षा बिन्दुओं से अवगत होते हैं।
3. प्रशिक्षण अवधि के सन्दर्भ में प्रशिक्षक से जानकारी प्राप्त करते हैं।
4. ट्रेड से सम्बन्धित समस्त औजारों/मशीनों का अवलोकन करते हैं तथा इनके विषय में अपने अनुदेशक से जानकारी प्राप्त करते हैं।

5. ट्रेड में प्रयुक्त किए जाने वाले सभी औजारों/मशीनों की कार्यिकी से अवगत होते हैं। प्लम्बर ट्रेड में प्रयोग किए जाने वाले कुछ महत्त्वपूर्ण औजार/मशीनें निम्नवत् हैं

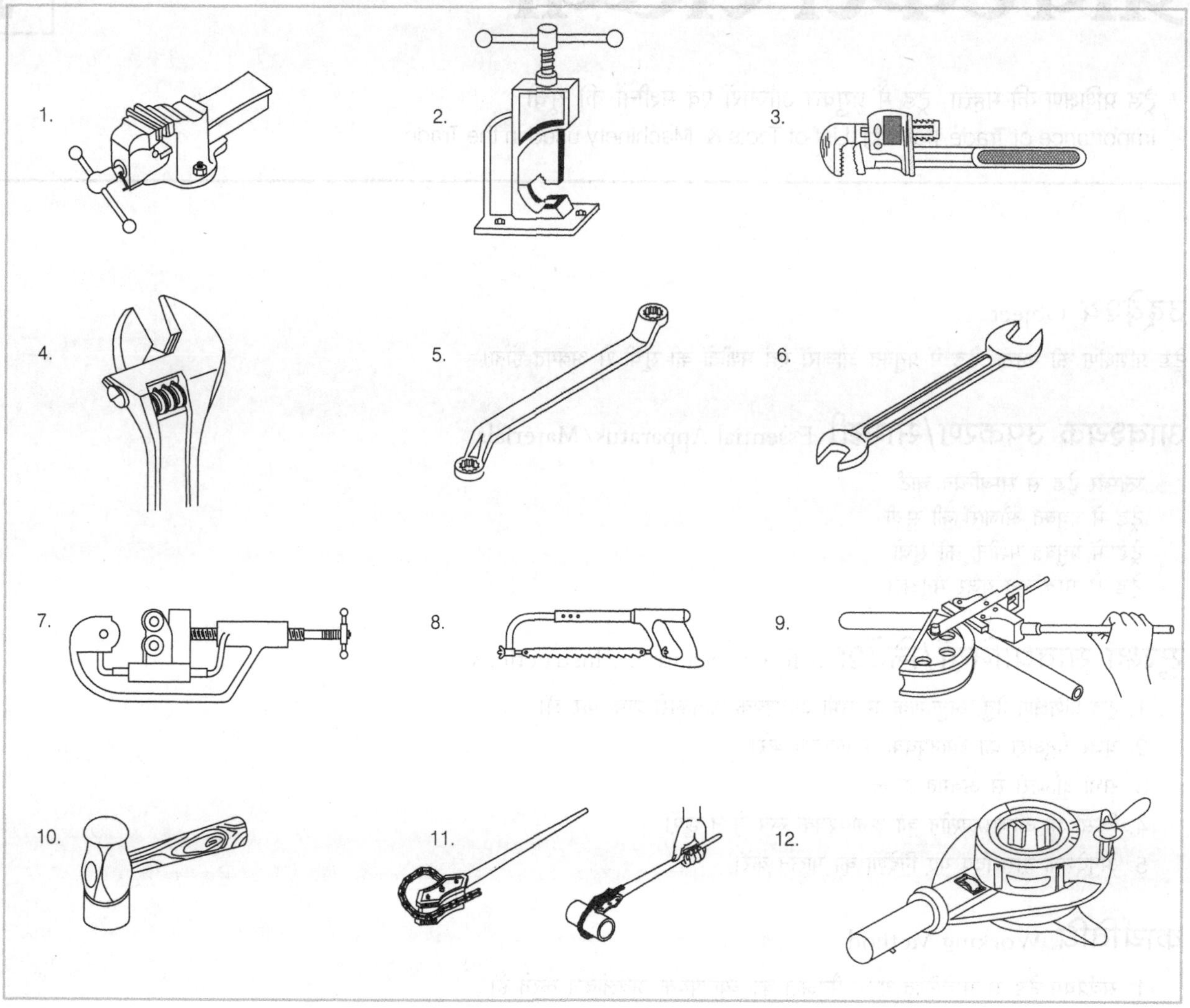

6. उपरोक्त दर्शाए गए सभी औजार/मशीन का नाम, उनके उपयोग तथा औजार/मशीन से सम्बन्धित सुरक्षा सावधानियों को सारणी में नोट करते हैं

सारणी

क्र.सं.	औजार/मशीन का नाम	उपयोग	सुरक्षा सावधानियाँ
1.			
2.			
3.			
4.			
......			
......			
......			
12.			

परिणाम (Result) ट्रेड प्रशिक्षण की महत्ता, ट्रेड में प्रयुक्त औजारों एवं मशीनों की सूची से सफलतापूर्वक अवगत हुए।

प्रैक्टिकल संख्या 2

✎ व्यक्तिगत सुरक्षा उपकरणों (PPE) के उपयोग को सिखाकर प्रशिक्षु की सुरक्षा प्रवृत्ति में विकास
Safety Attitude Development of the Trainee by Educating them to use Personal Protective Equipments (PPE)

उद्देश्य Object

व्यक्तिगत सुरक्षा उपकरणों के उपयोग को सिखाकर प्रशिक्षुओं की सुरक्षा प्रवृत्ति का विकास करना।

आवश्यक उपकरण/सामग्री Essential Apparatus/Materials

- एप्रन
- दस्ताने
- हेलमेट
- जूते
- सेफ्टी गॉगल्स
- यूजर मैनुअल

सुरक्षा सावधानियाँ/निर्देश Safety Precautions/Instructions

1. यूजर मैनुअल का सावधानीपूर्वक अवलोकन करें।
2. अनुदेशक से सुरक्षा-बिन्दुओं की जानकारी प्राप्त कर लें।
3. अनुदेशक से विभिन्न प्रकार की व्यावसायिक बाधाओं तथा उनके प्रभावों के बारे में जानकारी प्राप्त कर लें।
4. अनुदेशक द्वारा दिये गये दिशा-निर्देशों का पालन करें।
5. कार्यशाला में अनावश्यक न घूमें।

कार्यविधि Working Method

1. सर्वप्रथम अनुदेशक से प्रशिक्षण के अन्तर्गत प्रयोग (practical) सम्बन्धी सभी तथ्यों से अवगत होते हैं।
2. सुरक्षा संकेतों के चार्ट को देखकर उनका अवलोकन करते हैं।
3. अनुदेशक से क्रमानुसार सुरक्षा सामग्री एवं उपकरणों का परिचय प्राप्त करते हैं।

4. प्रशिक्षु सुरक्षा सामग्री का विवरण तथा सुरक्षा सावधानियों को दी गई निम्न सारणी में नोट करके अनुदेशक से जाँच कराते हैं

सारणी

क्र. सं.	PPE का विवरण	बाधाएँ	सुरक्षा के प्रकार
1.			
2.			
3.			
4.			
5.			
6.			
7.			
8.			
9.			
10.			

हस्ताक्षर अनुदेशक

5. एप्रन, जूते, सेफ्टी गॉगल, हेलमेट, दस्तानों आदि की विशेषताओं से अवगत होते हुए इन्हें धारण करते हैं।
6. इसी प्रकार, अन्य सभी सुरक्षा उपकरणों; जैसे-फेस शील्ड, आदि की विशेषताओं से अवगत होते हैं।
7. अपने द्वारा किये गये कार्य की अनुदेशक से पुष्टि करवाते हैं।

परिणाम (Result) व्यक्तिगत सुरक्षा उपकरणों (PPE) के उपयोग को सिखाकर प्रशिक्षु की सुरक्षा प्रवृत्ति में सफलतापूर्वक विकास किया गया।

प्रैक्टिकल संख्या 3

✎ प्राथमिक उपचार विधि एवं मौलिक प्रशिक्षण
First Aid Method and Basic Training

उद्देश्य Object

प्राथमिक उपचार विधि एवं मौलिक प्रशिक्षण से अवगत होना।

आवश्यक उपकरण/सामग्री
Essential Apparatus/Materials

- प्राथमिक उपचार किट
- आवश्यक औषधियाँ
- कृत्रिम श्वसन अवस्था सम्बन्धी चार्ट्स

सुरक्षा सावधानियाँ/निर्देश
Safety Precautions/Instructions

1. मूर्च्छित या दुर्घटना की स्थिति में व्यक्ति को अति शीघ्र प्राथमिक उपचार दें।
2. दुर्घटना घटने पर रोगी को कुछ समय तक खाने के लिए कुछ न दें, अन्यथा वह उल्टी कर सकता है।
3. रोगी के रक्तस्राव को जल्दी-से-जल्दी रोकने का प्रयत्न करें।
4. मूर्च्छित व्यक्ति की छाती व पेट पर चोट लगने की दशा में उसे नेल्सन की 'आर्म-लिफ्ट बैक' एवं शैफर विधि से कृत्रिम श्वास न दें।
5. गम्भीर स्थिति होने से पूर्व रोगी को तत्काल ही अस्पताल पहुँचा दें।

कार्यविधि Working Method

रक्तस्राव होने पर उपचार

1. सर्वप्रथम रक्तस्राव की स्थिति सुनिश्चित करते हैं।
2. यदि सम्भव हो, तो घाव की जगह को हृदय से ऊपर की ओर उठाते हैं।
3. इसके पश्चात् रोगी की रक्तस्राव की जगह को कॉटन से साफ करते हैं।
4. रक्तस्राव की जगह पर कॉटन से लगभग 5 सेकण्ड तक दबाव बनाकर रखते हैं।
5. रक्तस्राव की जाँच करते हैं। यदि रक्तस्राव रुक न रहा हो, तो पुनः कॉटन द्वारा 15 मिनट तक दबाव बनाते हैं।
6. घाव को साफ करके उस पर औषधि लगाकर पट्टी बाँध देते हैं।
7. अन्त में घायल व्यक्ति को डॉक्टर के पास ले जाते हैं।

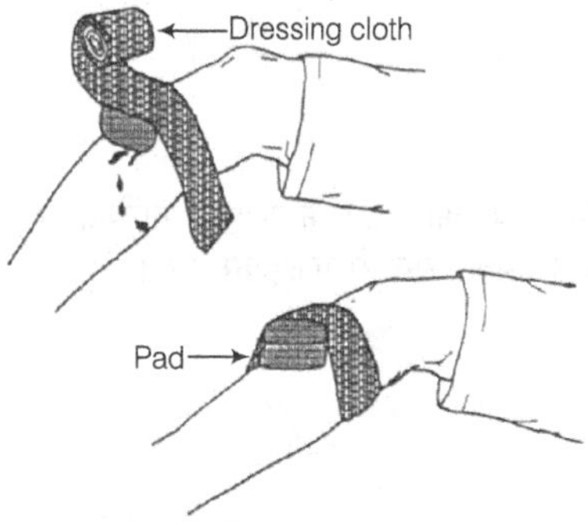

मूर्च्छित होने पर उपचार

1. सर्वप्रथम मूर्च्छित या बेहोश व्यक्ति के कपड़े ढीले करते हैं, जिससे कि श्वसन के दौरान कोई बाधा उत्पन्न न हो।
2. उसके पश्चात् बेहोश व्यक्ति के मुँह से कृत्रिम दाँत अथवा गुटखा आदि निकालकर, उसके मुँह को खुला रखते हैं।
3. बेहोश व्यक्ति को सावधानीपूर्वक जमीन पर लिटा देते हैं।
4. अधिक समय व्यर्थ न करते हुए मूर्च्छित व्यक्ति के लिए कृत्रिम श्वसन प्रक्रिया को शीघ्र ही प्रारम्भ करते हैं।

बेहोश या मूर्च्छित व्यक्ति को कृत्रिम श्वास देने के लिए निम्नलिखित विधियाँ अपनाई जाती हैं

I. नेल्सन की आर्म-लिफ्ट बैक प्रैशर' विधि द्वारा मूर्च्छित व्यक्ति को होश में लाना

इस विधि के अन्तर्गत व्यक्ति को निम्न चरणों का प्रयोग करके होश में लाने का प्रयास किया जाता है

(i) इस विधि में सर्वप्रथम मूर्च्छित व्यक्ति को उल्टा लिटाते हैं और उसके हाथ मोड़कर एक हथेली, दूसरी हथेली पर रखकर सिर को हथेली पर रखते हैं। अपने दोनों घुटने बेहोश व्यक्ति के हाथ के पास टिकाते हैं।

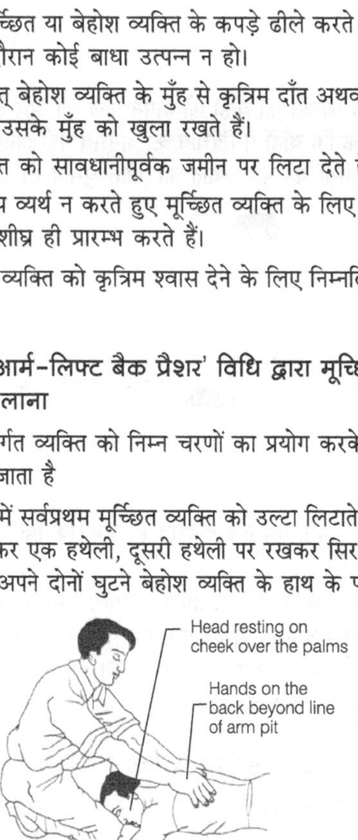

(ii) आगे की ओर थोड़ा झुकते हुए मूर्च्छित व्यक्ति की पीठ पर निरन्तर दबाव बनाते हुए उसके फेफड़ों से हवा बाहर निकालते हैं।

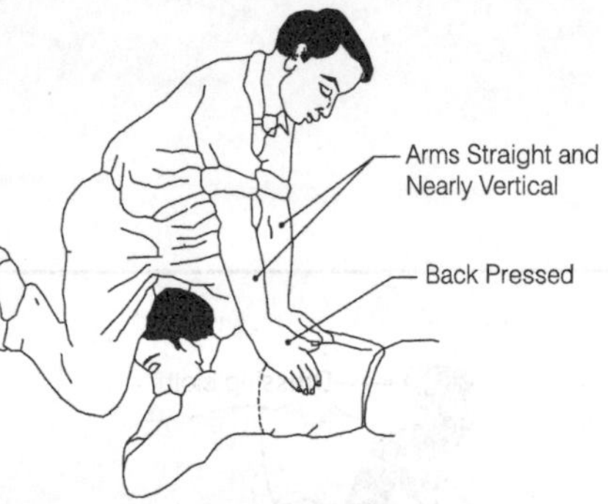

(iii) उपरोक्त क्रिया को करने के पश्चात् मूर्च्छित व्यक्ति के हाथों को कोहनी के ठीक ऊपर से पकड़कर रखते हैं।

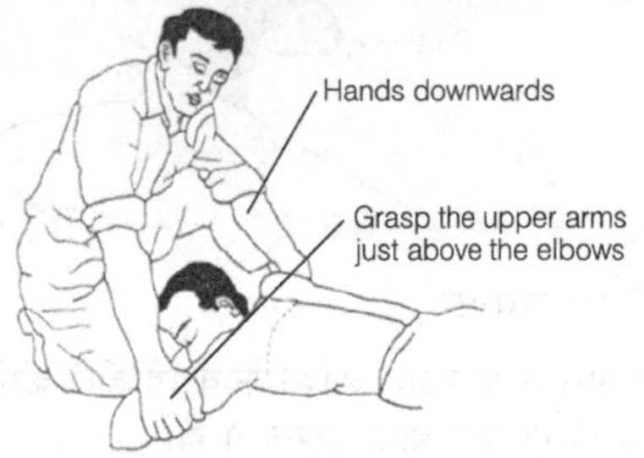

(iv) मूर्च्छित व्यक्ति की बाँहों को अपने पीछे की ओर तब तक खींचते हैं, जब तक कि बाँहों में खिंचाव का अनुभव नहीं होता है। इसके पश्चात् अपने हाथों को पूर्व स्थिति की भाँति घुमाते हैं।

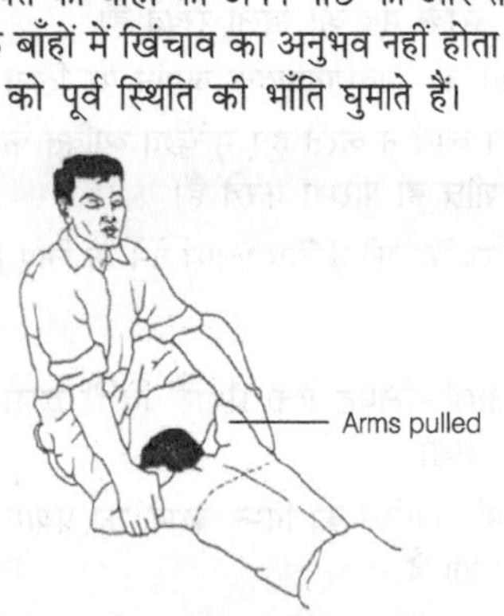

(v) उपरोक्त प्रक्रिया तब तक दोहराते हैं, जब तक कि व्यक्ति होश में नहीं आ जाता है।

(vi) व्यक्ति के होश में आने के उपरान्त उसके रक्त प्रवाह को दुरुस्त रखने के लिए उसे कम्बल से ढककर गर्म पानी की बोतल या गर्म ईंटों की सहायता से सिकाई करके गर्म रखते हैं।

(vii) इसके पश्चात् रोगी को विश्राम करने के लिए छोड़ देते हैं।

II. शैफर विधि द्वारा मूर्च्छित व्यक्ति को होश में लाना

(i) मूर्च्छित व्यक्ति को चित्रानुसार पेट के बल उल्टा लिटाकर उसका एक हाथ सीधा ऊपर की ओर तथा दूसरा हाथ कोहनी से मोड़कर रखते हैं। उसके चेहरे को मुड़े हुए हाथ की हथेली पर रखते हैं।

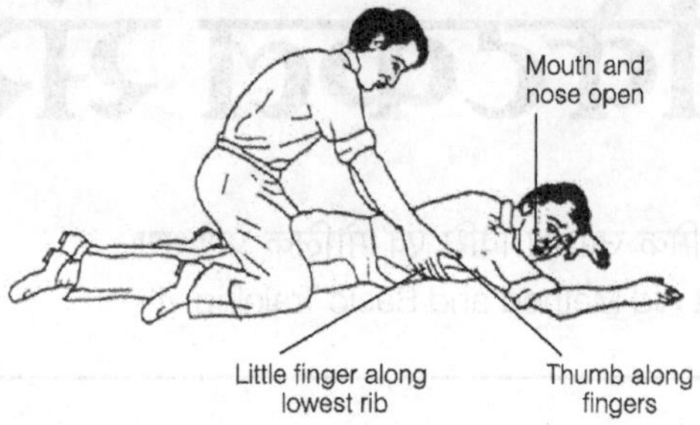

(ii) मूर्च्छित व्यक्ति के पैर को सीधा फैलाकर अपने हाथों को उसकी पसलियों से सटा देते हैं तथा पसलियों पर धीरे-धीरे दबाव देकर उसके फेफड़ों से हवा निकालते हैं।

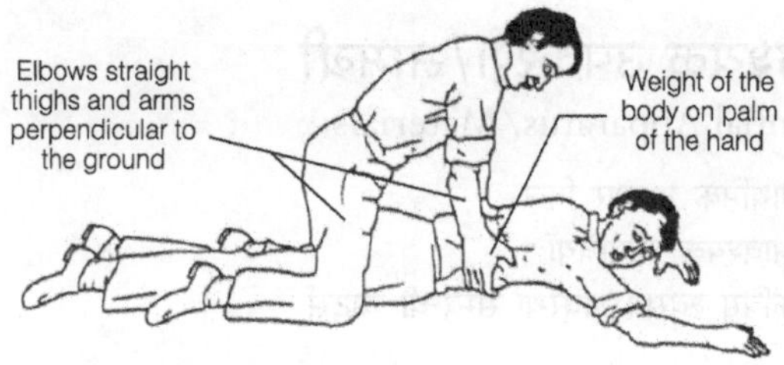

(ii) तदोपरान्त बेहोश व्यक्ति के ऊपर से वजन हटाकर पीछे की ओर हट जाते हैं।

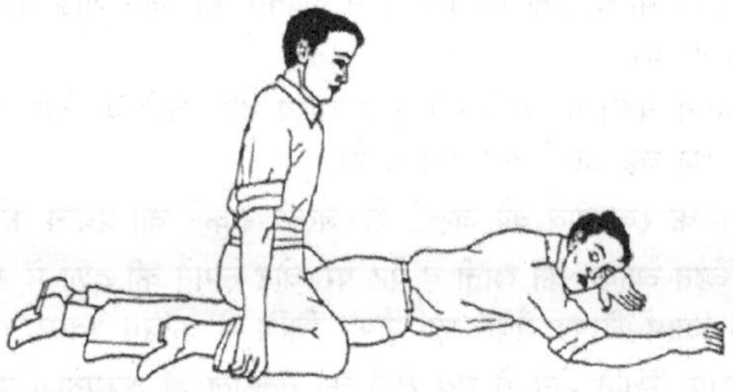

(iv) मूर्च्छित व्यक्ति के होश में न आने की दशा में 2 सेकण्ड पश्चात् उपरोक्त प्रक्रिया पुन: एक मिनट में 12-15 बार दोहराते हैं।

(v) मूर्च्छित व्यक्ति के होश में आने तक कृत्रिम श्वसन प्रक्रिया को निरन्तर करते रहते हैं।

III. मुँह-पर-मुँह रखकर मूर्च्छित व्यक्ति को होश में लाना

(i) सर्वप्रथम मूर्च्छित व्यक्ति को सीधा लिटाकर उसकी गर्दन के पास कंधे के नीचे कपड़े का गोला या तकिया रखते हैं, जिससे उसका सिर अच्छी तरह पीछे की ओर हो जाता है।

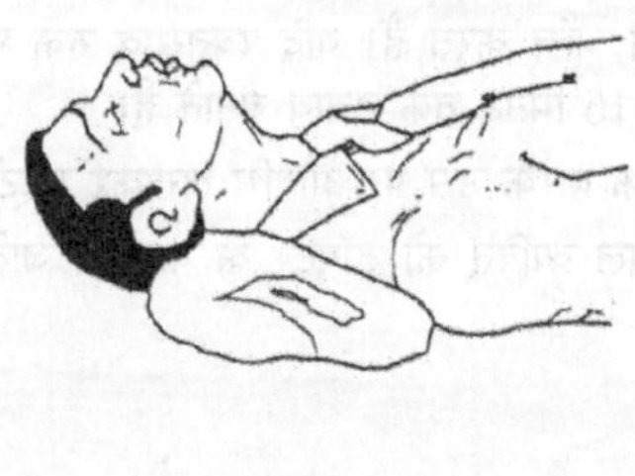

(ii) मूर्च्छित व्यक्ति का सिर पीछे की ओर झुकने पर उसकी ठोड़ी (chin) ऊपर की ओर सीधी हो जाती है।

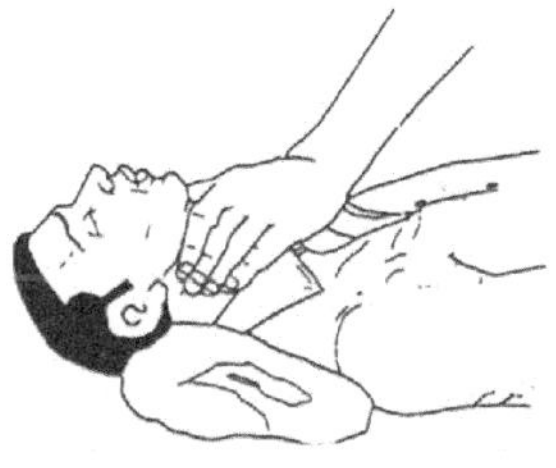

(iii) अपने हाथों की अँगुलियों की सहायता से रोगी के जबड़े को खोलते हैं।

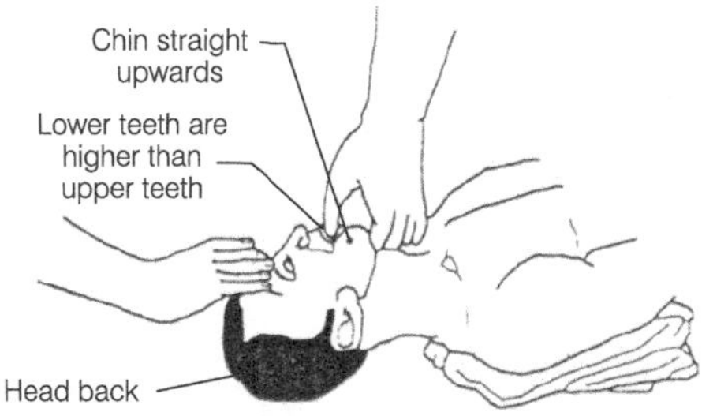

(iv) लम्बी साँस लेकर रोगी के मुँह-से-मुँह मिलाकर तथा रोगी की नाक को बन्द करके उसके मुँह में धीरे-धीरे तब तक हवा भरते हैं, जब तक कि रोगी की छाती फूल नहीं जाती है।

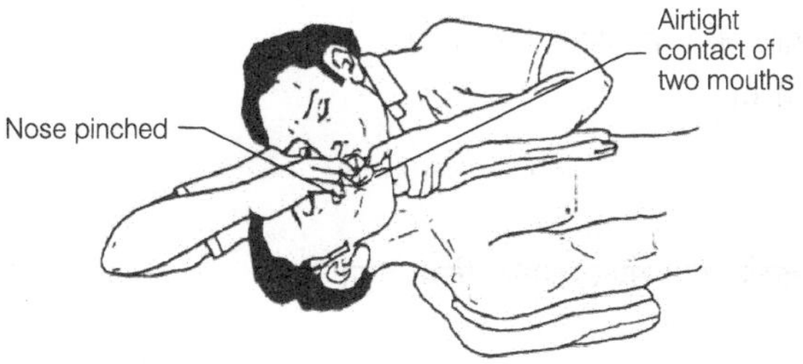

(v) उपरोक्त प्रक्रिया को जल्दी-जल्दी कम-से-कम एक मिनट में 12 बार दोहराते हैं।

IV. नाक पर मुँह रखकर मूर्च्छित व्यक्ति को होश में लाना

(i) सर्वप्रथम रोगी को सीधा लिटाकर अपने हाथ की अँगुलियों से उसके होठों को दृढ़ता से बन्द करते हैं।

(ii) रोगी की नाक से अपना मुँह सटाकर तब तक हवा भरते हैं, जब तक कि रोगी की छाती फूल नहीं जाती है। इस क्रिया के पश्चात् अपना मुँह हटा लेते हैं।

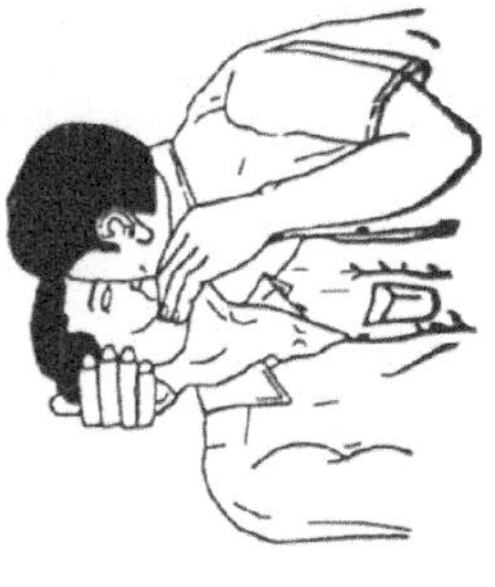

(iii) उपरोक्त प्रक्रिया को जल्दी-जल्दी कम-से-कम एक मिनट में 10 से 15 बार दोहराते हैं तथा चिकित्सक के आने तक इस प्रक्रिया को निरन्तर करते हैं।

V. दिल के दौरे से पीड़ित व्यक्ति को होश में लाना

(i) सर्वप्रथम दिल के दौरे (cardiac arrest) से पीड़ित व्यक्ति या रोगी की गर्दन में कार्डियक पल्स (cardiac pulse) पर हाथ रखकर दौरे की जाँच करते हैं।

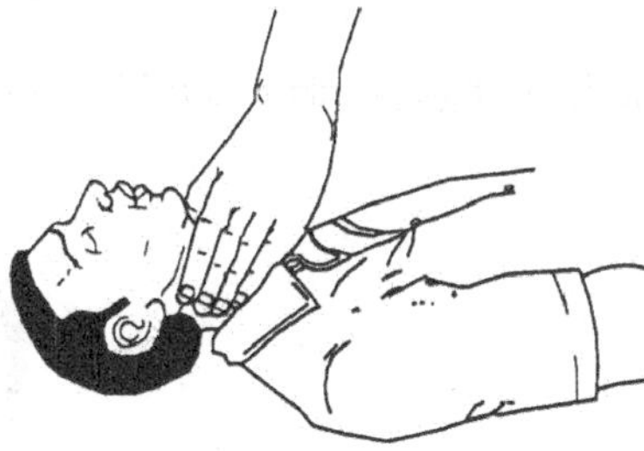

(ii) दिल का दौरा प्रमाणित होने के उपरान्त रोगी को पीठ के बल सीधा लिटाते हैं।

(iii) रोगी की छाती पर अपना हाथ रखकर पसलियों को ढूँढते हैं।

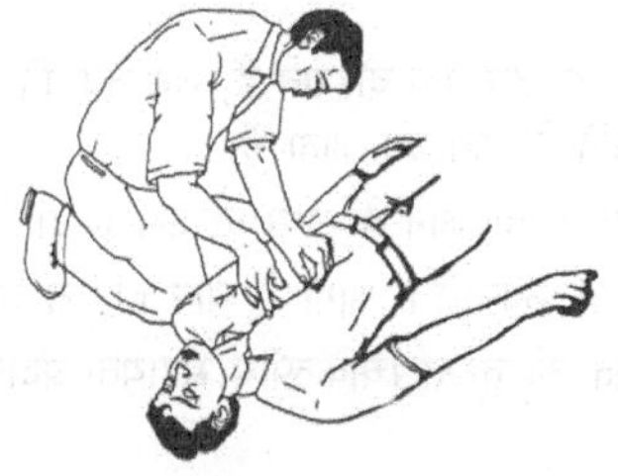

(iv) रोगी की पसलियों के बीच में एक हाथ की हथेली को रखकर दूसरे हाथ की हथेली को उसके ऊपर रखते हैं।

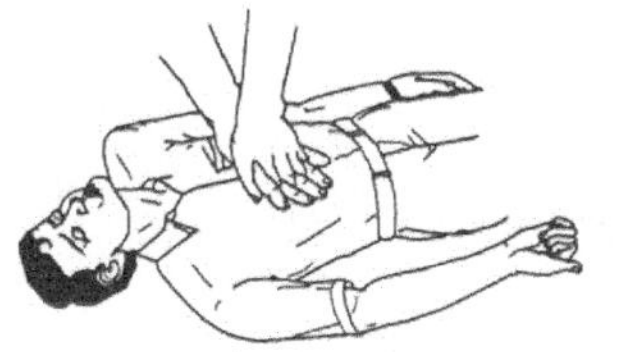

(v) दूसरे हाथ की हथेली से पहले हाथ की हथेली पर तेजी से दबाव डालते हैं तथा हटाते हैं।

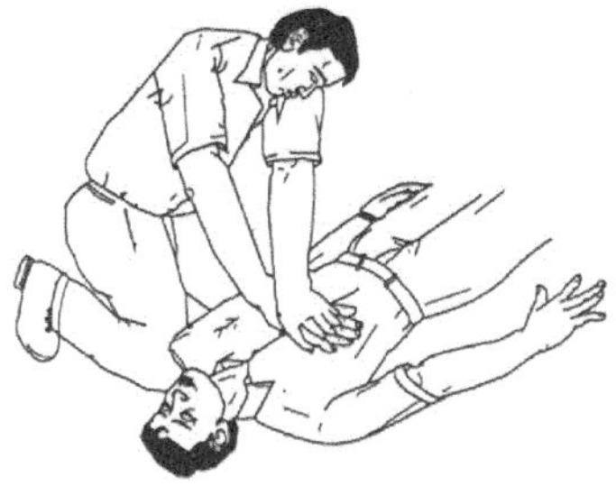

(vi) उक्त प्रक्रिया तीव्रता से लगभग 15 बार दोहराते हैं।

(vii) पुनः रोगी की कार्डियक पल्स की जाँच करते हैं।

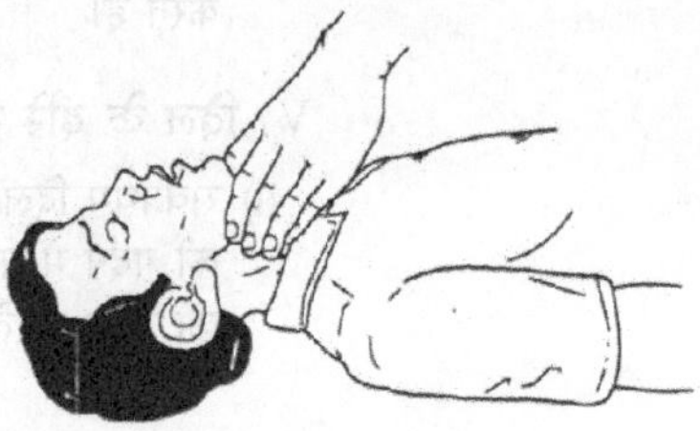

(viii) रोगी को मुँह-से-मुँह मिलाकर कृत्रिम श्वास देते हैं तथा नब्ज की जाँच करते हैं।

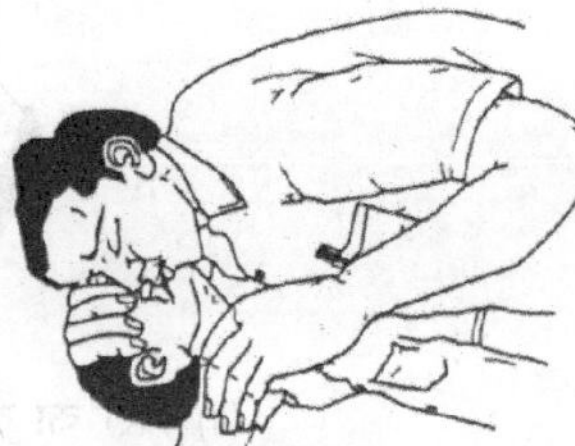

(ix) उपरोक्त प्रक्रिया तब तक दोहराते हैं, जब तक कि रोगी की धड़कन वापस नहीं आ जाती और कृत्रिम श्वसन तब तक जारी रखते हैं, जब तक कि रोगी सामान्य स्थिति में नहीं आ जाता है।

(x) रोगी के सामान्य हो जाने के उपरान्त उसे लिटा देते हैं और आगे की चिकित्सीय जाँच की व्यवस्था करते हैं।

(xi) यदि व्यक्ति के आन्तरिक भागों में घाव हो, तो प्रक्रिया में जल्दबाजी नहीं करते हैं।

(xii) बेहोश व्यक्ति को तुरन्त चिकित्सीय सहायता प्रदान करते हैं।

परिणाम (Result) कार्यशाला में प्राथमिक उपचार विधि एवं मौलिक प्रशिक्षण सम्बन्धी प्रयोग सफलतापूर्वक किया गया।

प्रैक्टिकल संख्या 4

✎ व्यर्थ पदार्थों; जैसे:- कॉटन वैस्ट, मैटल चिप्स/बर्र आदि का सुरक्षित निस्तारण
Safe Disposal of Waste Materials like Cotton Waste, Metal Chips/Burrs etc.

उद्देश्य Object

कार्यशाला में कार्योपरान्त व्यर्थ पदार्थों; जैसे-कॉटन वैस्ट (cotton waste), मैटल चिप्स/बर्र आदि का सुरक्षित निस्तारण करना।

आवश्यक उपकरण/सामग्री Essential Apparatus/Materials

- पौछा
- डस्टबिन
- झाड़ू
- वाइपर
- बेलचा (hand shovel)

सुरक्षा सावधानियाँ/निर्देश Safety Precautions/Instructions

1. सफाई करने से पूर्व मास्क, दस्ताने, जूते एवं धूलरोधी पोशाक अवश्य पहन लें।
2. मैटल चिप्स को नग्न हाथों से साफ न करें।
3. सूखे व गीले कचरे तथा धातु चिप्स/बर्र को अलग-अलग डस्टबिन में रखें।
4. प्रत्येक डस्टबिन पर उसमें रखे जाने वाले पदार्थ का नाम अवश्य अंकित करें।

कार्यविधि Working Method

1. सर्वप्रथम सभी सुरक्षा सम्बन्धी सामग्रियों को धारण करते हैं।
2. चित्र में दर्शाए गए विभिन्न व्यर्थ पदार्थों की पहचान करते हैं।

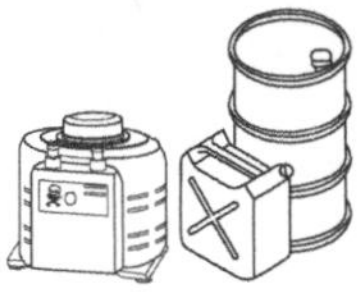

(i) तेल, रसायन तथा विलायक

(ii) कॉटन वैस्ट

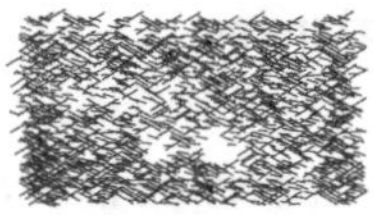

(iii) मैटल चिप्स

(iv) वैद्युतिक व्यर्थ पदार्थ

3. झाड़ू, वाइपर व कपड़े से कार्यशाला एवं इसके फर्श की सफाई करते हैं।
4. सूखे व गीले कचरे एवं कॉटन वैस्ट को अलग-अलग डस्टबिन में एकत्रित करते हैं।
5. मैटल चिप्स को बेलचे (hand shovel) से एकत्र करते हैं।
6. मैटल चिप्स अलग-अलग प्रकार की हो सकती हैं। अत: उन्हें मैटल के अनुसार अलग-अलग डस्टबिन में रखते हैं। (चित्र v-vi)

(v) मैटल चिप्स

(vi) मैटल बर्र

7. कॉटन, धागे, कपड़े आदि को अलग करके डम्प कर देते हैं तथा धातु चिप्स को पुन: भट्ठी में पिघलाकर धातु की बिलेट बना लेते हैं।

परिणाम (Result) कार्यशाला में कार्य करने के पश्चात् व्यर्थ पदार्थों; जैसे—कॉटन वैस्ट, मैटल चिप्स/बर्र आदि का सुरक्षित निस्तारण (safe disposal) सफलतापूर्वक किया गया।

प्रैक्टिकल संख्या 5

✎ खतरे की पहचान एवं उनसे बचना
Hazard Identification and Avoidance

उद्देश्य Object

कार्यशाला में कार्य करते समय खतरे की पहचान करना एवं उससे बचाव करने का प्रयास करना।

आवश्यक उपकरण/सामग्री Essential Apparatus/Materials

- सावधानियाँ सम्बन्धी चार्ट
- यूजर मैनुअल

सुरक्षा सावधानियाँ/निर्देश Safety Precautions/Instructions

1. यूजर मैनुअल का सावधानीपूर्वक अवलोकन करें।
2. अनुदेशक से सुरक्षा-बिन्दुओं की जानकारी प्राप्त कर लें।
3. अनुदेशक द्वारा दिये गये निर्देशों का पालन करें।
4. कार्यशाला में अनावश्यक ही किसी मशीन को न छुएँ।
5. कार्यशाला में प्रयोग के समय अनावश्यक न घूमें।

कार्यविधि Working Method

1. सर्वप्रथम प्रयोग सम्बन्धी जानकारी एकत्रित करते हैं।
2. इसके बाद अनुदेशक के संरक्षण में कार्यशाला में घटित होने वाले खतरों से अवगत होते हैं।
3. खतरों की जानकारी लेने के पश्चात् सभी पाठ्य को तालिका में नोट करते हैं तथा बचाव को भी नोट करते हैं।

क्र. सं.	खतरे की पहचान	बचाव
1.	फर्श पर नंगे पैर कार्य करना।	
2.	कार्यखण्ड पर बिना हैण्डिल की रेती का उपयोग करना।	
3.	बिना वैज वाले बॉल पीन हैमर द्वारा छेनी के शीर्ष पर प्रहार करना।	
4.	पॉकेट में नुकीले स्क्राइबर का रखा होना।	
5.	मशरूम हैड छेनी द्वारा धातु की सतह पर चिपिंग करना।	
6.	सुरक्षा चश्मे के बिना धातु सतह की चिपिंग करना।	
7.	हैण्ड शील्ड के बिना वैल्डिंग कार्य करना।	
8.	लटके हुए भार के नीचे खड़ा होना।	
9.	क्षतियुक्त रस्सी/बेल्ट से भार को उठाना।	
10.	लोगों के आस-पास काम करने के दौरान भार उठाना।	

परिणाम (Result) कार्यशाला में कार्य करते समय खतरे की पहचान करना एवं उससे बचाव करने का प्रयास सफलतापूर्वक किया गया।

प्रैक्टिकल संख्या 6

✎ खतरे, चेतावनी, सावधानी एवं व्यक्तिगत सुरक्षा सन्देश हेतु सुरक्षा चिन्ह
Safety Signs for Danger, Warning, Caution and Personal Safety Message

---

उद्देश्य Object

प्लम्बर कार्यशाला में खतरे, चेतावनी, सावधानी हेतु सुरक्षा चिन्हों एवं व्यक्तिगत सुरक्षा संदेश से अवगत होना तथा उनकी पहचान करना।

आवश्यक उपकरण/सामग्री Essential Apparatus/Materials

- खतरे के चिन्ह सम्बन्धी चार्ट
- सावधानी चिन्ह सम्बन्धी चार्ट
- चेतावनी चिन्ह सम्बन्धी चार्ट
- व्यक्तिगत सुरक्षा संदेश सम्बन्धी चार्ट

सुरक्षा सावधानियाँ/निर्देश Safety Precautions/Instructions

1. सभी सुरक्षा चिन्हों की श्रेणियों से अच्छी प्रकार अवगत हो लें।
2. सभी सुरक्षा चिन्हों की निश्चित आकृतिक संरचना तथा रंग से भी अवगत हो लें।

कार्यविधि Working Method

1. सर्वप्रथम खतरे सम्बन्धी सुरक्षा चिन्हों से अवगत होते हैं। ये चिन्ह त्रिभुजाकार आकृति के होते हैं। ये पीली पृष्ठभूमि (yellow background) पर काले रंग की आकृति बनाकर प्रदर्शित किए जाते हैं।

(i) खतरे सम्बन्धी चिन्ह

2. उसके पश्चात् चेतावनी सम्बन्धी चिन्हों से अवगत होते हैं। ये चिन्ह वृत्त के आकार के होते हैं। ये चिन्ह लाल रंग के बॉर्डर तथा क्रॉस बार एवं सफेद पृष्ठभूमि (white background) पर काली आकृति द्वारा बनाए जाते हैं।

(ii) चेतावनी सम्बन्धी चिन्ह

3. कार्यशाला में सावधानी सम्बन्धी चिन्हों से अवगत होते हैं। यह चिन्ह पीली पृष्ठभूमि पर काले रंग की आकृति बनाकर प्रदर्शित किए जाते हैं। ये वर्गाकार, षट्भुजाकार एवं त्रिभुजाकार आकृति के होते हैं।

(iii) सुरक्षात्मक चिन्ह

4. अब व्यक्तिगत सुरक्षा संदेश सम्बन्धी चिन्हों से अवगत होते हैं। ये चिन्ह नीली पृष्ठभूमि (blue background) पर सफेद रंग की आकृति द्वारा प्रदर्शित होते हैं। इन चिन्हों के द्वारा कार्यक्षेत्र पर कारीगरों को संदेश से अवगत कराया जाता है।
5. उसके पश्चात् विभिन्न सुरक्षा चिन्हों को पहचानकर उनका विवरण दी गई सारणी में नोट करते हैं।
6. अपने कार्य की अनुदेशक से जाँच कराते हैं।

सारणी

क्र.सं.	सुरक्षा चिन्ह	विवरण
1.		
2.		
3.		
4.		
5.		

परिणाम (Result) कार्यशाला में खतरे, चेतावनी, सावधानी एवं व्यक्तिगत सुरक्षा सन्देश हेतु सुरक्षा चिन्हों की पहचान सफलतापूर्वक की गई।

प्रैक्टिकल संख्या 7

वैद्युतिक दुर्घटना हेतु निवारक मापदण्ड तथा ऐसी दुर्घटनाओं में सुरक्षा हेतु उठाए जाने वाले कदम
Preventive Measures for Electrical Accidents and Steps to be taken in Such Accidents

उद्देश्य Object

वैद्युतिक दुर्घटना हेतु निवारक मापदण्ड एवं ऐसी दुर्घटनाओं में सुरक्षा हेतु उठाए जाने वाले कदमों से अवगत होना।

आवश्यक उपकरण/सामग्री Essential Apparatus/Materials

- वैद्युतिक गतिविधियों सम्बन्धी चार्ट
- विद्युत से सावधानी सम्बन्धी चार्ट
- प्राथमिक उपचार किट
- अग्निशामक उपकरण
- रेत

सुरक्षा सावधानियाँ/निर्देश Safety Precautions/Instructions

1. वैद्युतिक लाइन से अनावश्यक छेड़-छाड़ न करें।
2. वैद्युतिक फॉल्ट (fault) होने पर मेन पावर सप्लाई को बन्द कर दें।
3. किसी भी व्यक्ति के विद्युत की चपेट में आने पर तत्काल ही पावर सप्लाई को बन्द कर दें।
4. विद्युत के कारण लगी आग को बुझाने के लिए पानी कभी न डालें।
5. विद्युत के कारण लगी आग को बुझाने के लिए केवल CO_2 युक्त अग्निशामक यन्त्रों का ही प्रयोग करें।

कार्यविधि Working Method

1. सर्वप्रथम कार्यशाला में चार्ट को प्रदर्शित कर विधिवत् उद्देश्य स्पष्ट करते हैं।
2. चार्ट के प्रदर्शन द्वारा कार्यविधि का स्पष्ट वर्णन करते हैं।
3. वैद्युतिक दुर्घटना घटने पर पावर सप्लाई को काटना सीखते हैं और साथ ही यह भी जान लेते हैं कि विद्युत के कारण लगी आग पर कभी-भी पानी नहीं डालते हैं, अन्यथा विद्युत से शॉक लगने का खतरा बना रहता है। इस स्थिति में केवल उपयुक्त अग्निशामक उपकरणों का ही उपयोग करते हैं।
4. सप्लाई को बन्द करके अथवा किसी एक अचालक पदार्थ के प्रयोग से व्यक्ति को सुरक्षात्मक विधि से वैद्युतिक लाइन से दूर करते हैं तथा उसे निकटतम सुरक्षित स्थान पर ले जाते हैं। चित्र (i)

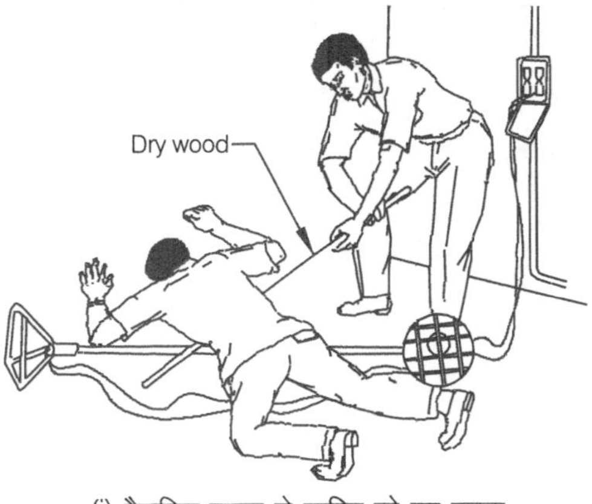

(i) वैद्युतिक लाइन से व्यक्ति को दूर करना

5. जाँच करते हैं कि व्यक्ति मूर्च्छित अवस्था में तो नहीं है। यदि हो, तो उसे कृत्रिम श्वसन प्रदान करते हैं।
6. विद्युत से झुलसे व्यक्ति को तत्काल ही प्राथमिक उपचार देते हैं।
7. चोट लगने की दशा में रोगी के घाव को साफ करके पट्टी बाँधते हैं। चित्र (ii)

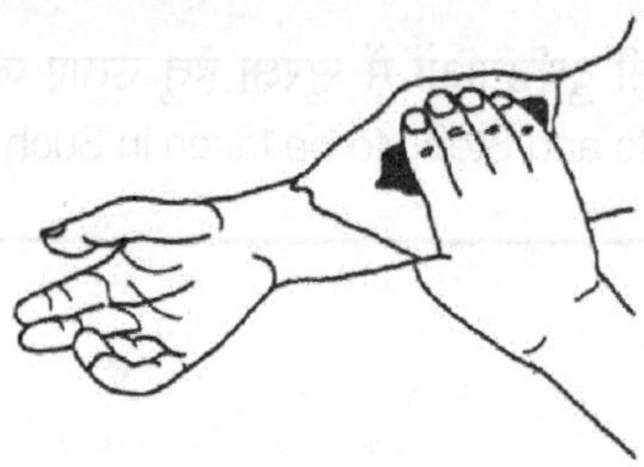

(ii) घाव पर पट्टी बाँधना

8. रोगी की गम्भीर स्थिति को देखते हुए उसे तुरन्त ही अस्पताल में पहुँचाते हैं।

परिणाम (Result) वैद्युतिक दुर्घटना हेतु निवारक मापदण्ड से अवगत हुए एवं ऐसी दुर्घटनाओं में सुरक्षा हेतु उठाए जाने वाले कदमों से सफलतापूर्वक अवगत हुए।

प्रैक्टिकल संख्या 8

✎ अग्निशामकों का उपयोग
Use of Fire Extinguishers

उद्देश्य Object

प्लम्बर कार्यशाला में आगजनित स्थानों पर दुर्घटना के समय अग्निशामकों का उपयोग करना।

आवश्यक उपकरण/सामग्री Essential Apparatus/Materials

- अग्निशामक उपकरण
- अग्निशामक उपयोग सम्बन्धी चार्ट
- मास्क
- अग्निरोधी वस्त्र

सुरक्षा सावधानियाँ/निर्देश Safety Precautions/Instructions

1. आग लगने की दशा में तत्काल ही विद्युत एवं गैस सप्लाई को बन्द कर दें।
2. संयम बनाए रखें तथा व्यर्थ ही अफरा-तफरी न मचाएँ।
3. आग लगने की दशा में तत्काल ही फायर ब्रिगेड को सूचित करें।
4. छोटी आग को बुझाने के लिए अग्निशामक का उपयोग करें।

कार्यविधि Working Method

1. सर्वप्रथम कार्यशाला में विभिन्न वर्गों की आग तथा उनके अनुसार उपयुक्त अग्निशामक के चार्ट्स से अवगत होते हैं। आग के प्रकार को चार श्रेणियों में बाँटा जाता है, जिसे निम्न चित्र में दर्शाया गया है

श्रेणी 'A' (लकड़ी, कपड़े तथा कागज के कारण लगी आग) **श्रेणी 'B'** (तेल के कारण लगी आग) **श्रेणी 'C'** (गैस के कारण लगी आग) **श्रेणी 'D'** (धातुओं तथा वैद्युतिक उपकरणों के द्वारा लगी आग)

(i) आग के प्रकार

2. आग लगने की दशा में सबसे पहले अग्निक्षेत्र की विद्युत सप्लाई एवं गैस सप्लाई को बन्द करते हैं।
3. अग्निशामक के उपयोग हेतु सर्वप्रथम सील को तोड़ते हैं। चित्र (ii)
4. अग्निशामक के हैण्डिल में लगी पिन बाहर निकालते हैं। चित्र (iii)

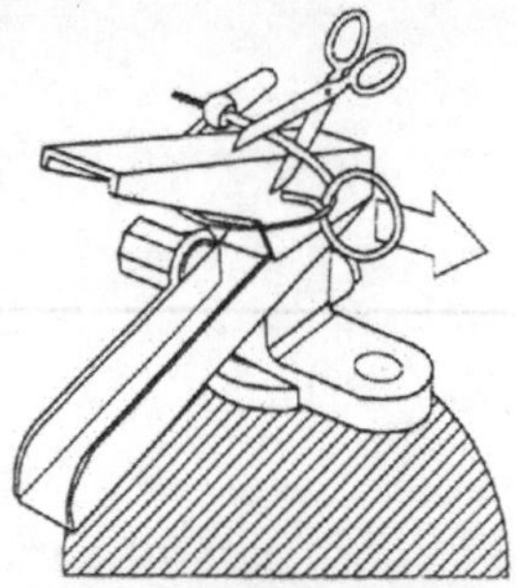

(ii) सील काटना

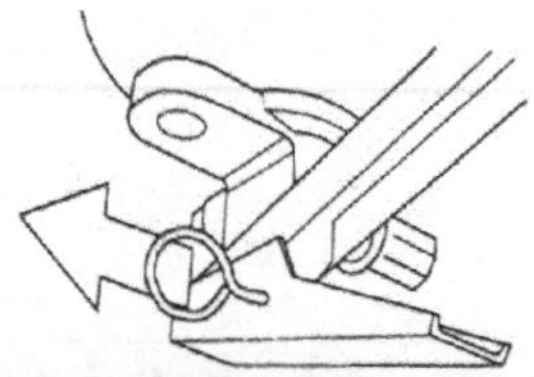

(iii) पिन निकालना

5. अग्निशामक यन्त्र के नॉजिल को आग के समीप लाते हैं एवं आग के आधार पर साधते हैं। चित्र (iv)
6. अग्निशामक हैण्डिल लीवर को धीरे-धीरे दबाते हैं, जिससे एजेन्ट डिस्चार्ज (discharge) होता है। चित्र (iv)

(iv) आग बुझाना

7. अग्निशामक उपकरण से निकलने वाली गैस को आग पर छिड़कते हैं। इस गैस को आग पर तब तक छिड़कते हैं, जब तक कि आग पूर्ण रूप से बुझ नहीं जाती है। यदि आग नहीं बुझती है, तो किसी सुरक्षित स्थान पर चले जाते हैं तथा फायर ब्रिगेड को सूचना देते हैं।
8. अग्निशामक उपकरण के उपयोग के बाद वाल्व को बन्द कर देते हैं तथा इसे इसके निर्धारित स्थान पर रख देते हैं।

परिणाम (Result) प्लम्बर कार्यशाला में आगजनित स्थलों पर दुर्घटना के समय अग्निशामक उपकरणों का उपयोग सफलतापूर्वक किया गया।

प्रैक्टिकल संख्या 9

✎ ट्रेड में कार्य करते समय सावधानियाँ समझना तथा अभ्यास करना
Practice and Understand Precautions to be Followed While Working in the Trade

उद्देश्य Object

प्लम्बर कार्यशाला में फिटिंग जॉब पर कार्य करते समय सावधानियों को समझना तथा अभ्यास करना।

आवश्यक उपकरण/सामग्री Essential Apparatus/Materials

- सुरक्षा-निर्देशों सम्बन्धी चार्ट्स
- अग्निशामक उपकरण
- सुरक्षा-सामग्री
- प्राथमिक उपचार किट

सुरक्षा सावधानियाँ/निर्देश Safety Precautions/Instructions

1. कार्यशाला में कार्य आरम्भ करने से पूर्व निर्देश पुस्तिका का अवलोकन कर लें।
2. चलती मशीन के किसी भी भाग को न छुएँ।
3. चलती मशीन का स्नेहन (lubrication) न करें।
4. कार्यशाला में ज्वलनशील पदार्थ न रखें।
5. कार्यशाला में ढीले वस्त्रों का प्रयोग न करें।
6. किसी भी नई रेती का प्रयोग करने से पूर्व उसे किसी नर्म धातु पर चला लें।
7. मशीन की टेबल पर हेमरिंग न करें।
8. किसी भी कार्यखण्ड को मशीन पर बाँधते समय पहले कार्यखण्ड की आकृति के अनुसार उसकी सही क्लैम्पिंग का प्रबन्ध कर लें।

कार्यविधि Working Method

1. सर्वप्रथम कार्य आरम्भ करने से पूर्व आवश्यक जानकारी एकत्रित करते हैं।
2. कार्यशाला में उपलब्ध विविध चाट्र्स का अवलोकन करते हैं।
3. कार्यशाला में कार्य आरम्भ करने से पूर्व आवश्यक सुरक्षा-सामग्री पहनते हैं।
4. कार्यशाला में अव्यवस्थित रूप से बिखरे अपशिष्ट से स्वयं का बचाव करते हैं।
5. ज्वलनशील पदार्थों से स्वयं का बचाव करते हैं।
6. मशीनों तथा अन्य किसी भी उपकरण पर यूजर मैनुअल के आधार पर ही कार्य करते हैं।
7. अन्त में सभी प्रैक्टिकल सम्बन्धी सावधानियों का अभ्यास करते हैं।

परिणाम (Result) प्लम्बर कार्यशाला में फिटिंग जॉब पर कार्य करते समय सावधानियों को समझा गया तथा सफलतापूर्वक अभ्यास किया गया।

प्रैक्टिकल संख्या 10

✎ ट्रेड में प्रयुक्त औजारों एवं उपकरणों का सुरक्षित उपयोग
Safe use of Tools and Equipments used in the Trade

उद्‌देश्य Object

ट्रेड में प्रयुक्त औजारों एवं उपकरणों का सुरक्षित उपयोग करना।

आवश्यक उपकरण/सामग्री Essential Apparatus/Materials

- यूजर मैनुअल
- सेफ्टी मैनुअल
- ट्रेड में प्रयुक्त विभिन्न औजार एवं उपकरण

सुरक्षा सावधानियाँ/निर्देश Safety Precautions/Instructions

1. कार्यशाला में प्रवेश करने से पूर्व एवं पश्चात् सुरक्षा बिन्दुओं का ध्यान अवश्य रखें।
2. औजारों या उपकरणों का उपयोग करते समय स्वयं को इनसे सुरक्षित रखें।
3. स्वयं की सामर्थ्य से अधिक भार न उठाएँ।
4. औजारों एवं उपकरणों का अनुरक्षण नियमानुसार करें।
5. अनुदेशक द्वारा दिये गये निर्देशों का पालन करें।
6. कार्यशाला में अनावश्यक न घूमें।
7. किसी भी मशीन या औजार से अनावश्यक छेड़छाड़ न करें।

कार्यविधि Working Method

1. सर्वप्रथम कार्य के अनुसार औजार एवं उपकरण का चयन करते हैं।
2. चिपिंग के दौरान चिप गार्ड का प्रयोग करते हैं। चित्र (i)
3. ग्राइण्डिग व्हील के किनारों (sides) का उपयोग नहीं करते हैं। चित्र (ii)

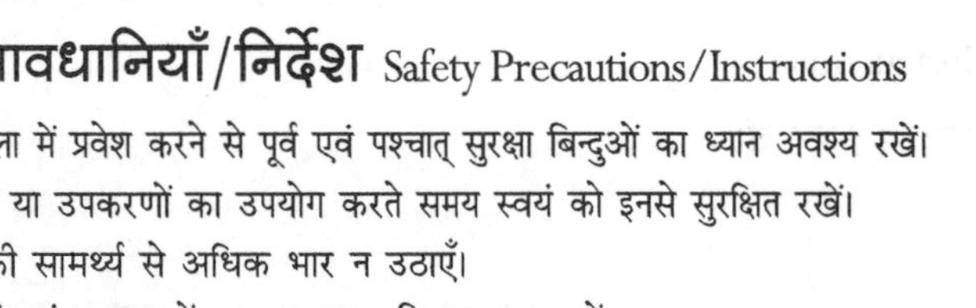

(i) चिपिंग कार्य

(ii) ग्राइण्डिग व्हील के किनारों का उपयोग न करना

4. फटे हुए बैंटे का हथौड़ा, बिना हत्थे की फाइल, मशरूम हैड छेनी आदि औजारों का प्रयोग नहीं करते हैं। चित्र (iii), (iv)

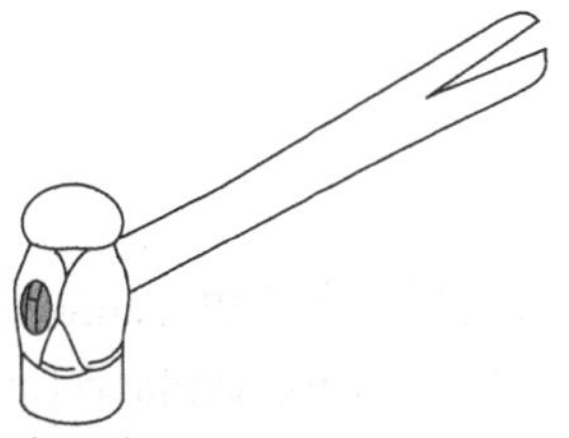

(iii) हथौड़ा (बैंटा फटा हुआ)

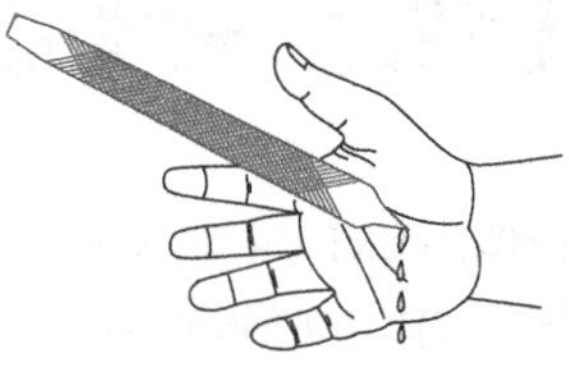

(iv) बिना हत्थे की फाइल का प्रयोग

5. प्रत्येक औजार एवं उपकरण का प्रयोग करके उसे उचित स्थान पर रख देते हैं तथा विवरण को निम्न सारणी में नोट करते हैं।

सारणी

क्र.सं.	विवरण	फिटिंग जॉब पर कार्य करते समय ध्यान रखने योग्य सावधानियाँ
1.		
2.		
3.		
4.		
5.		
6.		
7.		
8.		
9.		
10.		

परिणाम (Result) ट्रेड में प्रयुक्त औजारों एवं उपकरणों का सुरक्षित उपयोग सफलतापूर्वक किया गया।

प्रैक्टिकल संख्या 11

✎ मापन के लिए स्टील रूल तथा स्टील टेप का उपयोग, कच्चे पदार्थों पर मार्किंग के लिए स्क्राइबर तथा डिवाइडर का उपयोग
Use Steel Rule and Steel Tape for Measuring, use Scriber and Divider for Marking on Raw Materials

उद्देश्य Object

कच्चे पदार्थ पर मापन तथा मार्किंग के लिए स्टील रूल, स्टील टेप, स्क्राइबर तथा डिवाइडर का उपयोग करना।

आवश्यक उपकरण/सामग्री Essential Apparatus/Materials

- स्टील रूल
- स्क्राइबर
- कच्चा पदार्थ
- स्टील टेप
- डिवाइडर
- एमरी पेपर
- स्क्राइबिंग ब्लॉक

सुरक्षा सावधानियाँ/निर्देश Safety Precautions/Instructions

1. सभी उपकरणों के उपयोग से अवगत हो लें।
2. मापन के समय कच्चे पदार्थ (raw material) को क्षैतिज अवस्था में रखें।
3. उपकरणों को उपयोग के पश्चात् यथावत् स्थान पर रखें।

कार्यविधि Working Method

1. अनिर्मित पदार्थ की सतह पर लगी धूल-मिट्टी आदि को कपड़े '0' (zero) नं रेगमाल (emery paper) से साफ करते हैं।
2. अनिर्मित पदार्थ की सतह का अवलोकन करते हैं।
3. मापक यंत्रों (स्टील रूल, स्टील टेप, स्क्राइबर तथा डिवाइडर) का उपयोग करके अनिर्मित पदार्थ की मार्किंग करते हैं।
4. मापक यंत्रों के नाम एवं इनके उपयोगों को दी गई तालिका में नोट करते हैं।

क्र.सं.	मापक यंत्र	नाम	उपयोग
(i)	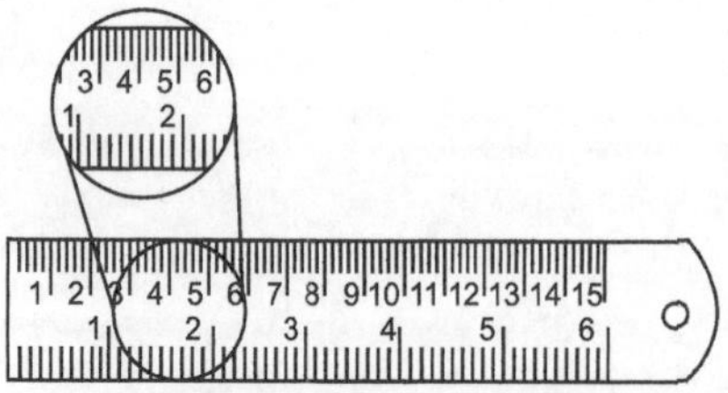		
(ii)	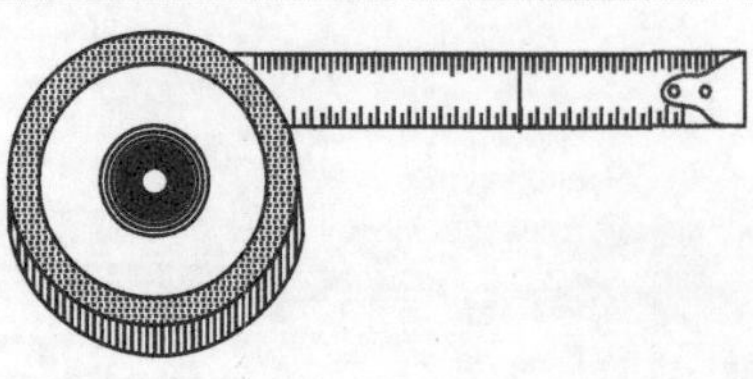		

क्र.सं.	मापक यंत्र	नाम	उपयोग
(iii)	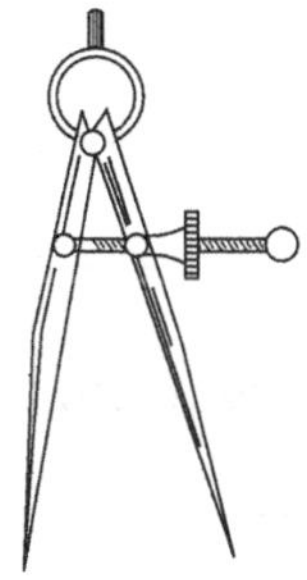		
(iv)	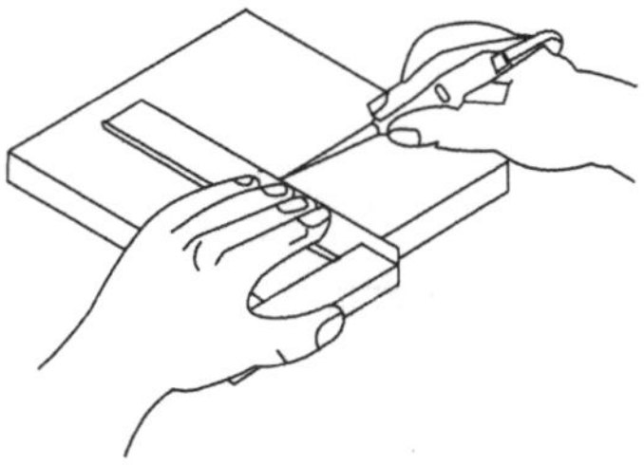		
(v)	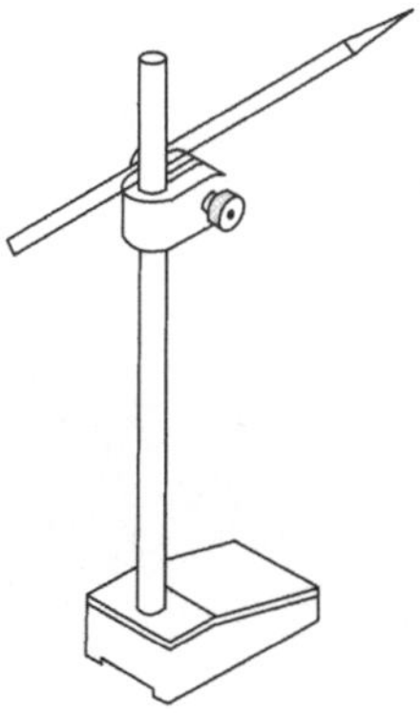		

3. सारणी को अनुदेशक महोदय से चैक कराते हैं।

परिणाम (Result) कच्चे पदार्थ पर मापन तथा मार्किंग के लिए स्टील रूल, स्टील टेप, स्क्राइबर तथा डिवाइडर का उपयोग सफलतापूर्वक किया गया।

प्रैक्टिकल संख्या 12

✎ विभिन्न प्रकार की वाइसों–बैंच वाइस, पाइप वाइस, चेन वाइस, हैण्ड वाइस, चेन रिंच के उपयोग का प्रदर्शन

Demonstrate use of Different Types of Vice-Bench Vice, Pipe Vice, Chain Vice, Hand Vice, Chain Wrench

उद्देश्य Object

कार्यशाला में अनुदेशक के निरीक्षण में विभिन्न प्रकार की वाइसों एवं उनके उपयोग से अवगत होना।

आवश्यक उपकरण/सामग्री Essential Apparatus/Materials

- विभिन्न प्रकार की वाइसें
- यूजर मैनुअल

सुरक्षा सावधानियाँ/निर्देश Safety Precautions/Instructions

1. यूजर मैनुअल का अध्ययन करके, वाइसों के उपयोग से अवगत हो लें।
2. वाइसों के साथ अनावश्यक छेड़-छाड़ न करें।
3. वाइसों को क्रमानुसार ही रखें।
4. अनुदेशक द्वारा दिये गये दिशा निर्देशों का पालन करें।
5. कार्यशाला में अनावश्यक न घूमें।

कार्यविधि Working Method

1. सर्वप्रथम सभी होल्डिंग डिवाइस (वाइस) की यूजर मैनुअल का अवलोकन करते हैं।
2. इन सभी वाइसों की क्रियाविधि से अवगत होते हैं।
3. नीचे दी गई तालिका में प्रदर्शित वाइसों की कार्यविधि तथा उपयोग को नोट करते हैं।

क्र.सं.	वाइस	कार्य	उपयोग
(i)	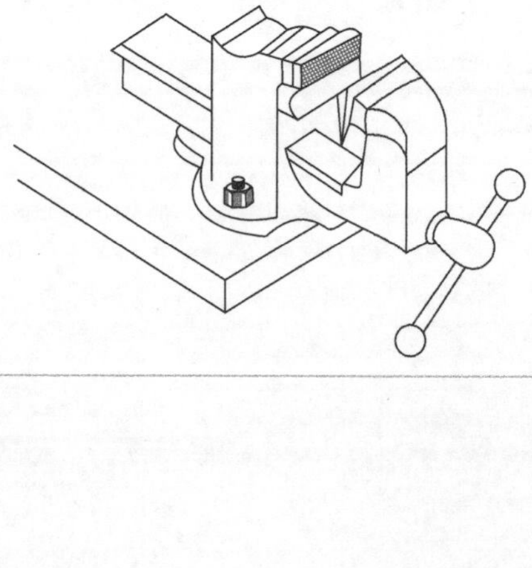		

क्र.सं.	वाइस	कार्य	उपयोग
(ii)	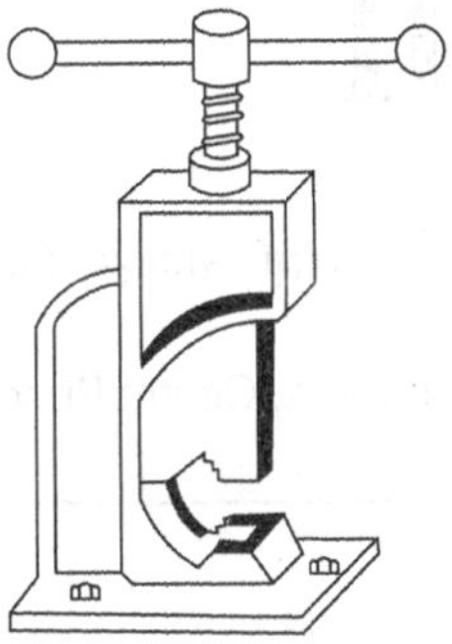		
(iii)	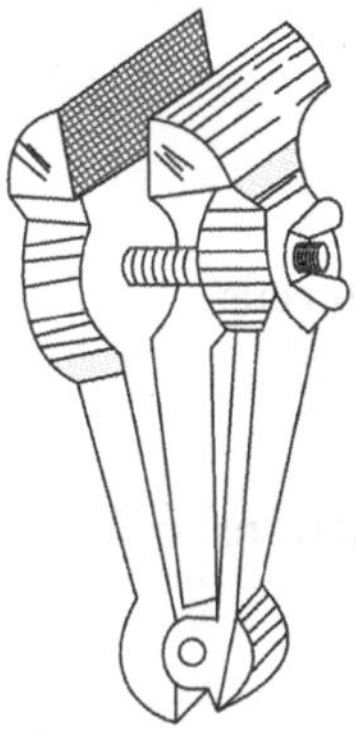		
(iv)	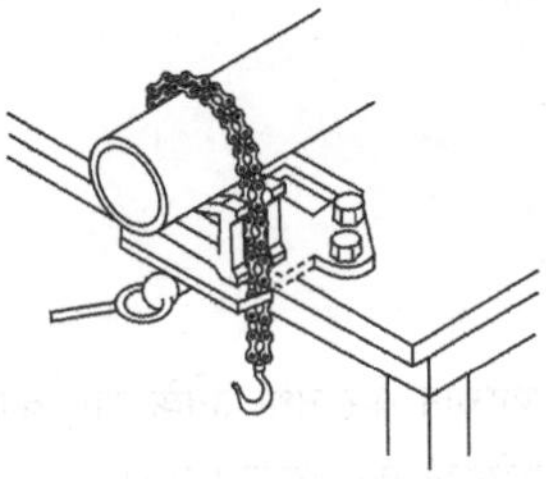		

4. कार्य को अनुदेशक महोदय से चैक कराते हैं।

परिणाम (Result) विभिन्न प्रकार की वाइसों एवं उनके उपयोग से सफलतापूर्वक अवगत हुआ गया।

प्रैक्टिकल संख्या 13

✎ विभिन्न प्रकार के हस्त औजारों–विविध फाइल, हैमर, सेन्टर पंच, हेक्सॉ, चीजल, कैलीपर, पाइप रिंच, स्टॉक तथा डाई, टैप तथा होल्डर के उपयोग का प्रदर्शन
Demonstrate use of Various Hand Tools-Different Files, Hammers, Centre Punch, Hacksaw, Chisel, Callipers, Pipe Wrench, Stock & Dies, Taps and Holders

उद्देश्य Object

सम्बद्ध व्यावसायिक औजारों के प्रचालन का अभ्यास करना।

आवश्यक उपकरण/सामग्री Essential Apparatus/Materials

फिटर, कारपेंटर एवं शीट मैटल औजार-1 सैट

सुरक्षा सावधानियाँ/निर्देश Safety Precautions/Instructions

1. औजारों के साथ अनावश्यक छेड़-छाड़ न करें।
2. काटने वाले औजारों को मापने वाले औजारों से अलग रखें।
3. अनुदेशक के निर्देशों के बिना किसी भी औजार का प्रयोग स्वयं न करें।
4. अनुदेशक द्वारा दिये गये निर्देशों का पालन करें।
5. कार्यशाला में अनावश्यक न घूमें।

कार्यविधि Working Method

1. वर्क बेंच पर उपलब्ध फिटर, कारपेंटर एवं शीट मैटल औजारों की पहचान करें तथा उनके नाम का पता लगाएँ।
2. सारणी 1, 2 व 3 में प्रदर्शित औजारों के नाम लिखें तथा उनकी विशिष्टियों का उल्लेख करें।
3. प्रत्येक व्यावसायिक औजार के प्रचालन / उपयोग को लिखें।
4. अनुदेशक महोदय वर्क बेंच पर फिटर, कारपेंटर एवं शीट मैटल औजारों (सम्बद्ध व्यावसायिक) का प्रदर्शन करें तथा औजारों की पहचान करने व विशिष्टियों के साथ उनके प्रचालन का भी प्रदर्शन करें।
5. औजारों के नाम, प्रचालन तथा उपयोग को सारणी में नोट करते हैं।

सारणी 1 फिटिंग औजार

क्र.सं.	औजारों का दृश्य	विशिष्टियों सहित औजार का नाम	प्रचालन / उपयोग
1.	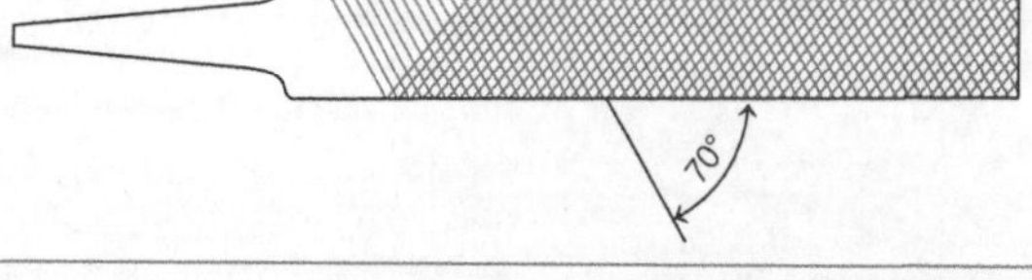	—	—
2.		—	—

क्र.सं.	औजारों का दृश्य	विशिष्टियों सहित औजार का नाम	प्रचालन / उपयोग
3.	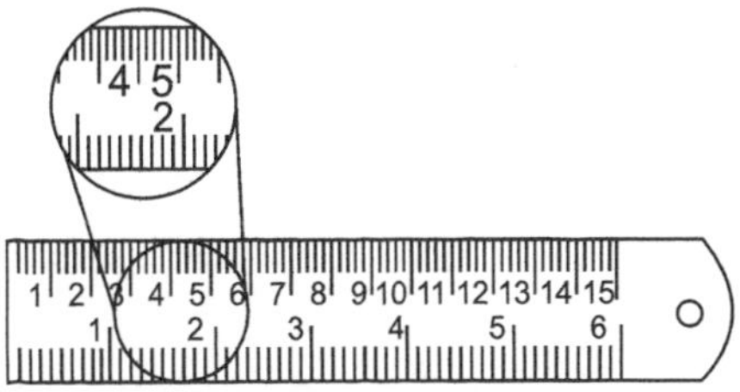	—	—
4.	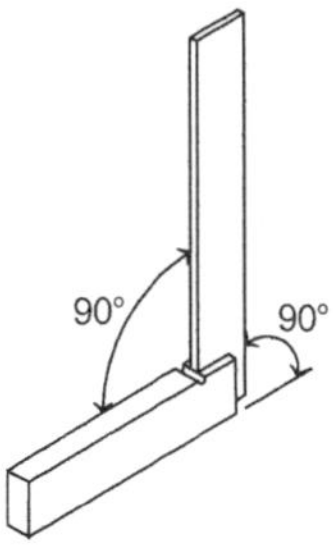	—	—
5.	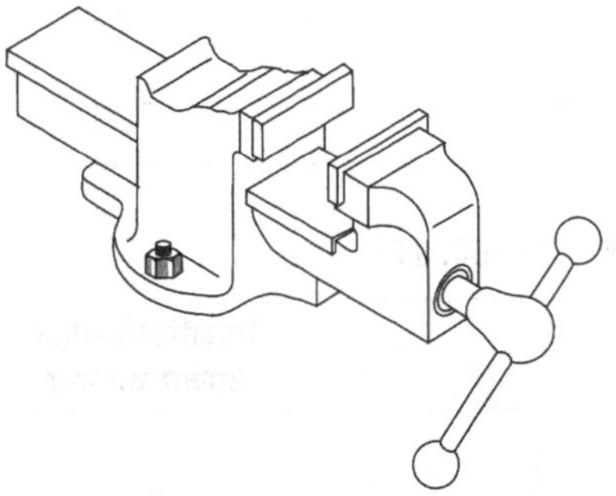	—	—
6.	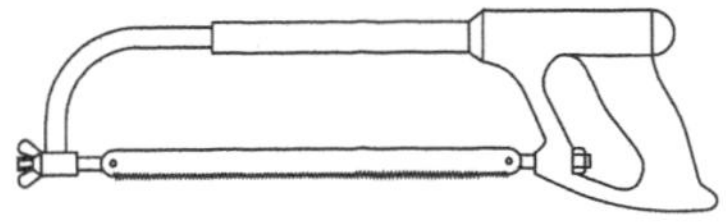	—	—
7.	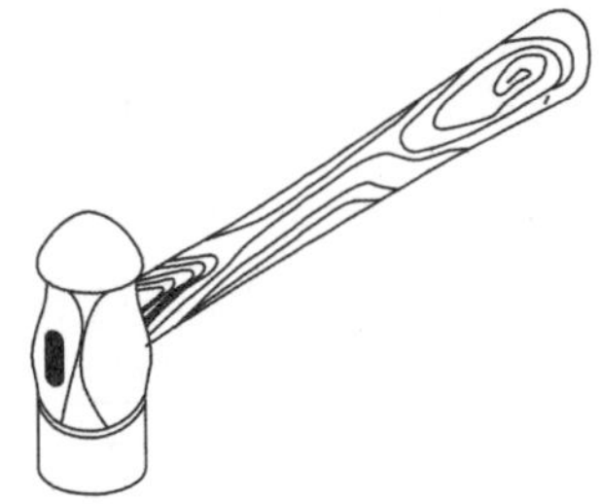	—	—
8.	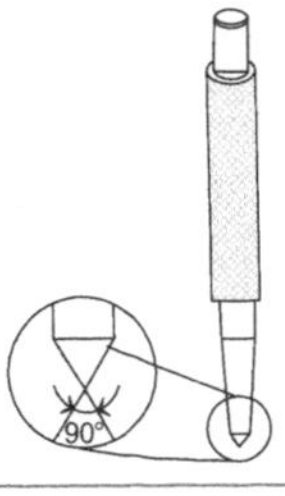	—	—

क्र.सं.	औजारों का दृश्य	विशिष्टियों सहित औजार का नाम	प्रचालन / उपयोग
9.	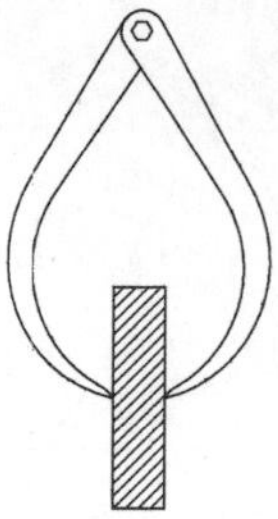	—	—
10.	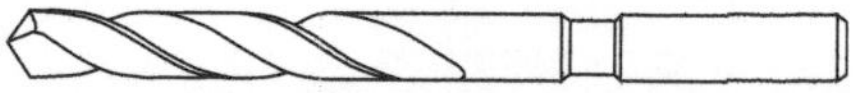	—	—
11.	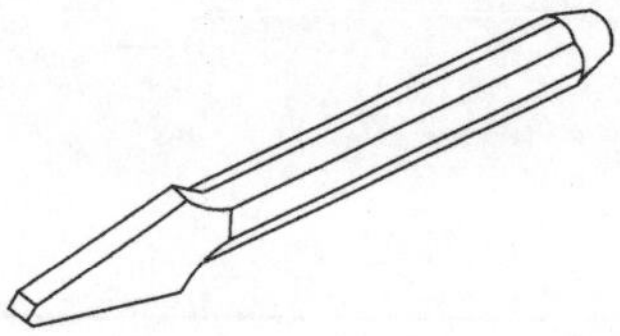	—	—
12.	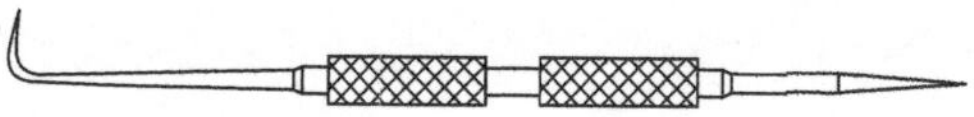	—	—

सारणी 2 कारपेंटरी औजार

क्र. सं.	औजारों का दृश्य	विशिष्टियों सहित औजार का नाम	प्रचालन / उपयोग
1.	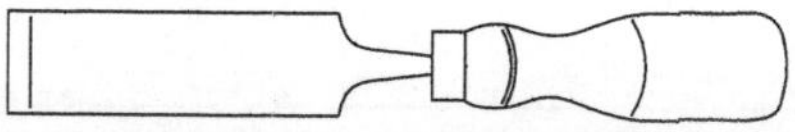	—	—
2.	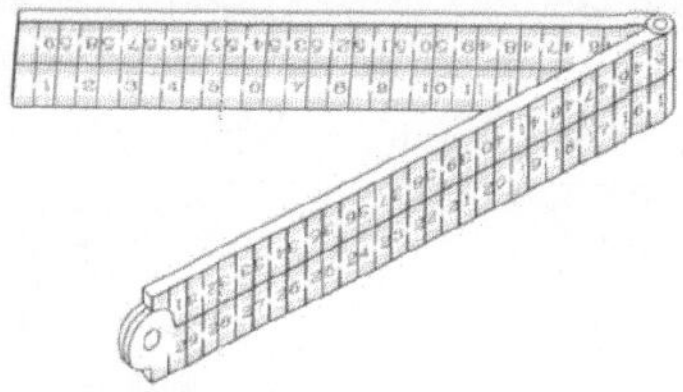	—	—
3.	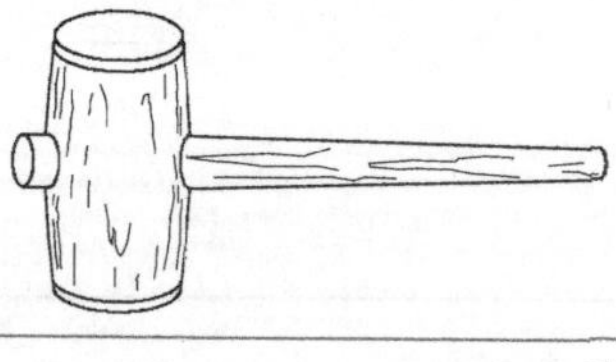	—	—
4.	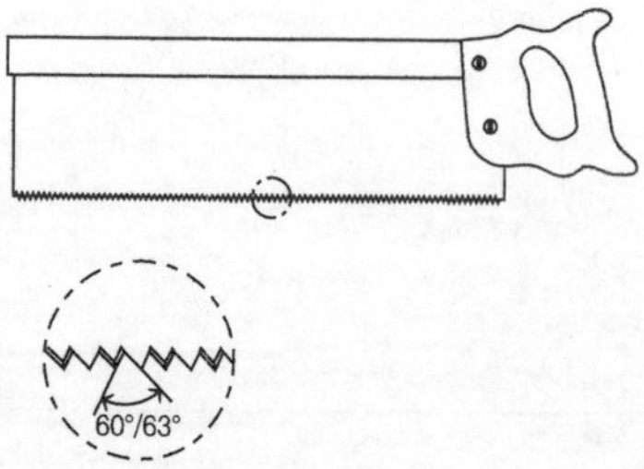	—	—

क्र. सं.	औजारों का दृश्य	विशिष्टियों सहित औजार का नाम	प्रचालन / उपयोग
5.	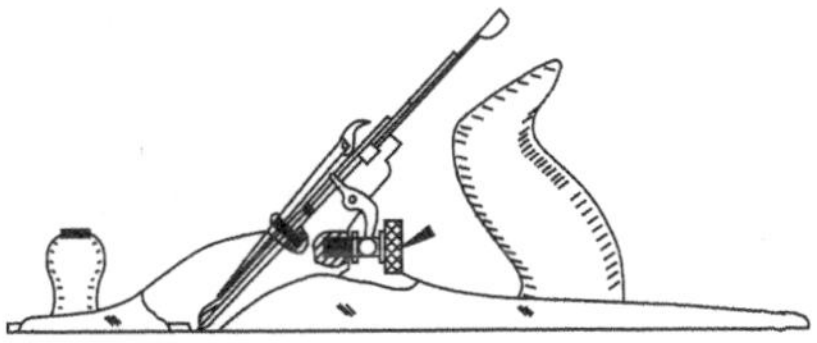	—	—
6.	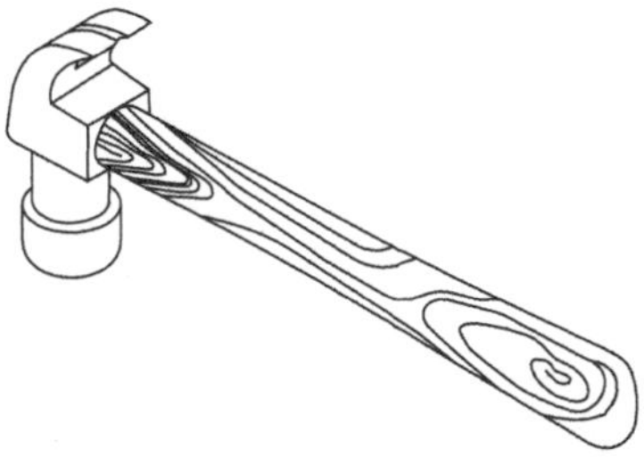	—	—
7.		—	—
8.	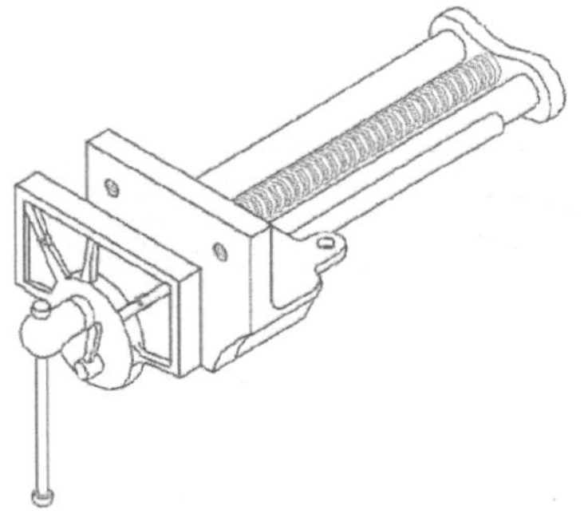	—	—
9.	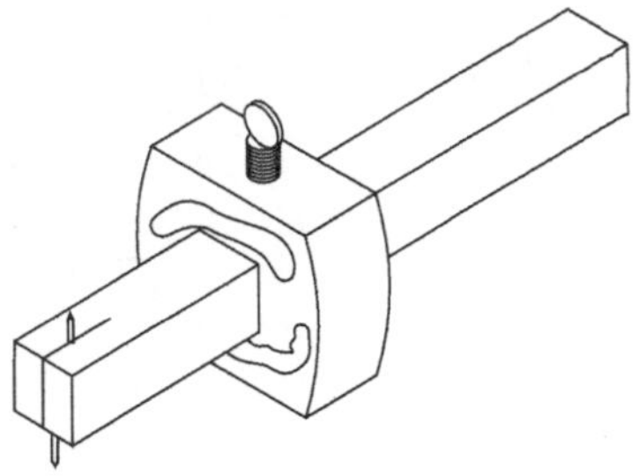	—	—
10.	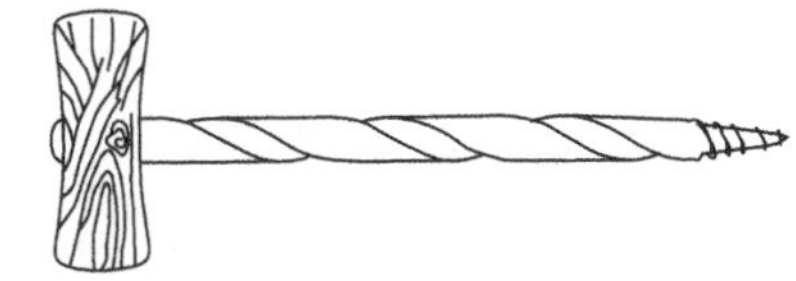	—	—
11.		—	—

सारणी 3 प्लम्बिंग औजार

क्र. सं.	औजारों का दृश्य	विशिष्टियों सहित औजार का नाम	प्रचालन/उपयोग
1.	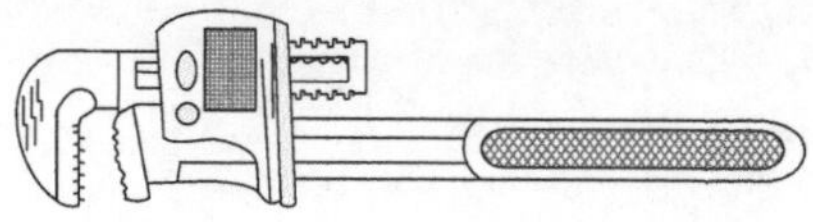	—	—
2.	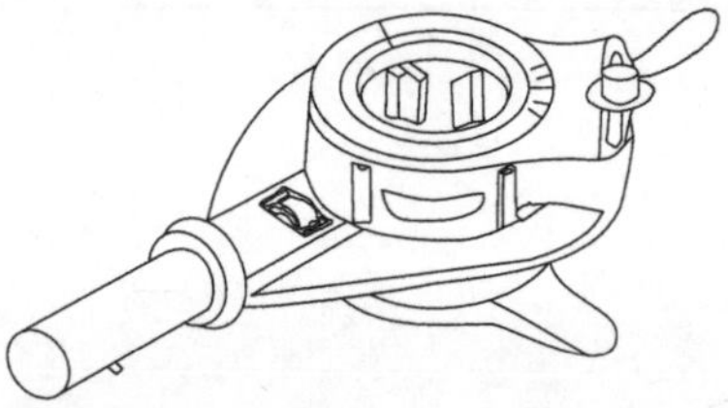	—	—
3.	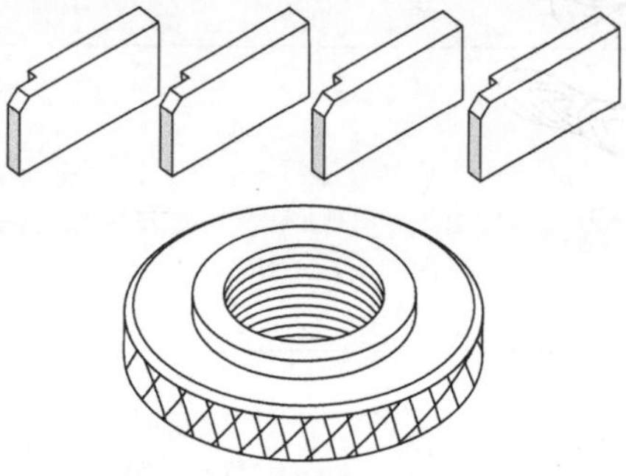	—	—
4.	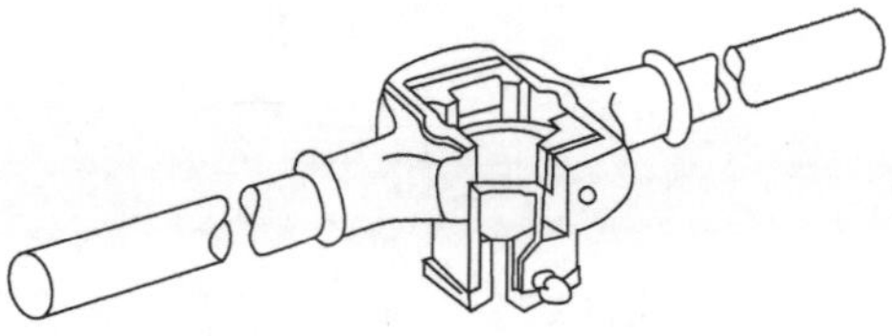	—	—
5.	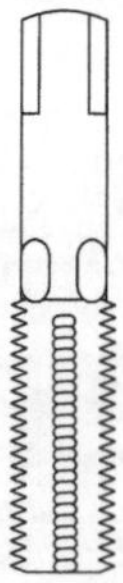	—	—

सारणी 4 शीट मैटल औजार

क्र. सं.	औजारों का दृश्य	विशिष्टियों सहित औजार का नाम	प्रचालन/उपयोग
1.	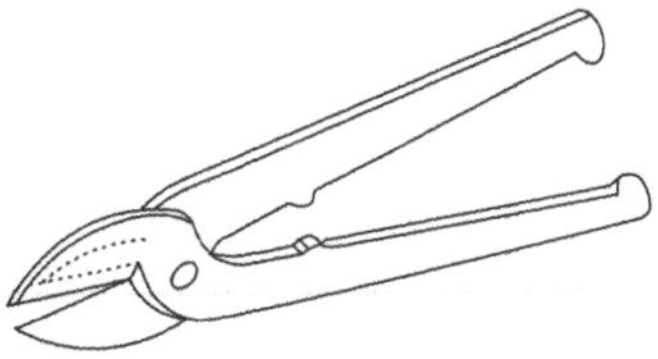	—	—
2.		—	—
3.	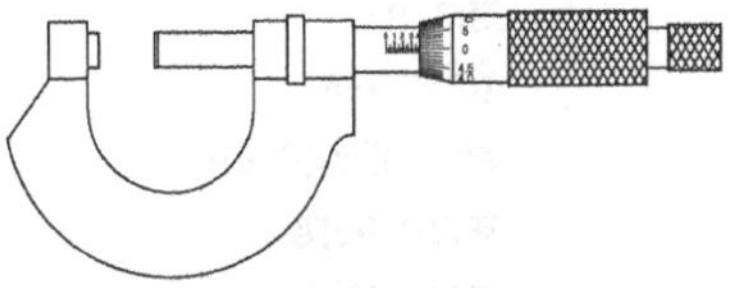	—	—
4.	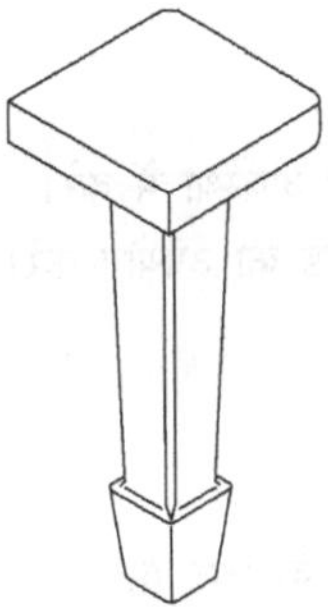	—	—
5.	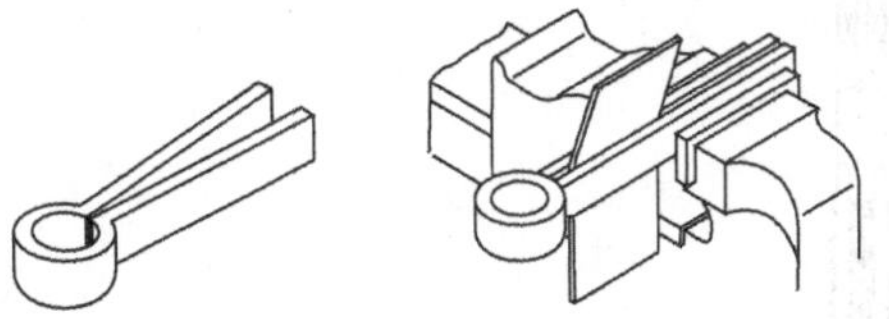	—	—

6. अपने कार्य की जाँच अनुदेशक महोदय से कराएँ।

परिणाम (Result) अनुदेशक के निरीक्षण में सम्बद्ध व्यावसायिक औजारों के प्रचालन का अभ्यास सफलतापूर्वक किया गया।

प्रैक्टिकल संख्या 14

✎ टैप का प्रयोग करके MS फ्लैट पर इनर थ्रेडिंग
Thread Inner on MS Flat by Using Tap

उद्देश्य Object

मानक आकार के टैप द्वारा MS फ्लैट प्लेट पर इनर थ्रेडिंग का अभ्यास करना।

आवश्यक उपकरण/सामग्री Essential Apparatus/Materials

- स्टील रूल
- फ्लैट फाइल
- रीमर
- टैपिंग टूल
- टेपर टैप
- बॉटमिंग टैप
- पैरेलल ब्लॉक
- बैंच वाइस
- ड्रिल
- बॉल पीन हैमर
- वर्नियर कैलीपर
- प्लग टैप
- बेंच वाइस
- ट्राई-स्क्वायर
- ड्रिल मशीन
- डॉट पंच
- थ्रेडिंग गेज
- इण्टरमीडिएट टैप
- कटिंग फ्लूड
- वुडन ब्लॉक

सुरक्षा सावधानियाँ/निर्देश Safety Precautions/Instructions

1. जॉब को वाइस में कसकर बाँधे।
2. स्टील रूल से मापन क्षैतिज अवस्था में करें।
3. छिद्रों के अनुसार टैप का चुनाव करें।
4. टैपिंग के दौरान कटिंग फ्लूड का उपयोग करें।

कार्यविधि Working Method

A. हैण्ड टैप के प्रयोग से आर-पार छिद्रों में आन्तरिक चूड़ियाँ बनाना

1. आवश्यक टैप-ड्रिल साइज में छिद्र की ड्रिलिंग करते हैं तथा टैपिंग प्रारम्भ करने से पूर्व छिद्र पर चैम्फर करते हैं। चित्र (i)

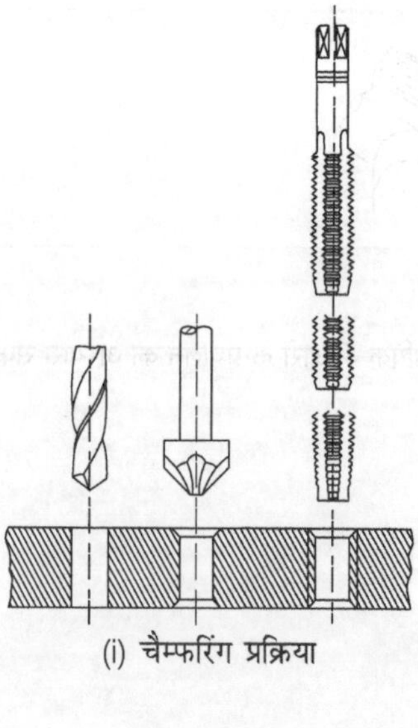

(i) चैम्फरिंग प्रक्रिया

2. जॉब को वाइस में क्षैतिज स्थिति में दृढ़तापूर्वक पकड़ते हैं तथा जॉब की ऊपरी सतह को वाइस के जॉ से कुछ ऊपर रखते हैं। चित्र (ii)
3. अब टैप को अलाइन करते हैं तथा ट्राई-स्क्वायर से अलाइनमेन्ट की जाँच करते हैं।
4. रिंच को क्षैतिज स्थिति में रखते हुए चैम्फर किए गए छिद्र में, ऊर्ध्वाधर रूप से स्थापित करते हैं तथा नीचे की ओर समान बल लगाते हुए टैप रिंच को दक्षिणावर्त दिशा (clockwise direction) में घुमाते हैं। चित्र (ii)

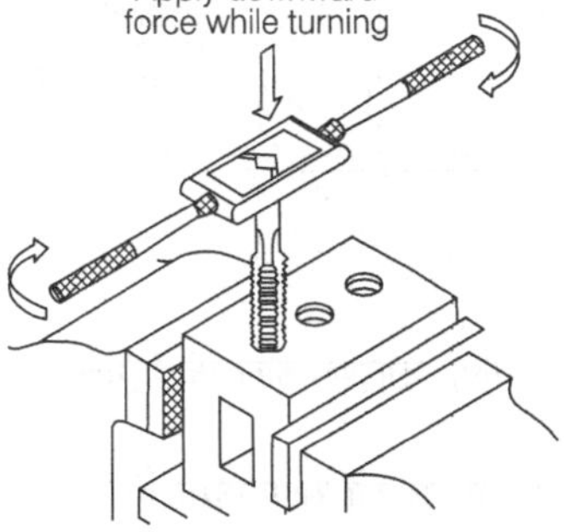

(ii) टैपिंग प्रक्रिया

5. जब चूड़ियाँ कटनी प्रारम्भ हो जाती हैं, तो समय-समय पर रिंच को हटाकर टैप तथा कार्यखण्ड की समकोणीयता की जाँच करते हैं। चित्र (iii)

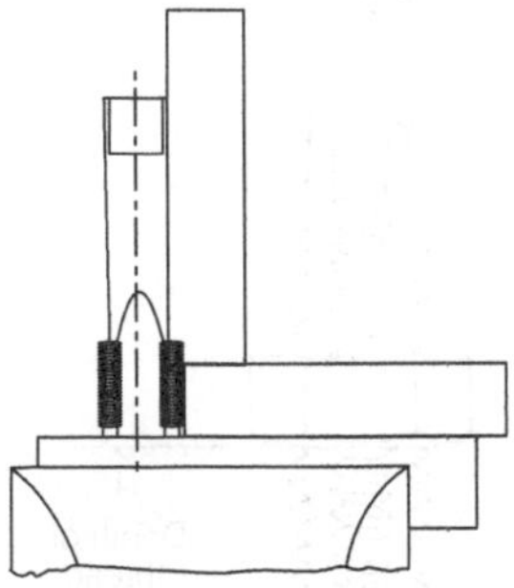

(iii) समकोणीयता की जाँच

6. यदि आवश्यकता हो, तो त्रुटि को सही करते हैं। इसके लिए टैप के झुकाव की विपरीत दिशा में दाब आरोपित करके टैप रिंच को घुमाते हैं। बिना टैप को घुमाए इस पर बल नहीं लगाना चाहिए।
7. ट्राई-स्क्वायर द्वारा पुन: टैप के अलाइनमेन्ट की जाँच करते हैं।
8. टैप के अलाइनमेन्ट को बिना खराब किए टैप रिंच को फिट करते हैं।
9. एक अथवा दो चूड़ी काटने के पश्चात् टैप अलाइनमेन्ट की जाँच करते हैं।
10. प्रथम कुछ चूड़ियों में ही टैप अलाइनमेन्ट सही हो जाना चाहिए अन्यथा यह सही नहीं होगा।
11. टैप को ऊर्ध्वाधर व्यवस्थित करने के पश्चात् बिना नीचे की ओर दाब लगाए, रिंच के सिरों को पकड़कर धीरे-धीरे घुमाते हैं।
12. रिंच को घुमाते समय गति उचित रूप से सन्तुलित रखते हैं। किसी भी साइड में अतिरिक्त दाब टैप के अलाइनमेन्ट को खराब कर सकता है तथा इससे टैप टूट भी सकता है।
13. टैप द्वारा लगातार चूड़ी काटते हैं। चिप्स को तोड़ने के लिए टैप को एक चौथाई विपरीत दिशा में घुमाते हैं। यदि गति में कोई अवरोध अनुभव होता है, तो टैप को रोककर विपरीत दिशा में घुमाते हैं। चूड़ी काटते समय कटिंग फ्लूड का प्रयोग करते हैं।
14. टैप द्वारा तब तक चूड़ी काटते हैं, जब तक कि यह पूर्ण छिद्र में चूड़ी नहीं काट देता।
15. इण्टरमीडिएट एवं प्लग टैप की सहायता से कटी हुई चूड़ियों की सफाई तथा फिनिशिंग करते हैं।
16. ब्रश की सहायता से कार्यखण्ड से छीलन हटाते हैं तथा मैचिंग स्टड या बोल्ट की सहायता से चूड़ीदार छिद्रों की जाँच करते हैं।

B. हैण्ड टैप का प्रयोग करके ब्लाइण्ड छिद्र में आन्तरिक चूड़ियाँ बनाना

1. सर्वप्रथम टैपिंग ड्रिल का आकार ज्ञात करके ब्लाइण्ड छिद्र ड्रिल करते हैं। ड्रिल की गहराई आवश्यक चूड़ियों से कुछ अधिक रखते हैं। चित्र (iv)

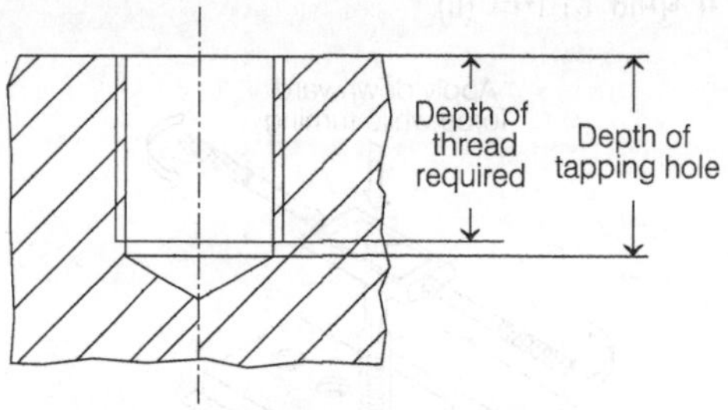

(iv) ब्लाइण्ड होल की ड्रिलिंग

2. लकड़ी की सतह पर हल्की चोट मारकर ब्लाइण्ड छिद्र से बर्र को साफ करते हैं।
3. गहराई रोकने के उद्देश्य से एक मैचिंग नट को आवश्यक गहराई तक टैप पर चढ़ा लेते हैं। चित्र (v)

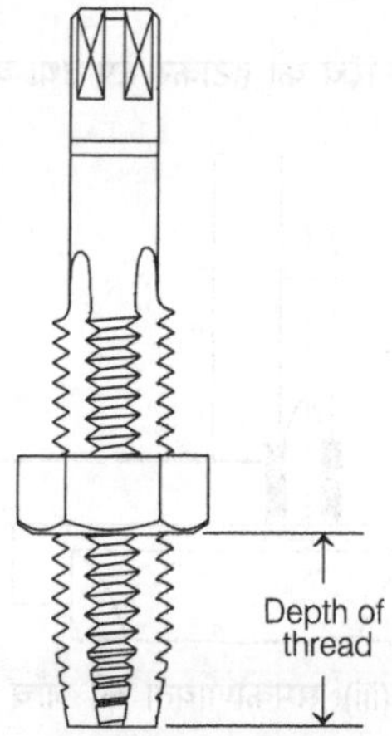

(v) टैप का चयन

4. ब्लाइण्ड छिद्र में चूड़ियों को तब तक बनाते हैं, जब तक की नट, कार्यखण्ड की सतह से स्पर्श न करने लगे।
5. समय-समय पर छिद्र से चिप्स को समतल व मुड़ी हुई वायर से निकालते रहते हैं। चित्र (vi)

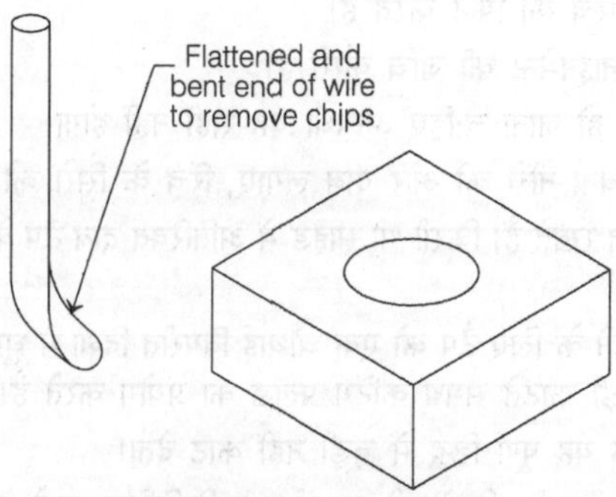

(vi) बर्र या चिप्स हटाना

6. चूड़ियों की गहराई के नियन्त्रण हेतु नट को सैट करके इसी प्रकार इण्टरमीडिएट व बॉटमिंग टैप द्वारा छिद्र की टैपिंग को समाप्त करते हैं। चित्र (vii)

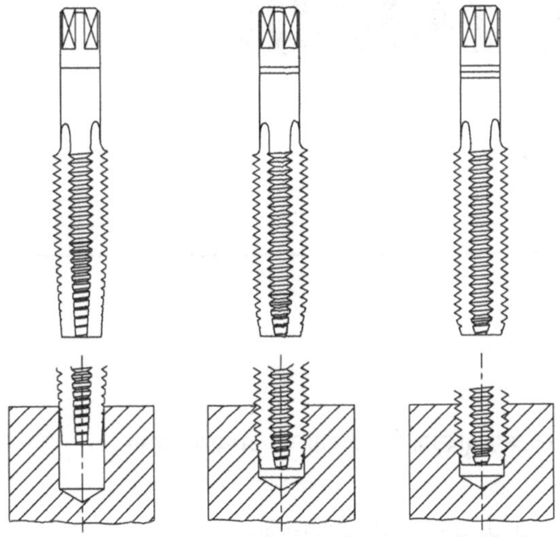

(a) टेपर टैप (b) इण्टरमीडिएट टैप (c) बॉटमिंग टैप

(vii) विभिन्न टैप द्वारा चूड़ी काटना

परिणाम (Result) मानक आकार के टैप द्वारा आन्तरिक चूड़ियाँ (बन्द छिद्रों तथा आर-पार छिद्रों में) सफलतापूर्वक काटी गईं।

प्रैक्टिकल संख्या 15

✎ विभिन्न लॉकिंग युक्तियों का उपयोग
Use Various Locking Device

उद्देश्य Object

कार्यशाला में अनुदेशक के संरक्षण में विभिन्न लॉकिंग युक्तियों के उपयोग का अभ्यास करना।

आवश्यक उपकरण/सामग्री Essential Apparatus/Materials

- स्क्वायर नट
- कॉलर सहित हेक्सॉगोनल नट
- कफ नट
- कैप नट
- कैप्स्टन नट
- विंग नट
- नर्ल्ड नट
- स्प्रिंग वाशर
- जिब हैड 'की'
- राउण्ड की
- एमरी पेपर

सुरक्षा सावधानियाँ/निर्देश Safety Precautions/Instructions

1. लॉकिंग युक्तियों के उपयोग से पूर्व इन्हें साफ कर लेना चाहिए।
2. लॉकिंग युक्तियों को उचित विधि द्वारा लॉक करना चाहिए।
3. प्रयोग के समय अनुदेशक द्वारा दिए गए निर्देशों का पालन करें।
4. कार्यशाला में अनुशासन मे रहें।
5. प्रयोग पूर्ण होने के पश्चात् सामग्री को यथास्थान रखें।

कार्यविधि Working Method

1. सर्वप्रथम विभिन्न प्रकार की लॉकिंग युक्तियों के सम्बन्ध में जानकारी एकत्र करते हैं।
2. कार्यशाला में उपस्थित लॉकिंग युक्तियों के चार्ट का अवलोकन करते हैं।
3. लॉकिंग युक्तियों की कार्यविधि से अवगत होते हैं।

4. लॉकिंग युक्तियों के नाम तथा इनके उपयोगों को दी गई सारणी में नोट करते हैं।

क्र.सं.	लॉकिंग युक्तियों का नाम	चित्र	उपयोग
1.	स्क्वायर नट		
2.	कॉलर के साथ हेक्सॉगोनल नट	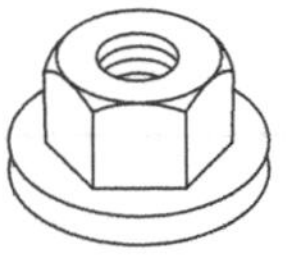	
3.	कफ नट	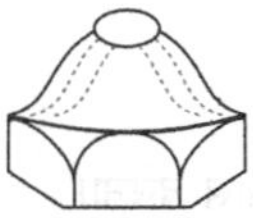	
4.	कैप नट		
5.	विंग नट		
6.	स्प्रिंग वाशर	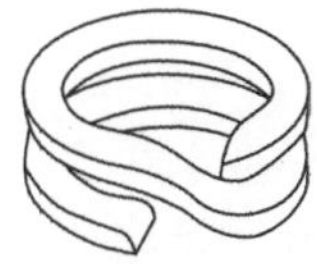	
7.	जिब हैड 'की'		
8.	राउण्ड 'की'	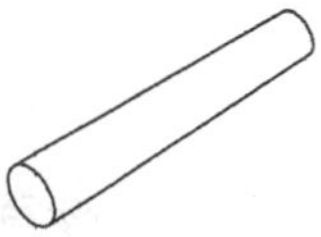	

5. सारणी की जाँच अनुदेशक महोदय से कराते हैं।

परिणाम (Result) विभिन्न लॉकिंग युक्तियों के उपयोग का अभ्यास सफलतापूर्वक किया गया।

प्रैक्टिकल संख्या 16

✎ डाई का प्रयोग करके पाइप पर आउटर थ्रेड
Outer Thread on Pipe by Using Die

उद्देश्य Object

डाई का प्रयोग करके पाइप पर आउटर थ्रेड काटने का अभ्यास करना।

आवश्यक उपकरण/सामग्री Essential Apparatus/Materials

- रॉड/पाइप
- डाई स्टॉक
- ट्राई-स्क्वायर
- ब्रश
- बेंच वाइस
- फाइल
- लुब्रिकेन्ट
- मैचिंग नट
- डाई
- स्टील रूल
- कूलैन्ट
- नट

सुरक्षा सावधानियाँ/निर्देश Safety Precautions/Instructions

1. जॉब को वाइस में कसकर पकड़ें।
2. डाई को स्टॉक में संरेखित करके फिक्स करें।
3. स्टॉक को ब्लैंक पर लम्बवत् रूप में फिक्स करें।
4. चिप्स/बर्र को हटाने के लिए ब्रश का उपयोग करें।
5. काटी गई थ्रेड को मैचिंग नट से ध्यानपूर्वक चैक करें।

कार्यविधि Working Method

1. उचित प्रकार के पाइप का चयन करते हैं तथा पाइप के सिरों की चैम्फरिंग करते हैं।
2. पाइप को वाइस में कसकर पकड़ते हैं।
3. डाई को डाई स्टॉक में फिक्स करते हैं। चित्र (i)

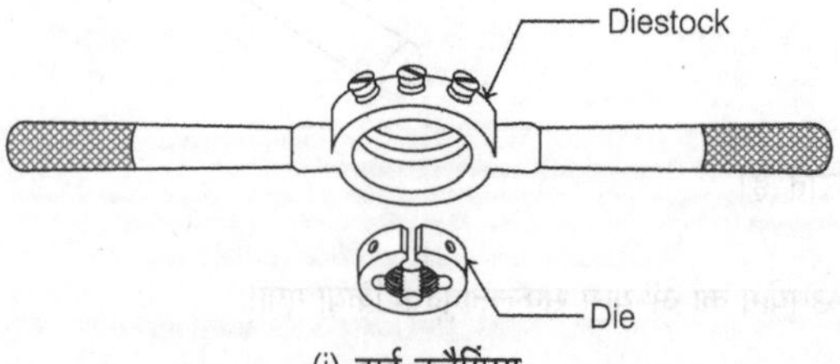

(i) डाई क्लैम्पिंग

4. डाई स्टॉक के सेन्टर को टाइट करते हुए डाई को पूरा खोलते हैं। चित्र (ii)

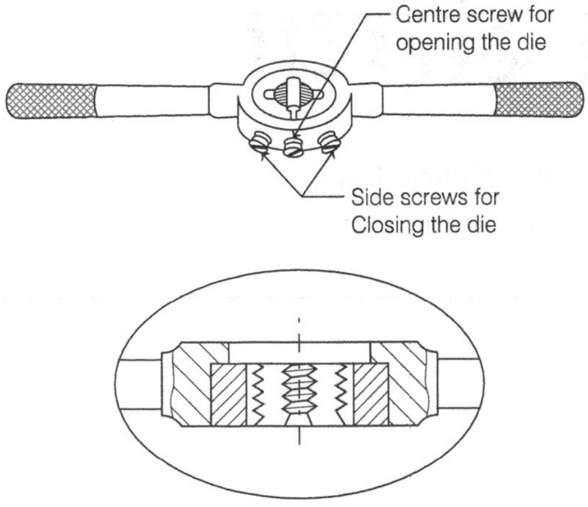

(ii) डाई एडजस्टिंग

5. डाई की लीडिंग एज को पाइप के चैम्फर एण्ड पर रखते हैं।
6. स्टॉक को पाइप पर लम्बवत् रूप में फिक्स करते हैं। चित्र (iii)

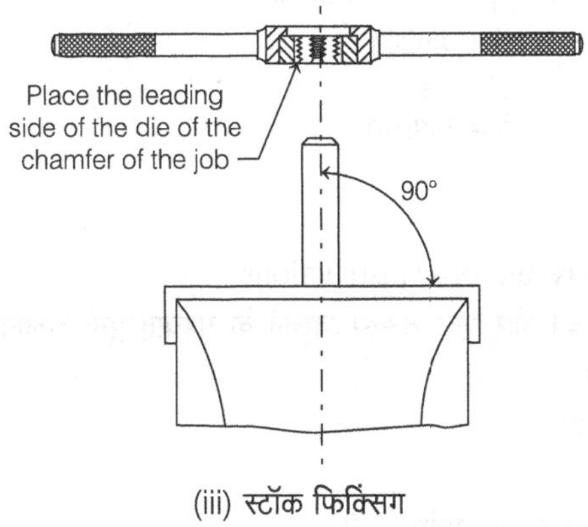

(iii) स्टॉक फिक्सिग

7. स्टॉक को दक्षिणावर्त घुमाते हुए समान दाब के साथ थ्रेड काटते हैं। चित्र (iv)

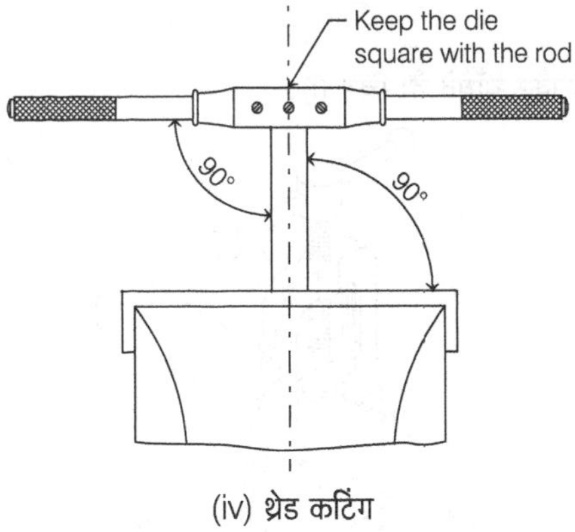

(iv) थ्रेड कटिंग

8. धीरे-धीरे स्टॉक को घुमाते हुए थ्रेड काटते हैं।
9. चिप्स/बर्र को तोड़ने के लिए डाई स्टॉक को थोड़ा-सा वामावर्त दिशा में घुमाते हैं।

परिणाम (Result) डाई का प्रयोग करके पाइप पर आउटर थ्रेड काटने का अभ्यास सफलतापूर्वक किया गया।

प्रैक्टिकल संख्या 17

✎ पाइप की विभिन्न स्थितियों में विभिन्न प्रकार की पाइप फिटिंग
Fixing of Different Pipe Fittings in Different Positions of Pipe

उद्देश्य Object

विभिन्न स्थितियों में विभिन्न प्रकार की पाइप फिटिंग को फिट करने का अभ्यास करना।

आवश्यक उपकरण/सामग्री Essential Apparatus/Materials

- पाइप वाइस
- सीलिंग कम्पाउण्ड
- पाइप कपलिंग
- एल्बो
- प्लेन कपलिंग
- GI बैण्ड
- रिब्ड कपलिंग
- बैरल निप्पल
- रिड्यूसर
- पाइप रिंच

सुरक्षा सावधानियाँ/निर्देश Safety Precautions/Instructions

1. पाइप पर चूड़ियाँ काटते समय डाई को आगे की ओर एक चक्कर चलाने के पश्चात् पुनः चलाना चाहिए, ताकि कटे चिप्स नीचे गिरते रहें।
2. चूड़ी काटते समय लुब्रिकेन्ट का उपयोग करें।
3. पाइप के जोड़ों में कोई लीकेज नहीं होना चाहिए।
4. पाइप फिटिंग में अधिक जोड़ न लगाएँ।
5. जहाँ आवश्यक हो पाइप फिटिंग में वहीं उपसाधन का उपयोग करें।

कार्यविधि Working Method

1. सर्वप्रथम पाइप नम्बर-2 को पाइप वाइस में कसकर बाँधते हैं। चित्र (i)

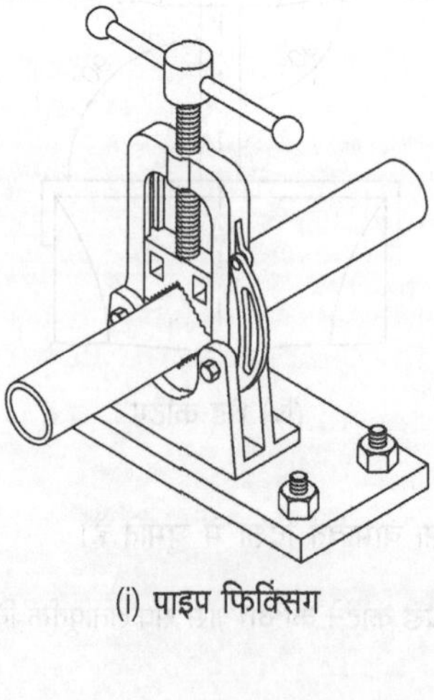

(i) पाइप फिक्सिंग

2. पाइप की बाह्य चूड़ियों पर हैम्प पैकिंग /कॉटन थ्रेड मैटेरियल लगाते हैं, जैसा कि निम्न चित्र में दर्शाया गया है। चित्र (ii)

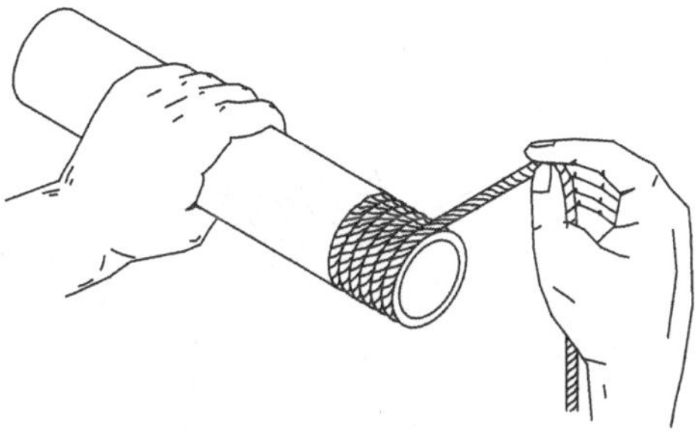

(ii) हैम्प पैकिंग

3. पाइप थ्रेड पर सीलिंग कम्पाउण्ड लगाते हैं। चित्र (iii)

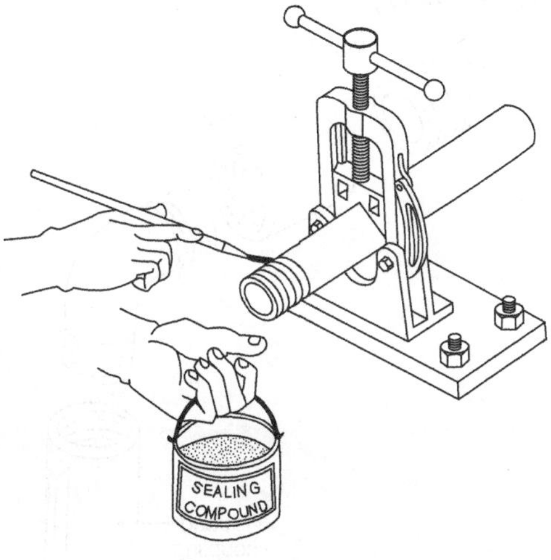

(iii) सिलिंग कम्पाउण्ड लगाना

4. पाइप नम्बर-2 पर 4-वे क्रॉस फिट करते हैं तथा इसे पाइप रिंच द्वारा कसते हैं। चित्र (iv)

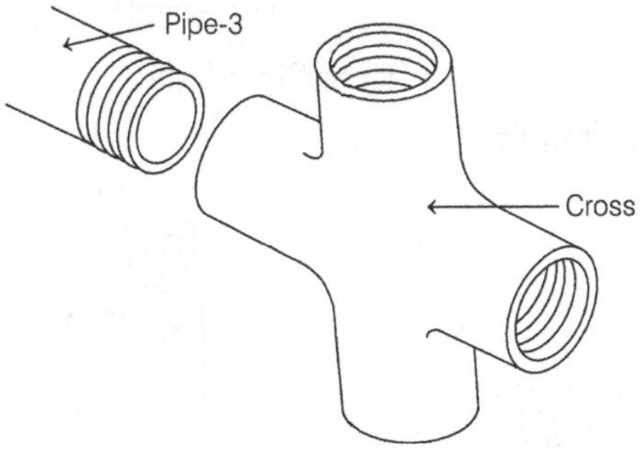

(iv) क्रॉस फिटिंग

5. पाइप नम्बर-3 के दूसरे सिरे पर प्लेन कपलिंग लगाते हैं। चित्र (v)

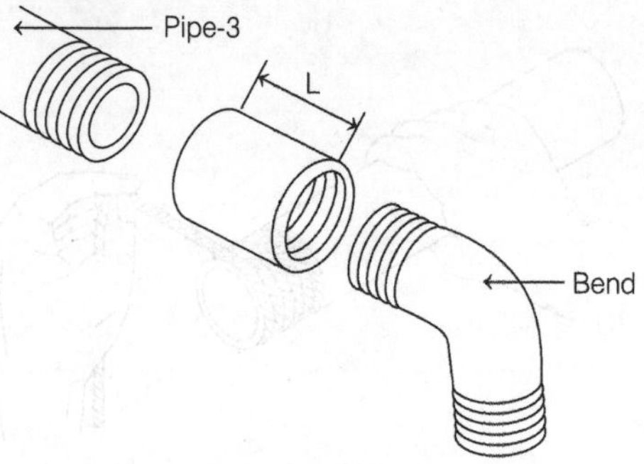

(v) प्लेन कपलिंग फिक्सिग

6. प्लेन कपलिंग पर GI बैण्ड लगाते हैं।
7. GI बैण्ड के दूसरे सिरे पर रिब्ड कपलिंग लगाते हैं। चित्र (vi)

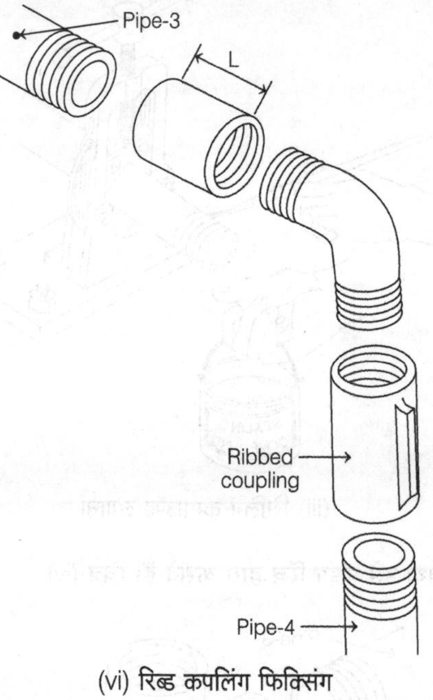

(vi) रिब्ड कपलिंग फिक्सिंग

8. पाइप नम्बर-4 को रिब्ड कपलिंग से कनैक्ट करते हैं। चित्र (vii)

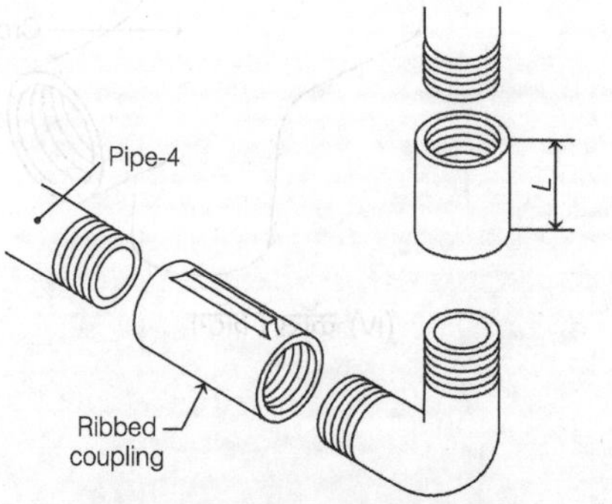

(vii) रिब्ड कपलिंग के साथ पाइप कनैक्शन

9. पाइप नम्बर-4 से 'T' को फिट करते हैं। चित्र (viii)

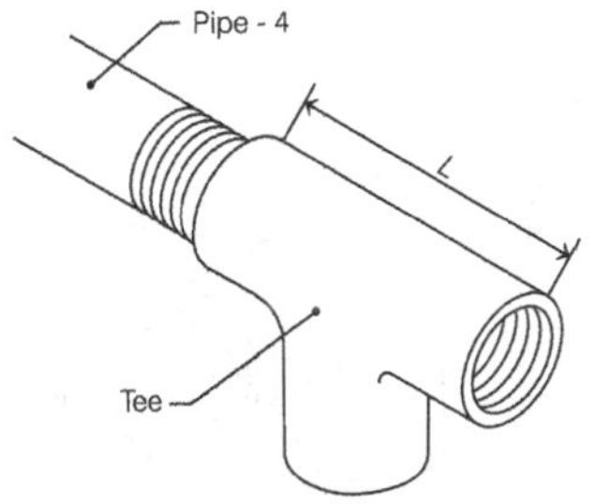

(viii) T-फिटिंग कनैक्शन करना

10. 'T' के विपरीत सिरे से पाइप नम्बर-5 को संयोजित करते हैं। चित्र (ix)

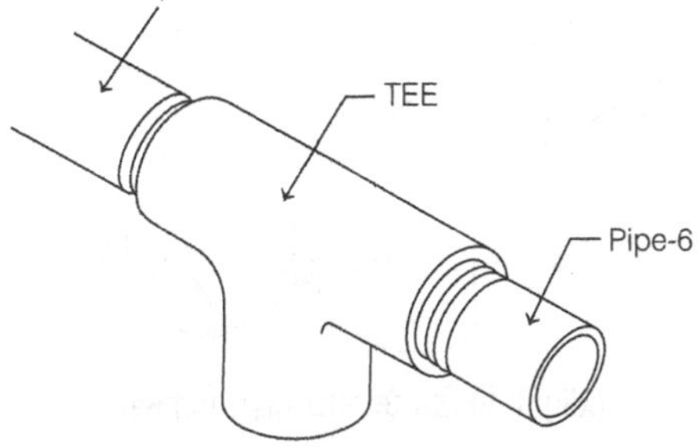

(ix) T-फिटिंग के साथ पाइप कनैक्शन

11. पाइप नम्बर-5 से एल्बो को संयोजित करते हैं। चित्र (x)

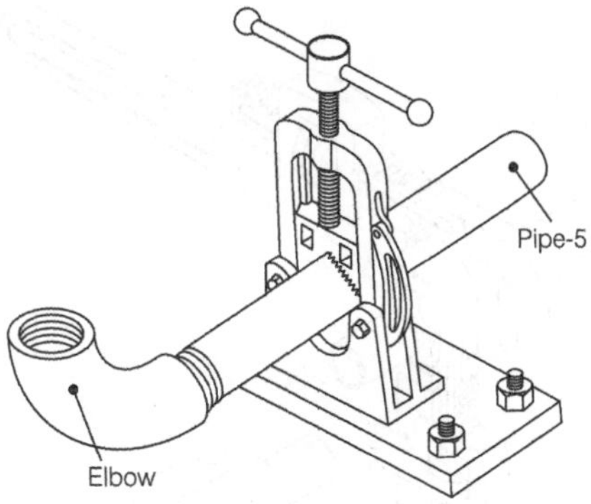

(x) एल्बो फिक्सिग

12. पाइप नम्बर-6 को एल्बो के दूसरे सिरे पर फिट करते हैं। चित्र (xi)

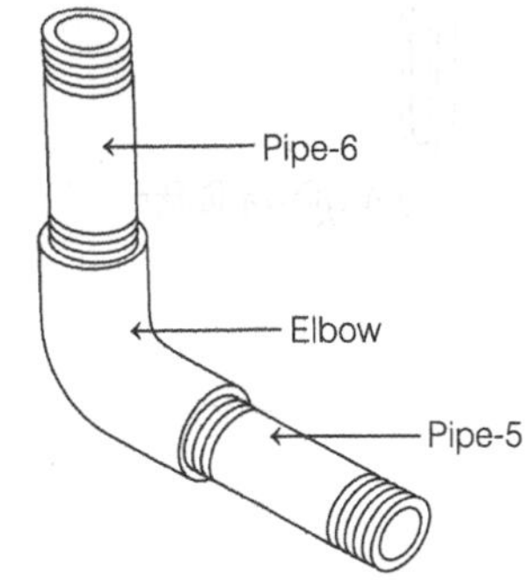

(xi) एल्बो के साथ पाइप फिक्सिग

13. पाइप नम्बर-6 से 'T' को कनैक्ट करते हैं। चित्र (xii)

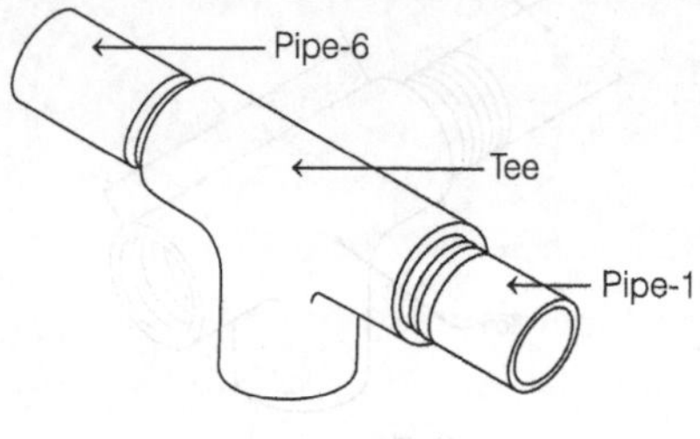

(xii) T-फिटिंग

14. 'T' के विपरीत सिरे से पाइप नम्बर-1 को संयोजित करते हैं। चित्र (xiii)

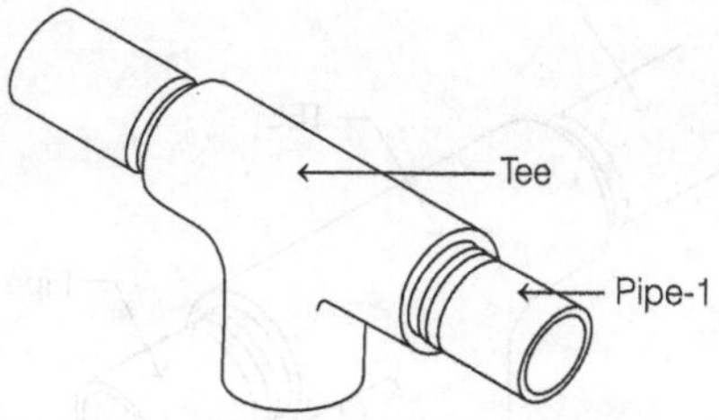

(xiii) T-फिटिंग के साथ पाइप फिक्सिग

15. यूनियन में रबर वाशर को फिट करते हैं तथा पाइप नम्बर 1 व 2 के साथ यूनियन को फिट करते हैं।
16. यूनियन के एक सिरे को पाइप रिंच से पकड़ते हैं। चित्र (xiv)

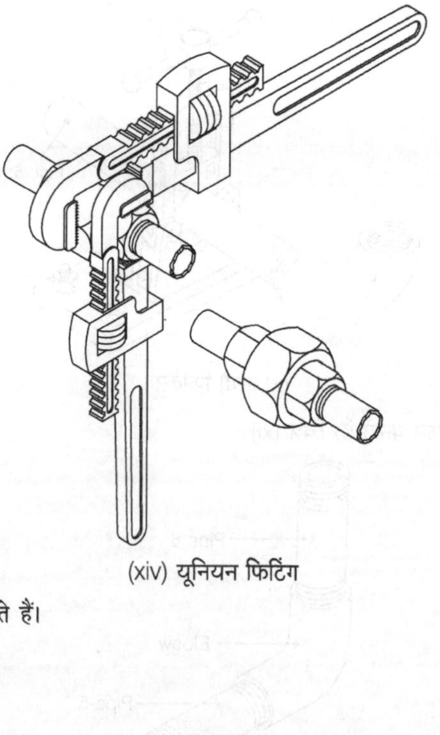

(xiv) यूनियन फिटिंग

17. दोनों पाइप रिंचों को विपरीत दिशाओं में घुमाते हैं।

18. क्रॉस की बाईं साइड में 150 mm साइज का एक बैरल निप्पल फिट करते हैं तथा इस पर एक कैप फिट करते हैं। चित्र (xv)

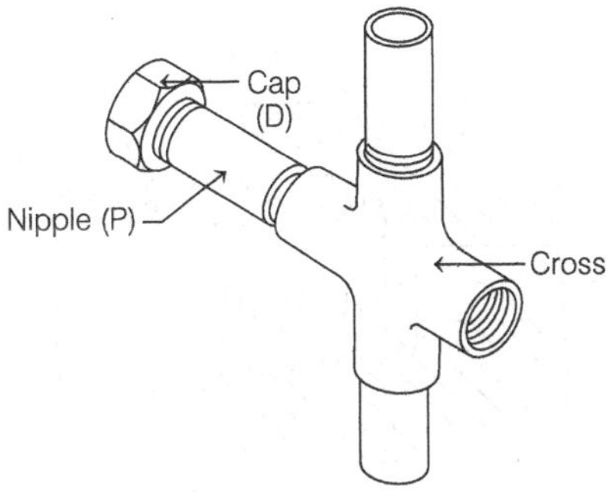

(xv) क्रॉस फिटिंग

19. क्रॉस के दूसरे सिरे पर 150 mm साइज का दूसरा बैरल निप्पल फिट करते हैं। चित्र (xvi)

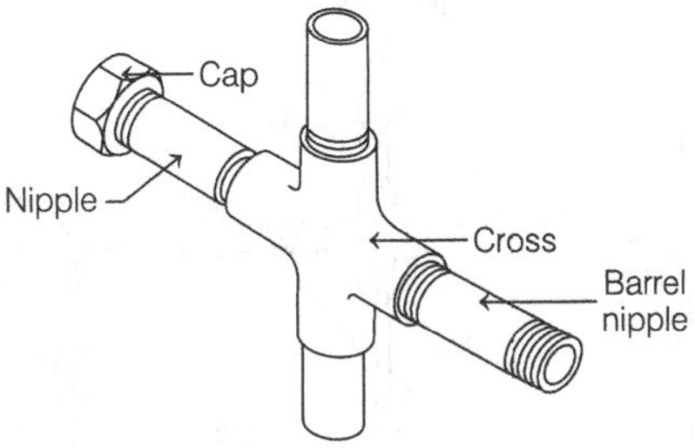

(xvi) क्रॉस फिटिंग के साथ पाइप कनैक्शन

20. बैरल निप्पल से रिड्यूसर को कनैक्ट करते हैं।
21. रिडयूसर के अन्य सिरे पर बिब कॉक को असेम्बल करते हैं। चित्र (xvii)

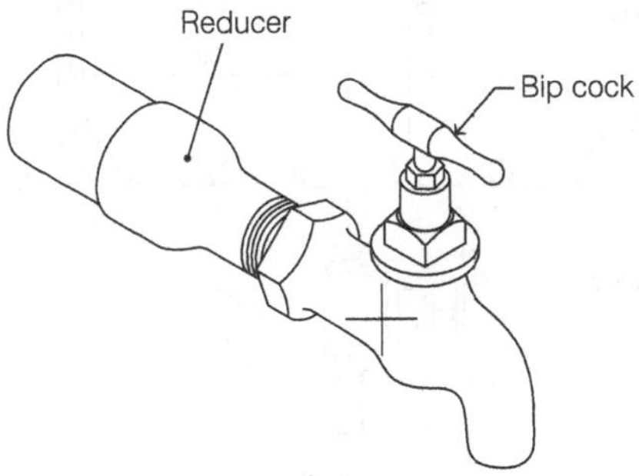

(xvii) रिड्यूसर असेम्बली

22. 'T' के निचले सिरे से 100 mm साइज का बैरल निप्पल फिट करते हैं। चित्र (xviii)

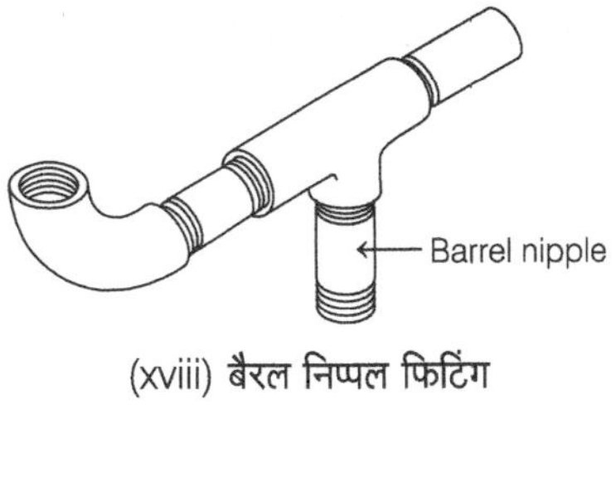

(xviii) बैरल निप्पल फिटिंग

23. 100 mm साइज के बैरल निप्पल से गेट वॉल्व को असेम्बल करते हैं तथा वाल्व तथा पाइप के बीच क्लीयरैन्स प्रदान करते हैं, जैसा कि चित्र में दर्शाया गया है। चित्र (xix)

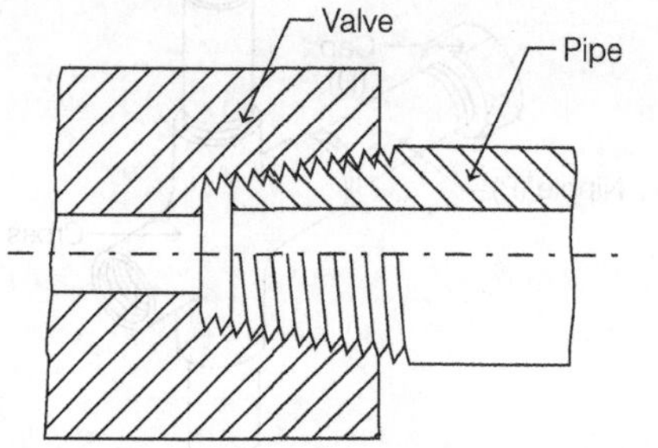

(xix) गेट वाल्व फिटिंग

24. सभी पाइपों एवं पाइप फिटिंग्स को असेम्बल करने के पश्चात् हमें निम्नलिखित पाइप असेम्बली प्राप्त होगी। चित्र (xx)

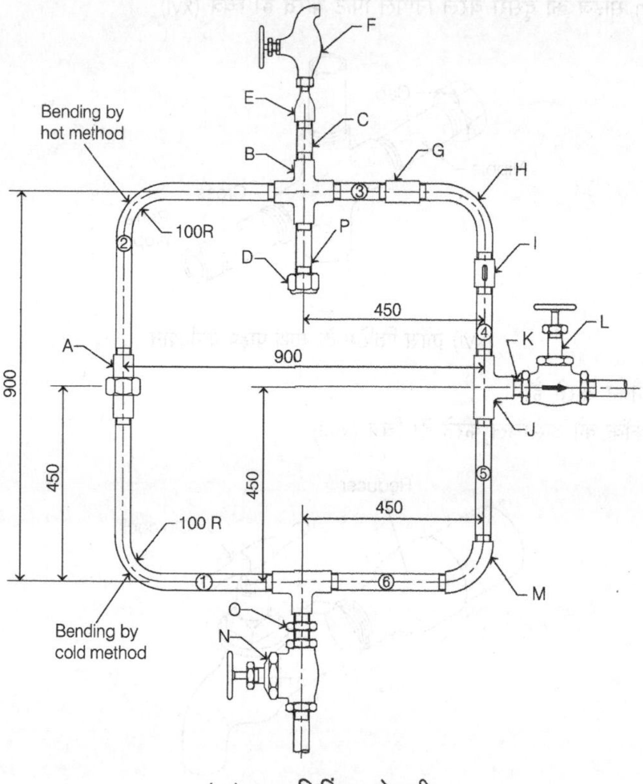

(xx) पाइप फिटिंग असेम्बली

परिणाम (Result) विभिन्न स्थितियों में विभिन्न प्रकार की पाइप फिटिंग्स को फिट करने का अभ्यास सफलतापूर्वक किया गया।

प्रैक्टिकल संख्या 18

✎ विभिन्न प्रकार के कोणों पर भिन्न-भिन्न व्यास के पाइपों की कटिंग
Cutting Different Diameter of MS Pipes in Different Angles

उद्देश्य Object

विभिन्न प्रकार के कोणों पर भिन्न-भिन्न व्यास के MS पाइपों की कटिंग करने का अभ्यास करना।

आवश्यक उपकरण/सामग्री Essential Apparatus/Materials

- MS पाइप
- संडासी
- एनविल
- पंच
- हैमर
- टेम्प्लेट
- स्पार्क लाइटर
- ऑक्सी-एसीटिलीन कटिंग मशीन
- वर्क टेबल

सुरक्षा सावधानियाँ/निर्देश Safety Precautions/Instructions

1. अनुदेशक द्वारा प्रयोग सम्बन्धी दिये गये निर्देशों का ध्यानपूर्वक अनुसरण करें।
2. प्रयोग सम्बन्धी सामग्री को ध्यानपूर्वक एकत्रित करें।
3. तत्पश्चात् 10 मिमी व्यास के पाइप की कटिंग के लिए 1.2 मिमी नॉजिल का प्रयोग करें।
4. एसीटिलीन का दाब 0.15 kg/cm^3 तथा ऑक्सीजन का दाब 1.4 से 2 kg/cm^3 रखें।
5. नॉजिल को पाइप से 7-8 मिमी की दूरी पर रखें।
6. कटिंग के दौरान फेस शील्ड अवश्य पहनें।

कार्यविधि Working Method

1. सर्वप्रथम पाइप पर कटिंग करने से पूर्व पंच व हैमर द्वारा मार्किंग करते हैं।
2. कटिंग मशीन को व्यवस्थित करते हैं। चित्र (i)

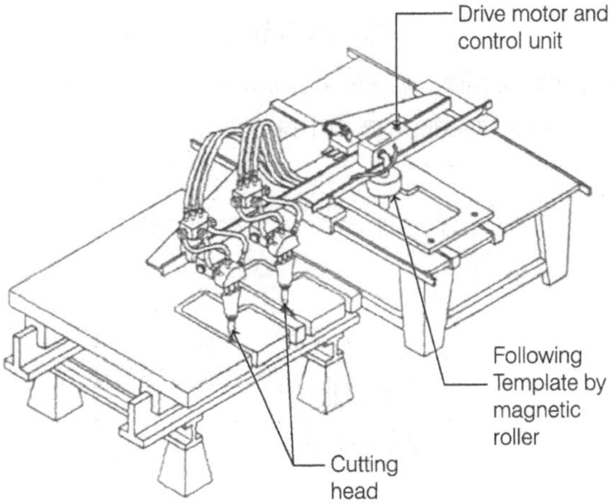

(i) मशीन सैटिंग

3. ऑक्सी-एसीटिलीन गैस सिलेण्डर, रेगुलेटर एवं उपयुक्त नॉजिल को व्यवस्थित करते हैं तथा PPE किट धारण करते हैं। चित्र (ii)

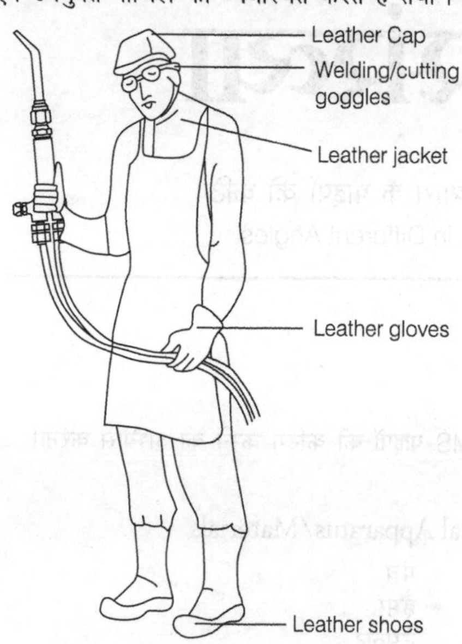

(ii) प्रारम्भिक वैल्डिंग सैटिंग

4. कटिंग मशीन टेबल पर पाइप को फिक्स करते हैं। चित्र (iii)

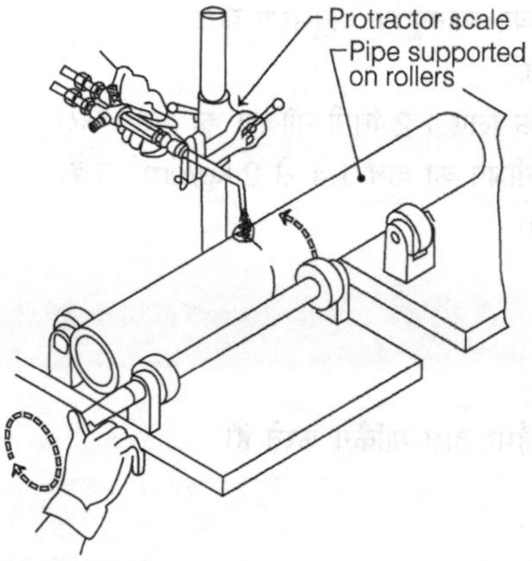

(iii) जॉब फिक्सिग

5. नॉजिल के आकार के अनुसार एसीटिलीन तथा ऑक्सीजन का दाब सैट करते हैं।
6. कटिंग टॉर्च को प्रज्वलित करके न्यूट्रल फ्लेम को विकसित करते हैं। चित्र (iv)

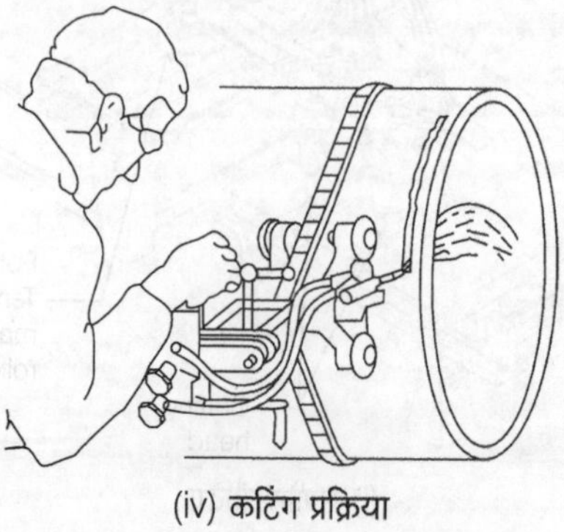

(iv) कटिंग प्रक्रिया

7. हाथ को नियन्त्रित करते हुए पाइप कटिंग मशीन से पाइप की कटिंग करते हैं। चित्र (v)

(v) फ्लेम इग्नीशन

8. पाइप के किनारों को फाइल द्वारा एक समान बनाते हैं।

परिणाम (Result) विभिन्न प्रकार के कोणों पर भिन्न-भिन्न व्यास के MS पाइपों की कटिंग करने का अभ्यास सफलतापूर्वक किया गया।

प्रैक्टिकल संख्या 19

✎ गैस वैल्डिंग द्वारा समान व्यास में पाइप को जोड़ना
Joining of Pipe in Same Diameter by Gas Welding

उद्देश्य Object

गैस वैल्डिंग द्वारा समान व्यास में पाइप को जोड़ने का अभ्यास करना।

आवश्यक उपकरण/सामग्री Essential Apparatus/Materials

- संडासी
- कार्बन स्टील वायर ब्रश
- इलेक्ट्राड-4 मिमी व्यास
- आवश्यक सुरक्षा सामग्री
- हैक्सॉ
- ब्लो पाइप
- चिपिंग हैमर
- नॉजिल न. 5 व 7
- वर्क टेबल
- फिलर रॉड-1.5 मिमी व्यास
- फाइल
- MS पाइप 50 मिमी ϕ तथा 3 मिमी WT और 50 मिमी लम्बाई
- एनविल
- फिक्स्चर
- वैल्डिंग मशीन सैट
- सेन्टर पंच
- चैम्फरिंग टूल

सुरक्षा सावधानियाँ/निर्देश Safety Precautions/Instructions

1. वैल्डिंग आरम्भ करने से पूर्व सभी सुरक्षा उपकरणों का उपयोग करें।
2. प्लेट की मोटाई के अनुसार इलेक्ट्राड का व्यास व करण्ट निर्धारित करें।
3. वैल्डिंग मशीन में अधिक लम्बी लीड का प्रयोग न करें।
4. वैल्डिंग मशीन में केबिल जोड़ने के लिए केबिल संयोजकों का प्रयोग करें।
5. आँखों को चमक से बचाने के लिए वैल्डिंग स्क्रीन का प्रयोग करें।
6. वैल्डिंग बीड के पूर्ण होने पर क्रेटर अवश्य भरें।

कार्यविधि Working Method

1. पाइपों को हैक्सॉ से 77 मिमी लम्बाई पर काटते हैं तथा उसके किनारों को 75 मिमी लम्बाई पर वर्गाकार फाइल करते हैं। पाइप के निचले किनारे पर 1.5 मिमी के रूट अन्तराल फलक (land) को छोड़ते हुए पाइप के बाहरी किनारे को 30-35° कोण पर चैम्फर (chamfer) करते हैं। चित्र (i)

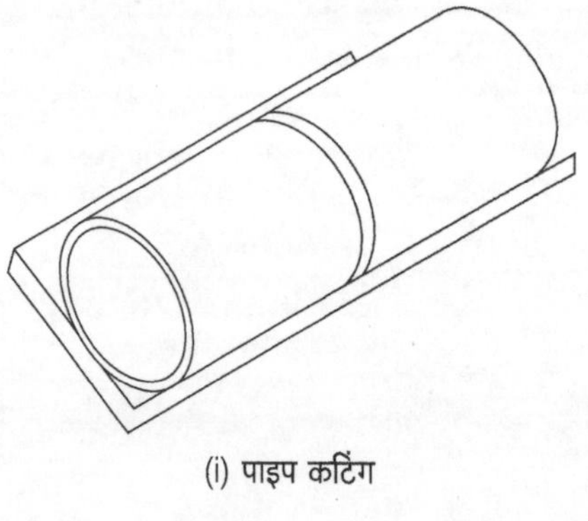

(i) पाइप कटिंग

2. कटे पाइपों से बर्र (burrs) को हटाने के पश्चात् आन्तरिक तथा बाहरी सतह को साफ करते हैं।
3. न. 5 साइज के नॉजिल को लगाते हैं तथा 1.6ϕ CCMS फिलर रॉड का चयन करते हैं तथा दोनों गैसों के लिए 0.15 किग्रा/सेमी^{2} दाब सैट करते हैं।
4. उचित रूट गैप के साथ सम-अक्षीय पाइप बट जोड़ को बनाने के लिए 2 पाइपों को कोण या चैनल फिक्स्चर पर सैट करते हैं।
5. आपेक्षित सुरक्षा के पूर्व उपायों का अनुपालन करते हैं।
6. न्यूट्रल फ्लेम को सैट करते हैं।
7. पाइपों के बीच 1.5 मिमी रूट अन्तराल रखते हुए तीन स्थानों में (120° पर) टैक वैल्ड करते हैं।
8. पाइप परिधि को चार खण्डों में विभाजित करते हैं। पाइप को फिक्स्चर पर क्षैतिज रखते हैं।
9. उचित ब्लो पाइप तथा फिलर रॉड के कोण के उपयोग से 3 बजे की स्थिति से आरम्भ करते हुए 12 बजे की स्थिति तक रूट रन को डिपोजिट करते हैं। चित्र (ii)

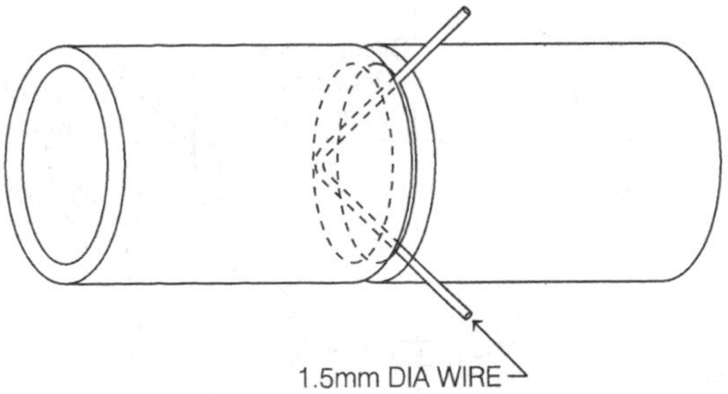

(a) रूट गैप को सैट करने हेतु बैन्ट वायर या उपयुक्त स्पेसर का उपयोग

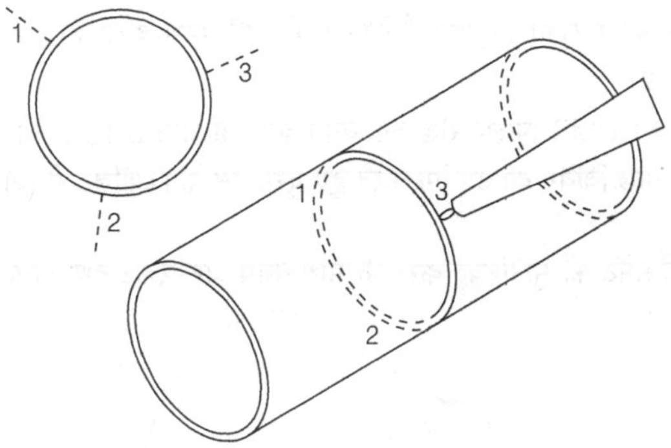

(b) बिन्दुओं 1, 2 व 3 पर टैक वैल्ड

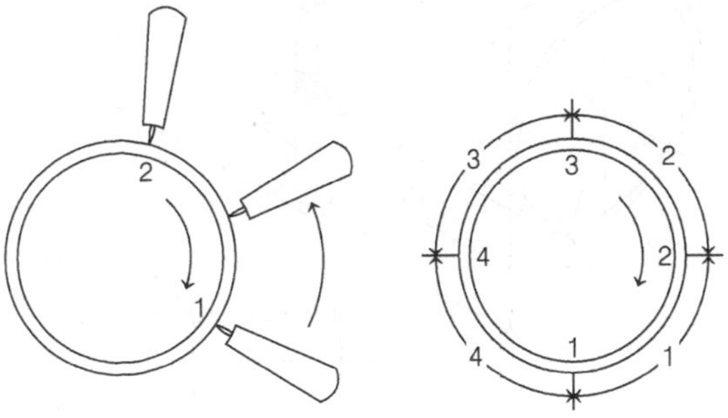

(c) टॉर्च पॉजिशन तथा पाइप का घूर्णन

(ii) रूट रन डिपोजिट

10. पाइप जोड़ को दक्षिणावर्त दिशा में घुमाते हैं, जिससे कि प्रथम खण्ड में पूर्व बने रूट रन का सिरा 3 बजे की स्थिति में आ जाए।
11. प्रथम खण्ड के लिए किए गए अनुसार दूसरे चतुर्थांश के लिए रूट रन को लगातार वैल्ड करते हैं।
12. इसी तरह से तीसरे तथा चौथे खण्ड के लिए रूट रन को पूर्ण करते हैं। चित्र (iii)

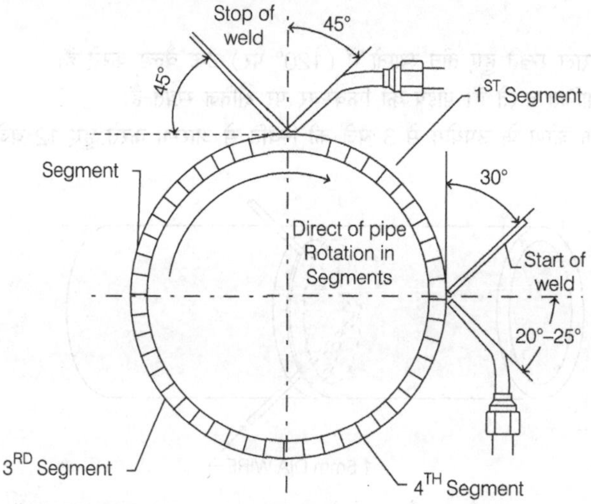

(iii) रूट रन

13. रूट रन के आर-पार रूट पर एक की-होल बनाए रखते हुए रूट पैनीट्रेशन को सुनिश्चित करते हैं।
14. रूट रन को स्टील वायर ब्रश से साफ करते हैं।
15. 7 न. साइज के नॉजिल को लगाते हैं तथा 3ϕ CCMS फिलर रॉड का चयन करते हैं तथा 0.15 किग्रा/सेमी^{2} तथा गैस दाब सैट करते हैं।
16. न्यूट्रल ज्वाला सैट करते हैं तथा ब्लो पाइप को कुछ विविंग का उपयोग करते हुए दूसरे रन के डिपॉजिट से (V) ग्रूव को भरते हैं, जिससे कि V तथा रूट रन के दोनों फेस उचित रूप से फ्यूज हो जाएँ।
17. उचित बीड साइज, प्रोफाइल तथा वैल्ड रीइनफोर्समेंट को सुनिश्चित करने के साथ-साथ अण्डरकट तथा अन्य वैल्ड दोष को उत्पन्न करने से रोकता है।

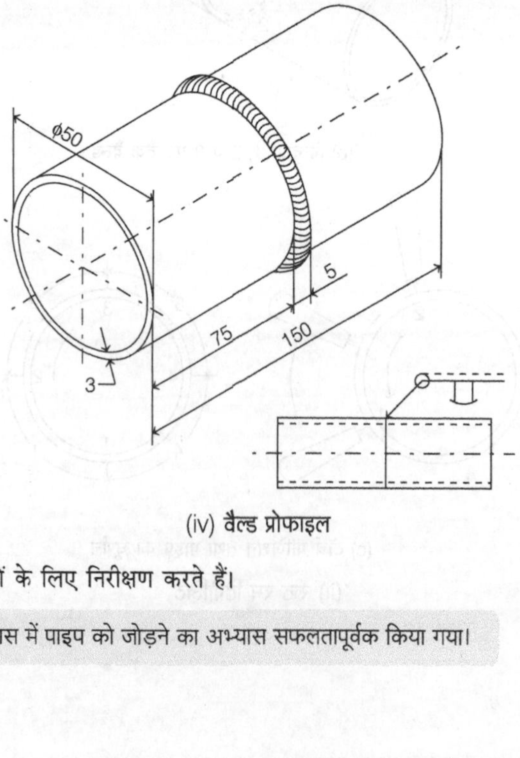

(iv) वैल्ड प्रोफाइल

18. जोड़ को साफ करते हैं तथा बाहरी दोषों के लिए निरीक्षण करते हैं।

परिणाम (Result) गैस वैल्डिंग द्वारा समान व्यास में पाइप को जोड़ने का अभ्यास सफलतापूर्वक किया गया।

प्रैक्टिकल संख्या 20

गैस वैल्डिंग द्वारा भिन्न व्यास में पाइपों को जोड़ना
Joining of Pipes in Different Diameter by Gas Welding

उद्देश्य Object

गैस वैल्डिंग द्वारा भिन्न व्यास में पाइपों को जोड़ने का अभ्यास करना।

आवश्यक उपकरण/सामग्री Essential Apparatus/Materials

- MS पाइप 50 मिमी $\phi \times 3$ मिमी व 100 मिमी लम्बाई
- संडासी
- हैक्सॉ
- वर्क टेबल
- एनविल
- ग्राइण्डर
- आवश्यक सुरक्षा सामग्री
- ब्लो पाइप
- सेन्टर पंच
- इलेक्ट्राड (4 मिमी व्यास)
- चिपिंग हैमर
- फाइल
- वैल्डिंग मशीन सैट
- कार्बन स्टील वायर ब्रश
- फिलर रॉड (3 मिमी व्यास)
- नॉजिल न. 7

सुरक्षा सावधानियाँ/निर्देश Safety Precautions/Instructions

1. वैल्डिंग आरम्भ करने से पूर्व सभी सुरक्षा औजारों का उपयोग करें।
2. प्लेट की मोटाई के अनुसार इलेक्ट्रॉड का व्यास एवं करण्ट निर्धारित करें।
3. वैल्डिंग मशीन में अधिक लम्बी लीड का प्रयोग न करें।
4. वैल्डिंग मशीन में केबिल जोड़ने के लिए केबिल संयोजकों का प्रयोग करें।
5. वैल्डिंग बीड के पूर्ण होने पर क्रेटर अवश्य भरें।
6. अधिक पैनीट्रेशन से बचें।

कार्यविधि Working Method

1. उचित आकार (व्यास तथा लम्बाई) के पाइप का चयन करते हैं।
2. ड्रॉइंग शीट पर 90° शाखा के लिए सतहों का विकसित आरेख तैयार करते हैं। चित्र (i)

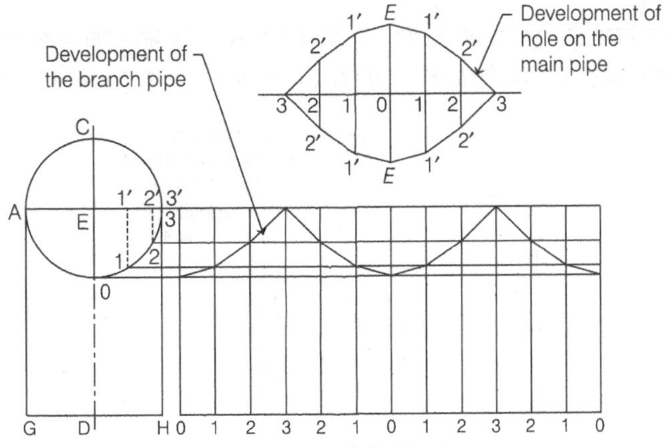

(i) विकास आरेख

3. दोनों पाइपों पर विकसित प्रोफाइल को पंच करते हैं। शाखा पाइप को मार्क किए गए प्रोफाइल के साथ काटते हैं तथा उसकी फाइलिंग करते हैं। गैस कटिंग द्वारा मुख्य पाइप पर मार्क किए गए प्रोफाइल को गैस से काटते हैं तथा उसकी फाइलिंग करते हैं।
4. गैस द्वारा काटे गए सिरों की फाइलिंग करते हैं।
5. ऑक्साइड तथा अन्य संदूषण को हटाने के लिए पाइप की सतह को साफ करते हैं।
6. शाखा पाइप को मुख्य पाइप के साथ 90° के कोण पर सैट तथा अलाइनमेन्ट करते हैं। चित्र (ii)

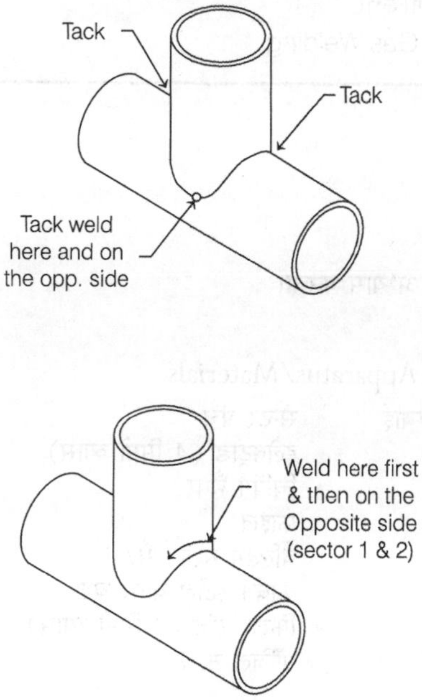

(ii) पाइप अलाइनमेन्ट

7. नॉजिल न. 7.3 मिमी ϕCCMS फिलर रॉड का चयन करते हैं तथा दोनों गैसों के 0.15 किग्रा/सेमी^{2} दाब के साथ न्यूट्रल फ्लेम ज्वाला का उपयोग करते हैं।
8. अपेक्षित सुरक्षा के पूर्व उपायों को अनुपालित करते हैं।
9. रूट पैनीट्रेशन को सुनिश्चित करने के लिए 2 मिमी रूट अन्तराल के साथ 90° के अन्तराल में 4 स्थानों पर जोड़ को टैक वैल्ड करते हैं।
10. किसी अवरोध के बिना ब्लो पाइप तथा फिलर रॉड के प्रयोग को सुविधाजनक बनाने के लिए यह सुनिश्चित करते हैं कि टैक लगे पाइप T जोड़ के रूप में उचित रूप से स्थित है।
11. पाइप को घुमाए बिना ब्लो पाइप तथा फिलर रॉड के प्रयोग से जोड़ को वैल्ड करते हैं।
12. पूर्ण वैल्डिंग में की-होल बनाए रखते हैं तथा जोड़ के दोनों सिरों पर अच्छा रूट पैनीट्रेशन तथा संगलन को निश्चित करने के लिए ब्लो पाइप को साइड-टू-साइड गति प्रदान करते हैं।
13. नए खण्ड के आरम्भ के साथ वैल्ड किए हुए पूर्ण खण्ड के गर्त को उचित रूप से फ्यूज करने का ध्यान रखते हैं।
14. लेफ्टवर्ड तकनीक के उपयोग से वक्र जोड़ के साथ वैल्ड को 4 खण्डों (1, 2, 3 व 4) में पूर्ण करते हैं। चित्र (iii)

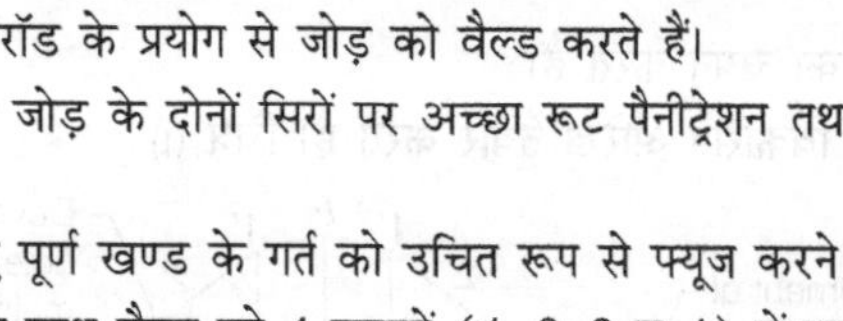

(iii) लेफ्टवर्ड तकनीक द्वारा वक्र जोड़

15. वैल्ड को साफ करते हैं तथा वैल्डमेण्ट का दोषों के लिए निरीक्षण करते हैं। चित्र (iv)

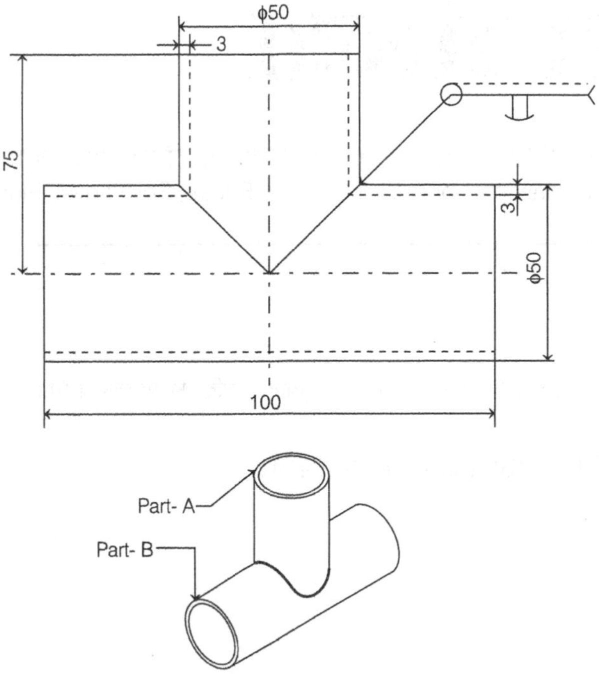

(iv) वेल्ड जोड़ निरीक्षण

परिणाम (Result) गैस वैल्डिंग द्वारा भिन्न व्यास में पाइप को जोड़ने का अभ्यास सफलतापूर्वक किया गया।

प्रैक्टिकल संख्या 21

✎ उपयुक्त चिनाई औजार–स्ट्रेट एज, स्पिरिट लेविल, प्लम्ब बॉब, स्क्वॉयर, ट्रॉवेल आदि का प्रदर्शन करना
Demonstrate Proper Handling of Mason's Hand Tools-Straight Edges, Spirit Level, Plumb Bob, Square, Trowel etc

उद्देश्य Object

चिनाई के औजारों; जैसे–स्ट्रेट एज, स्पिरिट लेवल, प्लम्ब बॉब, स्क्वायर, ट्रॉवल इत्यादि की पहचान करना।

आवश्यक उपकरण/सामग्री Essential Apparatus/Materials

- चिनाई ट्रॉवल
- बुल्डर्स स्क्वायर
- प्लम्ब बॉब सैट
- मैसन स्क्वायर
- टेप
- वुडन पैग
- वुडन प्रोफाइल
- हैमर
- स्ट्रेट एज
- स्पिरिट लेवल

सुरक्षा सावधानियाँ/निर्देश Safety Precautions/Instructions

1. सभी चिनाई के औजारों के साथ अनावश्यक छेड़-छाड़ न करें।
2. चिनाई के औजारों का प्रयोग करने से पूर्व सुरक्षा दस्ताने पहन लें।

कार्यविधि Working Method

1. सर्वप्रथम सभी औजारों एवं यन्त्रों को वर्क टेबल पर रखते हैं।
2. सभी औजारों का बारी-बारी से उपयोग के आधार पर अध्ययन करते हैं।
3. सभी औजार की पहचान करके इनके उपयोग को सारणी में नोट करते हैं।

क्र. स.	चिनाई उपकरण	उपयोग
1.		

<table>
<tr><th>क्र. स.</th><th>चिनाई उपकरण</th><th>उपयोग</th></tr>
<tr><td>2.</td><td>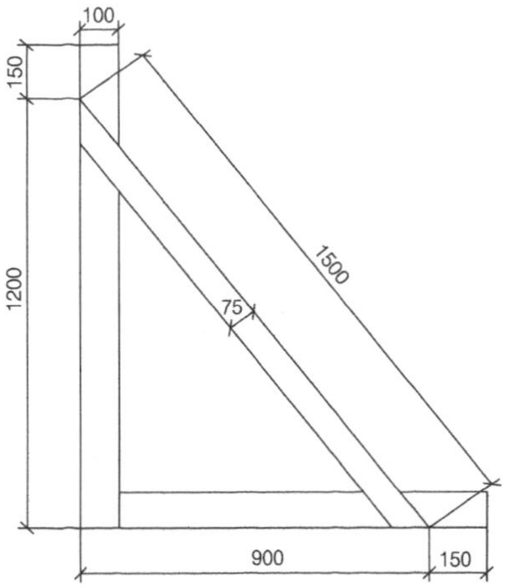
</td><td></td></tr>
<tr><td>3.</td><td>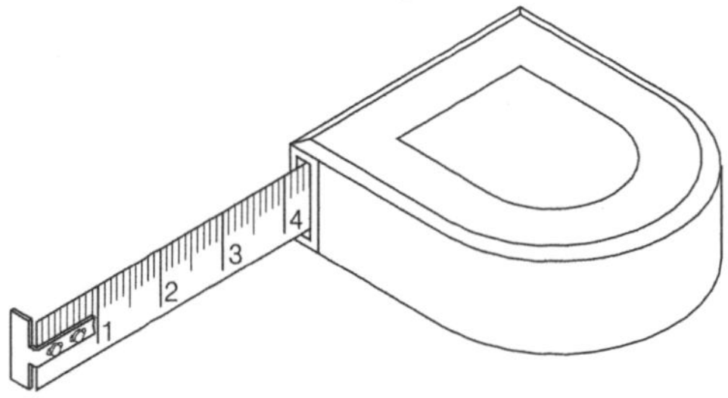
</td><td></td></tr>
<tr><td>4.</td><td>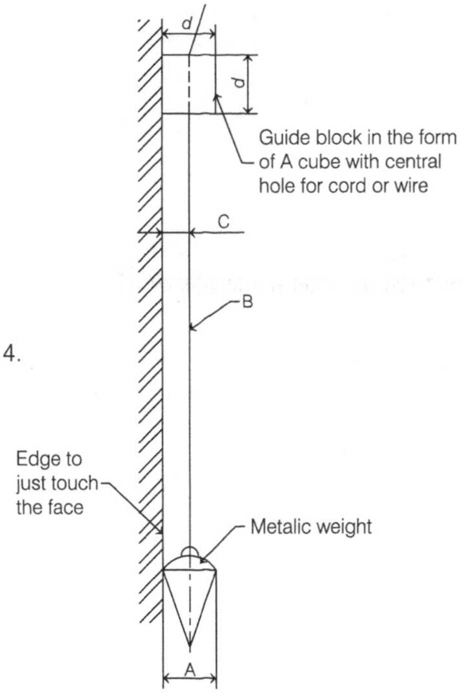

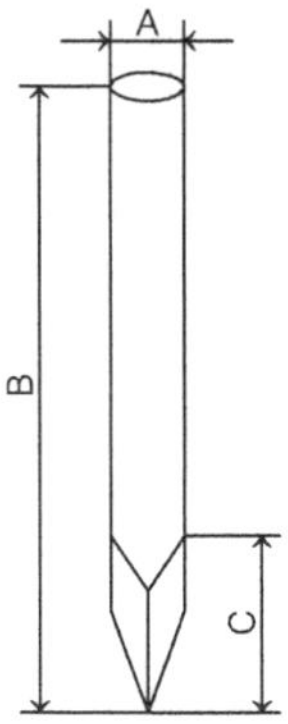
</td><td></td></tr>
</table>

क्र. स.	चिनाई उपकरण	उपयोग
5.	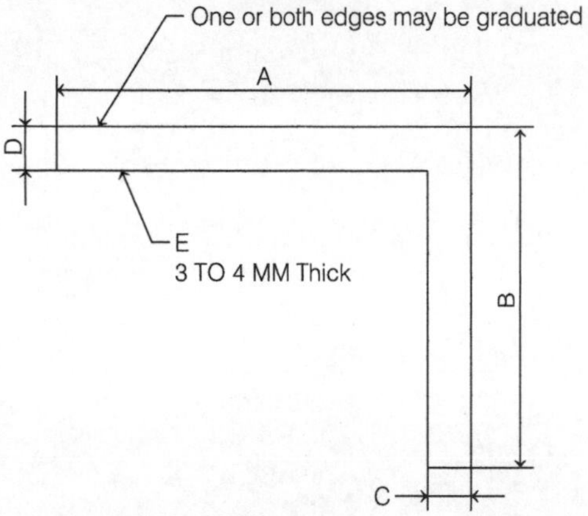	
6.	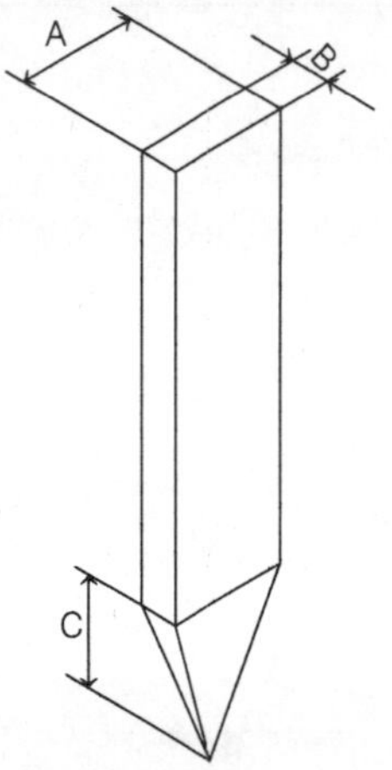	

4. अपने कार्य की जाँच अनुदेशक महोदय से कराते हैं।

परिणाम (Result) चिनाई के औजारों; जैसे—स्ट्रेट एज, स्पिरिट लेवल, प्लम्ब बॉब, स्क्वायर, ट्रॉवल इत्यादि की पहचान सफलतापूर्वक की गई।

प्रैक्टिकल संख्या 22

✎ ड्राइंग के अनुसार टैप, रूल, स्क्वायर, लाइन पिन व लेवल की सहायता से कार्य की सैटिंग
Setting out Work with Tape, Rule, Square, Line Pin and Level as per Drawing

उद्देश्य Object

ड्रॉइंग के अनुसार टैप, रूल, स्क्वायर, लाइन पिन व लेवल की सहायता से कार्य की सैटिंग बनाना।

आवश्यक उपकरण/सामग्री Essential Apparatus/Materials

- ट्राई-स्क्वायर
- सूती कपड़ा
- लाइन पिन
- दस्ताने
- रेती
- बोलस्टर
- स्पिरिट लेवल
- टैप
- मैलट
- रूल
- सुरक्षा वस्त्र
- अन्य चिनाई औजार

सुरक्षा सावधानियाँ/निर्देश Safety Precautions/Instructions

1. सभी चिनाई औजारों के साथ छेड़-छाड़ न करें।
2. औजारों के उपयोग से सुरक्षा वस्त्र व दस्ताने पहन लें।
3. सभी औजारों का उपयोग सावधानीपूर्वक करें।
4. प्रयोग के दौरान अनुदेशक द्वारा दिए गए निर्देशों का पालन करें।
5. ईंट व पत्थर की कटिंग के लिए बोलस्टर का ही प्रयोग करें।

कार्यविधि Working Method

प्रस्तुत प्रैक्टिकल की कार्यविधि को अनुदेशक महोदय के निरीक्षण में स्वयं से करने का प्रयास करें।

परिणाम (Result) अनुदेशक के निरीक्षण में ड्रॉइंग के अनुसार टैप, रूल, स्क्वायर, लाइन पिन व लेवल की सहायता से कार्य की सैटिंग सफलतापूर्वक की गई।

प्रैक्टिकल संख्या 23

✎ विभिन्न उद्देश्यों हेतु विविध अनुपातों में सीमेण्ट मसाला तैयार करना
Prepare Cement Mortars in Different Proportions to Suit Various Purposes

उद्देश्य Object

विभिन्न उद्देश्यों हेतु विभिन्न अनुपातों में सीमेण्ट मसाला तैयार करना।

आवश्यक उपकरण/सामग्री Essential Apparatus/Materials

- कुदाल
- मसाला बर्तन
- सीमेण्ट (50 kg)
- GI शीट
- बाल्टी
- मापन बॉक्स (300 × 300 × 300)
- बालू रेत (2 बोरी)
- मग
- चिनाई कन्नी (25 cm लम्बी)
- पानी

सुरक्षा सावधानियाँ/निर्देश Safety Precautions/Instructions

1. सीमेण्ट के बोरे की सिलाई को काटने के लिए ब्लेड का उपयोग न करें।
2. सीमेण्ट-बालू का मसाला तैयार करते समय पानी सही अनुपात में ही डालें।
3. मिलावा की पहचान (बारीक या मोटा) के लिए मापन बॉक्स का ही उपयोग करें।

कार्यविधि Working Method

1. सीमेण्ट-मसाला बनाए जाने वाले स्थान को समतल करते हैं।
2. समतल स्थान पर पर्याप्त संख्या में GI शीट रखते हैं।
3. समतल स्थान के समीप एक बोरी सीमेण्ट, पर्याप्त मात्रा में रेत तथा पानी रखते हैं।
4. रेत का बॉक्स द्वारा कम-से-कम दो बार मापन करते हैं और फिर रेत को ढेर के रूप में रखते हैं।
5. सीमेण्ट की बोरी को रेत के ढेर के पास लाते हैं और इसे रेत के ढेर के ऊपर रखते हैं, जैसा कि चित्र में दर्शाया गया है। चित्र (i)

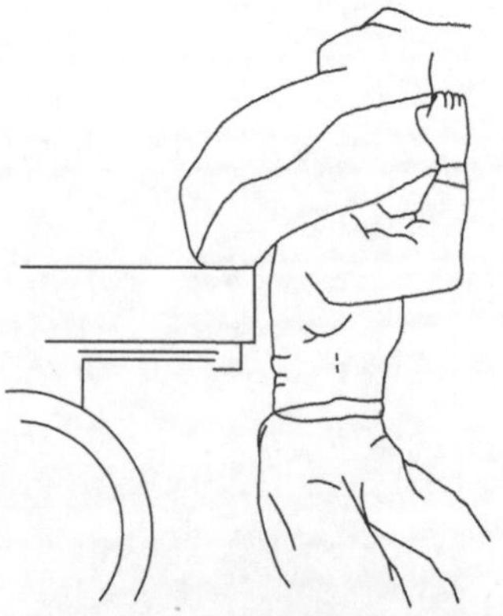

(i) सीमेण्ट की बोरी उठाने वाला व्यक्ति

6. सीमेण्ट के बोरे को खोलते हैं तथा इसे धीरे-धीरे रेत के ढेर पर फैलाते हैं। चित्र (ii)

(ii) रेत तथा सीमेण्ट मिलाना

7. कुदाल (spade) का उपयोग करके सभी अवयवों को पुनः तब तक अच्छी तरह से मिलाते हैं, जब तक कि एकसमान रंग प्राप्त न हो जाए। चित्र (iii)

(iii) मिश्रण बनाना

8. इसके पश्चात् मसाले का एक ढेर बनाते हैं और इस ढेर के केन्द्र (मध्य) में एक शैलो डेन्ट (गड्ढा) बनाते हैं। चित्र (iv)

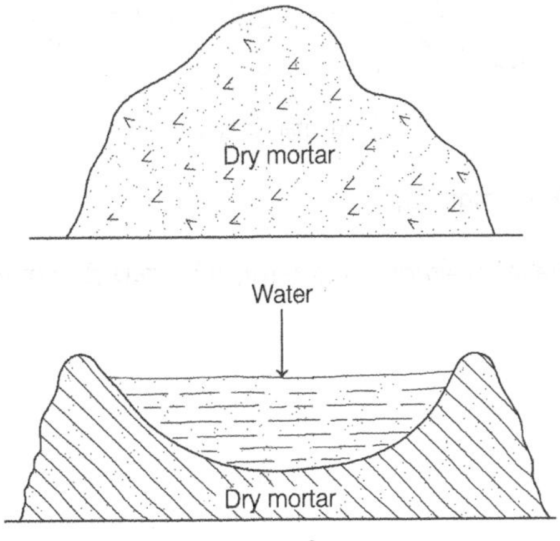

(iv) सूखा मिश्रण

9. इस शैलो डेन्ट में पानी की आधी मात्रा डालते हैं। चित्र (v)

(v) सूखे मिश्रण में पानी मिलाना

10. पानी को शैलो डेन्ट से बाहर न निकलने देते हुए धीरे-धीरे मिलाते हैं। चित्र (vi)

(vi) गीला मिश्रण

11. इस प्रकार सही अनुपात में सीमेण्ट मसाला तैयार किया जाता है।

परिणाम (Result) विभिन्न उद्देश्यों हेतु विभिन्न अनुपातों में सीमेण्ट मसाला सफलतापूर्वक तैयार किया गया।

प्रैक्टिकल संख्या 24

✎ विभिन्न उद्देश्यों हेतु भिन्न-भिन्न अनुपातों में सादा सीमेन्ट कंक्रीट एवं RCC तैयार करना
Prepare Plane Cement Concrete and RCC in Different Proportions to Suit Various Purposes

उद्देश्य Object

विभिन्न उद्देश्यों हेतु भिन्न-भिन्न अनुपातों में सादा सीमेण्ट कंक्रीट एवं RCC तैयार करना।

आवश्यक उपकरण/सामग्री Essential Apparatus/Materials

- सीमेण्ट
- चिनाई औजार
- रेत
- फावड़ा
- कन्नी
- लीन कंक्रीट
- डस्ट

सुरक्षा सावधानियाँ/निर्देश Safety Precautions/Instructions

1. सभी औजारों का सावधानीपूर्वक प्रयोग करें।
2. सादा सीमेण्ट कंक्रीट मसाला व RCC मसाला सही अनुपात में ही तैयार करें।
3. चिनाई औजारों से अनावश्यक छेड-छाड़ न करें।
4. कार्य के पश्चात् चिनाई औजारों को उनके स्थान पर ही रखें।

कार्यविधि Working Method

प्रस्तुत प्रैक्टिकल की कार्यविधि के अध्ययन हेतु प्रशिक्षु प्रैक्टिकल संख्या-23 का अवलोकन करें।

परिणाम (Result) अनुदेशक के निरीक्षण में विभिन्न उद्देश्यों हेतु भिन्न-भिन्न अनुपातों में सादा सीमेण्ट कंक्रीट एवं RCC तैयार करना सफलतापूर्वक अध्ययन किया।

प्रैक्टिकल संख्या 25

✎ बेस प्लेट की बैंचिंग एवं चैनलिंग
Benching and Channelling of Base Plate

उद्देश्य Object

बेस प्लेट की बैंचिंग एवं चैनलिंग करना।

आवश्यक उपकरण/सामग्री Essential Apparatus/Materials

- कन्नी
- लोहे के सरिये
- कंक्रीट
- हैक्सॉ ब्लेड
- सीमेण्ट
- फावड़ा
- बाल्टी
- इंच टैप

सुरक्षा सावधानियाँ/निर्देश Safety Precautions/Instructions

1. चिनाई औजारों के साथ अनावश्यक छेड़-छाड़ न करें।
2. चिनाई करने से पूर्व दस्ताने पहन लें।
3. बैंचिंग के स्टैप्स एक समान होने चाहिए।
4. चैनल बनाते समय लोहे के सरियों को हैक्सॉ से सावधानीपूर्वक काटें।

कार्यविधि Working Method

प्रस्तुत प्रैक्टिकल की कार्यविधि को अनुदेशक महोदय के निरीक्षण में स्वयं करने का प्रयास करें।

परिणाम (Result) अनुदेशक के निरीक्षण में बेस प्लेट की बैंचिंग एवं चैनलिंग सफलतापूर्वक की गई।

प्रैक्टिकल संख्या 26

✎ डैम्प प्रूफिंग
Damp Proofing

उद्देश्य Object

डैम्प प्रूफिंग का अभ्यास करना।

आवश्यक उपकरण/सामग्री Essential Apparatus/Materials

- लीन कंक्रीट
- डस्ट
- फावड़ा
- सीमेन्ट
- रेत
- रोड़ी
- कन्नी
- कुदाल

सुरक्षा सावधानियाँ/निर्देश Safety Precautions/Instructions

1. डैम्प प्रूफिंग के लिए मापन सावधानीपूर्वक करें।
2. डैम्प प्रूफिंग के दौरान फाउण्डेशन को उचित आधार प्रदान करें।
3. ईंटों की चौड़ाई के अनुसार कंक्रीट फ्लोर की चौड़ाई का निर्धारण करें।

कार्यविधि Working Method

A. **बेसमेण्ट में डैम्प प्रूफिंग का विवरण खींचना**

डाटा (data)

- मुख्य दीवार की मोटाई-300 mm
- ऊर्ध्वाधर DPC की मोटाई-20 mm
- ईंट दीवार की मोटाई-100 mm
- क्षैतिज DPC की मोटाई-30 mm
- फाउण्डेशन कंक्रीट की मोटाई-150 mm
- फर्श की मोटाई-40 mm

प्रक्रम (Process)

1. 200 mm मोटी फाउण्डेशन कंक्रीट का सेक्शन बनाते हैं।
2. 30 mm मोटाई की ऊर्ध्वाधर DPC बनाते हैं।
3. आधी ईंट की मोटाई के बराबर ऊर्ध्वाधर बाहरी सुरक्षा दीवार बनाते हैं।
4. धरातल से 150 mm ऊपर 20 mm मोटी ऊर्ध्वाधर DPC बनाते हैं।
5. DPC के ऊपर 100 mm मोटी ईंट की परत बनाते हैं।
6. ईंट की परत के ऊपर 100 mm मोटी कंक्रीट की परत बिछाते हैं।
7. 300 mm मोटी ऊर्ध्वाधर मुख्य दीवार बनाते हैं।
8. फर्श कंक्रीट के ऊपर फ्लोरिंग (flooring) बनाते हैं।

9. सभी उचित पारम्परिक (conventional) चिन्हों को प्रदर्शित करते हैं तथा मुख्य भागों को प्रदर्शित करते हैं। चित्र (i)

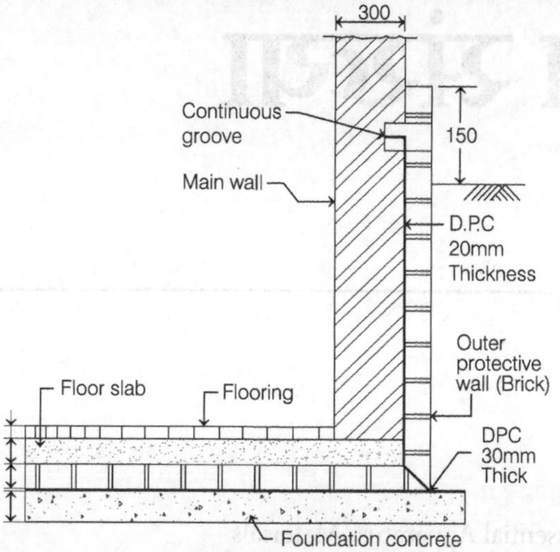

(i) बेसमेण्ट में डैम्प प्रूफिंग

B. **बाह्य दीवार में डैम्प प्रूफिंग का विवरण देना**

डाटा (data)

- दीवार मोटाई-300 mm
- DPC की मोटाई-30 mm
- समतल ईंट की मोटाई-75 mm
- फर्श की मोटाई-25 mm
- लीन कंक्रीट की गहराई-75 mm
- फर्श कंक्रीट की मोटाई-100 mm

प्रक्रम (Process)

1. दीवार तथा बेसमेण्ट का सेक्शन बनाते हैं।
2. 75mm मोटी लीन कंक्रीट बनाते हैं।
3. लीन कंक्रीट के ऊपर 30 mm मोटी DPC बनाते है।
4. DPC के ऊपर 75 mm मोटी ईंट की परत बनाते हैं।
5. ईंट की परत के ऊपर 100 mm मोटी फर्श कंक्रीट बनाते हैं।
6. कंक्रीट परत के ऊपर 25 mm मोटी फ्लोरिंग बनाते हैं।
7. पारम्परिक चिन्हों को दर्शाते हैं तथा मुख्य भागों की मार्किंग करते हैं। चित्र (ii)

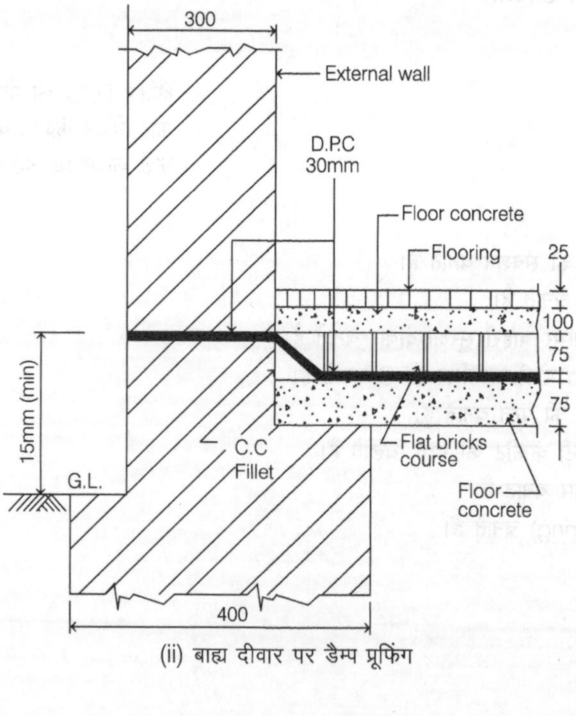

(ii) बाह्य दीवार पर डैम्प प्रूफिंग

C. आन्तरिक दीवार की डैम्प प्रूफिंग का विवरण देना

डाटा (data)

- दीवार मोटाई-300 mm
- लीन कंक्रीट की गहराई-75 mm
- समतल ईंट की मोटाई-75 mm
- DPC की मोटाई-30 mm
- फर्श कंक्रीट की मोटाई-100 mm
- फर्श की मोटाई 25- mm

प्रक्रम (Process)

1. दीवार तथा बेसमेण्ट का सेक्शन बनाते हैं।
2. 75 mm मोटी लीन कंक्रीय बनाते हैं।
3. लीन कंक्रीट के ऊपर 30mm मोटी DPC बनाते हैं।
4. DPC के ऊपर 75mm मोटी ईंट की परत बनाते हैं।
5. ईंट की परत के ऊपर 100mm मोटी फर्श कंक्रीट बनाते हैं।
6. कंक्रीट परत के ऊपर 25mm मोटी फ्लोरिंग बनाते हैं।
7. ऊँचे फर्श (फ्लोरिंग) के लिए फर्श को कुछ ऊँचाई पर दर्शाते हैं। चित्र (iii)

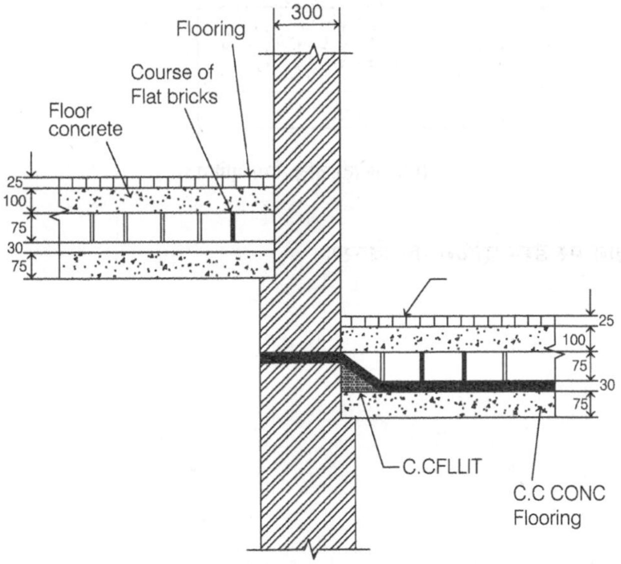

(iii) आन्तरिक दीवार पर डैम्प प्रूफिंग

D. **कैविटी वॉल की डैम्प प्रूफिंग का विवरण**

डाटा (data)

- बाह्य दीवार की मोटाई -100mm
- कैविटी की मोटाई -50 से 75mm
- आन्तरिक दीवार की मोटाई -200mm
- धातु बन्धन -900mm/cc क्षैतिज एवं 450mm/cc ऊर्ध्वाधर

प्रक्रम (Process)

1. चित्रानुसार फाउण्डेशन, फर्श एवं दीवार के सेक्शन बनाते हैं।
2. 200mm मोटी आन्तरिक दीवार तथा 100mm की बाह्य दीवार बनाते हैं तथा इनके बीच में 50mm की कैविटी छोड़ते हैं।
3. कैविटी की ऊँचाई धरातल से 15-30 सेमी रखते हैं।
4. आन्तरिक व बाह्य दीवार हेतु फर्श के लेवल (level) पर DPC बनाते हैं।

5. ऊर्ध्वाधर से 450mm/cc की दूरी पर धातु बन्धन बनाते हैं। चित्र (iv)

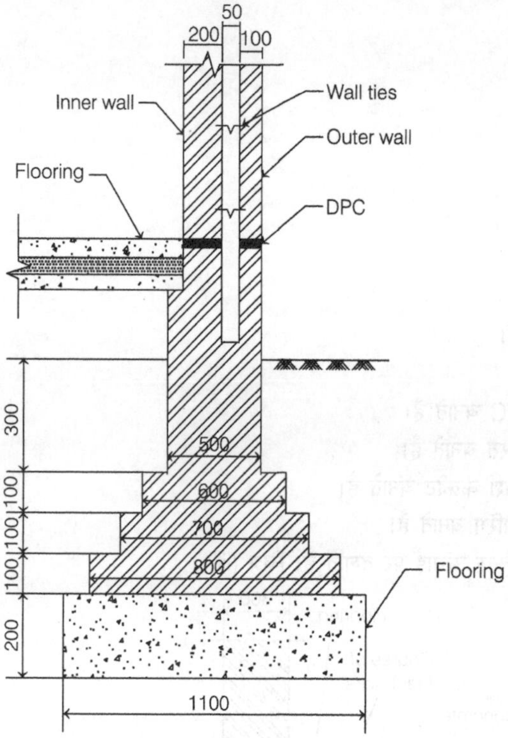

(iv) कैविटी वॉल डैम्प प्रूफिंग

E. **समतल छत तथा रेलिंग के जंक्शन पर डैम्प प्रूफिंग का विवरण**

डाटा (data)

- दीवार की मोटाई-300mm
- DPC की मोटाई-20-30 mm
- RCC स्लैब की मोटाई-100 mm
- चूना कंक्रीट की मोटाई 75 mm

प्रक्रम (Process)

1. सर्वप्रथम 300mm मोटी दीवार के सेक्शन बनाते हैं।
2. दीवार में उपयुक्त लेवल पर 100mm मोटी RCC स्लैब बनाते हैं।
3. छत स्लैब पर 30mm मोटी DPC बनाते हैं तथा साथ ही छत के तल से 150mm की ऊँचाई पर रेलिंग पर 20mm मोटी DPC बनाते हैं।
4. DPC के ऊपर 75 मोटी चूना-कंक्रीट बिछाते हैं।
5. कॉपिंग से नीचे DPC बनाते हैं तथा ड्रॉइंग पूर्ण करते हैं। चित्र (v)

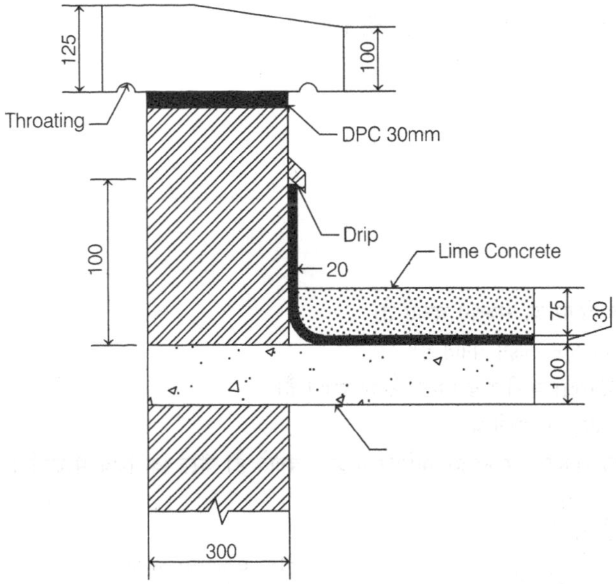

(v) रेलिंग के जंक्शन पर डैम्प प्रूफिंग

F. **टार फेल्टिंग द्वारा समतल छत की डैम्प प्रूफिंग का विवरण**

डाटा (data)

- कॉपिंग के साथ दीवार की मोटाई- 300mm
- RCC स्लैब की मोटाई -100mm

1. कॉपिंग (coping) के साथ 300mm मोटी दीवार का सेक्शन बनाते हैं।
2. उपयुक्त तल (level) पर 100mm मोटी RCC स्लैब बनाते हैं।
3. स्लैब तथा रेलिंग के जंक्शन पर सीमेण्ट कंक्रीट के साथ फिलेट एंगल बनाते हैं।
4. कॉपिंग तक रेलिंग की साइड व स्लैब के ऊपर बिटुमन फैल्ट (felt) दर्शाते हुए एक लाइन बनाते हैं।
5. बिटुमन फैल्ट की परत पर गर्म बिटुमन फैलाव दर्शाते हुए एक मोटी लाइन बनाते हैं। चित्र (vi)

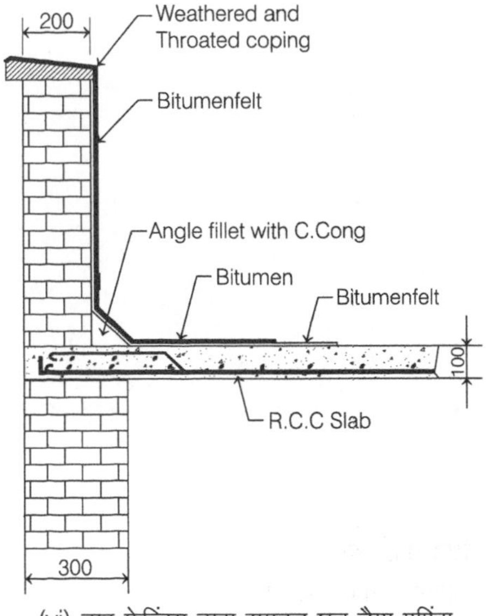

(vi) टार फेल्टिंग द्वारा समतल छत डैम्प प्रूफिंग

G. **टाइल के साथ मड पुस्का टेरेसिंग द्वारा डैम्प प्रूफिंग का विवरण**

डाटा (data)

- RCC स्लैब की मोटाई-100mm
- प्लास्टर की मोटाई-18 mm
- मड पुस्का टैरेस-80 mm
- दीवार की चौड़ाई-300 mm

1. टास्क F में बताए अनुसार स्लैब व दीवार के सेक्शन बनाते हैं।
2. स्लैब के ऊपर बिटुमन स्प्रे दर्शाते हुए एक लाइन बनाते हैं।
3. बिटुमन लेयर (layer) के ऊपर 80mm मोटी मड पुस्का टैरेस बनाते हैं।
4. मड मसाले के ऊपर 13mm मोटी टाइल्स बनाते हैं।
5. रेलिंग की साइड व बैण्ड टाइल्स के जंक्शन पर लाइम सीमेण्ट कंक्रीट बनाते हैं। जैसा कि चित्र में दर्शाया गया है।

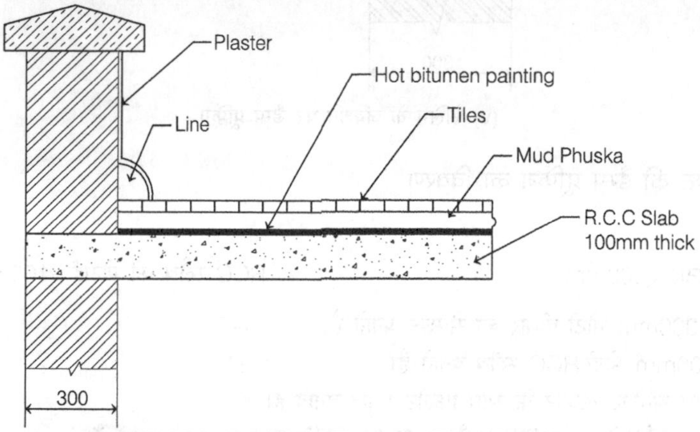

(vii) टाइल के साथ मड पुस्का टेरेसिंग द्वारा डैम्प प्रूफिंग

H. **पिच छत की डैम्प प्रूफिंग का विवरण**

डाटा (data)

- दीवार की मोटाई -300 mm
- मुख्य बन्धक बीम -150 × 200 mm
- उभयनिष्ठ राफ्टर -50 × 100 mm
- बैटन्स -50 × 30 mm
- स्टोन बैड ब्लॉक का साइज - 150 × 150 × 100 mm
- मुख्य राफ्टर-150 × 175 mm
- परलिन -100 × 175 mm
- छत की पिच -30°

प्रक्रम (Process)

1. दीवार का सेक्शन बनाते हैं।
2. स्टोन बैड ब्लॉक बनाते हैं।
3. मुख्य बन्धक बीम बनाते हैं।
4. 30° के कोण पर मुख्य राफ्टर बनाते हैं।
5. मुख्य राफ्टर के ऊपर क्लीट (cleat) तथा परलिन बनाते हैं।
6. मुख्य राफ्टर से 150 mm की दूरी पर एक उभयनिष्ठ राफ्टर बनाते हैं।
7. बैटन्स के ऊपर टाइल्ड रूफिंग बनाते हैं।
8. बीअरर (bearer) के ऊपर लीड गटर दर्शाते हैं।

9. लीड फ्लैशिंग दर्शाते हैं, जो दीवार के ऊर्ध्वाधर फेस से दीवार के अन्दर तक जाती हैं। चित्र (vii)

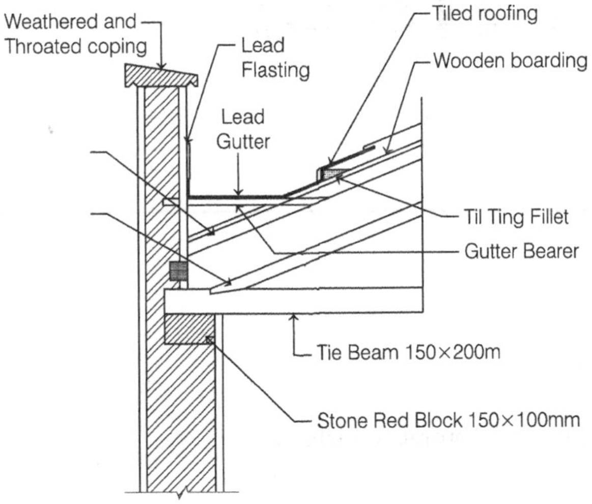

(viii) पिच (pitch) छत डैम्प प्रूफिंग

परिणाम (Result) डैम्प प्रूफिंग का अभ्यास सफलतापूर्वक किया गया।

प्रैक्टिकल संख्या 27

✎ दीवार पर प्लास्टर करना
Plastering on Walls

उद्देश्य Object

दीवार पर प्लास्टर करने का अभ्यास करना।

आवश्यक उपकरण/सामग्री Essential Apparatus/Materials

- हैमर
- चीजल
- प्लम्ब बॉब
- लाइन एवं पिन
- 'U' नैल्स
- मीजरिंग स्टील टैप
- लकड़ी की सीढ़ी
- बाँस
- वुडन प्लैंक
- रस्सी (नारियल की)
- बायर ब्रश

सुरक्षा सावधानियाँ/निर्देश Safety Precautions/Instructions

1. ऊर्ध्वाधर सपोर्ट मजबूत होने चाहिए।
2. क्षैतिज सीढ़ी तथा पुट लॉग्स (put logs) ऊर्ध्वाधर सपोर्ट द्वारा मजबूती से बँधे होने चाहिए।
3. नारियल की रस्सी को उपयोग करने से पूर्व अच्छी प्रकार भिगो लें।
4. गार्ड बोर्ड तथा विकर्ण ब्रेसिंग, सुरक्षा मानकों के अनुरूप फिक्स होने चाहिए।

कार्यविधि Working Method

A. **सीमेण्ट मसाला तैयार करना**

1. ड्रॉइंग के अनुसार उपयुक्त अनुपात (प्राय: 1:5) में मिश्रण मसाला तैयार करते हैं।
2. सीमेण्ट मिलाने से पूर्व बालू रेत (मिलावा) को अच्छी प्रकार से छानते हैं।
3. सूखे मिलावे को कम-से-कम तीन बार मिलाते हैं।

4. इसके पश्चात् सूखे मिलावे में उचित मात्रा में पानी मिलाकर कुदाल या शॉवेल (showel) से अच्छी प्रकार मिलाते हैं। चित्र (i)

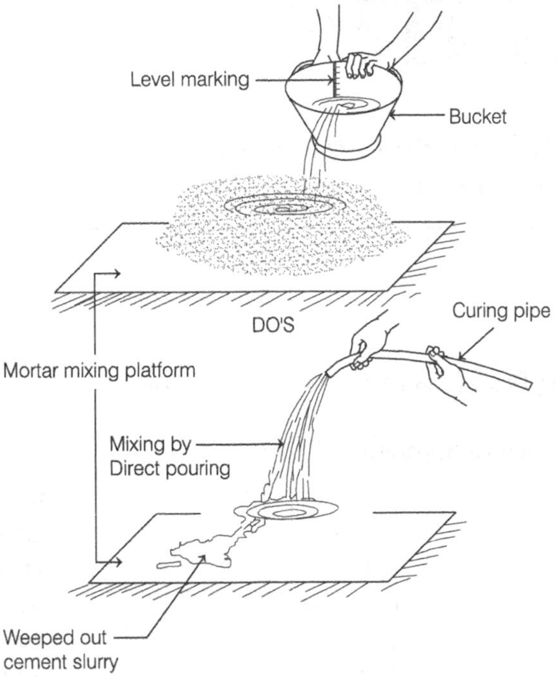

(i) मिलावा

B. **प्लास्टर करना**

1. सर्वप्रथम प्लास्टर की जाने वाली दीवार को पानी से धोते हैं।
2. इसके पश्चात् दीवार के उभरे हुए भागों को चीजल व हैमर द्वारा तोड़कर दीवार को समतल करते हैं।
3. कन्नी का प्रयोग करते हुए मसाले को दीवार पर फेकते हैं तथा मसाले को सख्त होने से पूर्व कन्नी से दबाकर दीवार पर फैलाते हैं।
4. इसके पश्चात् नीचे लगाए गए कोट पर मसाले को सख्त होने से पहले कन्नी द्वारा निशान बनाते हैं, जिससे कि दोनों परतों के मध्य एक मजबूत जोड़ बन जाए।
5. अब अन्तिम कोट लगाकर मसाले को सख्त होने से पूर्व लकड़ी के समतल गुटके (गुरमाला) से अच्छी प्रकार समतल बनाते हैं।
6. प्लास्टर की फिनिशिंग का कार्य पूर्ण हो जाने के पश्चात् दीवार पर किए गए प्लास्टर की जाँच करते हैं।
7. दीवार पर प्लास्टर करने के बाद उसकी कुछ दिनों तक तराई करते हैं, जिससे कि प्लास्टर की पकड़ दीवार पर मजबूत हो जाए।

परिणाम (Result) दीवार पर प्लास्टर करने का अभ्यास सफलतापूर्वक किया गया।

प्रैक्टिकल संख्या 28

✎ इलेक्ट्रिक कटिंग टूल द्वारा कन्सीलिंग के लिए चिनी हुई दीवार की कटिंग
Cutting of Masonry Wall of Concealing with Electric Cutting Tool

उद्‌देश्य Object

इलेक्ट्रिक कटिंग टूल द्वारा कन्सीलिंग के लिए चिनी हुई दीवार को काटने का अभ्यास करना।

आवश्यक उपकरण/सामग्री Essential Apparatus/Materials

- पोर्टेबल हस्त संचालित ड्रिलिंग मशीन
- ठण्डी छेनी (फ्लैट और नुकीली)
- वुडन फ्लोट
- वॉल जम्पर
- सीमेन्ट
- पानी
- स्क्रू
- पोर्टेबल चेस मशीन
- रॉल जम्पर
- स्ट्रेट एज
- स्पिरिट लेवल
- रेत
- पाइप
- प्लग लकड़ी
- बॉल पीन हैमर
- ट्रॉवेल
- मोर्टार पैन
- प्लंब बॉब
- सकल
- क्लैंप
- M. S. रॉड

सुरक्षा सावधानियाँ/निर्देश Safety Precautions/Instructions

1. कटिंग टूल के ब्लेड के साथ छेड़-छाड़ न करें।
2. कटिंग करने से पूर्व दीवार पर निशान लगा लें।
3. कटिंग सदैव एक सीधी रेखा में ही करें।
4. कटिंग प्रारम्भ करने से पूर्व सभी सुरक्षा वस्त्र एवं दस्ताने पहन लें।
5. अनुदेशक के निर्देशों का पालन करें।

कार्यविधि Working Method

1. चेन्जिंग मशीन का उपयोग करके ईंट की दीवार में चेज को काटते हैं।

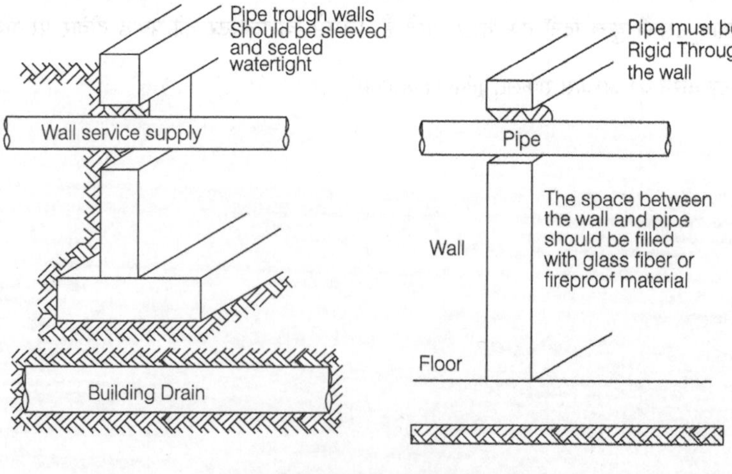

Protection of through walls

(i) दीवारों की सुरक्षा

2. ठण्डी छेनी के फ्लैट और नुकीले सिरे का उपयोग करके ईंट की दीवार में बॉक्स के आकार में छिद्र को काटते हैं।
3. दीवार जम्पर का उपयोग करके छिद्र से पाइप को निकालते हैं।

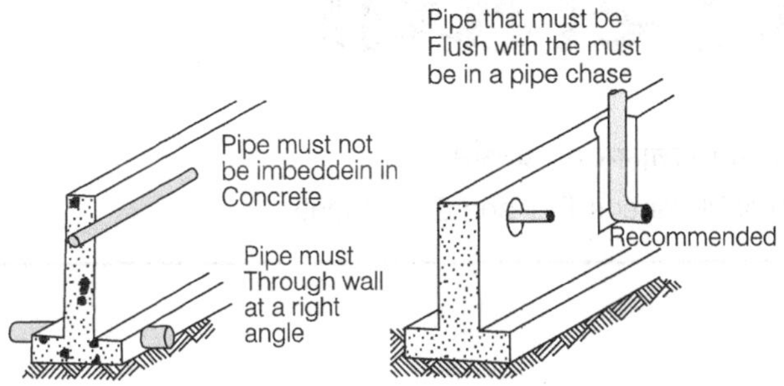

(ii) दीवार में पाइपिंग का उचित स्थान

4. क्लैंप को लगाने के लिए वॉल टाइट प्लग के लिए छिद्र बनाते हैं।
5. पोर्टेबल हैण्ड ऑपरेटेड ड्रिलिंग मशीन का उपयोग करके एक आर-पार छिद्र बनाते हैं।
6. चेज को समृद्ध सीमेन्ट मोर्टार से भरते हैं।
7. छिद्रों को सीमेन्ट मोर्टार से भरते हैं।
8. सीमेन्ट मोर्टार के साथ भागों को प्लास्टर करते हैं।
9. स्ट्रेट एज और वुडन फ्लोट के साथ दीवार को लेविल करते हैं।
10. स्पिरिट लेवल और प्लम्ब बॉब से लेवल चेक करते हैं।

परिणाम (Result) अनुदेशक के निरीक्षण में इलेक्ट्रिक कटिंग टूल द्वारा कन्सीलिंग हेतु चिनी हुई दीवार को काटने का अभ्यास सफलतापूर्वक किया गया।

प्रैक्टिकल संख्या 29

✎ प्लम्बर उपकरणों एवं औजारों के सही संचालन का प्रदर्शन
Demonstrate Proper Handling of Plumber's Tool and Equipments

उद्देश्य Object

प्लम्बर उपकरणों एवं औजारों के सही संचालन का प्रदर्शन करना।

आवश्यक उपकरण/सामग्री Essential Apparatus/Materials

- प्लम्बिंग औजार व उपकरण
- सम्बन्धित चार्ट
- मैनुअल

सुरक्षा सावधानियाँ/निर्देश Safety Precautions/Instructions

1. प्लम्बिंग औजारों एवं उपकरणों के साथ अनावश्यक छेड़-छाड़ न करें।
2. चार्ट का अवलोकन सावधानीपूर्वक करें।
3. अनुदेशक के निर्देशों का पालन करें।

कार्यविधि Working Method

1. सर्वप्रथम सुनिश्चित करते हैं कि सभी उपकरण उचित रूपरेखा में बनाये हुए हैं।
2. टूल के उपयोग से पूर्व उनका निरीक्षण करते हैं।
3. कार्य अनुसार उपयुक्त टूल का चयन करते हैं।
4. पावर टूल्स से कभी भी गार्ड या सुरक्षा उपकरणों को नहीं हटाते हैं।
5. उपकरण को कभी भी किसी सहकर्मी की दिशा में या सीधे नहीं फेंकते हैं।
6. कार्य स्थल के आस-पास निष्क्रिय हैड टूल्स को नहीं छोड़ते हैं।
7. उपयोग न होने पर पावर टूल्स को प्लग-इन स्थिति में नहीं छोड़ते हैं।
8. कार्यस्थल को साफ बनाये रखते हैं।

परिणाम (Result) प्लम्बर उपकरणों एवं औजारों के सही संचालन का प्रदर्शन सफलतापूर्वक किया गया।

प्रैक्टिकल संख्या 30

प्लम्बर औजारों एवं उपकरणों का उपयोग एवं उनका रख–रखाव
Use and Care of Plumber's Tools and Equipments

उद्देश्य Object

प्लम्बर औजारों एवं उपकरणों का उपयोग एवं उनका रख-रखाव का अभ्यास करना।

आवश्यक उपकरण/सामग्री Essential Apparatus/Materials

- विभिन्न प्रकार के प्लम्बिग औजार एवं उपकरण
- सॉकेट
- हैक्सॉ
- पाइप रिंच
- वाल्व
- हैमर
- रबर गैस्केट
- स्पैनर

सुरक्षा सावधानियाँ/निर्देश Safety Precautions/Instructions

1. प्लम्बिग औजारों का उपयोग सावधानीपूर्वक करें।
2. किसी भी प्लम्बिग औजार या टूल के साथ अनावश्यक छेड़-छाड़ न करें।
3. हैक्सा को सावधानीपूर्वक प्रयोग करें।
4. अनुदेशक के निर्देशों का पालन करें।

कार्यविधि Working Method

1. सर्वप्रथम कार्यशाला में उपस्थित टूल चार्ट का अवलोकन करते हैं।
2. अनुदेशक महोदय से ट्रेड टूल्स के उपयोग से सम्बन्धी जानकारी प्राप्त करते हैं।
3. टूल्स के उपयोग तथा अनुरक्षण को सारणी में नोट करते हैं।

क्र. सं.	टूल	उपयोग	अनुरक्षण
1.	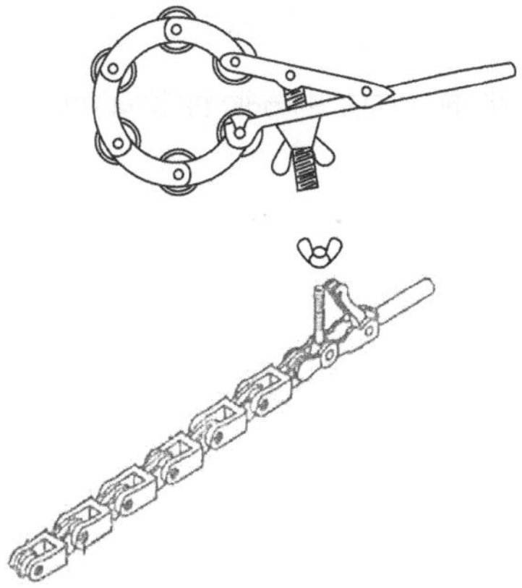		

क्र. सं.	टूल	उपयोग	अनुरक्षण
2.	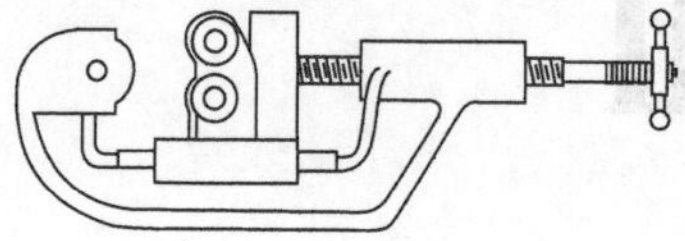		
3.	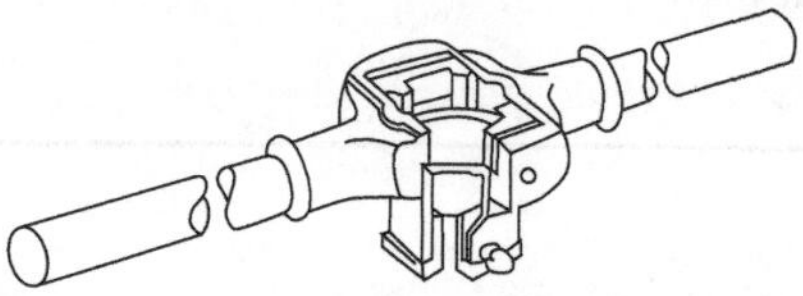		
4.	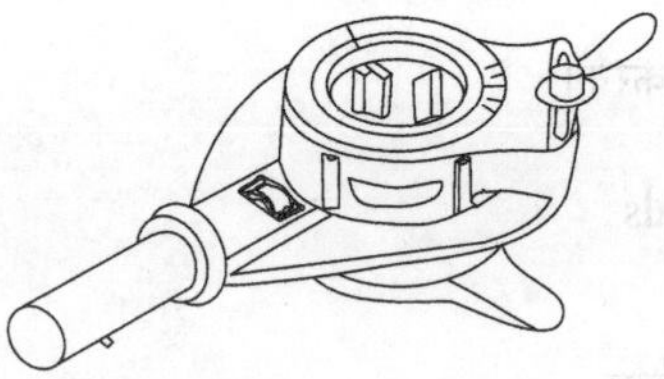		
5.	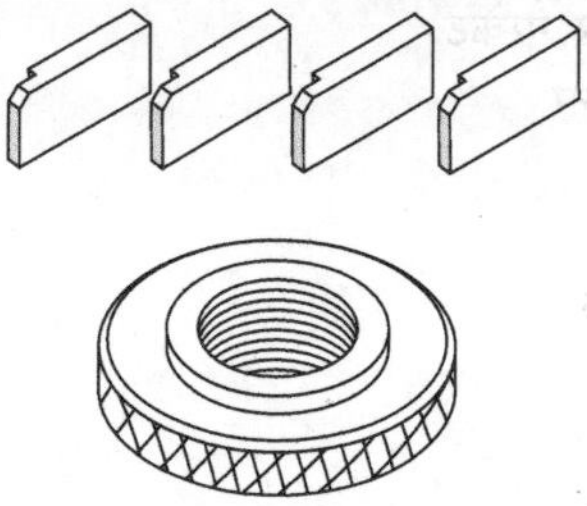		
6.	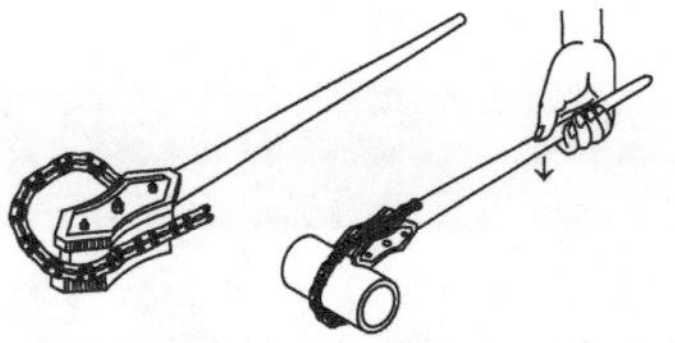		
7.	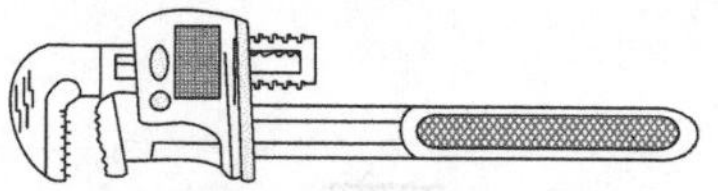		

4. किये गये कार्य की अनुदेशक महोदय से पुष्टि करवाते हैं।

परिणाम (Result) प्लम्बर औजारों एवं उपकरणों का उपयोग एवं उनके रख-रखाव का अभ्यास सफलतापूर्वक किया गया।

प्रैक्टिकल संख्या 31

✎ कटिंग टूल्स द्वारा GI पाइप को विभिन्न व्यासों तथा आकारों में कटिंग करना
Cutting of GI Pipes of Different Diameter and Sizes by Cutting Tools

उद्देश्य Object

कटिंग टूल्स द्वारा GI पाइप को विभिन्न व्यासों तथा आकारों में काटने का अभ्यास करना।

आवश्यक उपकरण/सामग्री Essential Apparatus/Materials

- पेपर शीट
- हैक्सॉ
- ट्राई-स्क्वायर
- स्टील रूल
- कूलैन्ट
- पेन्सिल
- पाइप वाइस
- GI पाइप

सुरक्षा सावधानियाँ/निर्देश Safety Precautions/Instructions

1. पाइप को वाइस में दृढ़तापूर्वक पकड़ें।
2. पाइप पर मार्किंग स्पष्ट रूप से करें।
3. कटिंग करते समय सावधानी बरतें।
4. कटिंग के दौरान कूलैन्ट का उपयोग करें।

कार्यविधि Working Method

1. सर्वप्रथम कटिंग के लिए लम्बाई का मापन करते हैं।
2. पाइप को आयताकार पेपर से ढकते हैं। चित्र (i)

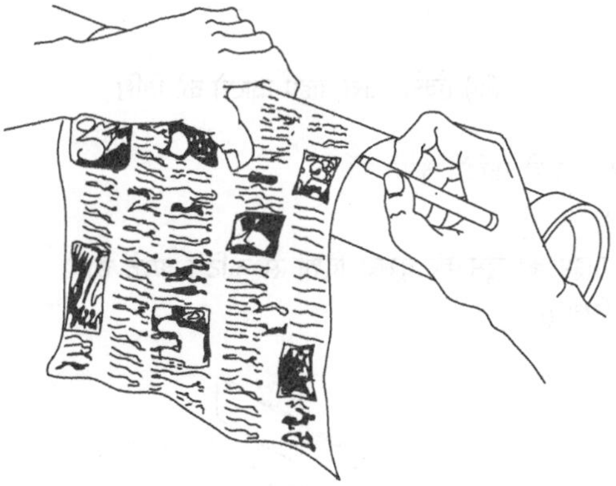

(i) जॉब की पेपर द्वारा मार्किंग

3. पेपर के एजों को पेन्सिल से मार्क करते हैं।
4. पाइप को दृढ़तापूर्वक वाइस में पकड़ते हैं। चित्र (ii)

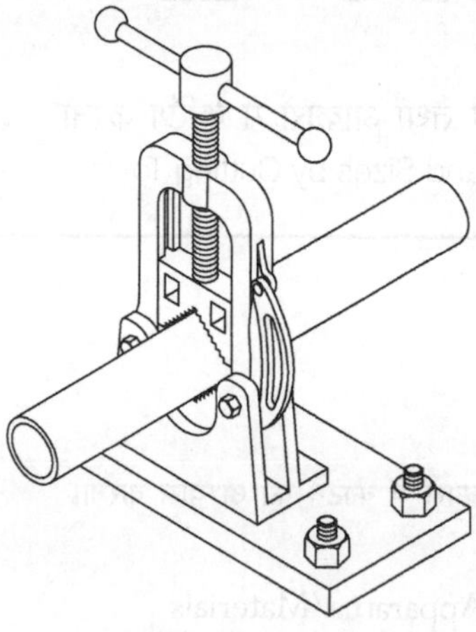

(ii) पाइप को वाइस में पकड़ना

5. हैक्सॉ को लेफ्ट तथा राइट हैण्ड में चित्रानुसार पकड़ते हैं। चित्र (iii)

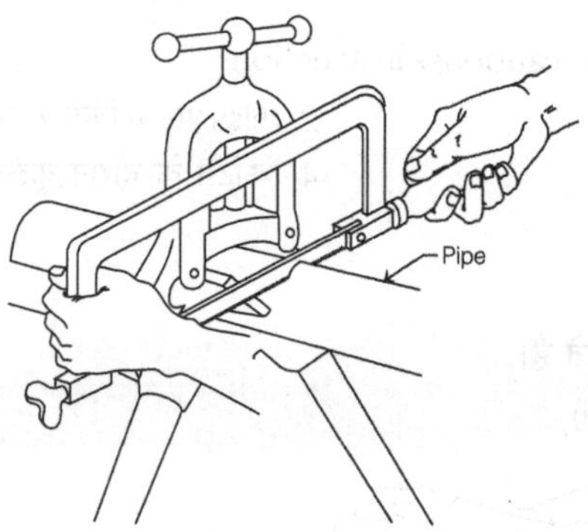

(iii) हैक्सॉ द्वारा पाइप काटने की विधि

6. हैक्सॉ द्वारा 40 से 50 स्ट्रोक प्रति मिनट की दर से कटिंग करते हैं।
7. कटिंग के दौरान कूलैन्ट का प्रयोग करते हैं।
8. पाइप की आधी कटिंग हो जाने के पश्चात् पाइप को घुमाकर दूसरी दिशा से कटिंग करते हैं।
9. पाइप की समकोणीयता की जाँच करते हैं। चित्र (iv)

(iv) पाइप की समकोणीयता की जाँच

10. अन्त में पाइप के कोनों से बर्र को हटाते हैं। चित्र (v)

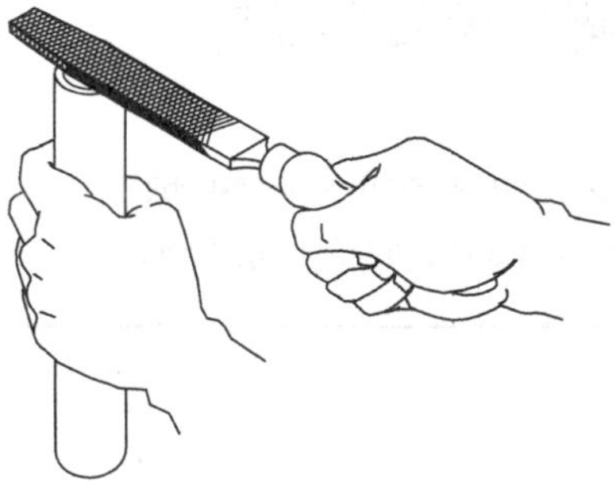

(v) पाइप के कोनों से बर्र हटाना

परिणाम (Result) कटिंग टूल्स द्वारा GI पाइप को विभिन्न व्यासों तथा आकारों में काटने का अभ्यास सफलतापूर्वक किया गया।

प्रैक्टिकल संख्या 32

✎ कटिंग टूल्स द्वारा CI पाइप की विभिन्न व्यासों तथा आकारों में कटिंग करना
Cutting of CI Pipes of Different Diameter and Sizes by Cutting Tools

उद्देश्य Object

कटिंग टूल्स द्वारा CI पाइप को विभिन्न व्यासों तथा आकारों में काटने का अभ्यास करना।

आवश्यक उपकरण/सामग्री Essential Apparatus/Materials

- पेपर शीट
- हैक्सा
- ट्राई-स्क्वायर
- स्टील रूल
- कूलैन्ट
- CI पाइप
- पेन्सिल
- पाइप वाइस

सुरक्षा सावधानियाँ/निर्देश Safety Precautions/Instructions

1. पाइप को वाइस में दृढ़तापूर्वक पकड़ें।
2. पाइप पर मार्किंग स्पष्ट रूप से करें।
3. कटिंग करते समय सावधानी बरतें।
4. कटिंग के दौरान कूलैन्ट का उपयोग करें।

कार्यविधि Working Method

1. सर्वप्रथम कटिंग के लिए लम्बाई का मापन करते हैं।
2. पाइप को आयताकार पेपर से ढकते हैं। चित्र (i)

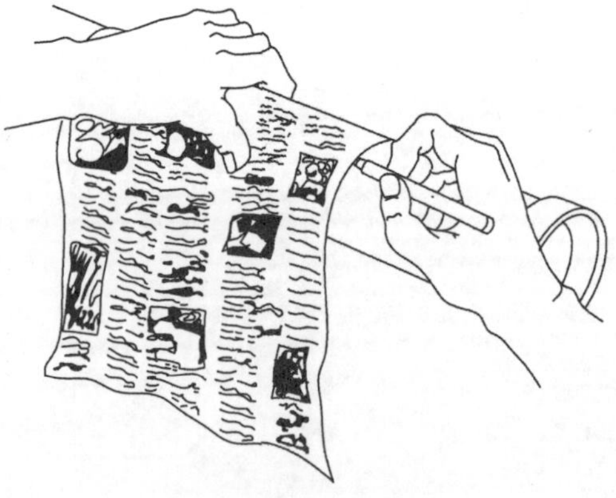

(i) जॉब की पेपर द्वारा मार्किंग

3. पेपर के किनारों (edges) को पेन्सिल से मार्क करते हैं।
4. पाइप को वाइस में दृढ़तापूर्वक पकड़ते हैं। चित्र (ii)

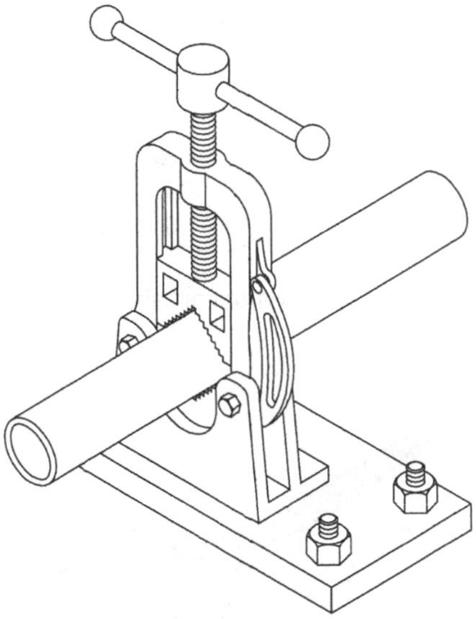

(ii) पाइप को वाइस में पकड़ना

5. पाइप कटर को पाइप पर फिक्स करते हैं।
6. हैण्डिल को घुमाकर कटर को इस प्रकार समायोजित करते हैं कि कटर के रोलर पाइप को समान रूप से स्पर्श करें। चित्र (iii)

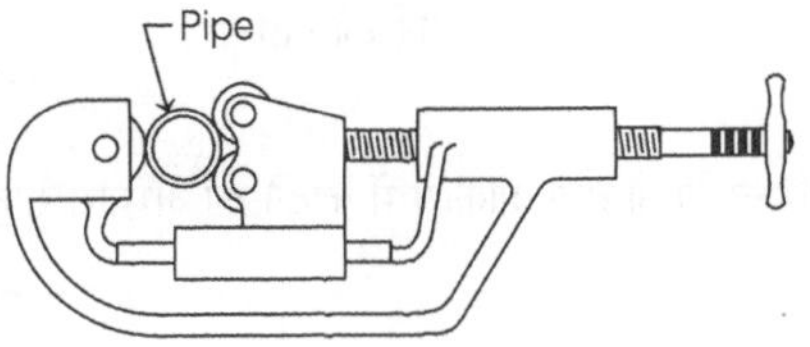

(iii) पाइप कटर

7. पाइप कटर को पाइप के चारों ओर घुमाकर कटिंग करते हैं।
8. दो से तीन कट के बाद कटर पर अतिरिक्त दाब लगाते हैं।
9. पाइप के मुक्त सिरों को कट के अन्त में हाथ से सपोर्ट प्रदान करते हैं। चित्र (iv)

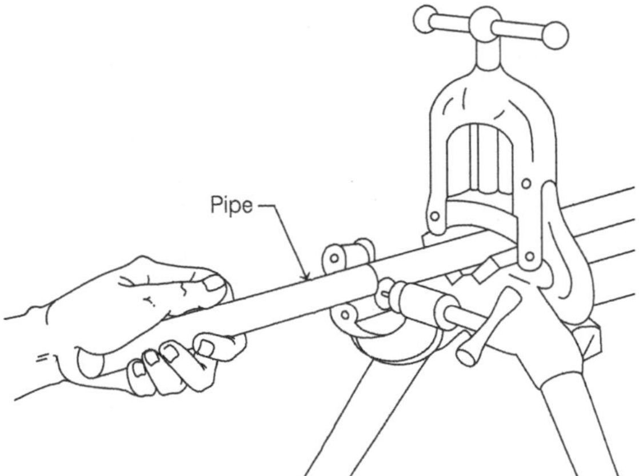

(iv) पाइप को कटिंग के पश्चात् हाथ से सपोर्ट देना

10. अब पाइप की समकोणीयता की जाँच करते हैं। चित्र (v)

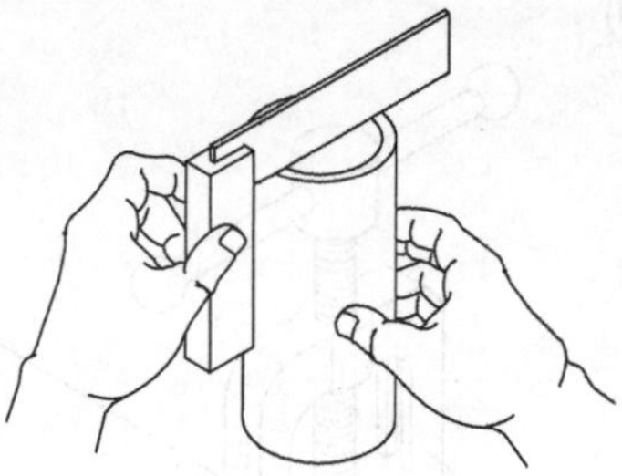

(v) समकोणीयता की जाँच करना

11. अन्त में पाइप के कोनों से बर्र को हटाते हैं। चित्र (vi)

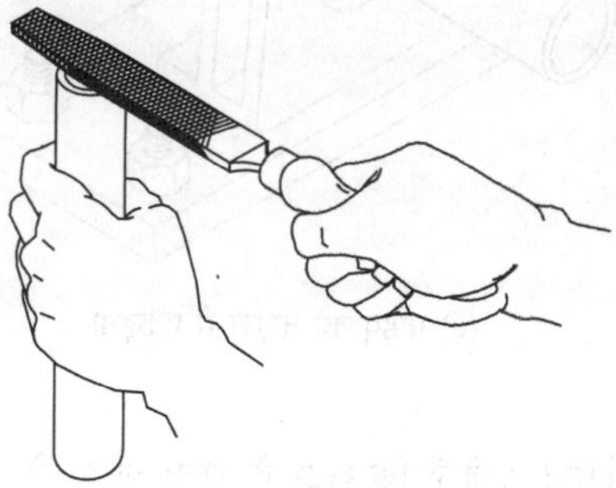

(vi) बर्र को हटाना

परिणाम (Result) कटिंग टूल्स द्वारा CI पाइप को विभिन्न व्यासों तथा आकारों में काटने का अभ्यास सफलतापूर्वक किया गया।

प्रैक्टिकल संख्या 33

✎ कटिंग टूल द्वारा विभिन्न व्यासों तथा आकारों के सभी प्रकार के PVC पाइपों की कटिंग
Cutting of All Kinds of PVC Pipe of Different Diameter and Sizes by Cutting Tools

उद्देश्य Object

कटिंग टूल द्वारा विभिन्न व्यास तथा आकारों के सभी प्रकार के PVC पाइपों की कटिंग का अभ्यास करना।

आवश्यक उपकरण/सामग्री Essential Apparatus/Materials

- पेपर शीट
- पेन्सिल
- स्टील रूल
- ट्राई-स्क्वायर
- GI पाइप
- कूलैन्ट
- हैक्सॉ
- पाइप वाइस

सुरक्षा सावधानियाँ/निर्देश Safety Precautions/Instructions

1. पाइप को वाइस में दृढ़तापूर्वक पकड़ें।
2. पाइप पर मार्किंग स्पष्ट रूप से करें।
3. कटिंग करते समय सावधानी बरतें।
4. कटिंग के दौरान कूलैन्ट का उपयोग करें।

कार्यविधि Working Method

1. स्टील टेप व मार्किंग टूल का उपयोग करके PVC पाइप पर कटिंग किए जाने वाले स्थान की मार्किंग करते हैं।
2. PVC पाइप को वाइस में कसकर पकड़ते हैं। चित्र (i)

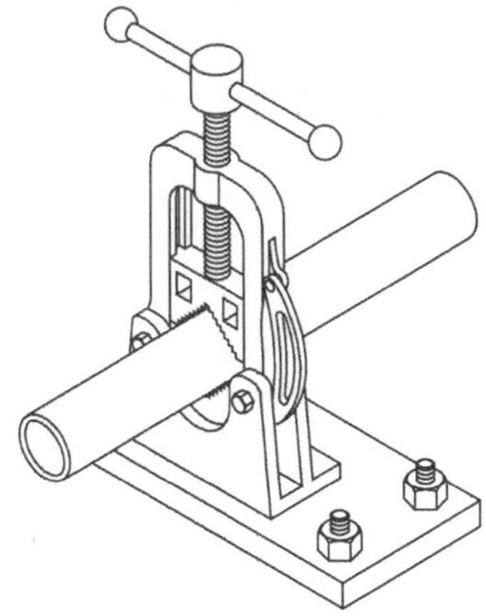

(i) पाइप को वाइस में पकड़ना

3. हैक्सॉ ब्लेड को पश्चाग्र गति प्रदान करके PVC पाइप की कटिंग प्रारम्भ करते हैं। चित्र (ii)

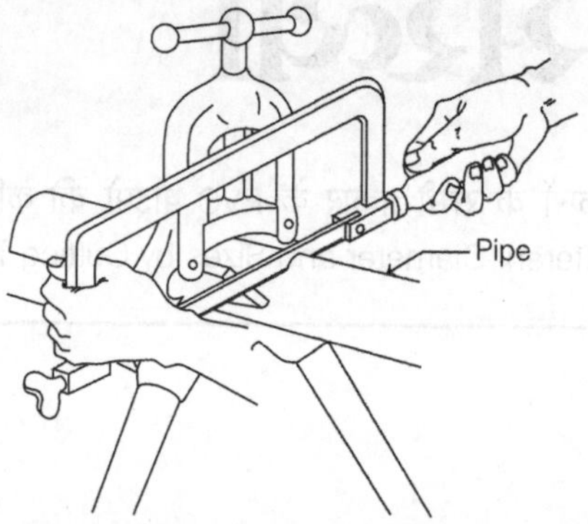

(ii) PVC पाइप की कटिंग प्रक्रिया

4. 40-50 स्ट्रोक प्रति मिनट की दर से PVC पाइप की कटिंग करते हैं।
5. पाइप को घुमाते हैं तथा पाइप की दूसरी दिशा से कटिंग करते हैं।
6. PVC पाइप के काटे जाने वाले सिरे को हाथ से सपोर्ट प्रदान करते हैं।
7. सिरों की एमरी पेपर से फिनिशिंग करते हैं।

परिणाम (Result) कटिंग टूल द्वारा विभिन्न व्यासों तथा आकारों के सभी प्रकार के PVC पाइपों को काटने का अभ्यास सफलतापूर्वक किया गया।

प्रैक्टिकल संख्या 34

✎ बैण्डिंग मशीन का उपयोग करके ड्राइंग के अनुसार 50 मिमी व्यास में GI पाइप को बैण्ड करना
Bending of GI Pipe as per Drawing using Bending Machine Upto 50 mm dia

उद्देश्य Object

बैण्डिग मशीन का उपयोग करके ड्राइंग के अनुसार 50 मिमी व्यास में GI पाइप को बैण्ड करने का अभ्यास करना।

आवश्यक उपकरण/सामग्री Essential Apparatus/Materials

- पेपर शीट
- पेन्सिल
- स्टील रूल
- ट्राई-स्क्वायर
- GI पाइप
- हैक्सॉ
- पाइप वाइस
- कूलैन्ट

सुरक्षा सावधानियाँ/निर्देश Safety Precautions/Instructions

1. पाइप को वाइस में दृढ़तापूर्वक पकड़ें।
2. पाइप पर मार्किंग स्पष्ट रूप से करें।
3. पाइप को बैण्ड करते समय सावधानी बरतें।
4. बैण्डिंग के दौरान फॉर्मर का उपयोग करें।

कार्यविधि Working Method

1. पाइप की वर्गाकारिता को चैक करते हैं तथा बैण्ड के लिए केन्द्र का निर्धारण करते हैं। चित्र (i)

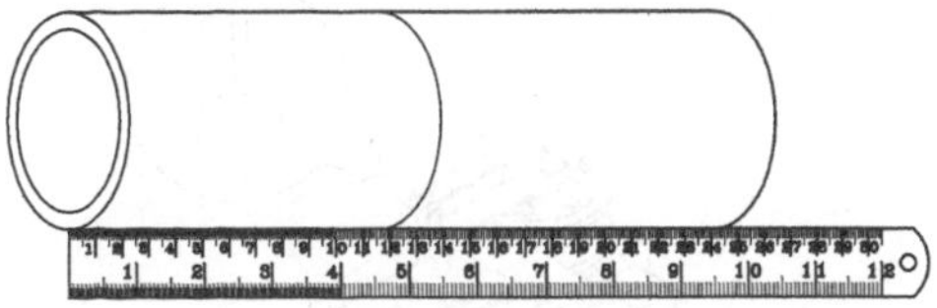

(i) पाइप की वर्गाकारिता चैक करना

2. केन्द्र से बैण्ड के आरम्भ तथा अन्त तक की लम्बाई की मार्किंग करते हैं। चित्र (ii)

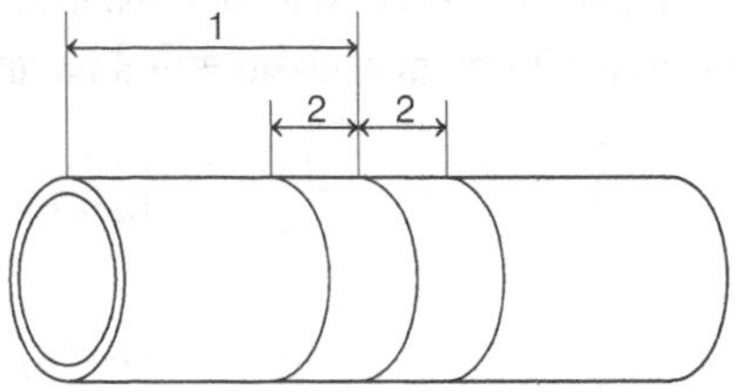

(ii) पाइप बैण्ड की लम्बाई की मार्किंग

3. पाइप के आकार के अनुसार फॉर्मर का चयन करते हैं। चित्र (iii)

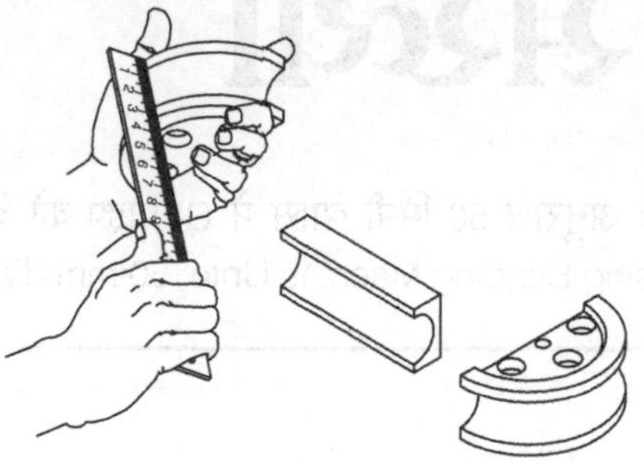

(iii) फॉर्मर का चयन

4. बैण्डिग मशीन को बैंच वाइस में क्लैम्प करते हैं।
5. फॉर्मर को उचित स्थिति में रखकर पिन के साथ लॉक करते हैं। चित्र (iv)

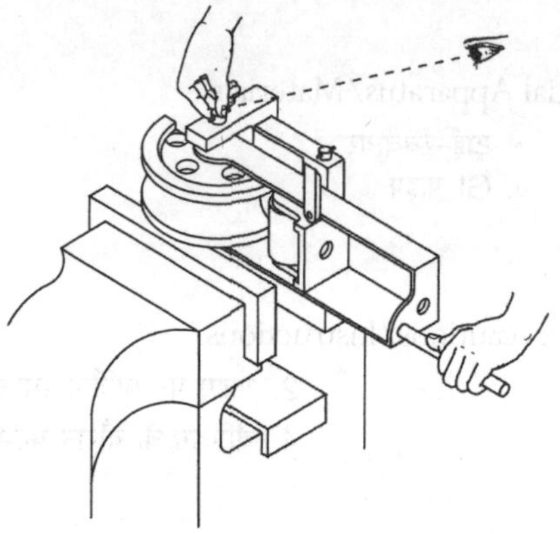

(iv) फॉर्मर को पीन के साथ लॉक करना

6. तत्पश्चात् पिन के साथ बैक स्टॉप को फिक्स करते हैं। चित्र (v)

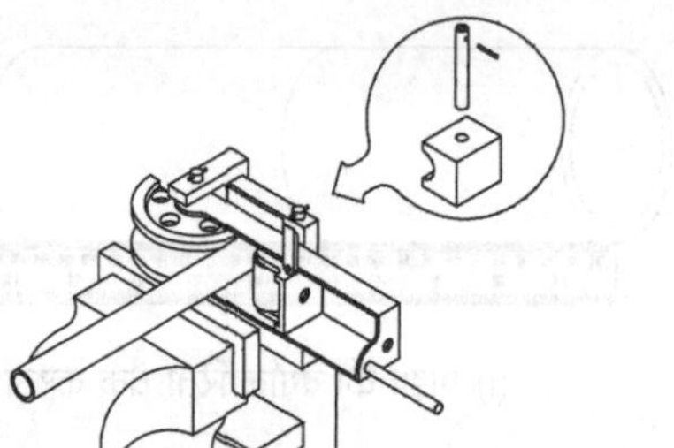

(v) पीन के साथ बैक स्टॉप को फिक्स करना

7. पाइप को बैण्डिग मशीन में रखकर, बैण्डिग आर्म से गुजारते हैं तथा यह सुनिश्चित करते हैं कि पाइप फॉर्मर ग्रूव में उचित स्थिति में लगा है। चित्र (vi)

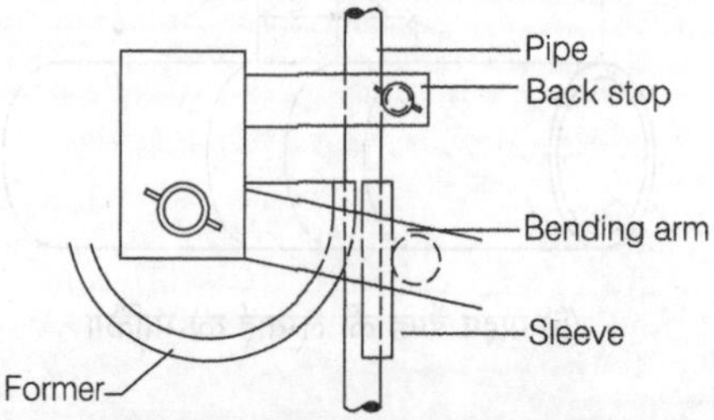

(vi) पाइप को बैण्डिग मशीन में फिक्स करना

8. स्क्रू तथा नट को समायोजित करके रोलर को बैण्डिग आर्म पर सैट करते हैं। चित्र (vii)

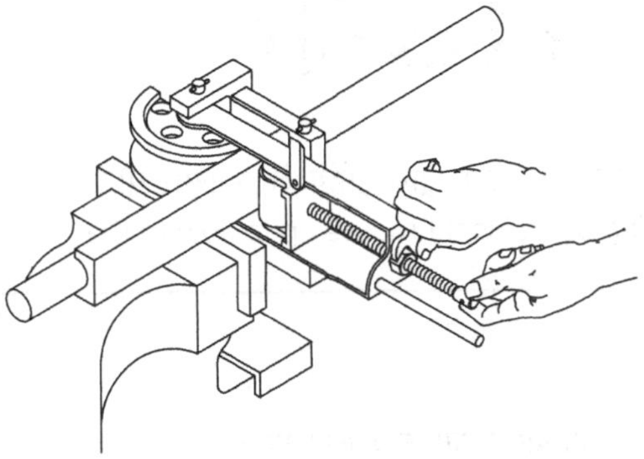

(vii) रोलर को बैण्डिंग आर्म पर सैट करना

9. बैण्डिग बार को अपने शरीर की ओर खींचकर पाइप को बैण्ड करते हैं। चित्र (viii)

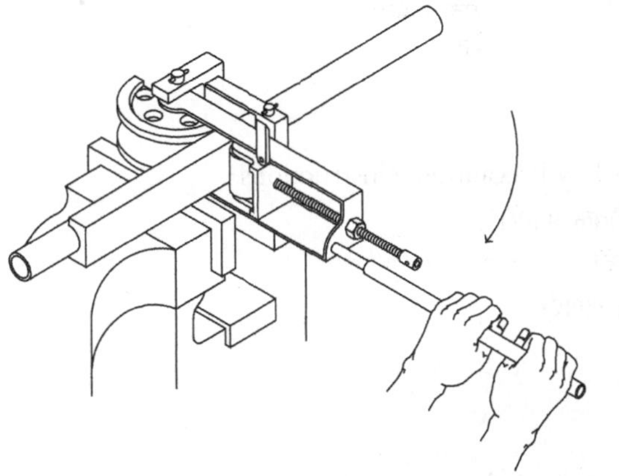

(viii) पाइप की बैण्डिग

10. टेम्प्लेट का प्रयोग करके पाइप की त्रिज्या तथा कोण चैक करते हैं। चित्र (ix)

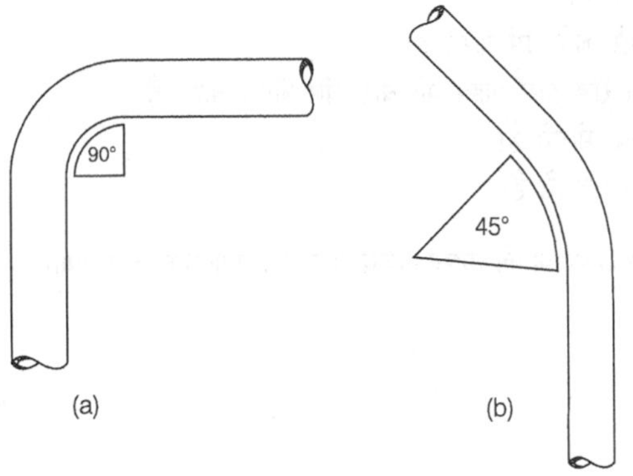

(ix) पाइप त्रिज्या की जाँच

परिणाम (Result) बैण्डिंग मशीन का प्रयोग करके ड्राॅइंग के अनुसार 50 मिमी व्यास में GI पाइप को बैण्ड करने का अभ्यास सफलतापूर्वक किया गया।

प्रैक्टिकल संख्या 35

✎ 50 मिमी व्यास तक के PVC पाइपों को ऊष्मा प्रक्रम द्वारा ड्रॉइंग के अनुसार मोड़ना
Bending of PVC Pipe as per Drawing using Heat Process up to 50 mm Dia

---

उद्देश्य Object

50 मिमी व्यास तक के PVC पाइपों को ऊष्मा प्रक्रम द्वारा ड्रॉइंग के अनुसार मोड़ना।

आवश्यक उपकरण/सामग्री Essential Apparatus/Materials

- PVC पाइप
- बैण्डिग मशीन
- ऊष्मक
- सूती कपड़ा
- रेत

सुरक्षा सावधानियाँ/निर्देश Safety Precautions/Instructions

1. बैण्डिग मशीन में पाइप को सावधानीपूर्वक पकड़ें।
2. पाइप में रेत भरते समय सावधानी बरतें।
3. पाइप को मोड़ते समय अधिक बल न लगाएँ।
4. अनुदेशक के निर्देशों का पालन करें।

कार्यविधि Working Method

1. सर्वप्रथम PVC पाइप की लम्बाई की जाँच करते हैं।
2. तत्पश्चात् बैण्ड रेडियस तथा कोण का निर्धारण करते हैं।
3. बैण्ड लम्बाई की PVC द्वारा मार्किंग करते हैं।
4. मार्किंग किए गए भाग को ऊष्मा द्वारा धीरे-धीरे गर्म करते हैं।
5. PVC पाइप को ऊष्मा प्रदान करते समय रॉड द्वारा पाइप को धीरे-धीरे बैण्ड करते हैं।
6. PVC पाइप को वांछित बैण्ड रेडियस तक मोड़ते हैं।
7. बैण्ड किए गए भाग की जाँच टेम्प्लेट द्वारा करते हैं।

परिणाम (Result) 50 मिमी व्यास तक के PVC पाइपों को ऊष्मा प्रक्रिया द्वारा सफलतापूर्वक जोड़ा गया।

प्रैक्टिकल संख्या 36

✎ पी.वी.सी पाइप को विभिन्न व्यासों में तैयार करना तथा फिटिंग करना
Preparation of PVC Pipe & Fittings in Different Dia

उद्देश्य Object

पीवीसी पाइप को विभिन्न व्यासों में फिट करना।

आवश्यक उपकरण/सामग्री Essential Apparatus/Materials

- पाइप डाई
- पाइप फिटिंग्स
- प्लायर
- कॉटन वेस्ट
- यूनियन
- क्लैम्प
- पीवीसी पाइप
- गेट वाल्व
- पेंचकस
- व्यक्तिगत सुरक्षा पोशाक
- हैक्सॉ
- सीमेन्ट
- एल्बो
- पाइप वाइस
- पाइप रिंच

सुरक्षा सावधानियाँ/निर्देश Safety Precautions/Instructions

1. स्थिति व कार्य के अनुसार ही पाइप फिटिंग्स का चयन तथा उपयोग करें।
2. सभी जोड़ पर्याप्त मजबूत होने चाहिए।
3. पीवीसी पाइप को सदैव क्लैम्प के साथ ही फिक्स करें।
4. वाल्व या पाइप फिटिंग पर हथौड़े का प्रयोग न करें।
5. पीवीसी पाइप पर चूड़ियाँ सावधानीपूर्वक बनाएँ।

कार्यविधि Working Method

A. **पी.वी.सी पाइप तैयार करना**

1. सर्वप्रथम समस्त औजारों को कार्यस्थल के निकट रखते हैं।
2. ड्रॉइंग के अनुसार पीवीसी पाइप को मार्कर द्वारा मार्क करते हैं, जैसा कि निम्न चित्र में दर्शाया गया है। चित्र (i)

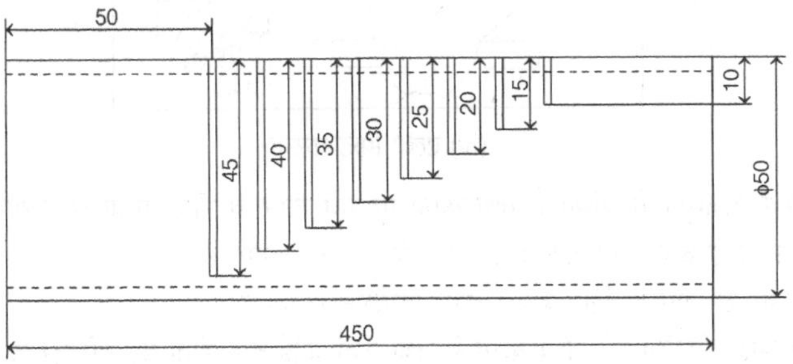

(i) पीवीसी पाइप की मार्किंग

3. अब पीवीसी पाइप को बेंच वाइस में मजबूती से बाँधते हैं।
4. हैक्सॉ को कटिंग एंगल के अनुसार पकड़ते हैं और पीवीसी पर की गई मार्किंग के अनुसार पाइप पर कट लगाते हैं।

5. अब उपयुक्त विधि के अनुसार पीवीसी पाइप को काटते हैं।
6. कटिंग प्रक्रिया पूर्ण होने के पश्चात् पीवीसी पाइप को बेंच वाइस से निकालते हैं तथा इसी प्रकार पीवीसी पाइप को अलग-अलग साइज हेतु तैयार करते हैं।

B. **पी वी सी पाइप की फिटिंग करना**

1. बड़े साइज के पाइप के साथ कम साइज के पाइप के लिए रिड्यूसर लगाते हैं।
2. आवश्यक स्थानों पर उपयुक्त पीवीसी पाइप के साथ फिट करते हैं।
3. पी वी सी पाइप फिटिंग की विधि निम्न चित्र में दर्शायी गई है। चित्र (ii)

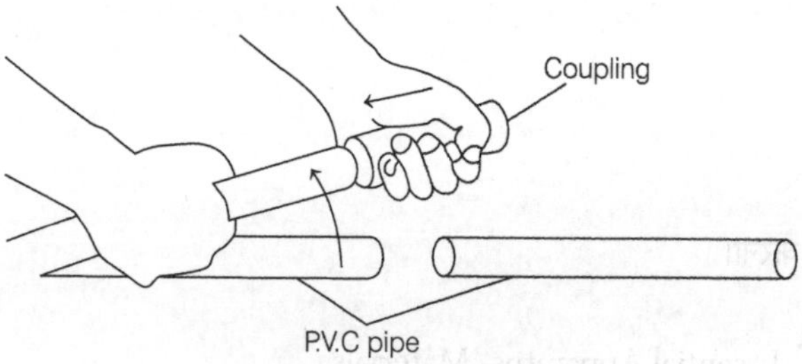

(ii) पी वी सी पाइप की कपलिंग करना

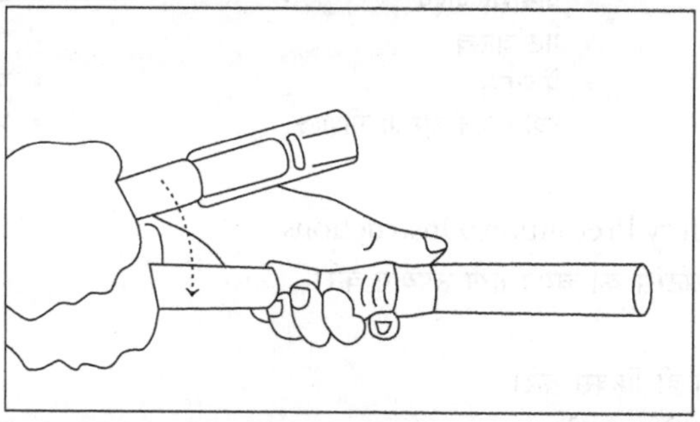

(iii) कपलिंग फिट करना

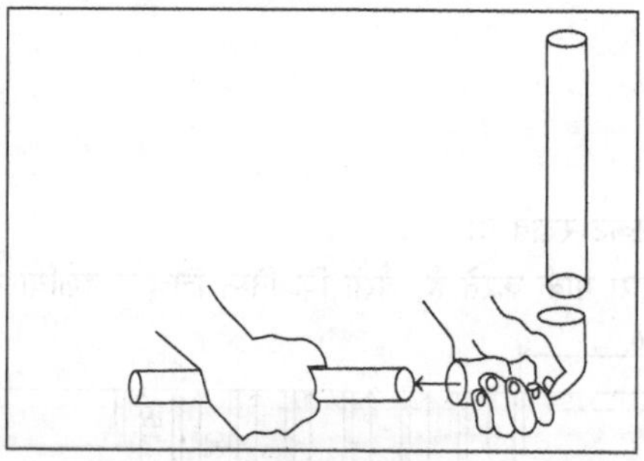

(iv) एल्बो फिट करना

4. पी वी सी फिटिंग को पाइप वाइस में मजबूती से बाँधते हैं तथा कोनों पर एवं ऊपर व नीचे एल्बो का प्रयोग करते हैं।
5. फिटिंग में ऊपर की ओर फ्लैंज लगाते हैं तथा आवश्यक स्थानों पर चैक वाल्व लगाते हैं।
6. फिटिंग से पाइप लाइन को चारों ओर ले जाने के लिए डबल क्रॉस ज्वॉइण्ट लगाते हैं।
7. कार्य पूर्ण होने के पश्चात् पीवीसी पाइप फिटिंग की जाँच करते हैं तथा जहाँ कोई दोष होता है, उसे दूर करते हैं।

परिणाम (Result) पीवीसी पाइप को सफलतापूर्वक तैयार किया गया तथा विभिन्न व्यासों में फिटिंग सफलतापूर्वक की गई।

प्रैक्टिकल संख्या 37

✎ इलेक्ट्रिक हॉट प्लेट की तैयारी एवं सावधानियाँ
Preparations and Precautions of Electric Hot Plate

उद्देश्य Object

इलेक्ट्रिक हॉट प्लेट की तैयारी एवं सावधानियों की जानकारी प्राप्त करना।

आवश्यक उपकरण/सामग्री Essential Apparatus/Materials

- इलेक्ट्रिक हॉट प्लेट
- हीटर
- सॉकेट
- पाइप
- एलीमेण्ट

सुरक्षा सावधानियाँ/निर्देश Safety Precautions/Instructions

1. इलेक्ट्रिक हॉट प्लेट का सावधानीपूर्वक उपयोग करें।
2. पाइप के जोड़ सावधानीपूर्वक लगाएँ
3. कार्य के पश्चात् हीटर को ध्यानपूर्वक बन्द कर दें।
4. गर्म एलीमेण्ट को हाथ से स्पर्श न करें।
5. अनुदेशक के निर्देशों का पालन करें।

कार्यविधि Working Method

1. सर्वप्रथम इलेक्ट्रिक हॉट प्लेट वैल्डिंग हेतु उपयुक्त सॉकेट का चयन करते हैं।
2. इलेक्ट्रिक हॉट प्लेट वैल्डिंग हेतु इलेक्ट्रिक करण्ट को सैट करते हैं।
3. प्लेट पर PVC को मेल तथा फीमेल एण्ड पर क्लैम्प करते हैं।
4. इलेक्ट्रिक हीट द्वारा PVC पाइप को गर्म करते हैं।
5. गर्म PVC पाइपों को एक दूसरे पर बलपूर्वक चढ़ाकर जोड़ प्राप्त करते हैं।
6. सीलेण्ट द्वारा जोड़ को लीकप्रूफ बनाते हैं।

परिणाम (Result) इलेक्ट्रिक हॉट प्लेट की तैयारी एवं सावधानियों की जानकारी सफलतापूर्वक प्राप्त की गई।

प्रैक्टिकल संख्या 38

✎ वैल्डिंग मशीन का उपयोग करके विभिन्न व्यासों की पीवीसी पाइप वैल्डिंग
PVC Pipe Welding of Various Dia, using Welding Machine

उद्देश्य Object

वैल्डिंग मशीन का उपयोग करके विभिन्न व्यासों की पीवीसी पाइप वैल्डिंग करना।

आवश्यक उपकरण/सामग्री Essential Apparatus/Materials

- पीवीसी वैल्डिंग मशीन
- प्लास्टिक पाइप कटर
- गैस हीटिड टाइप टॉर्च
- पीवीसी पाइप
- मार्कर
- मीजरिंग टेप
- फिलर रॉड
- कॉटन वेस्ट

सुरक्षा सावधानियाँ/निर्देश Safety Precautions/Instructions

1. PVC वैल्डिंग मशीन का उपयोग करते समय सुरक्षा ग्लव्स अवश्य पहनें।
2. प्लास्टिक पाइप कटर का उपयोग सावधानीपूर्वक करें।
3. हीटिड पाइप व फिटिंग ज्वॉइण्ट को एक साथ ही जोड़ें।

कार्यविधि Working Method

A. पाइप की सर्फेस तैयार करना

1. पाइप की सर्फेस को ऑयल, ग्रीस तथा धूल मुक्त करते हैं।
2. जोड़े जाने वाले किनारों से तीक्ष्ण (sharp) बर्र को हटाते हैं।

B. वैल्डिंग करना

1. वैल्डिंग हेतु पाइप को अग्निसह्य ईंट या किसी अन्य ऊष्मारोधी पदार्थ पर रखते हैं।
2. वैल्ड की जाने वाली सर्फेसों को 550°F या 288°C पर गर्म करते हुए बैण्डिग प्रक्रिया प्रारम्भ करते हैं।
3. वैल्ड सर्फेस से फिलर रॉड को 75° के कोण पर रखते हुए वैल्डिंग करते हैं।
4. पाइप के छिद्र पर एक या दो बीड बनाते हैं।

परिणाम (Result) वैल्डिंग मशीन का उपयोग करके विभिन्न व्यासों की पीवीसी वैल्डिंग का अभ्यास सफलतापूर्वक किया गया।

प्रैक्टिकल संख्या 39

✎ वैल्डिंग मशीन का उपयोग करके विभिन्न व्यास के साथ विविध प्रकार के PVC पाइपों की वैल्डिंग
Weld Various Type of PVC Pipe with Various Dia, Using Welding Machine

उद्देश्य Object

वैल्डिंग मशीन का प्रयोग करते हुए PVC पाइप की वैल्डिंग का अभ्यास करना।

आवश्यक उपकरण/सामग्री Essential Apparatus/Materials

- पीवीसी वैल्डिंग मशीन
- प्लास्टिक पाइप कटर
- हॉट गैस टॉर्च
- गैस हीटिड टाइप टॉर्च
- पीवीसी पाइप
- मार्कर
- मीजरिंग टेप
- फिलर रॉड
- कॉटन वेस्ट

सुरक्षा सावधानियाँ/निर्देश Safety Precautions/Instructions

1. PVC वैल्डिंग मशीन का उपयोग करते समय सुरक्षा गलव्स अवश्य पहनें।
2. प्लास्टिक पाइप कटर का उपयोग सावधानीपूर्वक करें।
3. हीटिड पाइप व फिटिंग ज्वॉइण्ट को एक साथ ही जोड़ें।

कार्यविधि Working Method

1. सतहों को तेल और ग्रीस से साफ करते हैं।
2. किनारे से सभी तेज किनारों की फाइलिंग करते हैं।
3. पाइप को वैल्डिंग के लिए आग की ईंट या अन्य ऊष्मा प्रतिरोधी सामग्री पर रखते हैं।
4. वैल्डिंग मशीन को 550°F या 288°C के तापमान पर वेल्ड करने के लिए सतह को गर्म करके विद्युत प्रदान करते हैं।
5. वैल्डिंग फिलर रॉड की स्थिति को वेल्ड सतह पर लगभग 70° के कोण पर रखते हैं।

6. पाइप में छेद के ऊपर एक या दो बीड को वेल्ड करते हैं।

परिणाम (Result) अनुदेशक के निरीक्षण में वैल्डिंग मशीन का प्रयोग करते हुए PVC पाइप की वैल्डिंग का अभ्यास सफलतापूर्वक किया गया।

प्रैक्टिकल संख्या 40

✎ वैल्डिंग मशीन द्वारा विभिन्न व्यासों के पाइपों के PPR पाइप वैल्डिंग जोड़ बनाना
PPR Pipe Welding Joint Various Dia of Pipe Using Welding Machine

उद्देश्य Object

वैल्डिंग मशीन द्वारा विभिन्न व्यासों के पाइपों के PPR पाइप वैल्डिंग जोड़ बनाने का अभ्यास करना।

आवश्यक उपकरण/सामग्री Essential Apparatus/Materials

- वर्क बेंच
- स्मूथ फाइल
- फिलर रॉड
- सॉफ्ट क्लॉथ
- विद्युत पावर स्रोत
- गम बूट
- पीवीसी पाइप लम्बाई
- PPR वैल्डिंग मशीन
- वैल्डिंग गन
- ग्लव्स तथा चश्मे
- फ्लक्स
- एल्कोहॉल

सुरक्षा सावधानियाँ/निर्देश Safety Precautions/Instructions

1. PPR वैल्डिंग मशीन का उपयोग करते समय सुरक्षा ग्लव्स अवश्य पहनें।
2. PPR पाइप की वैल्डिंग करने के लिए PPR वैल्डिंग मशीन का तापमान, PPR पाइप के अनुसार ही रखें।
3. हीटिड पाइप व फिटिंग जोड़ को एक साथ जोड़ें।

कार्यविधि Working Method

1. सर्वप्रथम आवश्यकतानुसार पाइप की लम्बाई को मार्क करते हैं। चित्र (i)

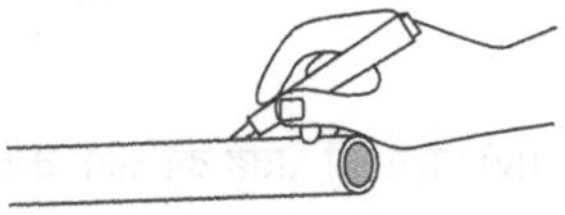

(i) पाइप की मार्किंग

2. बेंच वाइस का उपयोग करके PPR फ्यूजन वैल्डर तथा वर्क बेंच को संयोजित करते हैं। चित्र (ii)
3. फ्यूजन वैल्डर को बेंच स्टैण्ड पर रखते हैं।

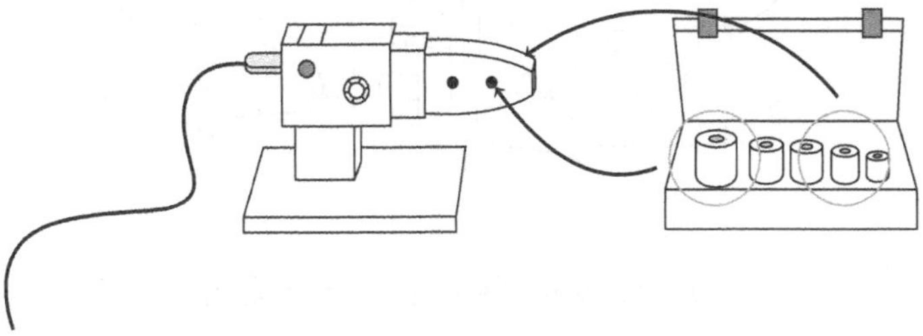

(ii) टूल के साइज हेतु सॉकेट

4. सुनिश्चित करते हैं कि फ्यूजन वैल्डर, बेंच स्टैण्ड से मजबूती से बाँधा गया है।
5. इसके पश्चात् एक्वाप्लास्ट (aquaplast) वैल्डर को संयोजित करते हैं।
6. वैल्डिंग के दौरान किसी भी दुर्घटना से बचने के लिए एक्सटेंशन (extension) को सुरक्षित करते हैं।
7. PPR वैल्डिंग मशीन की पावर ऑन करते हैं। पावर ऑन को लाल/हरी बत्ती से दर्शाया जाता है।
8. जब PPR मशीन को उचित तापमान (लगभग 260°C) पर सैट करते हैं।
9. इसके पश्चात् प्लास्टिक पाइप कटर की सहायता से आवश्यक लम्बाई के पाइप काटते हैं। चित्र (iii)

(iii) पाइप काटना

10. एल्कोहॉल PPR क्लीनर द्वारा पाइप की फ्यूजन सतह को साफ करते हैं। चित्र (iv)

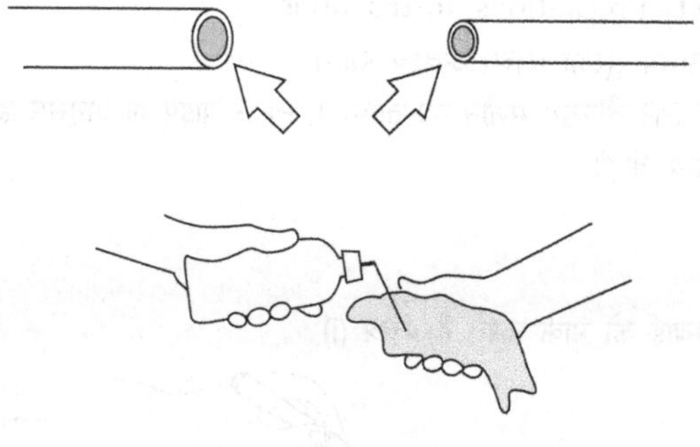

(iv) पाइप की सतह को साफ करना

11. अब फ्यूजन स्टैण्डर्ड सारणी व चिन्ह के अनुसार फ्यूजन वैल्ड की गहराई मापते हैं।
12. अब पाइप को पॉली फ्यूजन वैल्डिंग मशीन में इस प्रकार सैट करते हैं कि पाइप को क्षैतिज रूप में सॉकेट में फिट किया जा सके। चित्र (v)

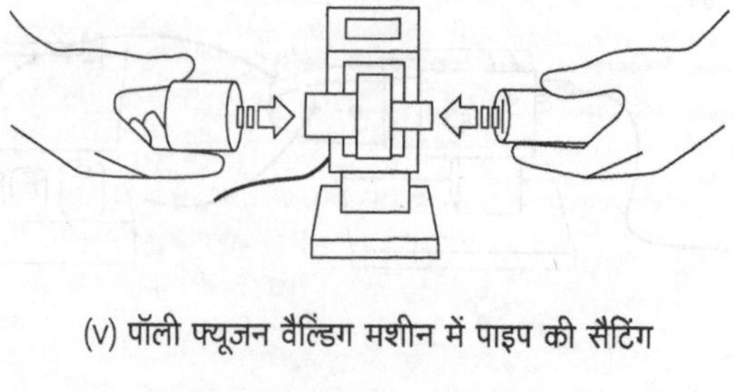

(v) पॉली फ्यूजन वैल्डिंग मशीन में पाइप की सैटिंग

13. इसके बाद पाइप व सॉकेट को PPR वैल्डिंग मशीन से गर्म करते हैं।
14. पाइप व सॉकेट को गर्म करने के पश्चात् इन्हें एक साथ जोड़ देते हैं तथा 5 सेकण्ड के अन्तराल के पश्चात् पाइप व सॉकेट को एडजस्ट करके वैल्डिंग प्रक्रिया को समाप्त करते हैं। चित्र (vi)

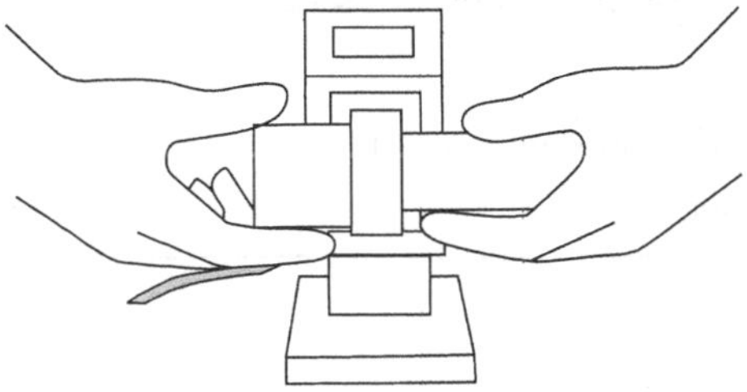

(vi) पाइप व सॉकेट को एडजस्ट करना

15. वैल्डिंग जोड़ को ठण्डा होने देते हैं। ठण्डा होने के पश्चात् वैल्डिंग जोड़ों की जाँच करते हैं। चित्र (vii)

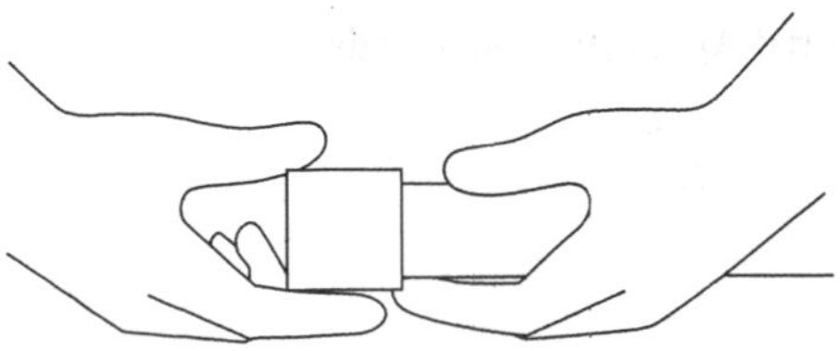

(vii) वैल्डिंग जोड़ की जाँच

परिणाम (Result) वैल्डिंग मशीन द्वारा विभिन्न व्यासों के पाइपों के PPR पाइप वैल्डिंग जोड़ बनाने का अभ्यास सफलतापूर्वक किया गया।

प्रैक्टिकल संख्या 41

✎ CI/HCI पाइप पर बैण्ड तथा टी (T) के साथ फ्लैंज जोड़ बनाना
CI/HCI Pipe Flange Joint with Bend and Tee

उद्देश्य Object

कास्ट आयरन पाइपों पर बैण्ड तथा टी (T) के साथ फ्लैंज जोड़ बनाने का अभ्यास करना।

आवश्यक उपकरण/सामग्री Essential Apparatus/Materials

- फ्लैंज
- कास्ट आयरन पाइप
- बोल्ट
- बैण्ड
- टी
- रिंच
- नट
- स्पैनर

सुरक्षा सावधानियाँ/निर्देश Safety Precautions/Instructions

1. पाइप फिटिंग में ज्यादा जोड़ कभी न लगाएँ अर्थात् आवश्यकतानुसार ही जोड़ लगाएँ।
2. पाइप के जोड़ों की लीकेज अच्छी तरह चैक करें।
3. स्पैनर का चुनाव नट के अनुसार ही करें।
4. थ्रेडिंग डाई से चूड़ी काटते समय स्नेहक का प्रयोग करें।

कार्यविधि Working Method

1. सर्वप्रथम ड्रॉइंग के अनुसार पाइपों को संरेखित करते हैं।
2. सभी उपयोगी सामग्री व औजारों को उचित स्थान पर एकत्र करते हैं।
3. अब पाइप के सिरों से एल्बो को जोड़ते हैं।
4. एल्बो के अन्य सिरे से फ्लैंज को जोड़ते हैं। चित्र (i)

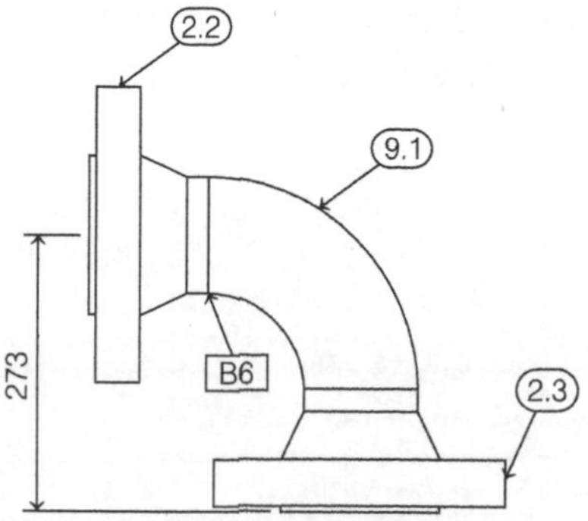

Plan View

(i) एल्बो से फ्लैंज जोड़ना

5. फ्लैंज के सिरों पर बोल्ट व नट लगाकर जोड़ को पूर्ण करते हैं।
6. इसी प्रकार टी (T) पर पाइपों को फिक्स करते हैं।
7. फ्लैंज को टी के सिरों पर फिक्स करके नट व बोल्ट या कपलिंग द्वारा कस देते हैं।

नोट दिए गये चित्र में 273 दोनों फ्लैंजों के बीच की सेन्टर हाइट है, जबकि 2.2, 9.1, 2.3 तथा B6 सर्फेस फिनिशिंग ग्रेड है।

परिणाम (Result) कास्ट आयरन पाइपों पर बैण्ड तथा टी के साथ फ्लैंज जोड़ बनाने का अभ्यास सफलतापूर्वक किया गया।

प्रैक्टिकल संख्या 42

✎ लैड के साथ CI पाइपों पर सॉकेट जोड़
Socket Joint of CI Pipes with Lead

उद्देश्य Object

लैड का प्रयोग करके कास्ट आयरन पाइपों पर सॉकेट जोड़ लगाने का अभ्यास करना।

आवश्यक उपकरण/सामग्री Essential Apparatus/Materials

- सॉकेट
- ग्लेज
- कास्ट आयरन पाइप
- सूत का धागा
- हथौड़ा
- गीली मिट्‌टी
- स्पिगॉट
- लैड
- पाउण्ड रेजिन
- यार्निंग आयरन
- कॉल्किंग टूल
- फ्लैक्सिबल एस्बेस्टस
- रस्सी

सुरक्षा सावधानियाँ/निर्देश Safety Precautions/Instructions

1. सॉकेट तथा स्पिगॉट को सावधानीपूर्वक संरेखित करें।
2. पाइप पर सूत का धागा उचित लम्बाई तक लपेटें।
3. यार्निंग आयरन का प्रयोग ध्यानपूर्वक करें।
4. उपकरणों का चयन पाइप के अनुसार करें।

कार्यविधि Working Method

1. जोड़े जाने वाली सॉकेट तथा पाइप की आन्तरिक तथा बाहरी सतह को अच्छे से साफ करते हैं।
2. स्पिगॉट सिरे को सॉकेट के अन्दर फिक्स करते हैं। चित्र (i)

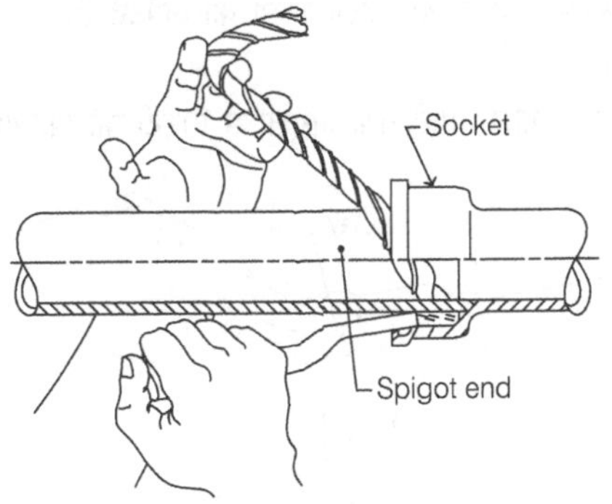

(i) स्पिगॉट सिरे को सॉकेट के अन्दर फिक्स करना

3. सॉकेट लम्बाई की 1/3 गहराई तक सूत का धागा लपेटते हैं।
4. यार्निंग आयरन (yarning iron) का प्रयोग करके जोड़ के चारों ओर सूत को मजबूती प्रदान करते हैं। चित्र (ii)

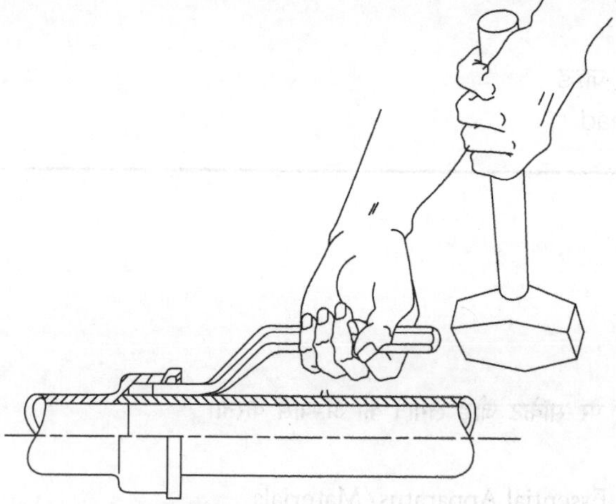

(ii) यार्निंग आयरन का उपयोग

5. सूत को पूर्ण रूप से चिपकाकर अतिरिक्त सूत को हटाते हैं।
6. पाउडर रेजिन या ग्लेज को जोड़ पर लगाते हैं। चित्र (iii)

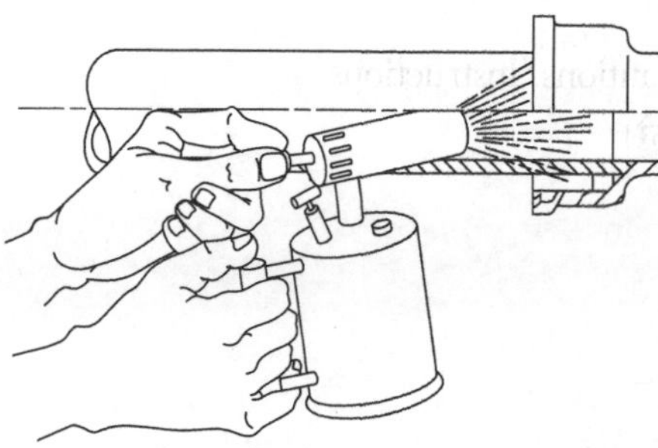

(iii) जोड़ पर रेजिन पाउडर लगाना

7. पाइप के 25 मिमी व्यास तक फ्लैक्सिबल एस्बेस्टस कोर्ड या पतली रस्सी को लपेटते हैं।
8. कोर्ड को बलपूर्वक सॉकेट में प्रवेश कराते हैं।
9. गीली मिट्टी को पाइप के चारों ओर लगाते हैं तथा गीले अँगूठे तथा अँगुली से मिट्टी को फिनिशिंग प्रदान करते हैं। चित्र (iv)

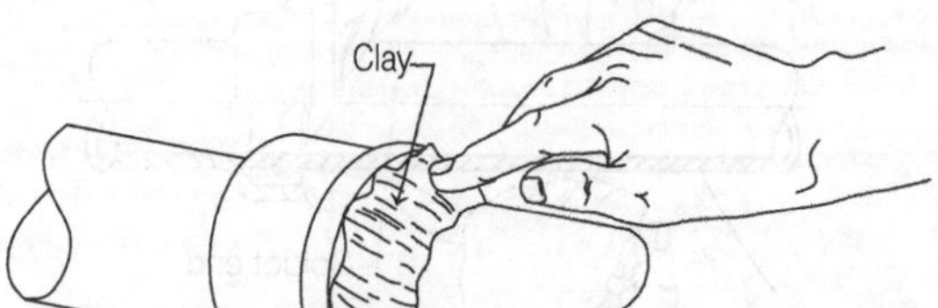

(iv) जोड़ पर क्ले लगाना

10. पाइप के ऊपर एक छिद्र द्वारा रस्सी को सावधानीपूर्वक हटाते हैं। चित्र (v)

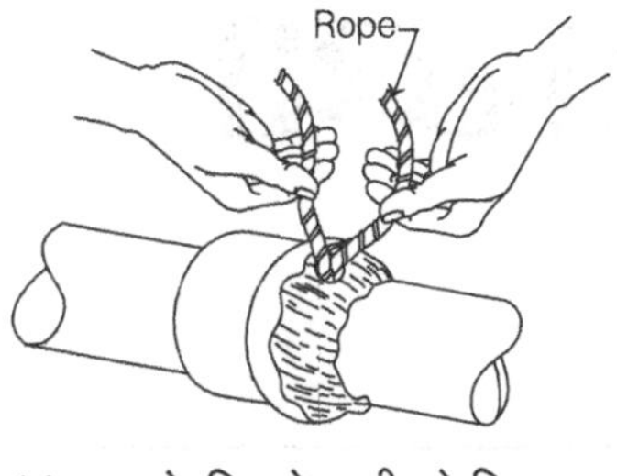

(v) पाइप के छिद्र से रस्सी को निकालना

11. पोरिंग छिद्र द्वारा गर्म पिघला हुआ लैड पाइप जोड़ में धीरे-धीरे पोर करते हैं। चित्र (vi)

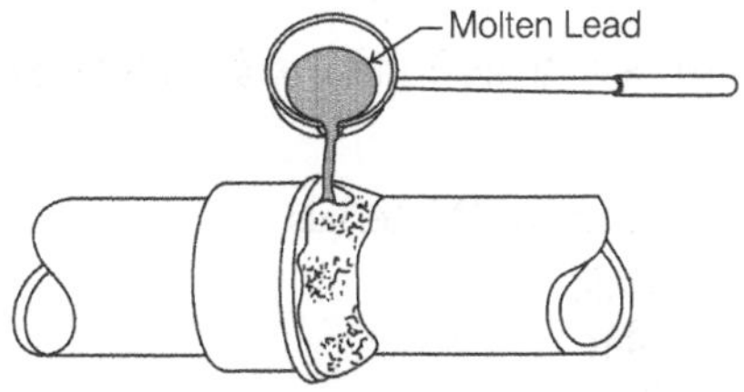

(vi) पिघले लैड की बोरिंग

12. क्ले मोल्ड को हटाते हैं तथा लैड द्वारा बने लम्प को भी काटकर अलग कर देते हैं।
13. हथौड़े तथा कॉल्किग टूल द्वारा जोड़ को पूर्ण रूप से लीकप्रूफ बनाते हैं। चित्र (vii)

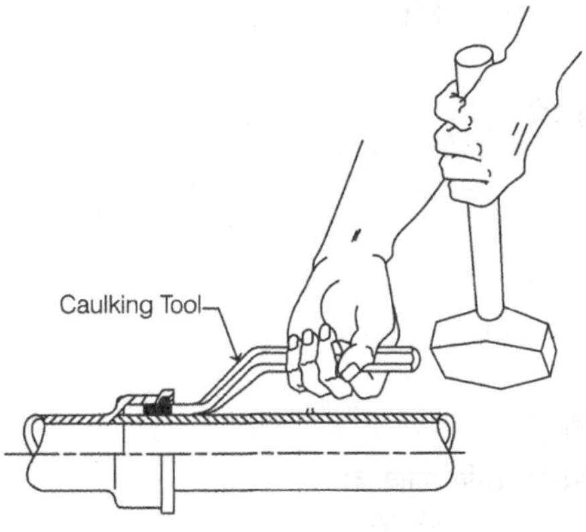

(vii) जोड़ को लीक प्रूफ बनाना

परिणाम (Result) लैड का उपयोग करके आयरन पाइप पर सॉकिट तथा स्पिगॉट जोड़ लगाने का अभ्यास सफलतापूर्वक किया गया।

प्रैक्टिकल संख्या 43

AC दाब पाइपों के वियोज्य जोड़
Detachable Joint of AC Pressure Pipe

उद्देश्य Object

ऐस्बेस्टस सीमेण्ट (AC) दाब पाइपों के वियोज्य (अलग किए जा सकने वाले) जोड़ों की जाँच करना।

आवश्यक उपकरण/सामग्री Essential Apparatus/Materials

- ऐस्बेस्टस सीमेण्ट पाइप
- सीलिंग कम्पाउण्ड
- पाइप रिंच
- हैक्सॉ
- सॉकेट
- स्पैनर
- हैमर
- क्लैम्प

सुरक्षा सावधानियाँ/निर्देश Safety Precautions/Instructions

1. किसी भी उपकरण/औजार से अनावश्यक छेड-छाड़ न करें।
2. हैक्सॉ को चलाते समय सावधानी बरतें।
3. पाइपों को फिट करते समय क्लैम्प का प्रयोग करें।
4. अनुदेशक के निर्देशों का पूर्णत: पालन करें।

कार्यविधि Working Method

1. सर्वप्रथम AC पाइपों को ग्राउण्ड लेविल पर रखते हैं।
2. AC पाइपों को संरेखित करते हैं।
3. पाइपों को सरकाने के लिए ट्रैंच बैड बनाते हैं।
4. पाइपों के सॉकेट तथा टेल एण्ड को एक दूसरे के समीप लाते हैं।
5. रबड़ रिंग लगाकर बलपूर्वक पाइपों को एक दूसरे से जोड़ते हैं।
6. AC पाइपों के जोड़ का दृश्यिक निरीक्षण करते हैं।

परिणाम (Result) ऐस्बेस्टस सीमेण्ट (AC) दाब पाइपों के वियोज्य जोड़ों की जाँच सफलतापूर्वक की गई।

प्रैक्टिकल संख्या 44

✎ डक्टाइल आयरन पाइप पर रबड़ रिंग के साथ सॉकेट तथा स्पिगॉट जोड़ लगाना
Titan / Socket & Spigot Joint of Ductile Iron (DI) Pipe with Rubber Ring

उद्देश्य Object

डक्टाइल आयरन पाइप पर रबड़ रिंग के साथ सॉकेट तथा स्पिगॉट जोड़ लगाने का अभ्यास करना।

आवश्यक उपकरण/सामग्री Essential Apparatus/Materials

- सॉकेट
- स्पिगॉट
- चिपिंग हैमर
- एमरी पेपर
- रबड़ रिंग
- डक्टाइल आयरन पाइप
- मोल्टन लैड

सुरक्षा सावधानियाँ/निर्देश Safety Precautions/Instructions

1. सॉकेट तथा स्पिगॉट को सावधानीपूर्वक संरेखित करें।
2. पाइप पर रबड़ रिंग उचित लम्बाई तक लगाएँ।
3. उपकरणों का चयन पाइप के आकार के अनुसार करें।

कार्यविधि Working Method

1. सर्वप्रथम डक्टाइल आयरन पाइप को एकसमान स्तर पर रखते हैं। चित्र (i)

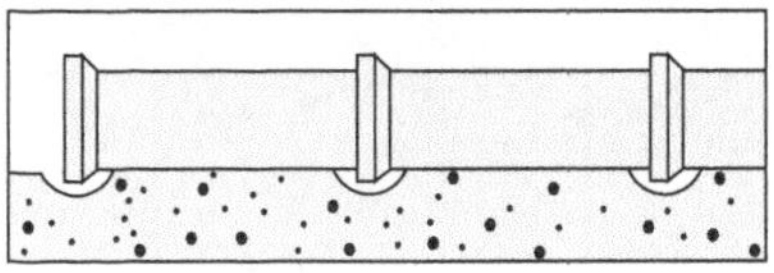

(i) पाइप को एकसमान स्थान पर रखना

2. सॉकेट तथा स्पिगॉट जोड़ बनाकर दोनों के मध्य रबड़ रिंग रखकर दोनों पाइपों को बलपूर्वक एक-दूसरे में प्रवेश कराते हैं। चित्र (ii)

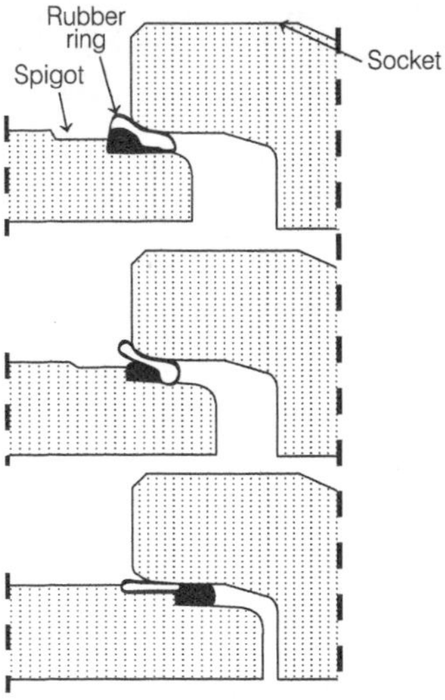

(ii) रबड़ रिंग का उपयोग

3. जोड़ को पिघले हुए लैड द्वारा मजबूती प्रदान करते हैं।

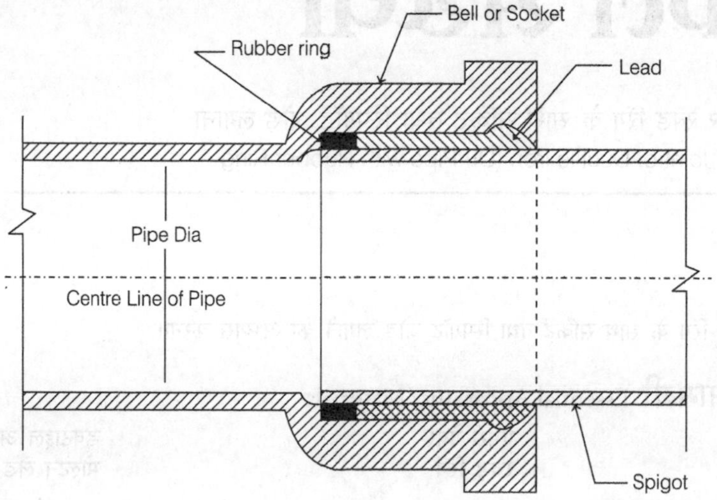

(iii) स्पिगाट जोड़

4. लैड को ठण्डा होने के लिए छोड़ देते हैं।
5. अतिरिक्त लैड को चिपिंग हैमर द्वारा साफ करते हैं।
6. अन्त में जोड़ की फिनिशिंग करते हैं।

परिणाम (Result) डक्टाइल आयरन पाइप पर रबड़ रिंग के साथ सॉकेट तथा स्पिगॉट जोड़ लगाने का अभ्यास सफलतापूर्वक किया गया।

प्रैक्टिकल संख्या 45

✎ पाइप लाइन सर्किट को तैयार करना साथ ही विभिन्न प्रकार के उपकरण तथा उपसाधनों का योजनाबद्ध प्रयोग
Prepare and Study the Drawing of Pipe Line Circuit and Schedule use of Tools and Accessories

उद्‌देश्य Object

पाइप लाइन सर्किट को तैयार करना तथा साथ ही विभिन्न प्रकार के उपकरण तथा उपसाधनों के योजनाबद्ध प्रयोग का अभ्यास करना।

आवश्यक उपकरण/सामग्री Essential Apparatus/Materials

- पाइप (6 टुकड़े)
- यूनियन
- डाई स्टॉक
- एल्बो
- ब्लो लैम्प
- रिब्ज कपलिंग
- कैप
- T जोड़
- सीलिंग कम्पाउण्ड
- क्रॉस
- गेट वाल्व
- सूत का धागा
- बिब कॉक
- पाइप कटर/हैक्सॉ
- बैण्ड
- रिड्यूसर
- पाइप वाइस
- निप्पल
- पाइप रिंच
- रबर वाशर

सुरक्षा सावधानियाँ/निर्देश Safety Precautions/Instructions

1. पाइपों की फिटिंग करते समय जोड़ कम लगाएँ।
2. पाइप के जोड़ों की लीकेज अच्छी तरह चैक करें।
3. स्पैनर का चुनाव नट के अनुसार ही करें।
4. थ्रेडिंग डाई से चूड़ी काटते समय स्नेहक का प्रयोग करें।

कार्यविधि Working Method

1. सर्वप्रथम उपलब्ध स्थान के अनुसार ड्राइंग पर पाइप लाइन सर्किट आरेख को बनाते हैं।
2. आरेख के अनुसार प्रत्येक पाइप एल्बो, क्रास आदि की मार्किंग करके एक अंक तथा अक्षर निर्धारित करते हैं।
3. पाइप लाइन सर्किट बनाने में प्रयुक्त होने वाली समस्त सामग्री को एक स्थान पर एकत्र करते हैं।
4. सभी पाइपों की एक्सटर्नल थ्रेड पर सूत का धागा लपेटते हैं। चित्र (i)

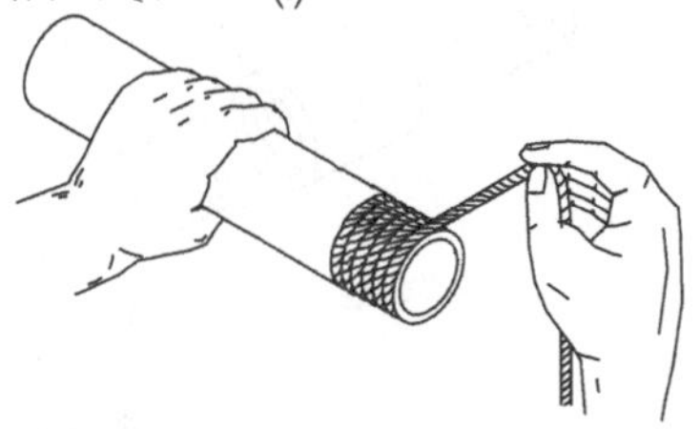

(i) एक्सटर्नल थ्रेड पर सूत का धागा लपेटना

5. अब पाइप को वाइस में पकड़कर धागे पर सिलिंग कम्पाउण्ड लगाते हैं। चित्र (ii)

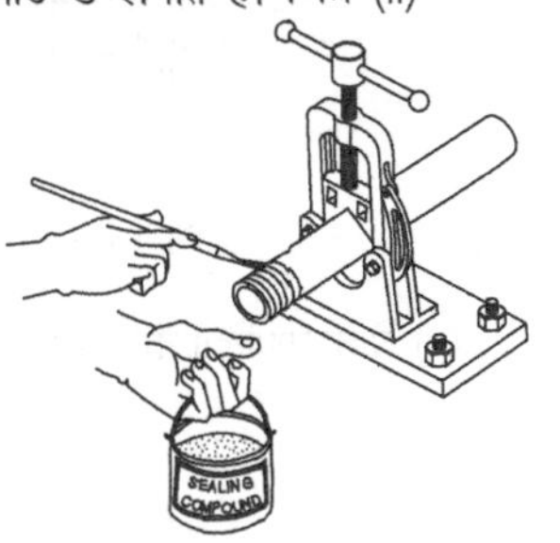

(ii) सिलिंग कम्पाउण्ड लगाना

6. पाइप-3 को क्रास (B) में फिट कर रिंच द्वारा कसते हैं। चित्र (iii)

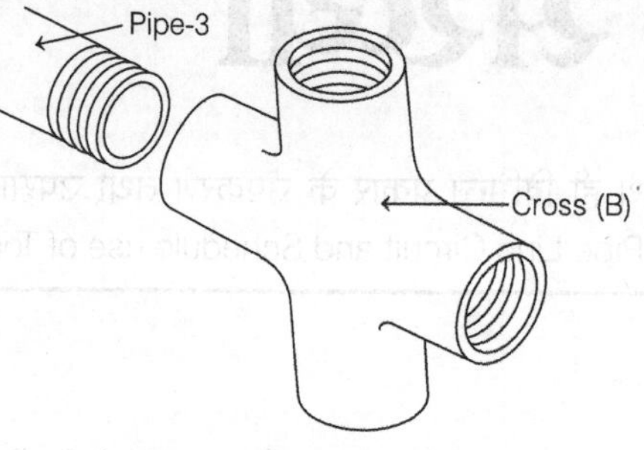

(iii) पाइप को क्रॉस में फिट करना

7. प्लेन कपलिंग (G) को पाइप-3 के दूसरे सिरे पर फिट करके कपलिंग को GI बैण्ड (H) के साथ जोड़ते हैं चित्र (iv)

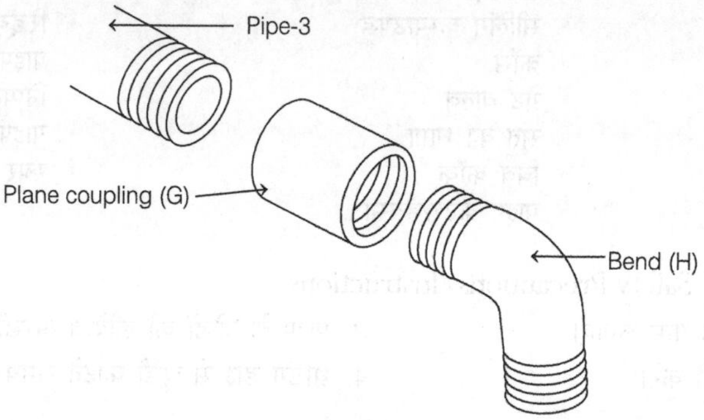

(iv) प्लेन कपलिंग लगाना

8. GI बैण्ड (H) के दूसरे सिरे पर रिब्ज कपलिंग फिट करते हैं। तथा रिब्ज कपलिंग (I) के दूसरे सिरे पर पाइप-4 को असेम्बल करते हैं। चित्र (v)

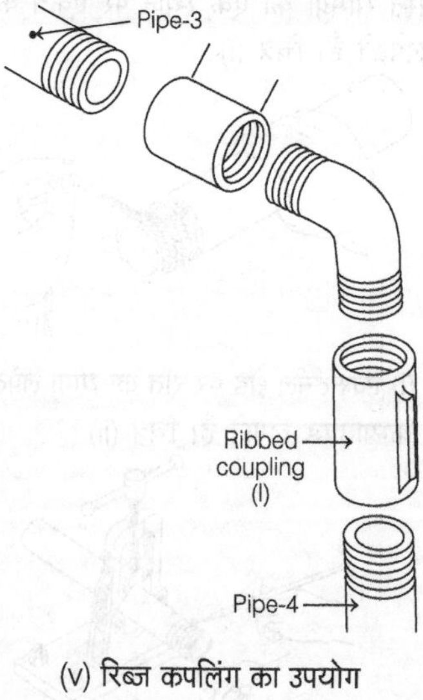

(v) रिब्ज कपलिंग का उपयोग

9. पाइप-4 को टी जोड़ (J) से तथा पाइप 6 को टी जोड़ के विपरीत सिरे से जोड़ते हैं। चित्र (vi)

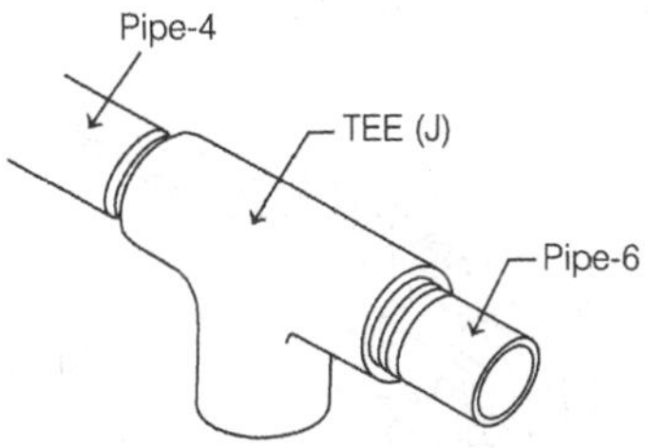

(vi) पाइप-6 व पाइप -1 हेतु 'T' जोड़

10. पाइप-5 तथा पाइप-6 को एल्बो (H) द्वारा जोड़ते हैं।

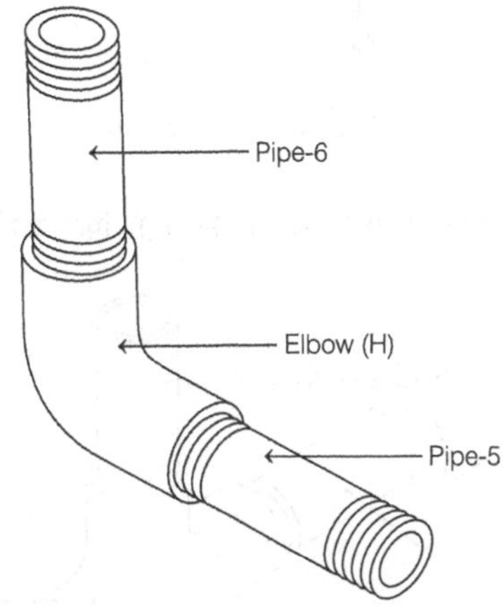

(vii) एल्बो जोड़

11. पाइप-6 तथा पाइप-1 को टी (T) जोड़ द्वारा जोड़ते हैं।

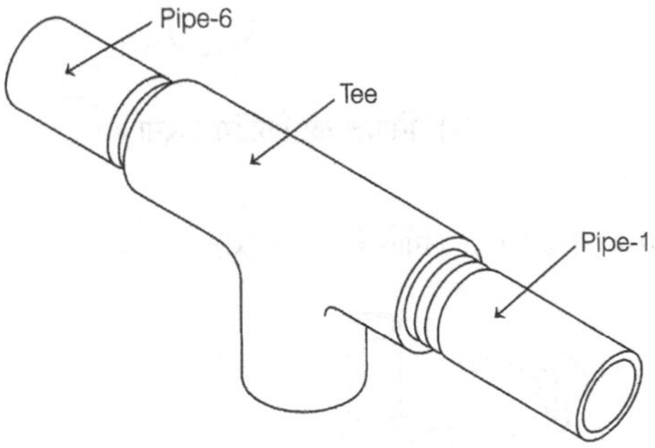

(viii) 'T' जोड़

12. यूनियन (A) में रबर वाशर को फिट करके पाइप-1 तथा पाइप-2 को जोड़ते हैं। चित्र (ix)

13. यूनियन को फिट करने के लिए यूनियन में एक सिरे को पाइप रिंच में तथा रिंग को दूसरी पाइप रिंच में पकड़ते हैं। अब दोनों पाइप रिंचों को सावधानीपूर्वक विपरीत दिशा में घुमाकर यूनियन को फिट करते हैं। चित्र (ix)

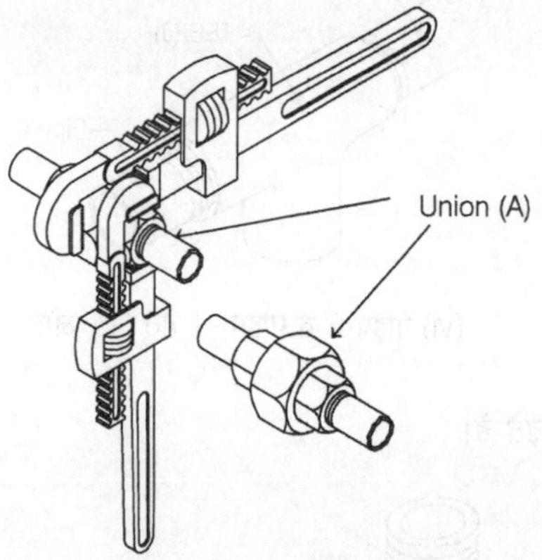

(ix) यूनियन की फिटिंग करना

14. क्रॉस के बाईं ओर 150 मिमी बैरल निप्पल (P) लगाते हैं तथा उस पर कैप (D) फिट करते हैं। चित्र (x)

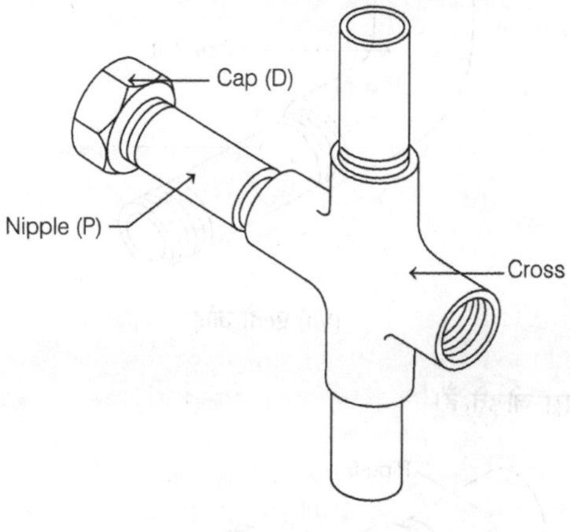

(x) निप्पल की फिटिंग करना

15. क्रॉस के दाईं ओर दूसरा 150 मिमी का बैरल निप्पल (C) लगाते हैं। चित्र (xi)

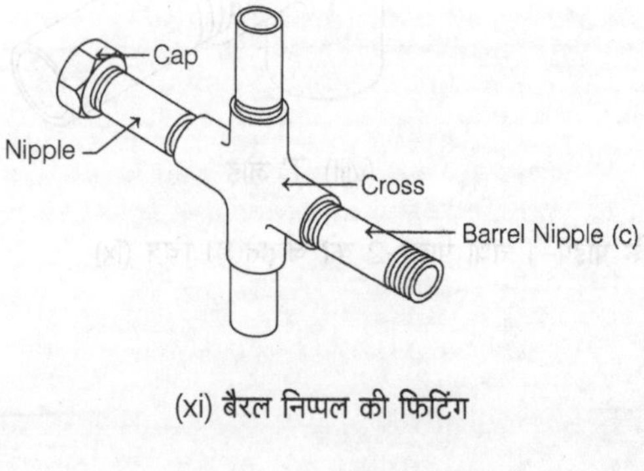

(xi) बैरल निप्पल की फिटिंग

16. बैरल निप्पल को रिड्यूसर (E) से जोड़कर एक बिब कॉक (F) लगाते हैं। चित्र (xii)

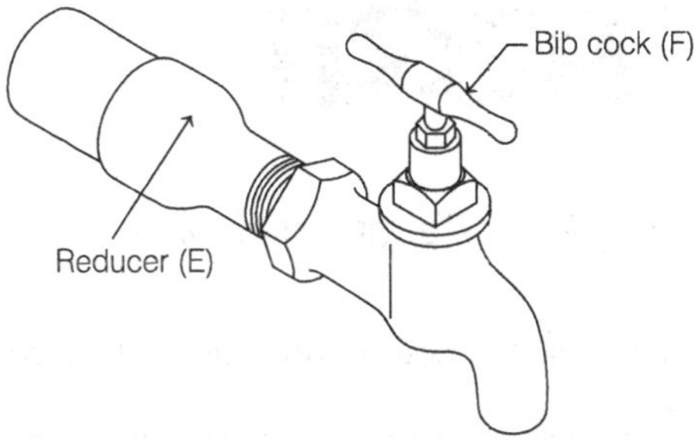

(xii) रिड्यूसर व कॉक की फिटिंग

17. 100 मिमी बैरल निप्पल (K) को टी जोड़ के निचले भाग के साथ समायोजित करते हैं। चित्र (xiii)

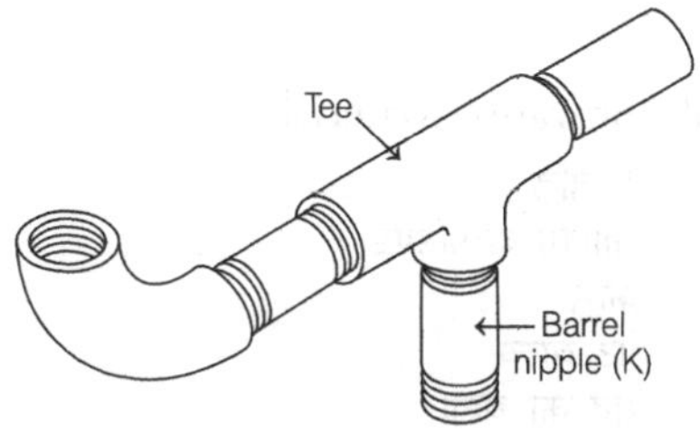

(xiii) बैरल निप्पल की फिटिंग

18. बैरल निप्पल से 100 मिमी लम्बे गेट वाल्व को हेक्सागॉनल निप्पल के साथ समायोजित करके सर्किट को पूर्ण करते हैं।

परिणाम (Result) पाइप लाइन सर्किट को तैयार करना तथा साथ ही विभिन्न प्रकार के उपकरण एवं उपसाधनों के योजनाबद्ध प्रयोग का अभ्यास सफलतापूर्वक किया गया।

प्रैक्टिकल संख्या 46

✎ ड्रॉइंग के अनुसार सॉकेट, एल्बो, बैण्ड, टी, यूनियन, कॉक तथा वाल्वों के साथ GI पाइप पर पाइप लाइन सर्किट बनाना

Make a Pipe Line Circuit on GI Pipe with Socket, Elbow, Bend, Flange, Tee, Union etc and Fixing Cocks & Valves as per Drawing

उद्देश्य Object

ड्रॉइंग के अनुसार सॉकेट, एल्बो, बैण्ड, टी, यूनियन, कॉक तथा वाल्वों के साथ GI पाइप पर पाइप लाइन सर्किट बनाने का अभ्यास करना।

आवश्यक उपकरण/सामग्री Essential Apparatus/Materials

- GI पाइप (6 टुकड़े)
- यूनियन
- डाई स्टॉक
- एल्बो
- ब्लो लैम्प
- रिब्ज कपलिंग
- कैप
- T जोड़
- सीलिंग कम्पाउण्ड
- क्रॉस
- गेट वाल्व
- सूत का धागा
- बिब कॉक
- पाइप कटर/हैक्सॉ
- बैण्ड
- रिड्यूसर
- पाइप वाइस
- निप्पल
- पाइप रिंच
- रबर वाशर

सुरक्षा सावधानियाँ/निर्देश Safety Precautions/Instrictions

1. पाइप फिटिंग में ज्यादा जोड़ कभी न लगाएँ अर्थात् आवश्यकतानुसार ही जोड़ लगाएँ।
2. पाइप के जोड़ों की लीकेज अच्छी तरह चैक करें।
3. स्पैनर का चुनाव नट के अनुसार ही करें।
4. थ्रेडिंग डाई से चूड़ी काटते समय स्नेहक का प्रयोग करें।

कार्यविधि Working Method

1. ड्रॉइंग के अनुसार आवश्यक लम्बाई के पाइपों की गणना करते हैं।
2. पाइपों को वाइस में पकड़कर कटिंग करते हैं। चित्र (i)

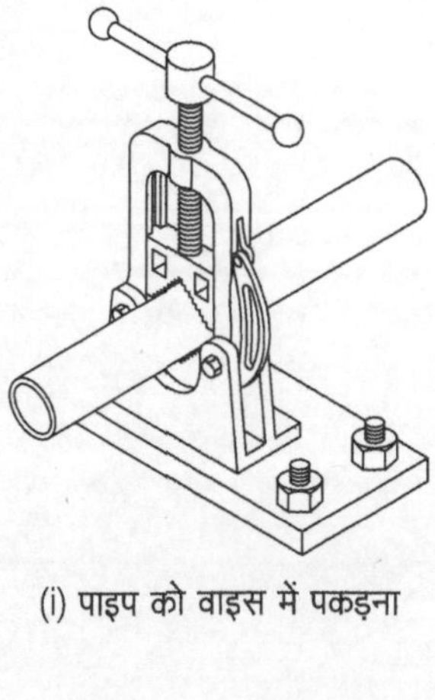

(i) पाइप को वाइस में पकड़ना

3. काटे गये पाइपों पर बाह्य चूड़ियाँ काटकर सूत का धागा लपेटते हैं। चित्र (ii)

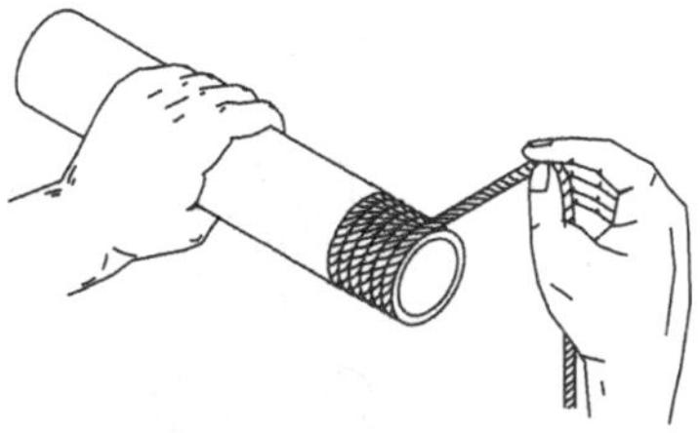

(ii) बाह्य चूड़ियों पर सूत का धागा लपेटना

4. सीलिंग कम्पाउण्ड द्वारा पाइप पर काटी गई चूड़ियों को कवर करते हैं। चित्र (iii)

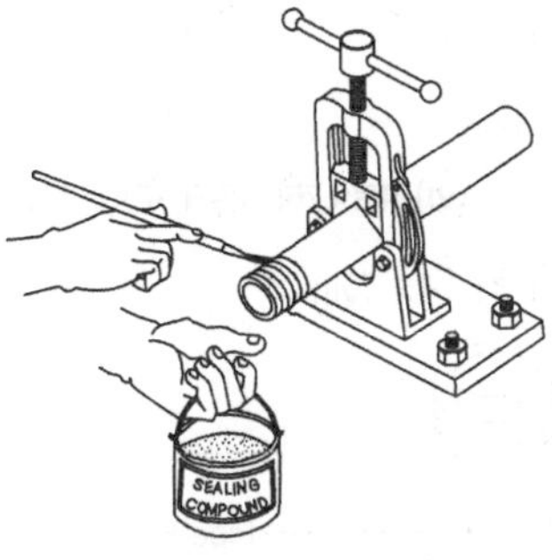

(iii) सिलिंग कम्पाउण्ड लगाना

5. अब रिब्ज कपलिंग तथा एल्बो द्वारा पाइप-1 तथा तीन को जोड़ते हैं। चित्र (iv)

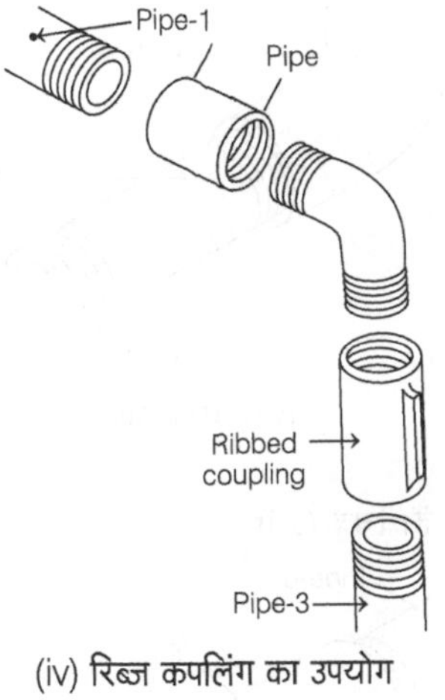

(iv) रिब्ज कपलिंग का उपयोग

6. इसी प्रकार पाइप-3 से पाइप-4 को भी जोड़ते हैं। चित्र (v)

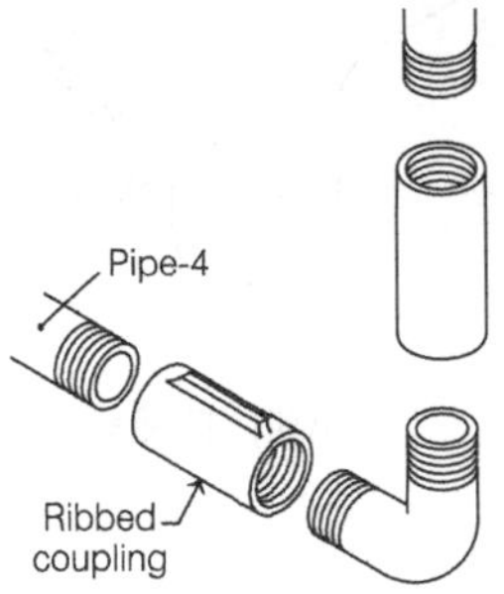

(v) पाइप -4 की फिटिंग

7. पाइप-5 को जोड़ने से पूर्व उसके बाह्य व्यास पर चूड़ियाँ काटकर एल्बो को फिक्स करते हैं। चित्र (vi)

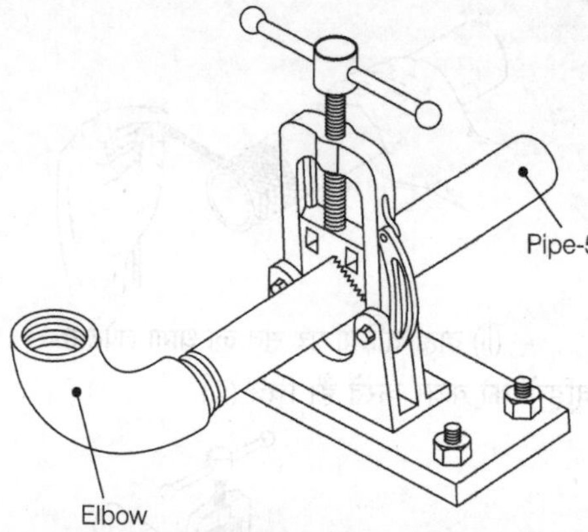

(vi) पाइप को वाइस में पकड़ना

8. अब एल्बो के द्वारा पाइप-5 तथा पाइप-6 को जोड़ते हैं। चित्र (vii)

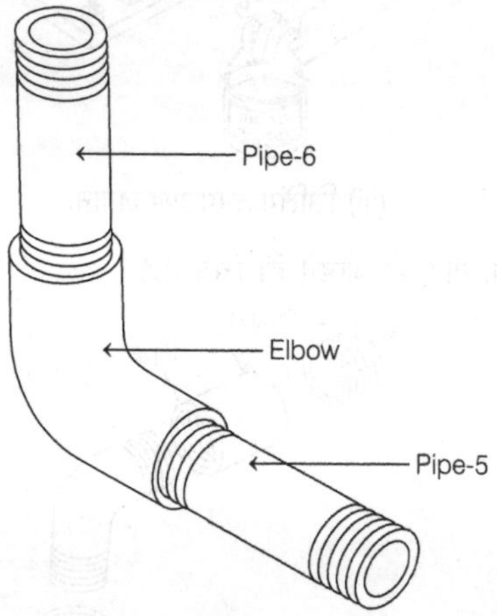

(vii) एल्बो जोड़

9. पाइप-1 को टी का प्रयोग करके पाइप-6 से जोड़ते हैं। चित्र (viii)

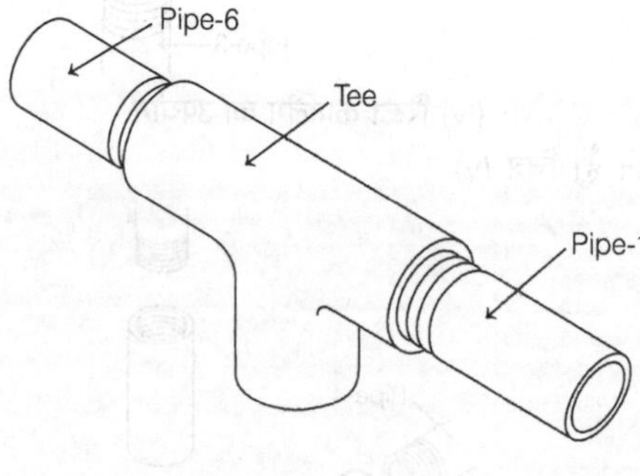

(viii) 'T' जोड़

10. इसी प्रकार पाइप-4 को पाइप-5 से जोड़ते हैं। चित्र (ix)

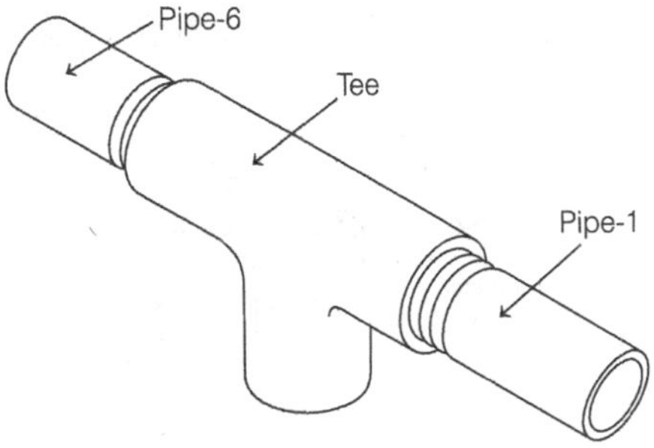

(ix) पाइप -6 व पाइप -1 हेतु 'T' जोड़

11. दो पाइप रिंचों का उपयोग करके यूनियन को कसते हैं। चित्र (x)

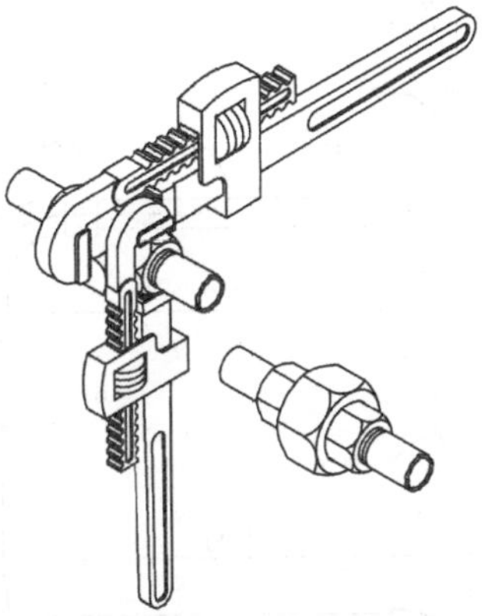

(x) यूनियन की फिटिंग करना

12. क्रॉस पर निप्पल तथा कैप लगा कर असेम्बली को आगे बढ़ाते हैं। चित्र (xi)

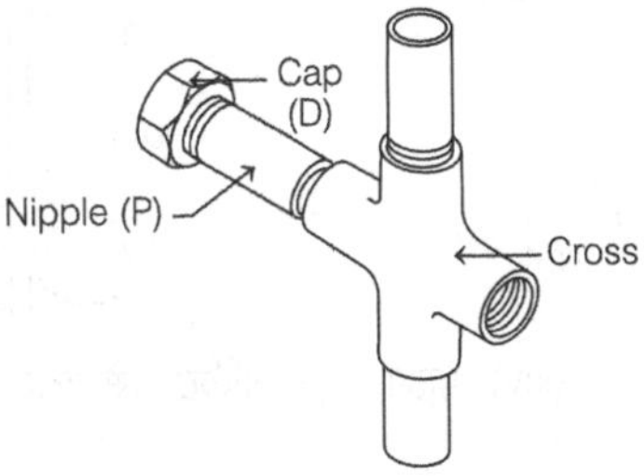

(xi) निप्पल की फिटिंग करना

13. क्रॉस के एक एण्ड को बैरल निप्पल से जोड़ते हैं। चित्र (xii)

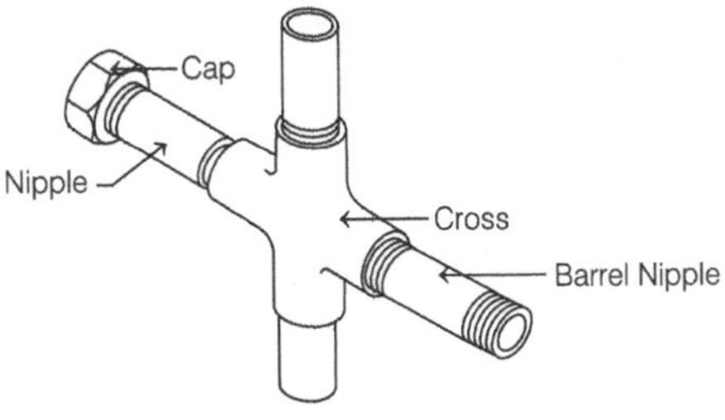

(xii) बैरल निप्पल की फिटिंग

14. 'टी' से पाइप-6 तथा पाइप-7 को जोड़कर निप्पल का प्रयोग करके रिड्यूसर लगाते हैं।
15. अन्त: रिड्यूसर के खाली भाग में बिब कॉक को लगाकर असेम्बली पूर्ण करते हैं। चित्र (xiii व xiv)

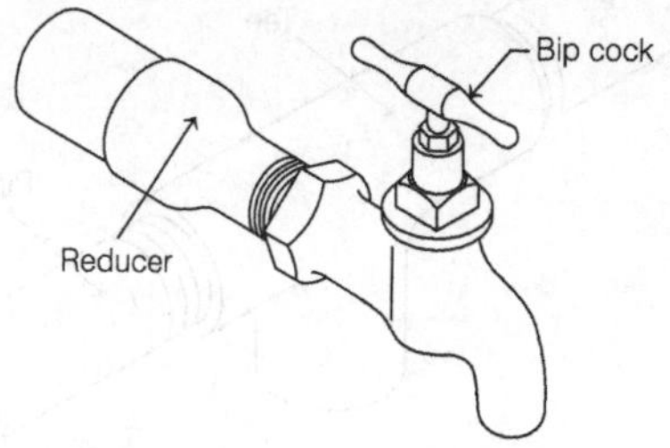

(xiii) रिड्यूसर व कॉक की फिटिंग

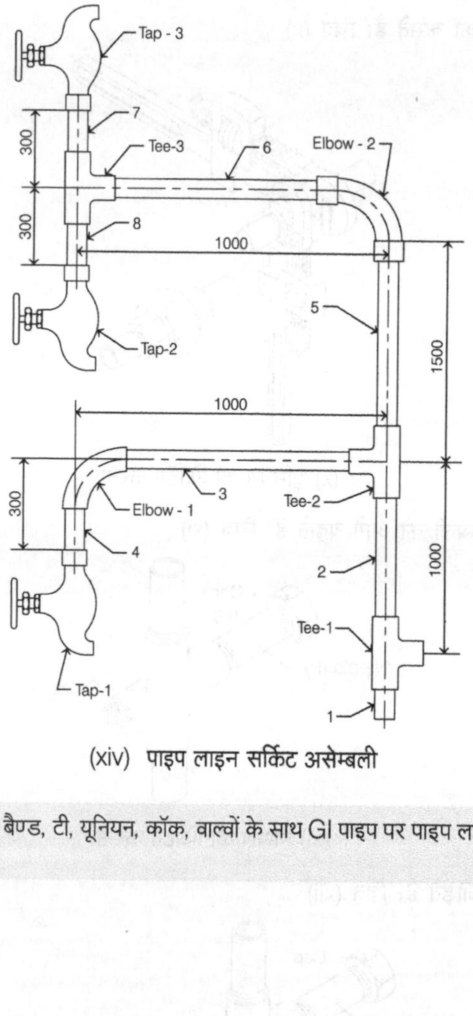

(xiv) पाइप लाइन सर्किट असेम्बली

परिणाम (Result) ड्रॉइंग के अनुसार सॉकिट, एल्बो, बैण्ड, टी, यूनियन, कॉक, वाल्वों के साथ GI पाइप पर पाइप लाइन सर्किट बनाने का अभ्यास सफलतापूर्वक किया गया।

प्रैक्टिकल संख्या 47

✎ हैक्सॉ तथा पाइप कटर का उपयोग करके PVC पाइप को विभिन्न व्यासों में काटना तथा शेपिंग करना
PVC Pipe Cutting and Shaping in Various Dia, using Hacksaw and Pipe Cutters

उद्देश्य Object

हैक्सॉ तथा पाइप कटर का उपयोग करके PVC पाइप को विभिन्न व्यासों में काटने तथा शेपिंग करने का अभ्यास करना।

आवश्यक उपकरण/सामग्री Essential Apparatus/Materials

- हैक्सॉ
- स्टील रूल
- फाइल
- वाइस
- स्टील टेप
- पेन्सिल
- पाइप कटर
- PVC पाइप
- स्लाटेड प्लेट

सुरक्षा सावधानियाँ/निर्देश Safety Precautions/Instructions

1. पाइप वाइस में पाइप को कसकर पकड़ें।
2. स्टील टेप द्वारा मार्किंग स्पष्ट रूप से करें।
3. पाइपों को एक समान गति से काटें।
4. पाइप की कटिंग करते समय हाथ को स्थिर रखकर दिशात्मक रूप से कटिंग करें।

कार्यविधि Working Method

A. PVC **पाइप की मार्किंग**

1. सर्वप्रथम उचित लम्बाई तथा आकार के PVC पाइप का चयन करते हैं।
2. स्टील टेप द्वारा पाइप की लम्बाई का मापन करते हैं। चित्र (i)

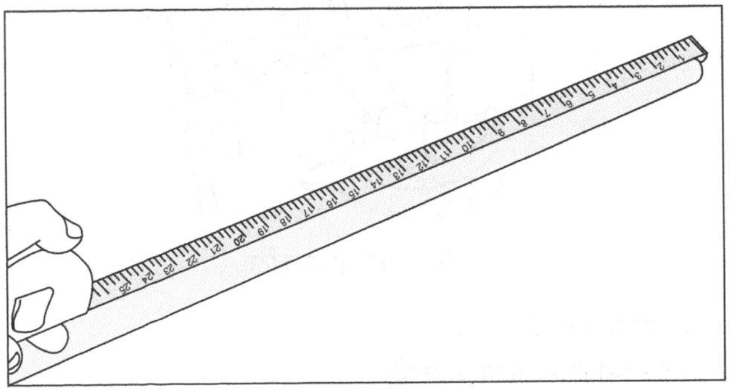

(i) पाइप आकार मापन

3. कटिंग प्रक्रिया हेतु पाइप पर पेन्सिल द्वारा मार्किंग करते हैं। चित्र (ii)

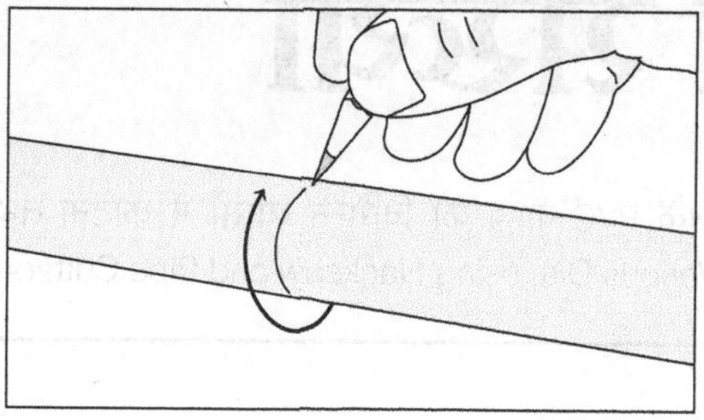

(ii) पाइप की मार्किंग

B. PVC **पाइप की हैक्सॉ द्वारा कटिंग**

1. सर्वप्रथम पाइप को बेंच वाइस में पकड़ते हैं। चित्र (iii)

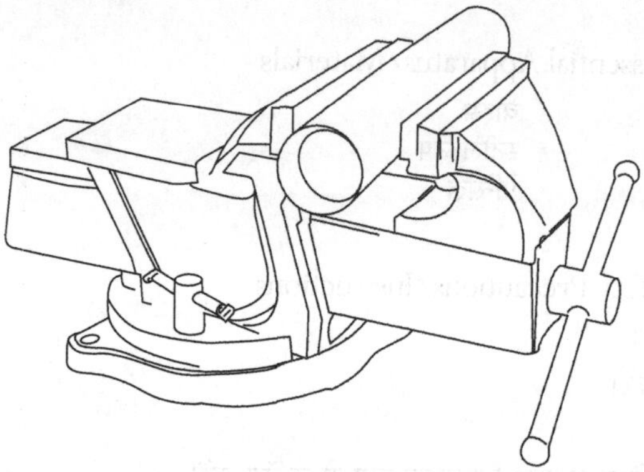

(iii) पाइप क्लैम्पिंग

2. पाइप की ऊपरी सतह पर ब्लेड फिक्सिंग के लिए एक छोटा ग्रूव बनाते हैं।
3. कट में हैक्सॉ ब्लेड को फिक्स करके पश्चाग्र गति द्वारा पाइप की कटिंग करते हैं। चित्र (iv)

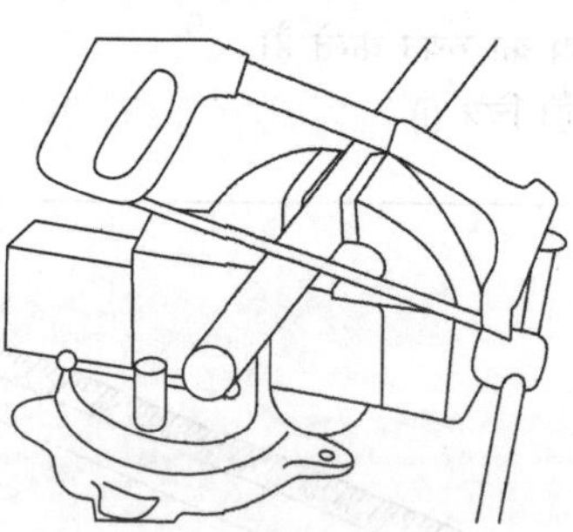

(iv) हैक्सॉ द्वारा कटिंग

4. हैक्सॉ को एकसमान गति प्रदान करके कटिंग करते हैं।
5. एमरी पेपर द्वारा कटिंग किए गए भाग की फिनिशिंग/शेपिंग करते हैं।

C. **कटर द्वारा पाइप की कटिंग**

1. पेन्सिल द्वारा मार्क किए गए स्थान पर कटर को फिक्स करते हैं। चित्र (v)

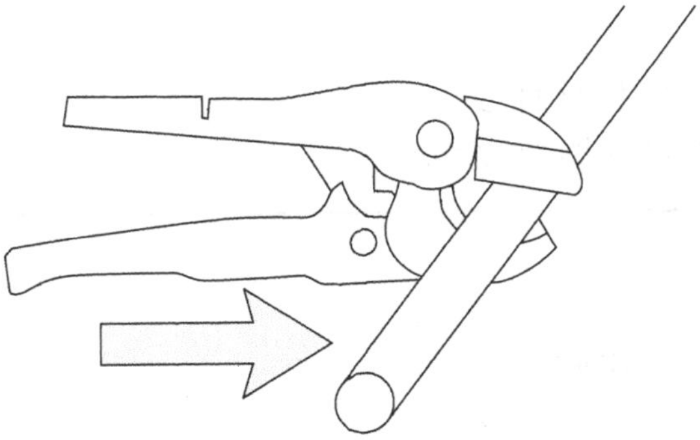

(v) कटर फिक्सिंग

2. कटर को इस प्रकार समायोजित करते हैं कि पाइप पर की गई मार्किंग तथा पाइप कटर ब्लेड संरेखित अवस्था में रहें।
3. पाइप के हैण्डिल पर नीचे की ओर दाब लगाते हुए पाइप की कटिंग करते हैं। चित्र (vi)

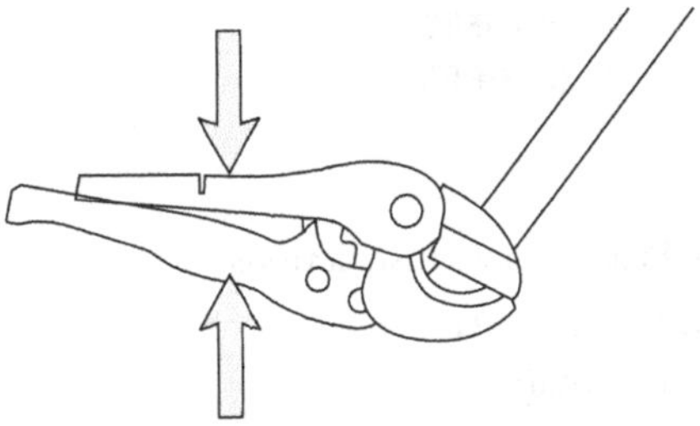

(vi) पाइप कटिंग

4. कटिंग किए गए पाइप की फाइल द्वारा फिनिशिंग/शेपिंग करते हैं।

परिणाम (Result) हैक्सॉ तथा पाइप कटर का उपयोग करके PVC पाइप को विभिन्न व्यासों में काटने तथा शेपिंग करने का अभ्यास सफलतापूर्वक किया गया।

प्रैक्टिकल संख्या 48

✎ एमरी पेपर के साथ PVC पाइपों की तैयारी एवं फिटिंग
Preparation of PVC Pipe and Fittings with Emery Paper

उद्देश्य Object

एमरी पेपर के साथ PVC पाइपों की तैयारी एवं फिटिंग करना।

आवश्यक उपकरण/सामग्री Essential Apparatus/Materials

- एमरी पेपर
- PVC पाइप
- पाइप फिटिंग उपकरण
- फाइल
- पाइप वाइस
- स्क्रैपर
- सॉकेट
- हैक्सॉ ब्लैड
- सीलेण्ट
- पाइप कटर
- ट्राई स्क्वायर

सुरक्षा सावधानियाँ/निर्देश Safety Precautions/Instructions

1. किसी भी उपकरण/सामग्री से अनावश्यक छेड़-छाड़ न करें।
2. पाइप की कटिंग के समय हैक्सॉ को ध्यानपूर्वक चलाएँ।
3. अनुदेशक के निर्देशों का पालन करें।

कार्यविधि Working Method

1. PVC पाइप को पाइप वाइस में कसकर पकड़ते हैं।
2. ड्राइंग के अनुसार आवश्यक लम्बाई को चिह्नित करते हैं।
3. मार्किंग के अनुसार 90° पर पाइप की कटिंग करते हैं।
4. पाइप को पाइप कटर से आवश्यक लम्बाई तक काटते हैं।
5. किनारों को रास्प फाइल से फाइलिंग करते हैं।
6. ट्राई स्क्वायर के साथ समतलता की जाँच करते हैं।
7. पाइप के सिरे और पीवीसी फिटिंग को अन्दर से स्क्रैप करते हैं।

परिणाम (Result) एमरी पेपर के साथ PVC पाइपों की तैयारी एवं फिटिंग सफलतापूर्वक की गई।

प्रैक्टिकल संख्या 49

✎ सॉल्वेन्ट सीमेण्ट का उपयोग करके PVC पाइप फिटिंग को फिक्स करना
Use and Fixing of PVC Fittings use Solvent Cement etc.

उद्देश्य Object

सॉल्वेन्ट सीमेन्ट का उपयोग करके PVC पाइप फिटिंग को फिक्स करने का अभ्यास करना।

आवश्यक उपकरण/सामग्री Essential Apparatus/Materials

- PVC पाइप
- एल्बो
- फिक्सर
- स्टील टेप
- सॉल्वेन्ट सीमेन्ट
- कॉटन क्लॉथ
- स्टील रूल
- फिटिंग सॉकेट
- ब्रश
- सूत का धागा
- पेन्सिल

सुरक्षा सावधानियाँ/निर्देश Safety Precautions/Instructions

1. पाइप वाइस में पाइप को कसकर पकड़े।
2. स्टील टेप द्वारा मार्किंग स्पष्ट रूप से करें।
3. पाइपों को एकसमान गति से काटें।
4. पाइप की कटिंग करते समय हाथ को स्थिर रखकर दिशात्मक रूप से कटिंग करें।
5. पाइपों की सतह पर सॉल्वेन्ट ध्यानपूर्वक लगाए।

कार्यविधि Working Method

1. सर्वप्रथम उचित लम्बाई तथा आकार के PVC पाइप का चयन करते हैं।
2. स्टील टेप द्वारा पाइप की मार्किंग करते हैं।
3. उचित लम्बाई पर फिटिंग के लिए पाइप पर पेन्सिल द्वारा मार्किंग करते हैं।
4. पाइप के बाह्य व्यास पर ब्रश द्वारा सॉल्वेन्ट सीमेन्ट लगाते हैं।
5. इसी प्रकार एल्बो के आन्तरिक व्यास पर भी सॉल्वेन्ट लगाते हैं। चित्र (i)

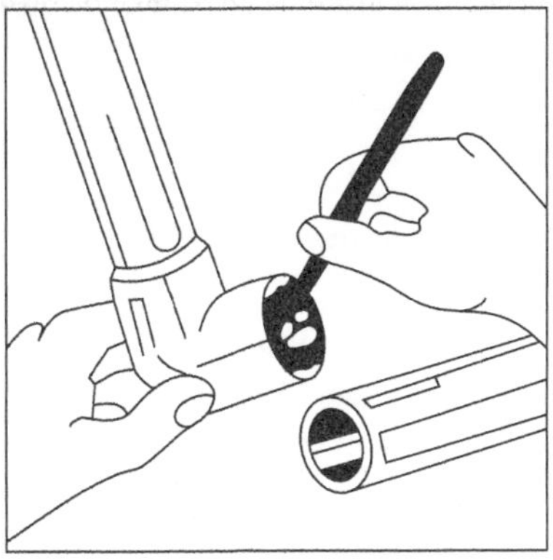

(i) सॉल्वेन्ट लगाना

6. सॉल्वेन्ट लगे सिरों को संरेखित करते हैं। चित्र (ii)

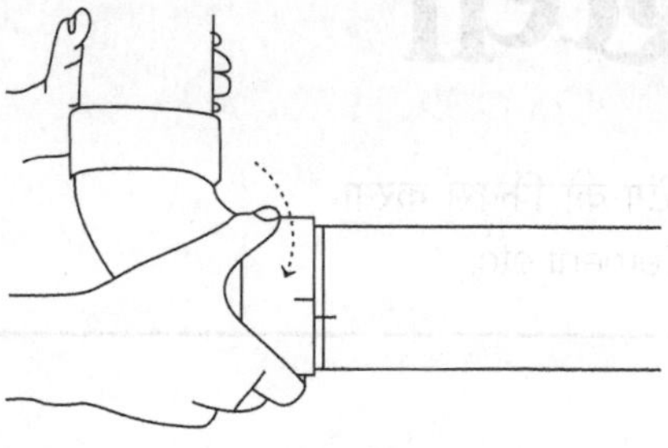

(ii) पाइप संरेखन

7. दोनों हाथों के द्वारा PVC पाइप को एल्बो में फिक्स करते हैं। चित्र (iii)

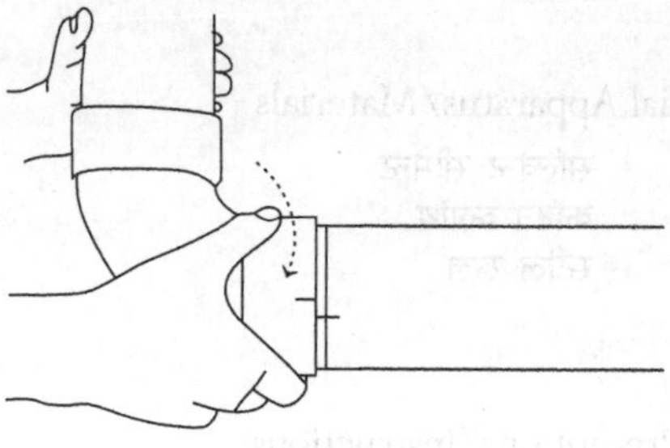

(iii) एल्बो फिक्सिंग प्रक्रिया

8. पाइप की फिक्सिंग के पश्चात् अतिरिक्त सॉल्वेन्ट को कपड़े से साफ करते हैं। चित्र (iv)

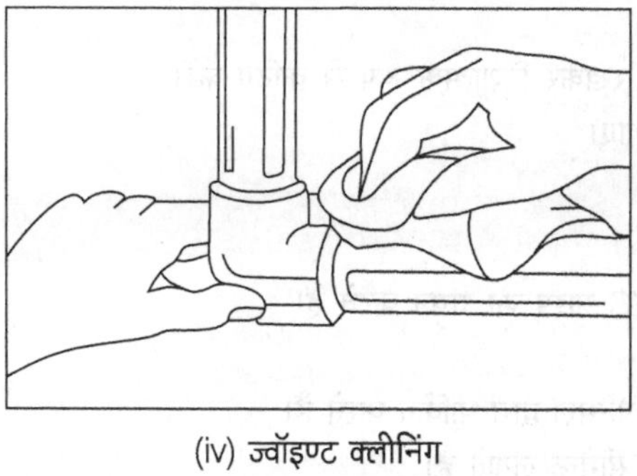

(iv) ज्वॉइण्ट क्लीनिंग

परिणाम (Result) सॉल्वेन्ट सीमेन्ट का उपयोग करके PVC पाइप फिटिंग को फिक्स करने का अभ्यास सफलतापूर्वक किया गया।

प्रैक्टिकल संख्या 50

✎ ड्रॉइंग के अनुसार PVC पाइप का ले-आउट बनाना
Layout of PVC Pipe According to Drawing

उद्देश्य Object

ड्रॉइंग के अनुसार PVC पाइप को बिछाने के लिए ले-आउट बनाने का अभ्यास करना।

आवश्यक उपकरण/सामग्री Essential Apparatus/Materials

- क्रो बार - 1 No.
- 65 मिमी PVC पाइप - 2 मी
- सॉफ्ट पेपर
- PVC पाइप साल्वेन्ट
- शावेल - 1 No.
- ब्रश
- मैट, फ्लैंज
- 50 मिमी PVC पाइप - 2 मी
- मोर्टार पैन - 1 No.
- रबर गैस्केट

सुरक्षा सावधानियाँ/निर्देश Safety Precautions/Instructions

1. पाइप-ले-आउट के अनुसार पाइप लाइन तैयार करें।
2. टैंच का समायोजन पाइप के व्यास के अनुसार करते हैं।
3. PVC पाइप सॉल्वेन्ट को पाइप पर ब्रश का उपयोग करके लगाएँ।
4. पाइप को जोड़ते समय बैण्ड त्रिज्या तथा घुमाव को न्यूनतम रखने का प्रयास करें।

कार्यविधि Working Method

1. 35 सेमी × 90 सेमी की PVC पाइप बेंच को ड्रॉइंग के अनुसार तैयार करते हैं।
2. 200 सेमी लम्बे ट्रैंच की लम्बाई का मापन करते हैं।
3. ट्रैंच का निरीक्षण सावधानीपूर्वक करते हैं तथा टैंच को ड्रॉइंग अनुसार स्थापित करते हैं।
4. PVC पाइप को ब्लैण्ड सैण्ड या पत्थर रहित सॉफ्ट मिट्टी द्वारा बिछाते हैं।
5. बचे हुए टैंच भाग को सीमेण्ट के मिश्रण से भरते हैं।

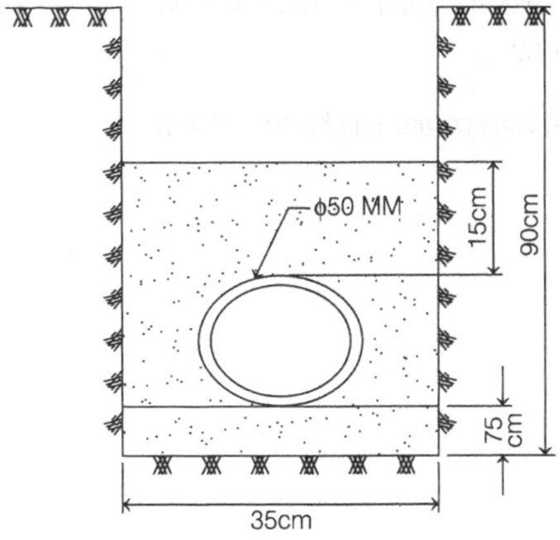

PVC पाइप बिछाना

परिणाम (Result) ड्रॉइंग के अनुसार PVC पाइप को बिछाने का अभ्यास सफलतापूर्वक किया गया।

प्रैक्टिकल संख्या 51

✎ जल एवं जल विश्लेषण किट की तैयारी
Preparation of Water and Water Analysis Kit

उद्देश्य Object

जल एवं जल विश्लेषण किट की जानकारी प्राप्त करना।

आवश्यक उपकरण/सामग्री Essential Apparatus/Materials

- जल किट
- बाल्टी
- काँच की ट्यूब

सुरक्षा सावधानियाँ/निर्देश Safety Precautions/Instructions

1. जल के प्रकार (कठोर अथवा मृदु जल) के बारे में जानकारी एकत्र करें।
2. जल किट का विश्लेषण में जल्दबाजी न दिखाएँ।
3. सभी उपकरणों के काँच की ट्यूब्स के साथ अनावश्यक छेड़-छाड़ न करें।
4. अनुदेशक के निर्देशों को ध्यानपूर्वक सुने एवं उनका पालन करें।

कार्यविधि Working Method

1. सर्वप्रथम वाटर टेस्ट स्ट्रिप का चयन करते हैं।
2. कलर डेस्क किट को जल में घुलित पदार्थों की सान्द्रता के अनुसार सैट करते हैं।
3. जल का नमूना (sample) बीकर में लेते हैं।
4. स्ट्रिप को जल में डुबोते हैं।
5. पूर्व निर्धारित मापदण्ड (कलर कोडिंग) द्वारा जल की शुद्धता का मापन करते हैं।
6. अपने कार्य की जाँच अनुदेशक महोदय से कराते हैं।

परिणाम (Result) जल एवं जल विश्लेषण किट की जानकारी सफलतापूर्वक प्राप्त की गई।

प्रैक्टिकल संख्या 52

✎ विश्लेषण किट द्वारा जल विश्लेषण परीक्षण (pH, TDS, तापमान आदि)
Water Analysis Test by Analysis Kit, pH, TDS, Temperature etc

---

उद्देश्य Object

विश्लेषण किट द्वारा जल के pH, TDS तापमान इत्यादि हेतु जल का परीक्षण करना।

आवश्यक उपकरण/सामग्री Essential Apparatus/Materials

- काँच की ट्यूब्स
- मापक यन्त्र
- जल विश्लेषण किट
- pH जल के विभिन्न नमूने

सुरक्षा सावधानियाँ/निर्देश Safety Precautions/Instructions

1. काँच की ट्यूब्स को सावधानीपूर्वक पकड़ें।
2. जल विश्लेषण किट का सावधानीपूर्वक उपयोग करें।
3. pH मापक यन्त्र से जल का pH ध्यानपूर्वक ज्ञात करें।
4. अनुदेशक के निर्देशों का पूर्णतः पालन करें।
5. किसी भी उपकरण/यन्त्र के साथ अनावश्यक छेड़-छाड़ न करें।

कार्यविधि Working Method

1. अनुदेशक महोदय से जल विश्लेषण किट प्राप्त करते हैं।
2. परिरक्षित थर्मामीटर द्वारा पानी के तापमान का परीक्षण करते हैं।
3. पानी में नाइट्रेट की मात्रा का परीक्षण करते हैं।
4. पानी के पीएच (pH) मान का परीक्षण करते हैं।
5. पानी में टीडीएस और लवणता की जाँच करते हैं।

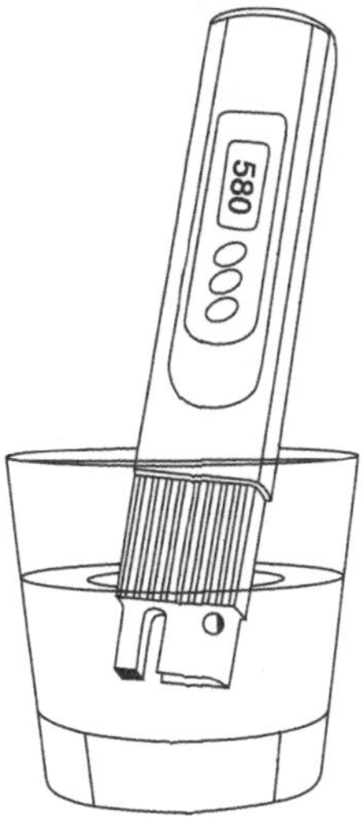

6. पानी में घुली हुई ऑक्सीजन की मात्रा का परीक्षण करते हैं।
7. ट्यूबिडिटी सामग्री का परीक्षण करते हैं।
8. बीओडी सामग्री का परीक्षण करते हैं।
9. पानी में कुल कोलीफॉर्म बैक्टीरिया का परीक्षण करते हैं।

परिणाम (Result) अनुदेशक के निरीक्षण में विश्लेषण किट द्वारा जल के pH, TDS, तापमान आदि हेतु जल का परीक्षण सफलतापूर्वक किया गया।

प्रैक्टिकल संख्या 53

✎ हाइड्रॉलिक प्रैशर टैस्ट मशीन की तैयारी
Preparation of Hydraulic Pressure Test Machine

उद्देश्य Object

हाइड्रॉलिक प्रैशर टैस्ट मशीन को परीक्षण हेतु तैयार करना।

आवश्यक उपकरण/सामग्री Essential Apparatus/Materials

- हाइड्रॉलिक प्रैशर मशीन
- यूजर मैनुअल

सुरक्षा सावधानियाँ/निर्देश Safety Precautions/Instructions

1. यूजर मैनुअल का सावधानीपूर्वक अवलोकन करें।
2. हाइड्रॉलिक मशीन के प्रचालन की जानाकरी एकत्र करें।
3. हाइड्रॉलिक मशीन के साथ अनावश्यक छेड़-छोड़ न करें।
4. अनुदेशक के निर्देशों को ध्यानपूर्वक सुनें व उनका पालन करें।

कार्यविधि Working Method

1. सर्वप्रथम हाइड्रॉलिक प्रैशर टेस्ट मशीन का निरीक्षण करते हैं।
2. टेस्ट मशीन में आवश्यक प्रैशर फीड करते हैं।
3. हाइड्रॉलिक टेस्ट मशीन को पाइप लाइन से जोड़ते हैं।
4. पाइप लाइन में जल को प्रवाहित करते है।
5. हाइड्रॉलिक टेस्ट मशीन में प्रवाह के कारण उत्पन्न रीडिंग को नोट करते हैं।
6. रीडिंग को नोट करते हैं।
7. नोट की गई रीडिंग की जाँच अनुदेशक महोदय से कराते हैं।

परिणाम (Result) हाइड्रॉलिक प्रैशर टैस्ट मशीन को परीक्षण हेतु सफलतापूर्वक तैयार किया गया।

प्रैक्टिकल संख्या 54

✎ प्लास्टिक वाटर बोतल पर हाइड्रॉलिक प्रैशर टैस्ट मशीन आरोपित करके स्टैटिक वाटर का परीक्षण
Static Water Pressure Test by Hydraulic Pressure Test Machine Apply on Plastic Water Bottle

उद्देश्य Object

प्लास्टिक वाटर बोतल पर हाइड्रॉलिक प्रैशर टैस्ट मशीन आरोपित करके स्टैटिक वाटर का परीक्षण करना।

आवश्यक उपकरण/सामग्री Essential Apparatus/Materials

- हाइड्रॉलिक टैस्ट मशीन
- प्लास्टिक वाटर बोतल
- जल के नमूने

सुरक्षा सावधानियाँ/निर्देश Safety Precautions/Instructions

1. हाइड्रॉलिक टैस्ट मशीन को सावधानीपूर्वक चलाएँ।
2. प्लास्टिक वाटर बोतल को हाइड्रॉलिक मशीन पर ध्यानपूर्वक सैट करें।
3. अनुदेशक के निर्देशों का पालन करें।
4. जल की रीडिंग लेते समय जल्दबाजी न करें।

कार्यविधि Working Method

1. सर्वप्रथम उपयुक्त प्लास्टिक वाटर बॉटल का चयन करते हैं।
2. बॉटल को मशीन पर सैट करते हैं।
3. मशीन को स्विच ऑन करते है।
4. कम्प्रैस एयर की दाब के साथ बॉटल में प्रवाहित करते हैं।
5. भिन्न-भिन्न दाब पर बॉटल की विकृति को नोट करते हैं।
6. दाब का मान लगातार बढ़ाते हैं।
7. बॉटल को पूर्ण रूप से विकृत हो जाने पर दाब का मान नोट करते हैं।
8. मशीन को स्विच ऑफ करते हैं।

परिणाम (Result) प्लास्टिक वाटर बोतल पर हाइड्रॉलिक प्रैशर टैस्ट मशीन आरोपित करके स्टैटिक वाटर का परीक्षण सफलतापूर्वक किया गया।

प्रैक्टिकल संख्या 55

✎ नलतथा टंकी के स्थैतिक जल दाब के परीक्षण का अभ्यास हाइड्रॉलिक प्रैशर टेस्ट मशीन द्वारा करना
Static Water Pressure Test by Hydraulic Pressure Test Machine Apply on Cistern and Tank

उद्देश्य Object

नल तथा टंकी के स्थैतिक जल दाब के परीक्षण का अभ्यास हाइड्रॉलिक प्रैशर टेस्ट मशीन द्वारा करना।

आवश्यक उपकरण/सामग्री Essential Apparatus/Materials

- पाइप लाइन
- टंकी
- पम्प
- पम्प हैण्डिल
- प्रैशर गेज
- स्टॉप वाल्व
- ड्रेन वाल्व
- बाल्टी

सुरक्षा सावधानियाँ/निर्देश Safety Precautions/Instructions

1. पाइप लाइन की फिक्सिग के समय लीकेज से बचें।
2. पाइप फिटिंग आवश्यकता से अधिक न कसें।
3. पाइप फिटिंग को कसने के लिए उपयुक्त स्पैनर या रिंच का प्रयोग करें।
4. प्रैशर टैस्ट को नियमित सीमा के अन्तर्गत करें।

कार्यविधि Working Method

1. सर्वप्रथम प्रैशर टेस्टिंग मशीन तैयार करते हैं।
2. प्रैशर टेस्टिंग मशीन में पानी को भरते हैं।
3. टेस्ट की जाने वाली फिटिंग से प्रैशर टेस्टिंग मशीन को जोड़ते हैं।
4. वायु की अनुपस्थिति में फिटिंग पर दाब लगाते हैं।
5. समय-समय पर पाइप लाइन में जल को पम्प करते रहते हैं।
6. लीकेज का पता लगाने के लिए पाइप का निरीक्षण करते रहते हैं।
7. यदि पाइप में लीकेज होती है, तो पाइप फिटिंग को पुनः टाइट करते हैं।
8. पुनः दाब लगाकर टेस्टिंग करते हैं।
9. यदि कोई लीकेज नहीं होती है, तो पाइपलाइन से हौज पाइप को हटाते हैं।

10. अब पाइप लाइन को मेन पाइप लाइन से संयोजित करके स्थैतिक जल दाब का परीक्षण करते हैं। चित्र (i)

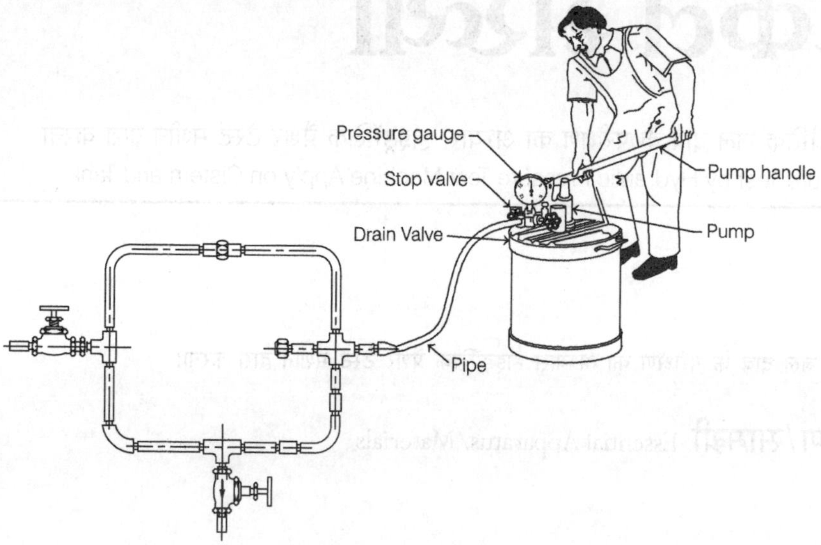

(i) स्थैतिक जल दाब परीक्षण

परिणाम (Result) नल तथा टंकी से स्थैतिक जल दाब के परीक्षण का अभ्यास हाइड्रॉलिक टेस्ट मशीन द्वारा सफलतापूर्वक किया गया।

प्रैक्टिकल संख्या 56

✎ ड्रॉइंग के अनुसार साधारण पाइप लाइन के कनैक्शन करना
Steps of Simple Pipe Line Connection As per Drawing

उद्देश्य Object

ड्रॉइंग के अनुसार साधारण पाइप लाइन के कनैक्शन करना।

आवश्यक उपकरण/सामग्री Essential Apparatus/Materials

- विभिन्न प्रकार के पाइप
- सॉकेट
- पाइप फिटिंग्स
- पाइप वाइस
- एल्बो
- यूनियन
- गेट वाल्व
- पेंचकस
- व्यक्तिगत सुरक्षा पोशाक
- प्लायर
- क्लैम्प

सुरक्षा सावधानियाँ/निर्देश Safety Precautions/Instructions

1. स्थिति एवं कार्य के अनुसार ही पाइप लाइन बनाएँ।
2. सभी जोड़ मजबूत होने चाहिए।
3. वाल्व व फिटिंग्स पर जोर से चोट न मारें।
4. पीवीसी पाइप पर चूड़ियाँ सावधानीपूर्वक बनाएँ।
5. पाइप लाइन के कनैक्शन ध्यानपूर्वक करें।
6. पीवीसी पाइप को सदैव क्लैम्प के साथ ही फिक्स करें।

कार्यविधि Working Method

1. सर्वप्रथम उपलब्ध स्थान के अनुसार पाइप लाइन आरेख बनाते हैं।
2. पाइपों को एकत्र करके एक स्थान पर रखते हैं।
3. ड्रॉइंग के अनुसार पाइपों की कटिंग करते हैं।
4. पाइपों को ड्रॉइंग के अनुसार पाइप फिटिंग द्वारा जोड़ते हैं।
5. प्रैशर टैस्टिंग द्वारा पाइप लाइन में प्रैशर की टैस्टिंग करते हैं।

परिणाम (Result) ड्रॉइंग के अनुसार साधारण पाइप लाइन का कनैक्शन सफलतापूर्वक किया गया।

प्रैक्टिकल संख्या 57

✎ ट्रेड जल वितरण के लिए ड्रॉइंग के अनुसार पाइप लाइन बनाना
Make a Pipe Line for Water Distribution as per Drawing

उद्देश्य Object

जल वितरण के लिए ड्रॉइंग के अनुसार पाइप लाइन बनाने का अभ्यास करना।

आवश्यक उपकरण/सामग्री Essential Apparatus/Materials

- विभिन्न पाइप
- फिटिंग
- पाइप लाइन ले-आउट
- प्लम्बिंग उपकरण
- प्लम्बिंग उपसाधन

सुरक्षा सावधानियाँ/निर्देश Safety Precautions/Instructions

1. ड्रॉइंग के अनुसार पाइप लाइन का ले-आउट तैयार करें।
2. ले-आउट के अनुसार पाइप का समायोजन करें।
3. पाइप लाइन के प्रबन्ध के समय बैण्ड त्रिज्या तथा घुमाव को न्यूनतम रखने का प्रयास करें।
4. जोड़ों को ओवर टाइट न करें।

कार्यविधि Working Method

1. सर्वप्रथम एकल-पाइप सिस्टम का रेखाचित्र बनाते हैं। चित्र (i)
   नोट सम्बन्धित चित्र को अग्रपृष्ठ पर दर्शाया गया है।

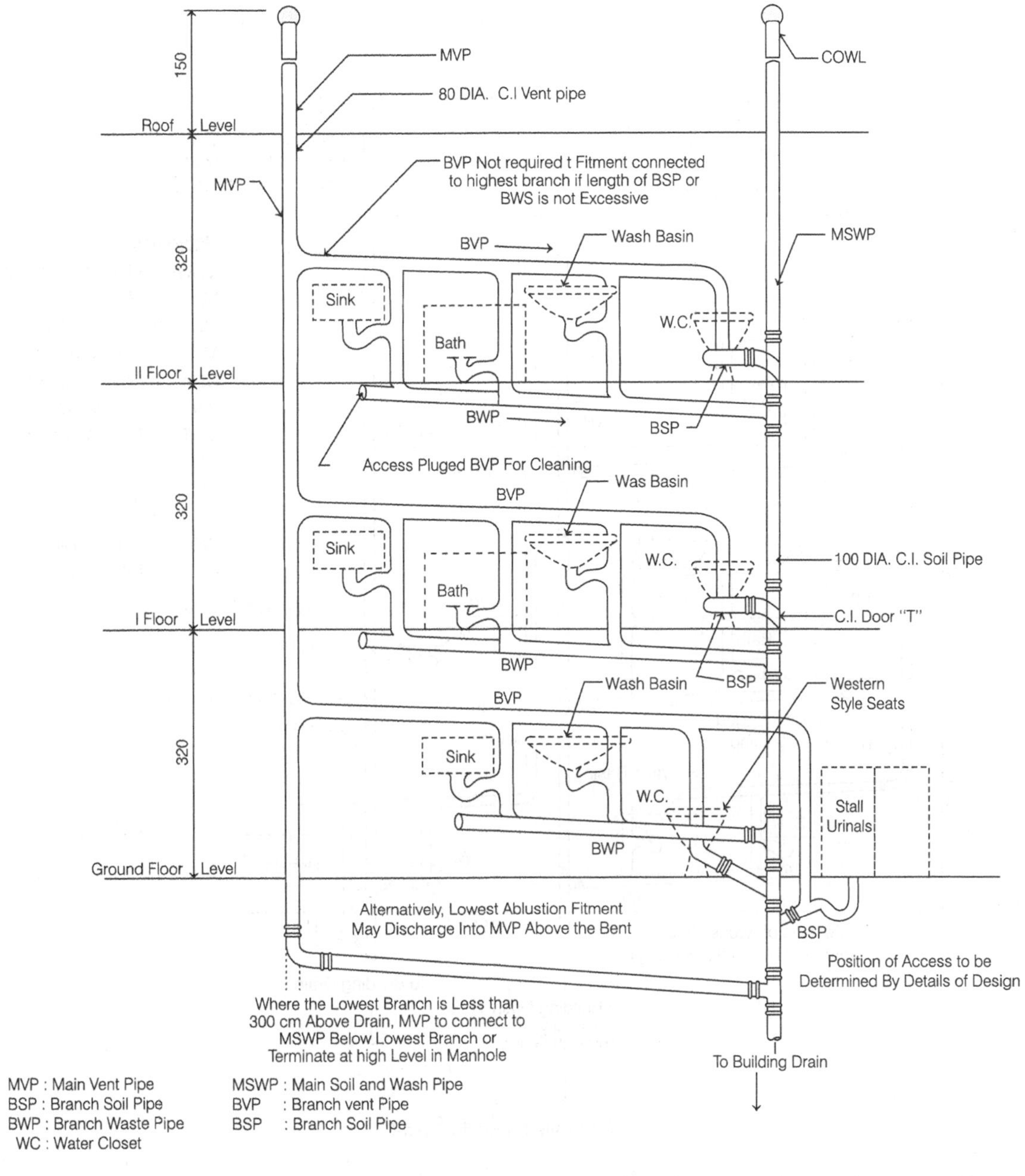

(i) एकल पाइप सिस्टम

2. तत्पश्चात् रेखाचित्र में पाइप उपसाध; जैसे-बैण्ड, कनैक्टर, जंक्शन आदि का विवरण निहित करते हैं। चित्र (ii)

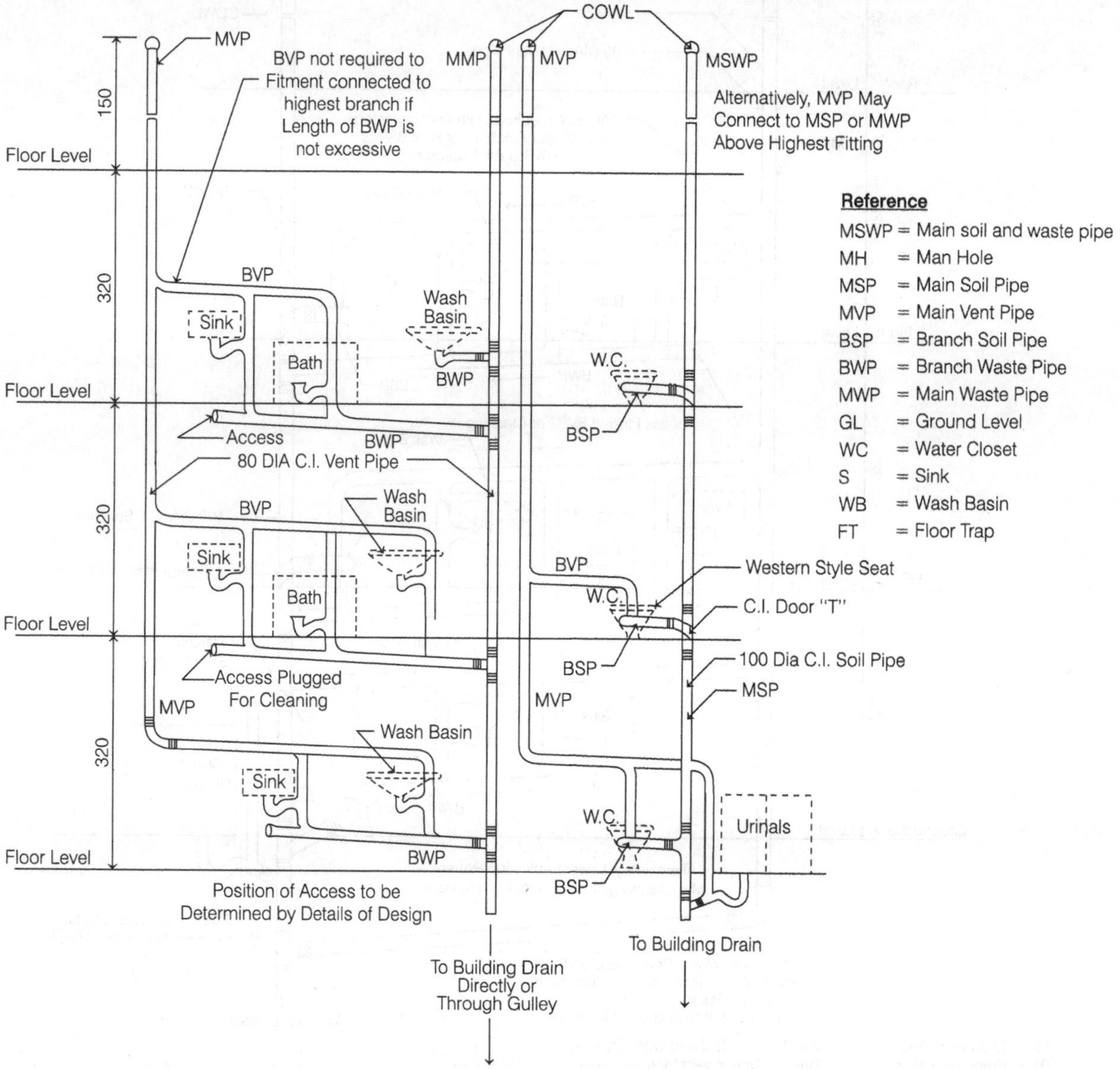

(ii) दो पाइप कनैक्शन सिस्टम

3. चित्रों के अनुसार पाइप लाइन सामग्री को एकत्र करते हैं।
4. अब ले-आउट के अनुसार पाइप लाइन तथा उपसाधनों को आपस में जोड़ते हैं।
5. अन्त में पाइप लाइन सिस्टम की लीकेज को चैक करते हैं।
6. पाइप लाइन को अनुदेशक महोदय से चैक कराते हैं।

परिणाम (Result) जल वितरण के लिए ड्रॉइंग के अनुसार पाइप लाइन बनाने का अभ्यास सफलतापूर्वक किया गया।

प्रैक्टिकल संख्या 58

✎ ड्रॉइंग के अनुसार OHR जल वितरण प्रणाली हेतु पाइन लाइन बनाना
Make a Pipe Line for OHR Water Distribution System as per Drawing

---

उद्देश्य Object

ड्रॉइंग के अनुसार OHR जल वितरण प्रणाली हेतु पाइन लाइन बनाना।

आवश्यक उपकरण/सामग्री Essential Apparatus/Materials

- विभिन्न पाइप
- फिटिंग
- पाइप लाइन ले-आउट
- प्लम्बिंग उपकरण
- प्लम्बिंग उपसाधन

सुरक्षा सावधानियाँ/निर्देश Safety Precautions/Instructions

1. ड्रॉइंग के अनुसार पाइप लाइन का ले-आउट तैयार करें।
2. ले-आउट के अनुसार पाइप का समायोजन करें।
3. पाइप लाइन के प्रबन्ध के समय बैण्ड त्रिज्या तथा घुमाव को न्यूनतम रखने का प्रयास करें।
4. जोड़ों को ओवर टाइट न करें।

कार्यविधि Working Method

1. सर्वप्रथम उपलब्ध स्थान के अनुसार पाइप लाइन आरेख बनाते हैं।
2. पाइपों को एकत्र करके एक स्थान पर रखते हैं।
3. ड्रॉइंग के अनुसार पाइपों की कटिंग करते हैं।
4. पाइपों को ड्रॉइंग के अनुसार पाइप फिटिंग द्वारा जोड़ते हैं।
5. प्रैशर टैस्टिंग द्वारा पाइप लाइन में प्रैशर की टैस्टिंग करते हैं।

परिणाम (Result) ड्रॉइंग के अनुसार OHR जल वितरण प्रणाली हेतु पाइन लाइन सफलतापूर्वक बनाई गई।

प्रैक्टिकल संख्या 59

✎ वाटर हैमर एरेस्टर की स्थापना
Installation of water Hammer Arrester

उद्देश्य Object

वाटर हैमर एरेस्टर की स्थापना का अभ्यास करना।

आवश्यक उपकरण/सामग्री Essential Apparatus/Materials

- पाइप रिंच
- स्क्रू ड्राइवर
- हैक्सॉ
- वाटर हैमर एरेस्टर
- थ्रेडेड सील मैटेरियल
- वाटर पम्प प्लायर
- एडजस्टेबिल स्पैनर
- हैमर
- GI/PVC थ्रेडेड 'T'

सुरक्षा सावधानियाँ/निर्देश Safety Precautions/Instructions

1. पाइपों में फिटिंग करते समय जोड़ कम लगाएँ।
2. स्पैनर का चुनाव नट के अनुसार करें।
3. पाइप के जोड़ों की लीकेज अच्छी तरह चैक करें।
4. डाई से चूड़ी काटते समय स्नेहक का प्रयोग करें।

कार्यविधि Working Method

1. सर्वप्रथम जॉब शीट को देखकर आरेख बनाते हैं।
2. आरेख के अनुसार उपयुक्त टूल तथा पदार्थ का चयन करते हैं।
3. फिटिंग की आवश्यकतानुसार वाटर हैमर एरेस्टर का चयन करते हैं। (चित्र i)

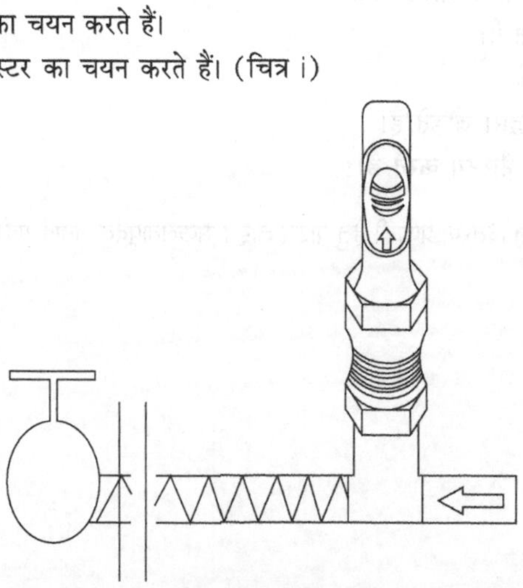

(i) वाटर हैमर एरेस्टर

5. पाइप वाइस तथा BSP डाई सैट का उपयोग करके आरेख के अनुसार पाइप लाइन सर्किट बनाते हैं।
6. ऊर्ध्वाधर स्थिति में वाटर हैमर एरेस्टर को 'T' फिटिंग के साथ असेम्बल करते हैं। (चित्र ii)

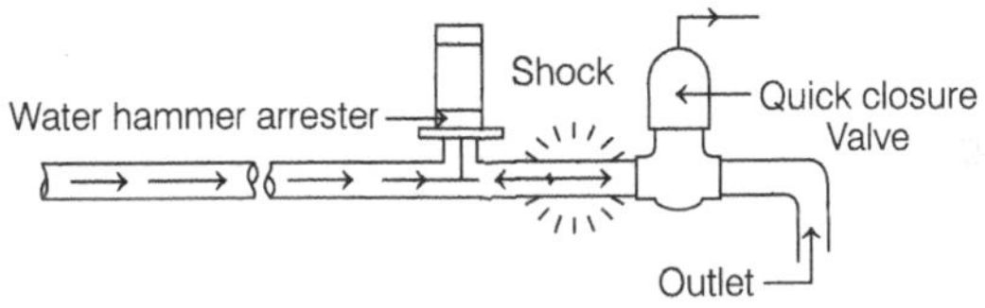

(ii) वाटर हैमर एरेस्टर की स्थिति

7. वाल्व को खोलकर प्रेशर की जाँच करते हैं साथ ही लीकेज की पहचान करते हैं।
8. हाई प्रेशर पाइप लाइन में वाटर हैमर, शॉक तथा आवाज को कम करने के लिए सदैव टैप तथा वाल्वों के स्क्रू को धीरे से घुमाते हैं।

परिणाम (Result) वाटर हैमर की स्थापना की अभ्यास सफलतापूर्वक किया गया।

प्रैक्टिकल संख्या 60

✎ सेनेटरी प्लम्बिंग की ड्रॉइंग की व्याख्या
Interpret Drawing of Sanitary Plumbing

उद्देश्य Object

सेनेटरी प्लम्बिंग की ड्रॉइंग की व्याख्या करना।

आवश्यक उपकरण/सामग्री Essential Apparatus/Materials

- ड्रॉइंग बोर्ड
- पेन्सिल
- प्लम्बिंग फिटिंग चार्ट
- प्लम्बिंग चार्ट

सुरक्षा सावधानियाँ/निर्देश Safety Precautions/Instructions

1. सेनेटरी प्लम्बिंग की ड्रॉइंग साफ बनाएँ।
2. सेनेटरी ड्रॉइंग में प्रतीकात्मक चिह्न सावधानीपूर्वक लगाएँ।

कार्यविधि Working Method

1. सर्वप्रथम उपलब्ध स्थान का निरीक्षण करते हैं।
2. स्थान का विमांकन करते हैं।
3. विमांकन के अनुसार प्लम्बिंग की रूप-रेखा तैयार करते हैं।
4. ड्रॉइंग शीट पर सेनेटरी प्लम्बिंग आरेख तैयार करते हैं।
5. आरेख को अनुदेशक महोदय से चैक कराते हैं।

परिणाम (Result) सेनेटरी प्लम्बिंग की ड्रॉइंग की व्याख्या सफलतापूर्वक की गई।

प्रैक्टिकल संख्या 61

✎ पाइप बिछाना तथा अलाइन करना
Lay and Align Pipe

उद्देश्य Object

पाइपों को अलाइन करने तथा बिछाने का अभ्यास करना।

आवश्यक उपकरण/सामग्री Essential Apparatus/Materials

- पाइप
- पाइप वाइस
- हैमर
- पाइप डाई
- क्लैम्प
- सीमेण्ट मसाला
- कॉटन वेस्ट
- हैक्सॉ (ब्लेड सहित)
- पाइप रिंच
- पाइप फिटिंग्स
- यूनियन
- मीजरिंग टैप
- फ्लैंज
- गैस्केट
- प्लायर
- सुरक्षा वस्त्र
- एल्बो
- ईंट

सुरक्षा सावधानियाँ/निर्देश Safety Precautions/Instructions

- पाइप को काटने या चूड़ियाँ बनाने के लिए पाइप को मजबूती से पकड़ें।
- सड़क की क्रॉसिंग के स्थान पर पी.वी.सी. पाइप को कास्ट आयरन के पाइप के अन्दर डालें।
- कार्य से पूर्व सुरक्षा वस्त्र, जूते, चश्मा, हेलमेट आदि पहन लें।
- सभी सुरक्षा नियमों का पालन करें।

कार्यविधि Working Method

1. सर्वप्रथम सभी उपयोगी सामग्री व औजारों को कार्य स्थल के समीप रखते हैं।
2. पाइप बिछाए जाने वाले स्थान को मार्क करते हैं।
3. मार्क किए गए स्थान पर एक मीटर गहरी खुदाई करते हैं तथा इस गड्ढे की चौड़ाई, पाइप की मोटाई से 30 सेमी अधिक रखते हैं।
4. जहाँ सड़क क्रॉस करती हो, वहाँ खाई (गड्ढे) की गहराई अधिक रखते हैं।
5. खाई की सतह से नुकीले पत्थर, ईंट के टुकड़े इत्यादि को हटाते हैं, ताकि पाइप को कोई नुकसान न पहुँचे।
6. इसके पश्चात् पाइप को खाई में सावधानीपूर्वक बिछाते हैं तथा पाइप की लम्बाई बढ़ाने के लिए ज्वॉइण्ट बनाते हैं।
7. पाइप के एक सिरे पर सॉकेट तथा दूसरे सिरे पर स्पिगॉट लगाते हैं।
8. मसाला या विलायक सीमेण्ट लगाकर सॉकिट में पाइप को फिट करते हैं।
9. यदि पाइप के सिरों पर सॉकेट या स्पिगॉट की सुविधा न हो, तो दोनों सिरों पर फ्लैंज लगाते हैं तथा फ्लैंजों के बीच में रबड़ गैस्केट लगाते हैं, जिससे कि पाइपों के बीच में लीकेज की सम्भावना समाप्त हो जाए।
10. सभी पाइपों को ज्वॉइण्ट मसाले से जोड़ते हैं तथा इसे 24 घण्टे के लिए सूखने देते हैं।
11. इसके पश्चात् पाइपों में लीकेज का परीक्षण करते हैं। यदि पाइपों में कोई लीकेज है, तो इसे ठीक करते हैं।
12. अब पाइप लाइन को मिट्टी या रेत डालकर अच्छी प्रकार दबा देते हैं। इसके बाद पाइप लाइन के ऊपर गारा मसाले या सीमेण्ट मसाले का उपयोग करते हुए ईंटों की एक मजबूत परत बना देते हैं, ताकि पाइप लाइन पूर्णतः सुरक्षित रहे।

परिणाम (Result) पाइपों को अलाइन करने तथा बिछाने का अभ्यास सफलतापूर्वक किया गया।

प्रैक्टिकल संख्या 62

✎ विभिन्न स्थितियों में विशिष्ट व्यासों का प्रदर्शन
Demonstrate Use to Specific Dia in Different Locations

उद्देश्य Object

विभिन्न स्थितियों में विशिष्ट व्यासों का प्रदर्शन करना।

आवश्यक उपकरण/सामग्री Essential Apparatus/Materials

- ट्रॉवेल
- पाइप कटर
- हैमर
- ड्रिलिंग मशीन
- खराब कपड़ा
- गैसकेट रबर
- सीमेन्ट
- रेत
- रेत कच्चा लोहा पाइप
- रबड़
- टिन बाण्ड
- प्लंब बॉब
- रॉल जम्पर

सुरक्षा सावधानियाँ/निर्देश Safety Precautions/Instructions

1. यूजर मैनुअल का ध्यानपूर्वक अवलोकन करें।
2. पम्पों के साथ अनावश्यक छेड़छाड़ न करें।
3. अनुदेशक द्वारा दिये गये दिशा-निर्देशों का पालन करें।
4. कार्यशाला में अनावश्यक न घूमें।

कार्यविधि Working Method

1. सर्वप्रथम स्थानों के अनुसार पाइपों की उपयोगिता का निरीक्षण करते हैं।
2. स्थानों के अनुरूप पाइपों का चयन करते हैं।
3. चयनित पाइपों को निम्न सारणी में नोट करते हैं।

सारणी

क्र. सं.	स्थान	पाइप
(i)	अपशिष्ट जल के निस्तारण के लिए	CI पाइप
(ii)	मिट्टी के अन्दर जल के निस्तारण के लिए	CI पाइप
(iii)	बारिश के पानी के लिए	CI पाइप
(iv)	घरेलू पाइप लाइन	CI पाइप
(v)	सीवर लाइन	सीमेण्ट पाइप

परिणाम (Result) विभिन्न स्थितियों में विशिष्ट व्यासों के पाइपों का प्रदर्शन सफलतापूर्वक किया गया

प्रैक्टिकल संख्या 63

✎ विभिन्न प्रकार की सेनेटरी फिटिंग्स का उपयोग
Use Various Sanitary Fitting

उद्देश्य Object

विभिन्न प्रकार की सेनेटरी फिटिंग के उपयोग का अभ्यास करना।

आवश्यक उपकरण/सामग्री Essential Apparatus/Materials

- वर्कशॉप मैनुअल
- निर्देश पुस्तिका
- सेनेटरी चार्ट

सुरक्षा सावधानियाँ/निर्देश Safety Precautions/Instructions

- वर्कशॉप में जाने से पूर्व सभी सुरक्षा सम्बन्धी जानकारियाँ प्राप्त करें।
- कार्यशाला (workshop) में अनावश्यक इधर-उधर न घूमें।
- वर्कशाला में अनुदेशक द्वारा दिए गए निर्देशों का पालन करें।
- वर्कशॉप मैनुअल को ध्यानपूर्वक पढ़ें।
- सेनेटरी चार्ट का अवलोकन ध्यानपूर्वक करें।

कार्यविधि Working Method

1. सर्वप्रथम सभी सेनेट्री चार्ट का अध्ययन करते हैं।
2. दिए गए सेनेट्री फिटिंग का ध्यानपूर्वक विश्लेषण करते हैं।
3. आवश्यकतानुसार निर्देश पुस्तिका का भी अध्ययन करते हैं।
4. दिए गए सेनेटरी फिटिंग्स के नाम तथा उपयोग को निम्न दी गई सारणी में नोट करते हैं

क्र. सं.	सेनेटरी फिटिंग	नाम	उपयोग
1.			
2.	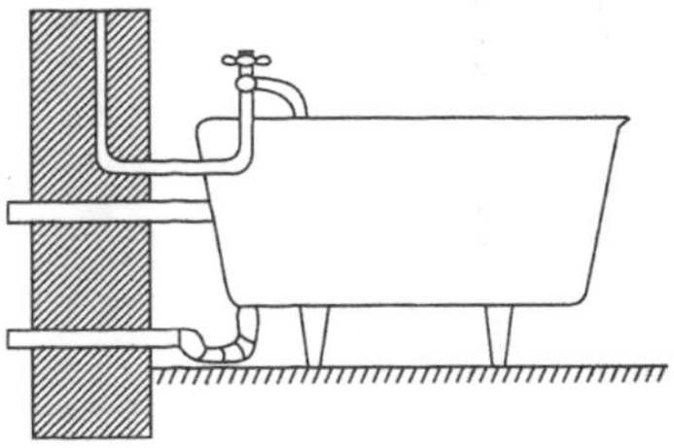		

क्र. सं.	सेनेटरी फिटिंग	नाम	उपयोग
3.	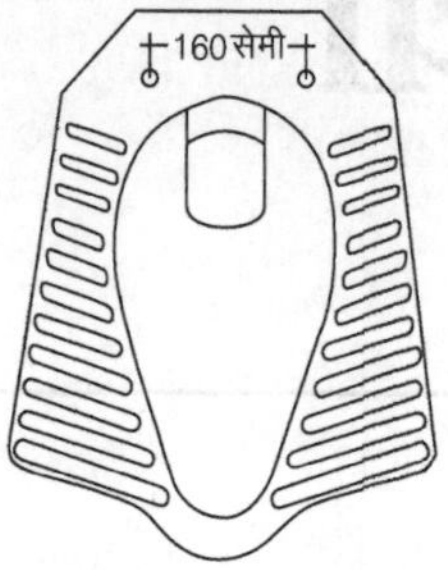		
4.	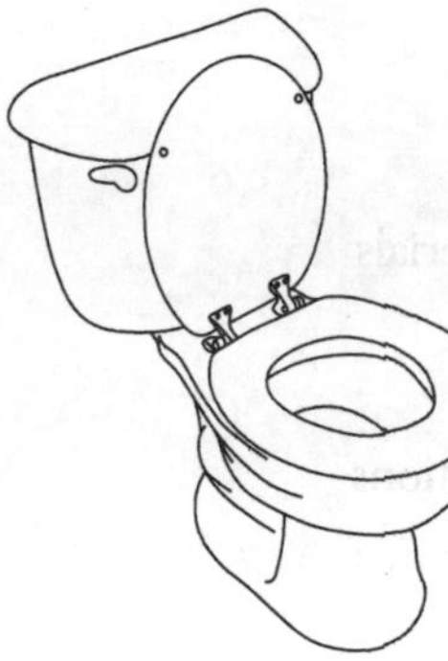		
5.	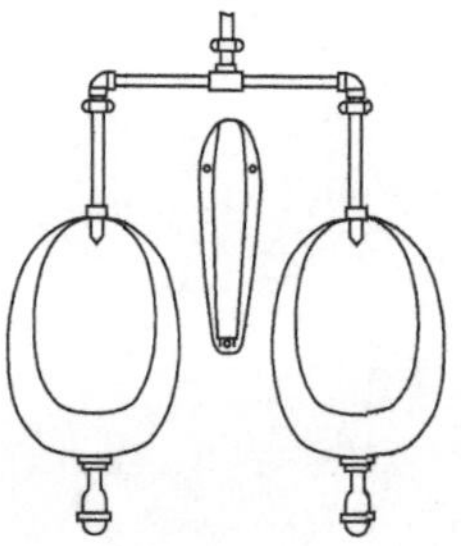		
6.	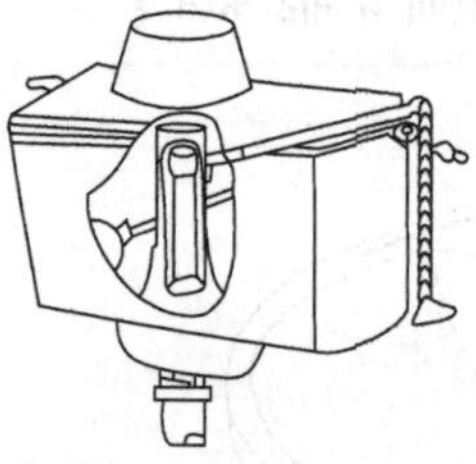 (a) बाह्य संरचना 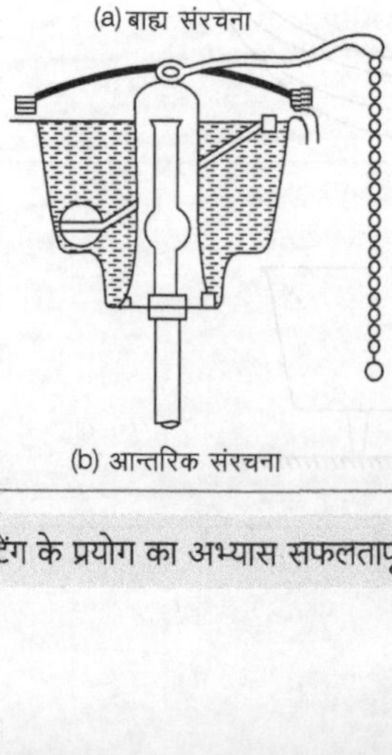 (b) आन्तरिक संरचना		

परिणाम (Result) विभिन्न प्रकार की सेनेटरी फिटिंग के प्रयोग का अभ्यास सफलतापूर्वक किया गया।

प्रैक्टिकल संख्या 64

✎ विभिन्न पदार्थों की विविध फिटिंग का प्रयोग

Use Various Fittings of Different Materials

उद्देश्य Object

विभिन्न पदार्थों की विविध फिटिंग के प्रयोग का अभ्यास करना।

आवश्यक उपकरण/सामग्री Essential Apparatus/Materials

- वर्कशॉप मैनुअल
- निर्देश पुस्तिका
- सेनेटरी चार्ट

सुरक्षा सावधानियाँ/निर्देश Safety Precautions/Instructions

1. वर्कशॉप में जाने से पूर्व सभी सुरक्षा सम्बन्धी जानकारियाँ प्राप्त करें।
2. कार्यशाला में अनावश्यक इधर-उधर न घूमें।
3. वर्कशॉप में अनुदेशक द्वारा दिए गए निर्देशों का पालन करें।
4. वर्कशॉप मैनुअल को ध्यानपूर्वक पढ़े।
5. सेनेटरी चार्ट का अवलोकन करें।

कार्यविधि Working Method

1. सभी फिटिंग चार्ट का अध्ययन करते हैं।
2. दिए गए फिटिंग्स का ध्यानपूर्वक विश्लेषण करते हैं।
3. आवश्यकतानुसार निर्देश पुस्तिका का भी अध्ययन करते हैं।
4. दिए गए फिटिंग के उपयोग को निम्न सारणी में नोट करते हैं।

क्र. सं.	पाइप फिटिंग्स	प्रयोग
1.	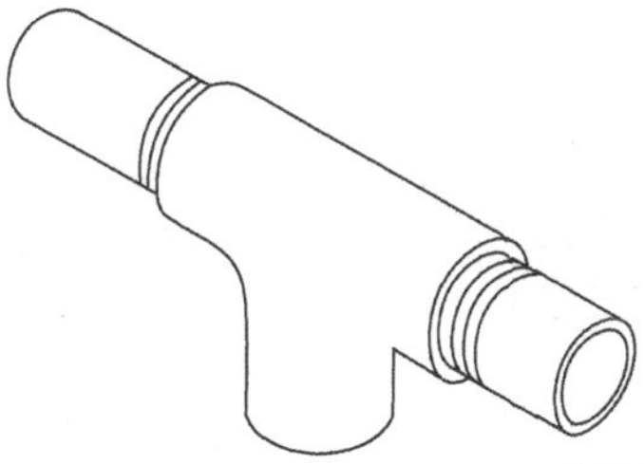	
2.	 (i) 90° डिग्री बैण्ड एल्बो 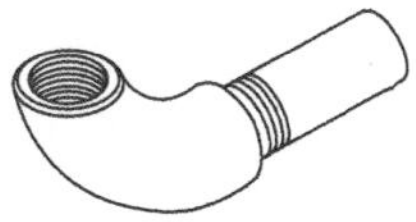 (ii) लम्बी त्रिज्या एल्बो 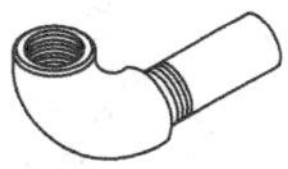 (iii) छोटी त्रिज्या एल्बो	
3.	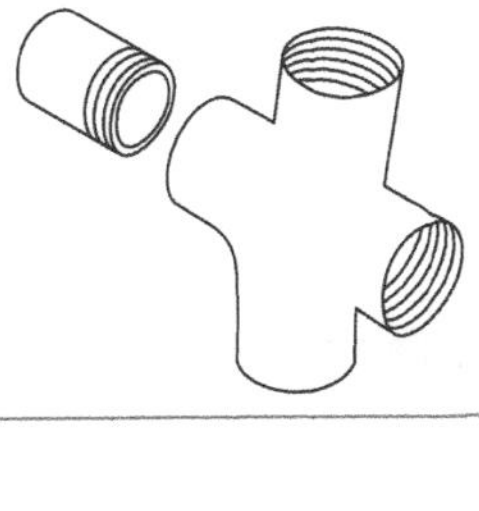	

क्र. सं.	पाइप फिटिंग्स	प्रयोग
4.	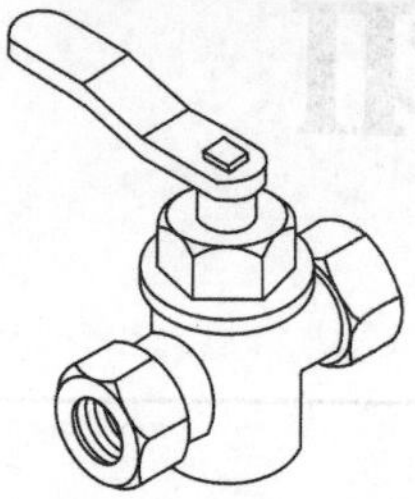	
5.	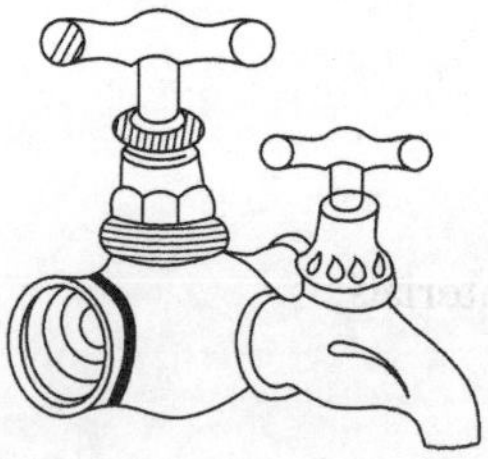	
6.	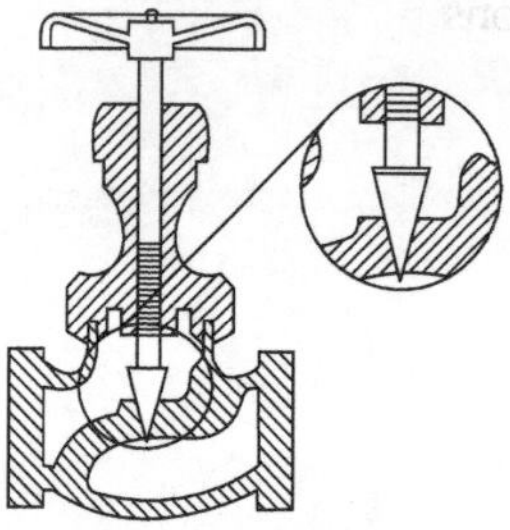	
7.	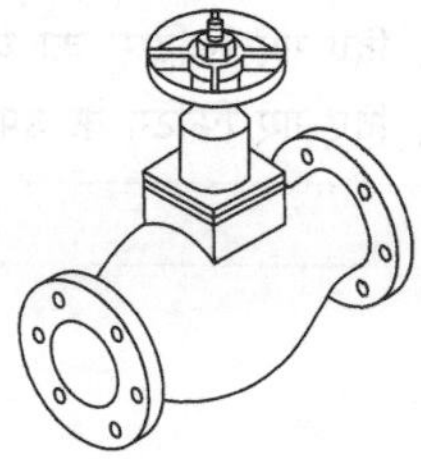	
8.	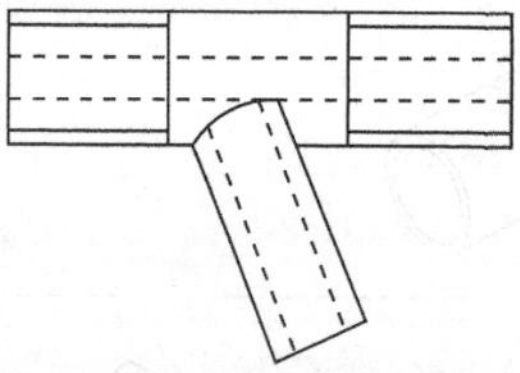	
9.	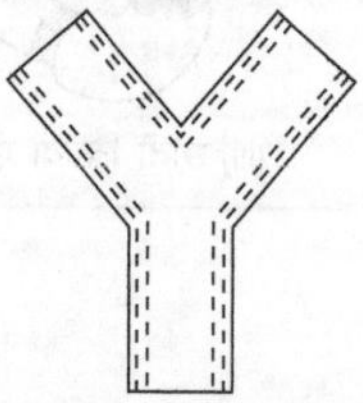	

5. अपने कार्य की जाँच अनुदेशक महोदय से कराते हैं।

परिणाम (Result) विभिन्न पदार्थों की विविध फिटिंग का अभ्यास सफलतापूर्वक किया गया।

प्रैक्टिकल संख्या 65

✎ पाइपों को जोड़ने वाले पदार्थों का उपयोग
Use Joining Materials of Pipe

उद्देश्य Object

पाइपों को जोड़ने वाले पदार्थों के उपयोग का अभ्यास करना।

आवश्यक उपकरण/सामग्री Essential Apparatus/Materials

- वर्कशॉप मैनुअल
- निर्देश पुस्तिका
- सेनेटरी चार्ट

सुरक्षा सावधानियाँ/निर्देश Safety Precautions/Instructions

1. वर्कशॉप में जाने से पूर्व सभी सुरक्षा सम्बन्धी जानकारियाँ प्राप्त करें।
2. कार्यशाला में अनावश्यक इधर-उधर न घूमें।
3. वर्कशॉप में अनुदेशक द्वारा दिए गए निर्देशों का पालन करें।
4. वर्कशॉप मैनुअल को ध्यानपूर्वक पढ़े।
5. सेनेटरी चार्ट का अवलोकन करें।

कार्यविधि Working Method

1. सर्वप्रथम सभी पाइप जोड़ने वाले पदार्थों का अध्ययन करते हैं।
2. दिए गए जोड़ का ध्यानपूर्वक विश्लेषण करते हैं।
3. आवश्यकतानुसार निर्देश पुस्तिका का भी अध्ययन करते हैं।
4. दिए गए जोड़ के उपयोग को निम्न दी गई सारणी में नोट करते हैं।

क्र.सं.	विभिन्न प्रकार के जोड़	नाम	पदार्थ	उपयोग
1.	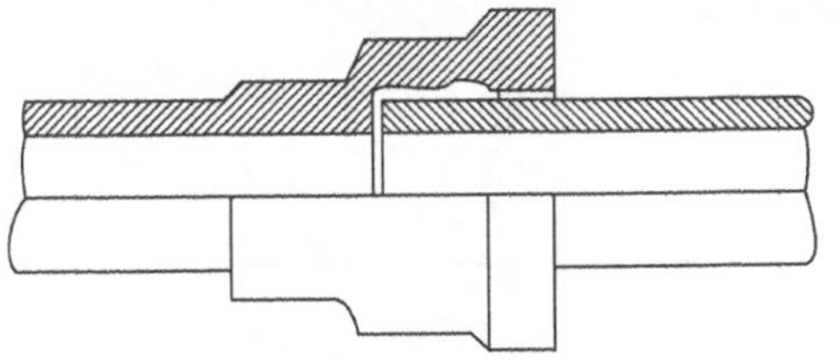			
2.	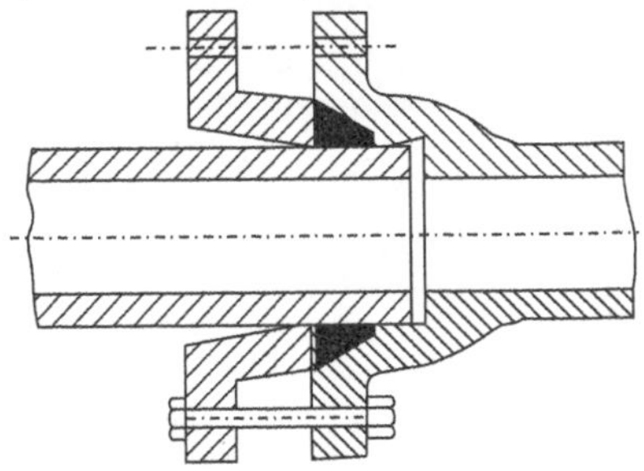			

क्र.सं.	विभिन्न प्रकार के जोड़	नाम	पदार्थ	उपयोग
3.	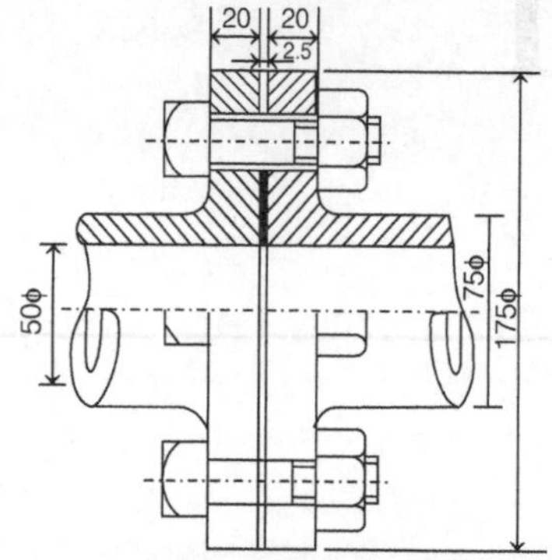			
4.	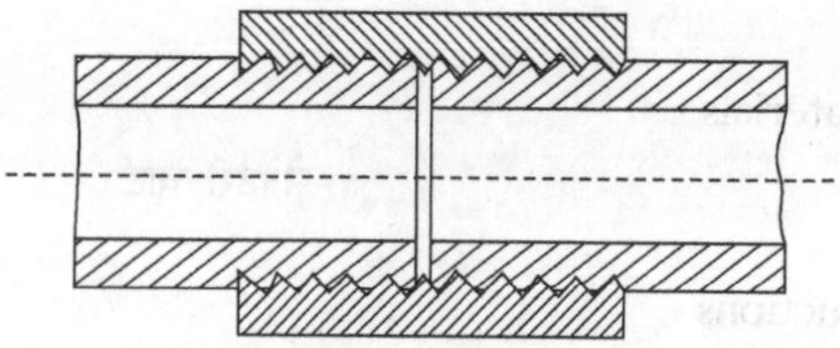			
5.	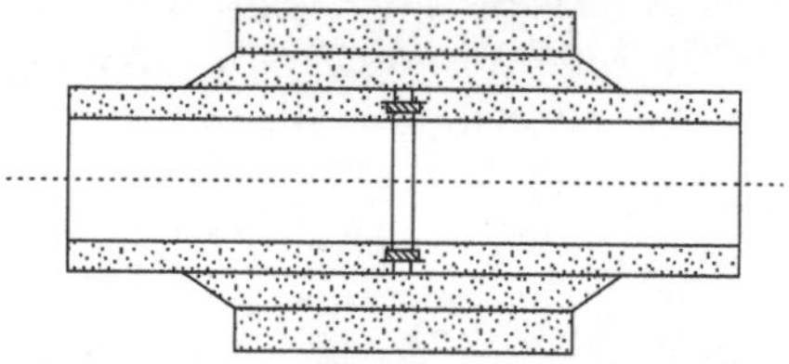			
6.	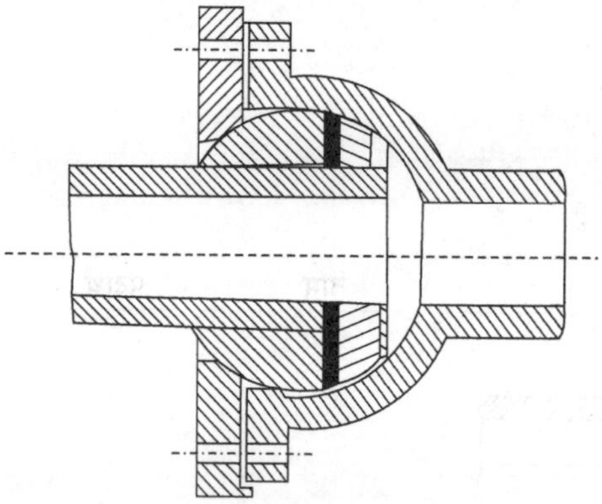			
7.	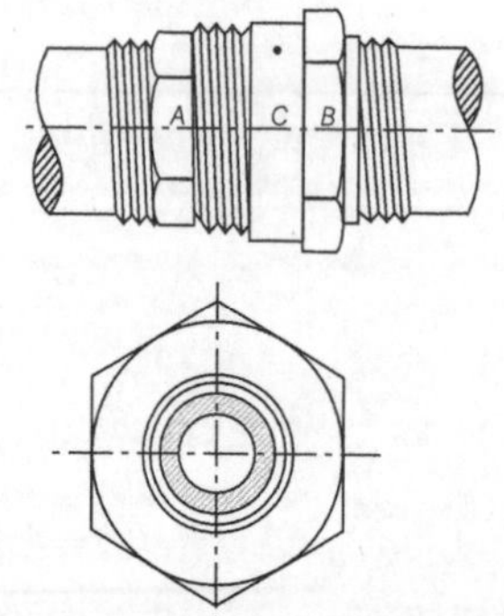			

क्र.सं.	विभिन्न प्रकार के जोड़	नाम	पदार्थ	उपयोग
8.	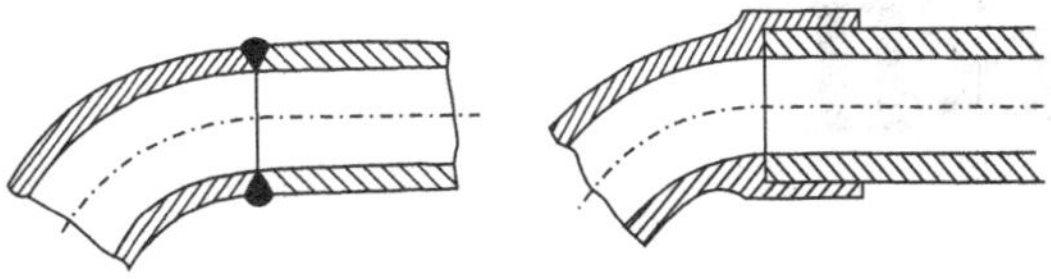			
9.	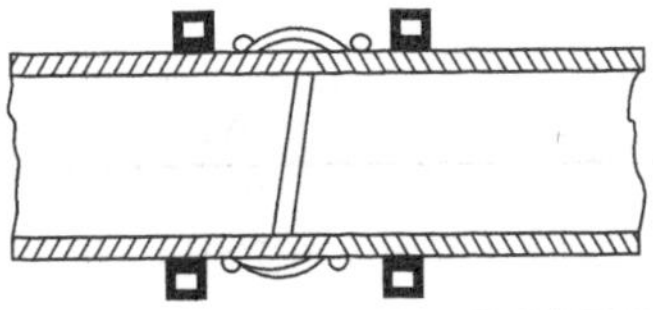			

5. अपने द्वारा किए गए कार्य की जाँच अनुदेशक महोदय (instructor) से कराते हैं।

परिणाम (Result) पाइपों को जोड़ने वाले पदार्थों के उपयोग का अभ्यास सफलतापूर्वक किया गया।

प्रैक्टिकल संख्या 66

✎ लैड डाउन प्रक्रिया के अनुसार पाइपों को जोड़ना
Join Pipe as per Laid Down Procedure

उद्देश्य Object

लैड डाउन प्रक्रिया के अनुसार पाइपों को जोड़ने का अभ्यास करना।

आवश्यक उपकरण/सामग्री Essential Apparatus/Materials

- पाइप
- पाइप वाइस
- हैमर
- पाइप डाई
- क्लैम्प
- सीमेण्ट मसाला
- कॉटन वेस्ट
- हैक्सॉ (ब्लेड सहित)
- पाइप रिंच
- पाइप फिटिंग्स
- यूनियन
- मीजरिंग टैप
- फ्लैंज
- गैस्केट
- प्लायर
- सुरक्षा वस्त्र
- एल्बो
- ईंट

सुरक्षा सावधानियाँ/निर्देश Safety Precautions/Instructions

- पाइप को काटने या चूड़ियाँ बनाने के लिए पाइप को मजबूती से पकड़ें।
- सड़क की क्रॉसिंग के स्थान पर पी.वी.सी. पाइप को कास्ट आयरन के पाइप के अन्दर डालें।
- कार्य से पूर्व सुरक्षा वस्त्र, जूते, चश्मा, हेलमेट आदि पहन लें।
- सभी सुरक्षा नियमों का पालन करें।

कार्यविधि Working Method

1. सर्वप्रथम सभी उपयोगी सामग्री व औजारों को कार्य स्थल के समीप रखते हैं।
2. पाइप बिछाए जाने वाले स्थान को मार्क करते हैं।
3. मार्क किए गए स्थान पर एक मीटर गहरी खुदाई करते हैं तथा इस गड्ढे की चौड़ाई, पाइप की मोटाई से 30 सेमी अधिक रखते हैं।
4. जहाँ सड़क क्रॉस करती हो, वहाँ खाई (गड्ढे) की गहराई अधिक रखते हैं।
5. खाई की सतह से नुकीले पत्थर, ईंट के टुकड़े इत्यादि को हटाते हैं, ताकि पाइप को कोई नुकसान न पहुँचे।
6. इसके पश्चात् पाइप को खाई में सावधानीपूर्वक बिछाते हैं तथा पाइप की लम्बाई बढ़ाने के लिए ज्वॉइण्ट बनाते हैं।
7. पाइप के एक सिरे पर सॉकेट तथा दूसरे सिरे पर स्पिगॉट लगाते हैं।
8. मसाला या विलायक सीमेण्ट लगाकर सॉकेट में पाइप को फिट करते हैं।
9. यदि पाइप के सिरों पर सॉकेट या स्पिगॉट की सुविधा न हो तो दोनों सिरों पर फ्लैंज लगाते हैं तथा फ्लैंजों के बीच में रबड़ गैस्केट लगाते हैं, जिससे कि पाइपों के बीच में लीकेज की सम्भावना समाप्त हो जाए।
10. सभी पाइपों को ज्वॉइण्ट मसाले से जोड़ते हैं तथा इसे 24 घण्टे के लिए सूखने देते हैं।
11. इसके पश्चात् पाइपों में लीकेज का परीक्षण करते हैं। यदि पाइपों में कोई लीकेज है, तो इसे ठीक करते हैं।
12. अब पाइप लाइन को मिट्टी या रेत डालकर अच्छी प्रकार दबा देते हैं। इसके बाद पाइप लाइन के ऊपर गारा मसाले या सीमेण्ट मसाले का उपयोग करते हुए ईंटों की एक मजबूत परत बना देते हैं, ताकि पाइप लाइन पूर्णतः सुरक्षित रहे।

परिणाम (Result) लैड डाउन प्रक्रिया के अनुसार पाइपों को जोड़ने का अभ्यास सफलतापूर्वक किया गया।

प्रैक्टिकल संख्या 67

✎ विभिन्न पम्पों के उपयोग का प्रदर्शन
Demonstrate Use of Different Pump

उद्देश्य Object

विभिन्न पम्पों के उपयोग का प्रदर्शन करना।

आवश्यक उपकरण/सामग्री Essential Apparatus/Materials

- विभिन्न प्रकार के पम्प
- यूजर मैनुअल

सुरक्षा सावधानियाँ/निर्देश Safety Precautions/Instructions

1. यूजर मैनुअल का सावधानीपूर्वक अवलोकन करें।
2. पम्पों के साथ अनावश्यक छेड़-छाड़ न करें।
3. अनुदेशक द्वारा दिये गये दिशा-निर्देशों का पालन करें।
4. कार्यशाला में अनावश्यक न घूमें।

कार्यविधि Working Method

प्रस्तुत प्रैक्टिकल की कार्यविधि को अनुदेशक महोदय के निरीक्षण में स्वयं करने का प्रयास करें।

परिणाम (Result) अनुदेशक के निरीक्षण में विभिन्न पम्पों के उपयोग का प्रदर्शन सफलतापूर्वक किया गया।

प्रैक्टिकल संख्या 68

✎ इलेक्ट्रिक पम्प की स्थापना को दर्शाना

Demonstrate Installation of Electric Pump

उद्देश्य Object

इलेक्ट्रिक पम्प की स्थापना करना।

आवश्यक उपकरण/सामग्री Essential Apparatus/Materials

- इलेक्ट्रिक वाटर पम्प
- स्पैनर
- हैमर
- नट-बोल्ट
- कंक्रीट मसाला
- मेन स्विच
- सुरक्षा वस्त्र
- इलेक्ट्रीशियन टेप रोल

सुरक्षा सावधानियाँ/निर्देश Safety Precautions/Instructions

1. इलेक्ट्रिक पम्प की फाउण्डेशन की ऊँचाई कम-से-कम 18-20 सेमी रखें।
2. वाटर टैंक की क्षमता के अनुसार ही इलेक्ट्रिक वाटर पम्प का चयन करें।
3. इलेक्ट्रिक पम्प की स्थापना करते समय सुरक्षा नियमों का पालन करें।

कार्यविधि Working Method

1. सर्वप्रथम सभी उपयोगी सामग्री व औजारों को कार्यस्थल के समीप रखते हैं।
2. इसके पश्चात् इलेक्ट्रिक वाटर पम्प, स्टार्टर, मेन स्विच, वायर इत्यादि की जाँच करते हैं।
3. इलेक्ट्रिक पम्प की स्थापना के लिए 18-20 सेमी ऊँची फाउण्डेशन तैयार करते हैं। फाउण्डेशन तैयार करते समय इलेक्ट्रिक पम्प की स्थापना हेतु फाउण्डेशन बोल्ट का चयन करते हैं। चित्र (i)

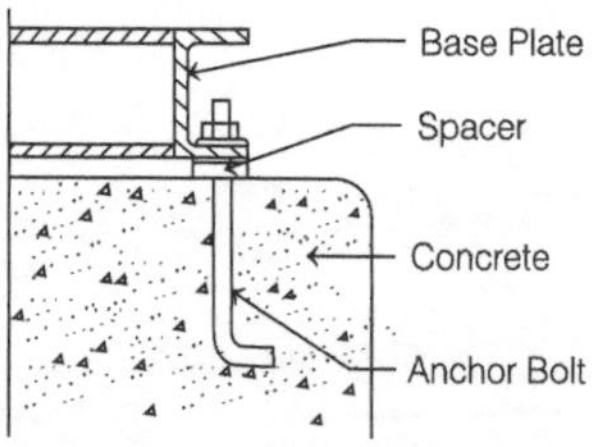

(i) मशीन फाउण्डेशन

4. फाउण्डेशन पर इलेक्ट्रिक पम्प को रखते हैं। इलेक्ट्रिक पम्प को फाउण्डेशन बोल्ट द्वारा फाउण्डेशन पर मजबूती से कसते हैं।
5. इसके पश्चात् इलेक्ट्रिक पम्प की इलेक्ट्रिक फिटिंग करते हैं। मेन स्विच, IC., स्टार्टर को आवश्यक स्थानों पर फिट करते हैं।
6. इलेक्ट्रिक पम्प के सक्शन, डिलीवरी पाइप की जाँच करते हैं तथा डिलीवरी पाइप को वाटर टैंक के इनलेट से कनैक्ट करते हैं।
7. अब इलेक्ट्रिक पम्प व उसके सक्शन पाइप में पानी भरते हैं तथा इसके मेन स्विच को 3-फेज सप्लाई देकर स्टार्टर को चालू करते हैं।
8. अन्त में डिलीवरी पाइप से पानी के निकास की जाँच करते हैं। चित्र (ii)

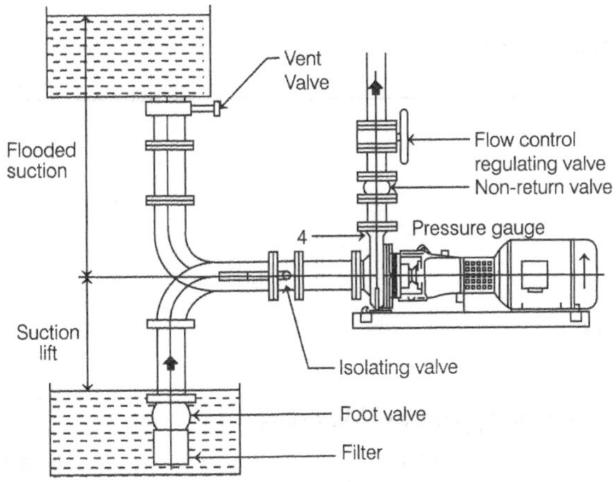

(ii) इलेक्ट्रिक पम्प असेम्बली

परिणाम (Result) इलेक्ट्रिक वाटर पम्प को स्थापित करने का अभ्यास सफलतापूर्वक किया गया।

प्रैक्टिकल संख्या 69

✎ इलेक्ट्रिक पम्प के रख-रखाव का प्रदर्शन
Demonstrate Maintenance of Electric Pump

उद्देश्य Object

इलेक्ट्रिक पम्प के रख-रखाव का अभ्यास करना।

आवश्यक उपकरण/सामग्री Essential Apparatus/Materials

- इलेक्ट्रिक पम्प
- नॉन-रिटर्न वाल्व
- शाफ्ट
- लुबिक्रेशन
- गेट वाल्व
- रोटर
- बियरिंग
- डिलीवरी पाइप
- केबिल व वायर
- सक्शन लिफ्ट
- रिंच
- हैमर

सुरक्षा सावधानियाँ/निर्देश Safety Precautions/Instructions

1. बिना किसी जानकारी के इलेक्ट्रिक पम्प से अनावश्यक छेड़-छाड़ न करें।
2. इलेक्ट्रिक पम्प के सभी विद्युत कनैक्शन टाइट व इन्सुलेटिड होने चाहिए।
3. जहाँ आवश्यक हो वहाँ इलेक्ट्रिक पम्प का लुब्रिकेशन करें।
4. यदि इलेक्ट्रिक पम्प में कोई दोष हो, तो उसे किसी योग्य मैकेनिक द्वारा ही ठीक कराएँ।

कार्यविधि Working Method

A. दैनिक रख-रखाव

1. पम्प, मोटर तथा अन्य सामग्रियों की जाँच करते हैं।
2. पम्प के कपलिंग, बुशेज तथा रबर की जाँच करते हैं।
3. स्टफिंग बॉक्स, ग्लैण्ड इत्यादि की जाँच करते हैं।

B. अनियमितताओं का दैनिक अवलोकन

1. पम्प तथा मोटर को मैनुअली चलाकर उसकी आवाज में होने वाले परिवर्तन की जाँच करते हैं।
2. बियरिंग तापमान की जाँच करते हैं।
3. बियरिंग के ऑयल लीकेज की जाँच करते हैं।
4. मैकेनिकल सील या स्टफिंग बॉक्स के लीकेज की जाँच करते हैं।
5. वोल्टेज व करण्ट की जाँच करते हैं।
6. वैक्यूम गेज व प्रैशर गेज द्वारा पम्प के वैक्यूम व प्रैशर की जाँच करते हैं।
7. मोटर, स्टार्टर, स्विच, गियर, केबिल इत्यादि के स्पार्क व लीकेज की जाँच करते हैं।
8. मोटर, स्टार्टर, स्विच गियर, केबिल इत्यादि के ओवरहीटिंग की जाँच करते हैं।

C. मासिक रख-रखाव

1. स्टफिंग बॉक्स के ग्लैण्ड की फ्री-मूवमेण्ट की जाँच करते हैं।
2. ग्लैण्ड के पैकिंग की जाँच करते हैं यदि आवश्यक हो तो इसे बदलते हैं।
3. ग्लैण्ड बोल्ट को साफ करते हैं तथा इन पर ऑयल की पतली परत लगाते हैं।
4. मैकेनिकल सील की जाँच करते हैं, यदि यह घिसी हुई है तो इसे बदल देते हैं।
5. बियरिंग ऑयल की जाँच करते हैं। यदि ऑयल खराब है, तो इसे बदलते हैं और यदि ऑयल स्तर कम है, तो पूरा करते हैं।

D. अर्द्धवार्षिक रख-रखाव

1. पम्प व इसके ड्राइव के अलाइनमेण्ट की जाँच करते हैं। अलाइनमेण्ट सही करने के लिए मोटर व पम्प को एक-दूसरे से डिस्कनैक्ट करते हैं।
2. लुब्रिकेटिड बियरिंग से ऑयल को साफ करते हैं तथा नया ऑयल भरते हैं।
3. यदि बियरिंग को ग्रीस द्वारा लुब्रिकेट किया गया है, तो ग्रीस की स्थिति को चैक करते हैं। ग्रीस के कम होने पर नया ग्रीस लगाते हैं तथा ग्रीस के खराब होने पर नया ग्रीस भरते हैं।
4. फाउण्डेशन बोल्टों को कसते हैं।
5. पम्प के वाइब्रेशन की जाँच करते हैं।
6. फ्लो इण्डीकेटर, अन्य उपकरणों तथा पम्प हाउसिंग की जाँच करते हैं।

E. वार्षिक रख-रखाव

1. बियरिंग को केरोसीन से साफ करते हैं तथा बियरिंग के दोषों; जैसे-जंग, घिसाव तथा स्क्रैचेज आदि की जाँच करते हैं।
2. बियरिंग के एण्ड प्ले की जाँच करते हैं।
3. बियरिंग को साफ करने के पश्चात् उस पर ऑयल या ग्रीस की पतली परत लगाते हैं।
4. बियरिंग हाउसिंग को साफ करते हैं तथा दोषों; जैसे-घिसाव, ग्रूविंग इत्यादि की जाँच करते हैं।
5. बियरिंग हाउसिंग में ऑयल व ग्रीस भरते हैं।
6. स्टफिंग बॉक्स, ग्लैण्ड, लेन्टर्न रिंग, यान्त्रिक सील की जाँच करते हैं।
7. घिसे हुए रिंग में क्लीयरैन्स की जाँच करते हैं।
8. इम्पेलर हब तथा वेन टिप की जाँच करते हैं।
9. इण्टीरियर या वॉल्यूट, केसिंग तथ डिफ्यूजर की पिटिंग, कटाव इत्यादि हेतु जाँच करते हैं।
10. शाफ्ट स्लीव की घिसाव, स्कोर इत्यादि के लिए जाँच करते हैं।
11. सभी उपकरणों; जैसे—प्रैशर गेज, वैक्यूम गेज, अमीटर, वोल्टमीटर, वाटमीटर, फ्रीक्वेंसी मीटर, फ्लो मीटर इत्यादि की जाँच करते हैं।
12. पम्प के डिस्चार्ज, हैड, क्षमता तथा प्रदर्शन की जाँच करते हैं।

परिणाम (Result) इलेक्ट्रिक पम्प के रख-रखाव का प्रदर्शन सफलतापूर्वक किया गया।

प्रैक्टिकल संख्या 70

✎ सेन्ट्रीफ्यूगल, रेसीप्रोकेटिंग, सबमर्सिबल पम्पों की कार्यविधि का प्रदर्शन
Demonstrate Working Process of Centrifugal, Reciprocating, Submersible Pumps

उद्देश्य Object

सेन्ट्रीफ्यूगल, रेसीप्रोकेटिंग, सबमर्सिबल पम्पों की कार्यविधि का प्रदर्शन करना।

आवश्यक उपकरण/सामग्री Essential Apparatus/Materials

- सबमर्सिबल पम्प
- सेन्ट्रीफ्यूगल पम्प
- रेसीप्रोकेटिंग पम्प
- यूजर मैनुअल

सुरक्षा सावधानियाँ/निर्देश Safety Precautions/Instructions

1. यूजर मैनुअल का सावधानीपूर्वक अवलोकन करें।
2. पम्पों के साथ अनावश्यक छेड़-छाड़ न करें।
3. पम्पों को चलाते समय जल्दबाजी न करें।
4. अनुदेशक के निर्देशों का पालन करें।
5. पम्पों को प्रचालित करने से पूर्व प्राइमिंग अवश्य कर लें।

कार्यविधि Working Method

(A) रेसीप्रोकेटिंग पम्प

1. सर्वप्रथम इन्स्टालेशन सामग्री तैयार करते हैं।
2. क्षेत्र का अंकन करते हैं।
3. छिद्रों को चिह्नित करके फिक्सिंग के लिए कोण प्रदान करते हैं।
4. अब कुरिंग करने की जगह प्रदान करते हैं।
5. चेक वाल्व के साथ सक्शन पाइप को फिक्स करते हैं।
6. भार (weight) वॉशर या एयर वॉशर के साथ पम्प को बेस प्रदान करते हैं।
7. सिलेण्डर फिक्स को आधार पर बोल्ट और नट्स से कनैक्ट करते हैं।
8. प्लंजर रॉड के साथ कप वॉशर को असेम्बल करते हैं।
9. प्लंजर रॉड को हैंड लीवर से फिक्स करते हैं।
10. प्लंजर रॉड असेम्बली को सिलेण्डर हेड से जोड़ते हैं।

11. हैण्ड लीवर को ऊपर और नीचे की गति के लिए संचालित करते हैं।

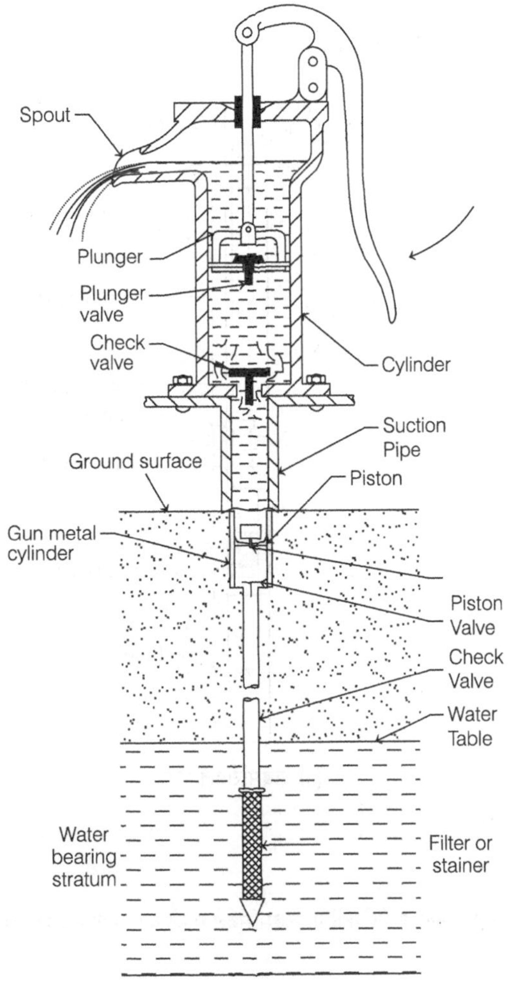

(i) रेसीप्रोकेटिंग पम्प

(B) सबमर्सिबल पम्प

1. सबमर्सिबल पम्प और एक्सेसरीज की जाँच करते हैं।
2. पम्प की भौतिक दशा की जाँच करते हैं।
3. संचालन स्थिति और वैद्युतिक स्थिति की जाँच करते हैं।
4. पम्प की स्थापना के लिए स्थान का चयन करते हैं।
5. पम्प, एक्सेसरीज, उचित वोल्टेज के लिए विद्युत आपूर्ति, फ्यूज, तार का आकार, ग्राउण्डिंग और ट्रांसफॉर्मर की क्षमता, आवरण की जाँच करते हैं।

6. पाइप का चयन करते हैं।

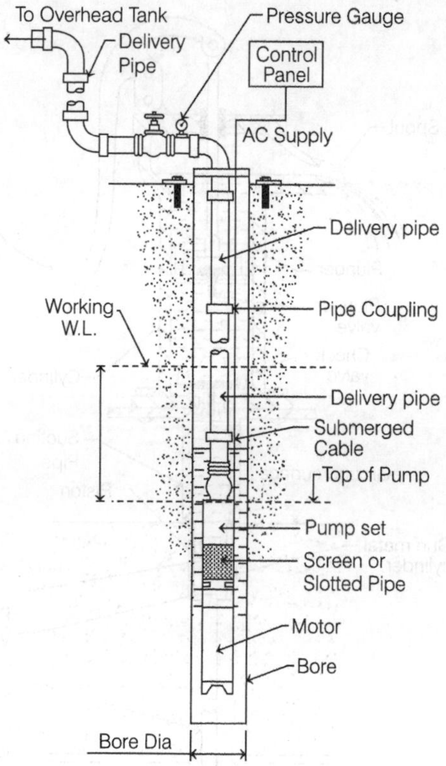

(ii) सबमर्सिबल पम्प

7. सभी भागों का आपस में कनैक्शन करते हैं।
8. पम्प की वर्किंग का निरीक्षण करते हैं।

परिणाम (Result) अनुदेशक के निरीक्षण में सेन्ट्रीफ्यूगल, रेसीप्रोकेटिंग, सबमर्सिबल पम्पों की कार्यविधि से सफलतापूर्वक प्रदर्शन किया गया।

प्रैक्टिकल संख्या 71

पम्प, प्रेशर हैड, डिलीवरी पाइप, सक्शन पाइप आदि द्वारा जल की ओवर हैड टैंक में आपूर्ति का प्रदर्शन
Demonstrate Delivery of Water to Overhead Tank Through Pump, Pressure head, Delivery Pipe Suction Pipe etc

उद्देश्य Object

पम्प, प्रेशर हैड, डिलीवरी पाइप, सक्शन पाइप आदि द्वारा जल की ओवर हैड टैंक में आपूर्ति का प्रदर्शन करना।

आवश्यक उपकरण/सामग्री Essential Apparatus/Materials

- पम्प
- डिलीवरी पाइप
- सक्शन पाइप
- प्रेशर हैड
- ओवर हैड टैंक

सुरक्षा सावधानियाँ/निर्देश Safety Precautions/Instructions

1. किसी भी उपकरण/सामग्री से अनावश्यक छेड़-छाड़ न करें।
2. पम्प को सावधानीपूर्वक चलाएँ।
3. सक्शन पाइप को सावधानीपूर्वक पकड़ें।
4. प्रेशर हैड के प्रेशर को चैक कर लें।
5. अनुदेशक के निर्देशों का पालन करें।

कार्यविधि Working Method

1. एक आधार बोल्ट के साथ पम्प को ऊर्ध्वाधर खड़ा करते हैं।
2. प्रेशर टैंक असेम्बली को फिक्स करते हैं।
3. चेक वाल्व को पम्प सक्शन लाइन से कनैक्ट करते हैं।
4. चेक वाल्व के बाद सक्शन लाइन में प्रेशर रिड्यूसर वाल्व को फिक्स करते हैं।
5. सक्शन लाइन में यूनियन के साथ चेक वाल्व के बाद प्रेशर रिड्यूसर को ठीक करते हैं।
6. प्रेशर रिड्यूसर बॉल वाल्व को सक्शन लाइन में यूनियन के साथ फिक्स करते हैं।
7. टी को सक्शन लाइन में जोड़ने के लिए एक सिरे के लिए ओवरहेड टैंक और दूसरे सिरे पर यूनिवर्सल वॉल्व चेन्ज को कनेक्ट करते हैं।
8. यूनिवर्सल वाल्व का आउटलेट हेक्सागोन बैरल निप्पल से जुड़ने के लिए बदलते हैं।
9. टी को निप्पल के सिरे से जोड़ते हैं।
10. टी के एक सिरे को बॉल वाल्व और दूसरे सिरे को डिलीवरी लाइन से जोड़ते हैं।
11. प्रेशर टैंक आउटलेट में यूनियन और हेक्सागोन बैरल निप्पल को फिक्स करते हैं।
12. प्रेशर टैंक आउटलेट में यूनियन और हेक्सागोन बैरल निप्पल को जोड़ते हैं।
13. चेक वाल्व/नॉन-रिटर्न वाल्व को फिक्स करने के लिए वाल्व की दिशा का निर्धारण करते हैं।
14. बॉल वाल्व से पहले लाइन में यूनियन फिक्स करते हैं।

15. पम्प में अनुशंसित दाब का प्रयोग करते हैं।

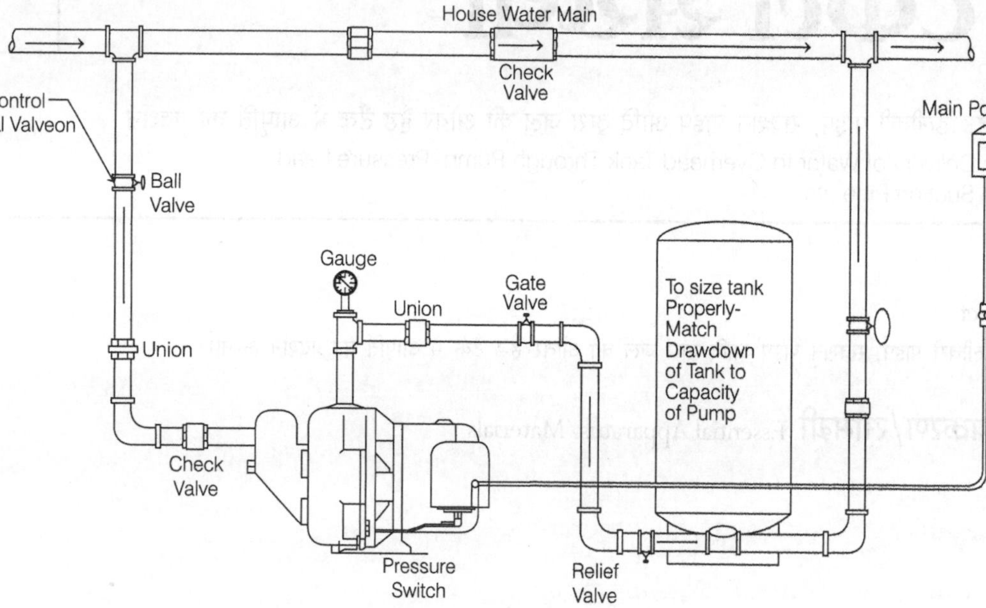

चित्र ओवर हैड टैंक सिस्टम

परिणाम (Result) अनुदेशक के निरीक्षण में पम्प, प्रेशर हैड, डिलीवरी पाइप, सक्शन पाइप आदि द्वारा जल की ओवर हैड टैंक में आपूर्ति का प्रदर्शन सफलतापूर्वक किया गया।

प्रैक्टिकल संख्या 72

✎ पाइप पर BSP एवं मीट्रिक चूड़ियाँ बनाना
Produce Metric and BSP Threads on Pipe

उद्देश्य Object

पाइप पर BSP एवं मीट्रिक चूड़ियाँ बनाना

आवश्यक उपकरण/सामग्री Essential Apparatus/Materials

- विभिन्न प्रकार के पाइप के टुकड़े
- बेंच वाइस
- डाई स्टॉक
- हैक्सॉ
- साफ कपड़ा
- सुरक्षा वस्त्र

सुरक्षा सावधानियाँ/निर्देश Safety Precautions/Instructions

1. पाइप को वाइस में दृढ़तापूर्वक पकड़ें।
2. पाइप पर मार्किंग अवश्य रूप से करें।
3. चूड़ियाँ काटते समय सावधानी बरतें।
4. कटिंग के दौरान कूलैण्ट का प्रयोग करें।

कार्यविधि Working Method

1. सर्वप्रथम उचित आकार के PVC पाइप का चयन करते हैं।
2. पाइप को आवश्यकता अनुसार हैक्सॉ द्वारा काटते हैं।
3. काटे गये पाइपों को बेंच वाइस में पकड़ते हैं।
4. मीट्रिक तथा BSP कोड के अनुसार डाई का चयन करते हैं।
5. डाई को स्टॉक में फिक्स करते हैं।
6. स्टॉक को पाइप पर लम्बरूप में फिट करते हैं।
7. पाइप को क्लॉकवाइज (clockwise) घुमाकर थ्रेड कटिंग प्रारम्भ करते हैं।
8. समय-समय पर स्टॉक द्वारा समकोणीयता की जाँच करते हैं।
9. वांछित लम्बाई तक थ्रेड कट जाने के पश्चात् पाइप को वाइस से निकालते हैं।
10. स्क्रू पिच गेज द्वारा पाइप थ्रेड की जाँच करते हैं।

परिणाम (Result) पाइप पर BSP एवं मीट्रिक चूड़ियाँ बनाने का अभ्यास सफलतापूर्वक किया गया।

प्रैक्टिकल संख्या 73

✎ विभिन्न व्यास के PVC पाइपों पर आन्तरिक तथा बाह्य थ्रेड काटना
Produce Internal and External threads on PVC Pipes of Different Dia

उद्देश्य Object

विभिन्न व्यास के PVC पाइपों पर आन्तरिक तथा बाह्य थ्रेड काटने का अभ्यास करना।

आवश्यक उपकरण/सामग्री Essential Apparatus/Materials

- पाइप वाइस
- PVC पाइप
- डाई स्टॉक
- डाई
- फाइल
- पाइप रिंच
- रिंच
- टेफ्लॉन टेप
- स्टील टेप
- हैक्सॉ

सुरक्षा सावधानियाँ/निर्देश Safety Precautions/Instructions

1. थ्रेड की लम्बाई के लिए मार्किंग सावधानीपूर्वक करें।
2. पाइप को वाइस में कसकर पकड़ें।
3. पाइप को स्क्वायर में ही काटें।
4. पाइपों पर चूड़ियाँ काटते समय डाई को आगे की ओर एक चक्कर चलाने के बाद विपरीत दिशा में भी चलाना चाहिए।
5. समय-समय पर डाई तथा जॉब की समकोणीयता की जाँच करनी चाहिए।

कार्यविधि Working Method

1. सर्वप्रथम पाइप को वाइस में कसकर पकड़ते हैं। चित्र (i)

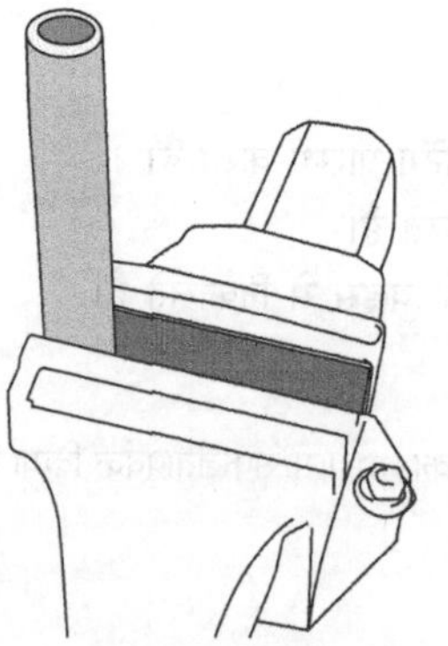

(i) पाइप क्लैम्पिंग

2. पाइप को कटर द्वारा काटकर उचित लम्बाई तक रीमिंग करते हैं। चित्र (ii)

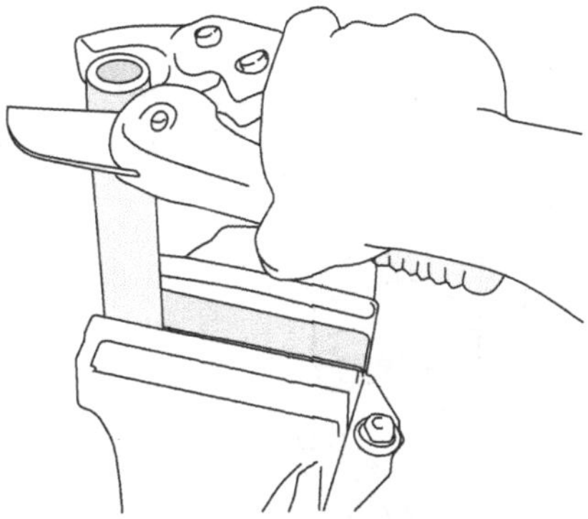

(ii) एज कटिंग

3. पाइप व्यास के अनुसार पाइप डाई का चयन करते हैं। चित्र (iii)

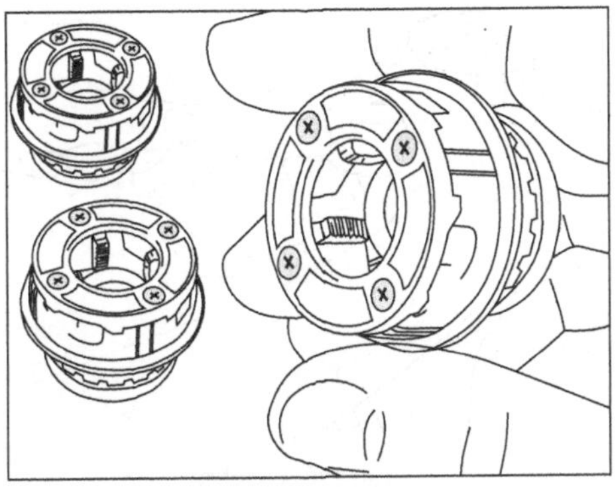

(iii) डाई का चयन

4. पाइप डाई को रेचैट पाइप थ्रेडर हैण्डिल से संयोजित करते हैं। चित्र (iv)

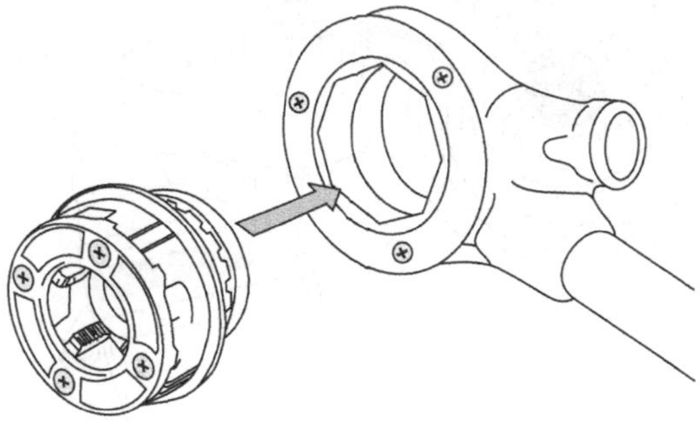

(iv) डाई फिक्सिंग

5. रिंच को पाइप पर फिक्स करते हैं। चित्र (v)

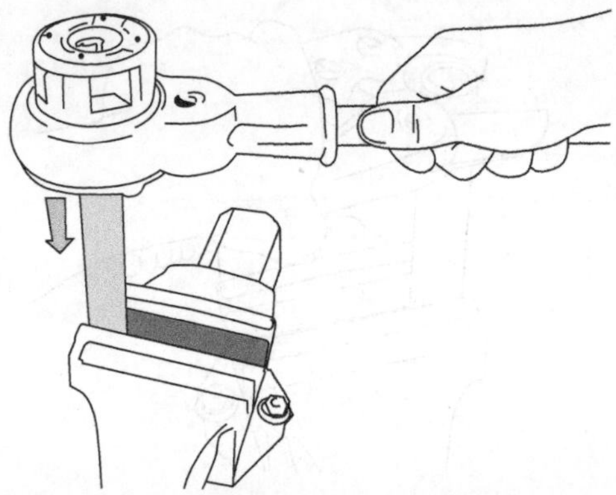

(v) डाई फिक्सिंग

6. डाई को दक्षिणावर्त तथा वामावर्त घुमाकर पाइप के साथ संरेखित करते हैं। चित्र (vi)

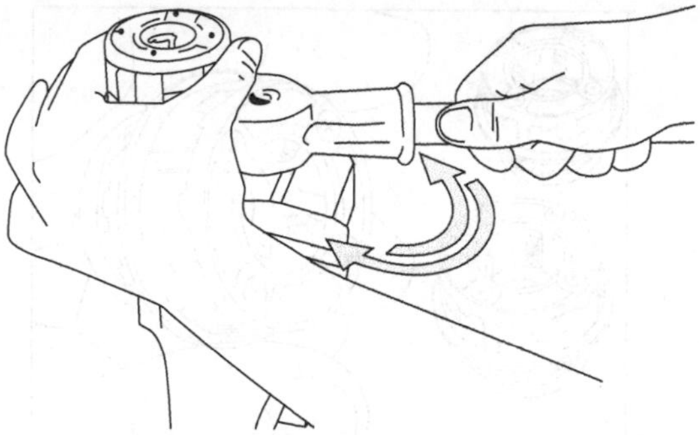

(vi) डाई अलाइनिंग

7. डाई को दक्षिणावर्त घुमाकर थ्रेड कटिंग करते हैं। चित्र (vii)

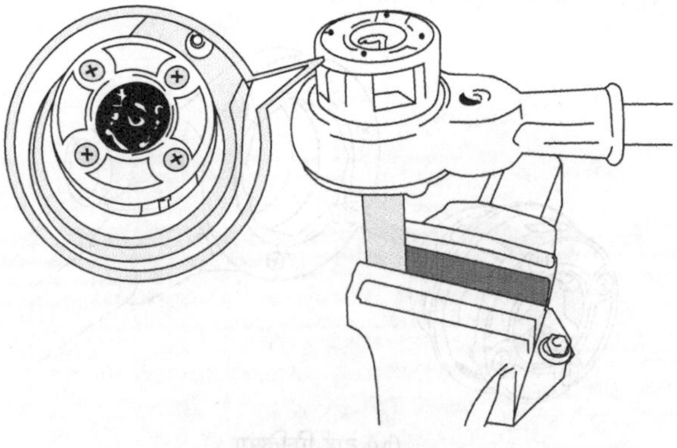

(vii) डाई का रोटेशन

8. पाइप पर टेफ्लॉन टेप लगाकर फिटिंग की जाँच करते हैं। चित्र (viii)

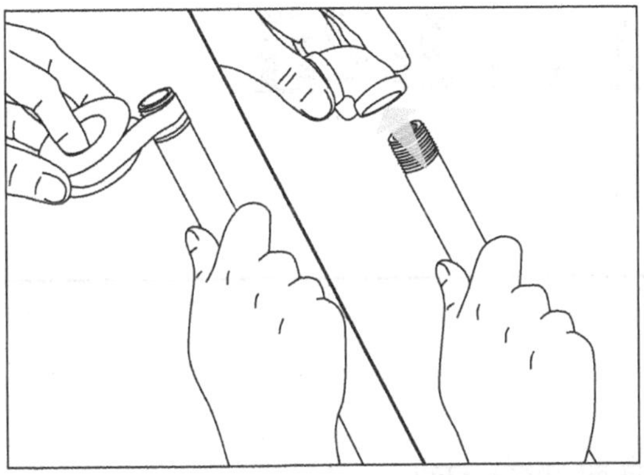

(viii) थ्रेड मैचिंग

परिणाम (Result) विभिन्न व्यास के PVC पाइपों पर आन्तरिक तथा बाह्य थ्रेड काटने का अभ्यास सफलतापूर्वक किया गया।

प्रैक्टिकल संख्या 74

PVC पाइपों को चूड़ियों के साथ जोड़ना
Join PVC Pipe with Thread

उद्देश्य Object

PVC पाइपों को चूड़ियों की सहायता से जोड़ने का अभ्यास करना।

आवश्यक उपकरण/सामग्री Essential Apparatus/Materials

- विभिन्न प्रकार के पाइप के टुकड़े
- बेंच वाइस
- हाई स्टॉक
- हैक्सॉ
- साफ कपड़ा
- सुरक्षा वस्त्र

सुरक्षा सावधानियाँ/निर्देश Safety Precautions/Instructions

1. पाइप को वाइस में दृढ़तापूर्वक पकड़ें।
2. पाइप पर मार्किंग अवश्य रूप से करें।
3. चूड़ियाँ काटते समय सावधानी बरतें।
4. कटिंग के दौरान कूलैण्ट का प्रयोग करें।

कार्यविधि Working Method

1. प्रैक्टिकल संख्या 73 में काटी गई थ्रेड वाले PVC पाइपों का पुनः उपयोग करते हैं।
2. पाइपों पर कटी आन्तरिक तथा बाह्य थ्रेड का स्क्रू पिच गेज द्वारा निरीक्षण करते हैं।
3. पाइपों को संरेखित करके थ्रेडिड मेल तथा फीमेल पार्ट को आपस में जोड़ते हैं।
4. थ्रेडेड पार्ट पर सीलेण्ट लगाकर जोड़ को लीकप्रूफ बनाते हैं।
5. पाइप में जल का प्रवाह करके लीकेज की जाँच करते हैं।

परिणाम (Result) PVC पाइपों को चूड़ियों की सहायता से जोड़ने का अभ्यास सफलतापूर्वक किया गया।

प्रैक्टिकल संख्या 75

✎ PVC पाइपों को सॉल्वेण्ट सीमेण्ट व ऊष्मा प्रक्रिया द्वारा जोड़ना
Join PVC Pipe with Solvent Cement and Heat Process

उद्देश्य Object

PVC पाइपों को सॉल्वेण्ट सीमेण्ट व ऊष्मा प्रक्रिया द्वारा जोड़ने का अभ्यास करना।

आवश्यक उपकरण/सामग्री Essential Apparatus/Materials

- PVC पाइप के टुकड़े
- सॉल्वेण्ट सीमेण्ट
- ऊष्मा उत्पादक यन्त्र
- यूजर मैनुअल
- सुरक्षा वस्त्र
- दस्ताने
- संडासी

सुरक्षा सावधानियाँ/निर्देश Safety Precautions/Instructions

1. यूजर मैनुअल का सावधानीपूर्वक अवलोकन करें।
2. किसी भी उपकरण/सामग्री को अनावश्यक न छेड़ें।
3. प्रयोग प्रारम्भ करने से पूर्व सुरक्षा वस्त्र पहन लें।
4. सभी जोड़ मजबूत होने चाहिए।
5. जोड़ लगाने के पश्चात् उसके लीकेज की जाँच अवश्य कर लें।

कार्यविधि Working Method

1. पाइप जोड़ के अनुसार PVC पाइप का चयन करते हैं।
2. PVC पाइप के जोड़े जाने वाले भाग की सफाई करते हैं।
3. पाइप के जोड़े जाने वाले भाग की मार्किंग करते हैं।
4. मार्किंग किए गए भाग को ऊष्मा प्रदान करते हैं।
5. हीटिंग किए गए मेल तथा फीमेल भाग को बलपूर्वक आपस में जोड़ देते हैं।
6. जोड़े गए भागों को कुछ समय के लिए ठण्डा होने के लिए छोड़ देते हैं।
7. पाइप जोड़ पर साल्वेण्ट सीमेण्ट लगाकर जोड़ को लीकप्रूफ बनाते हैं।
8. साल्वेण्ट सीमेण्ट के सूख जाने के पश्चात् जल के प्रवाह द्वारा लीकेज का निरीक्षण करते हैं।

परिणाम (Result) PVC पाइपों को सॉल्वेण्ट सीमेण्ट व ऊष्मा प्रक्रिया द्वारा जोड़ने का अभ्यास सफलतापूर्वक किया गया।

प्रैक्टिकल संख्या 76

✎ ले–आउट के अनुसार PVC पाइपों को जोड़ना
Join PVC Pipe as per Layout

उद्देश्य Object

ले-आउट के अनुसार PVC पाइपों को जोड़ने का अभ्यास करना।

आवश्यक उपकरण/सामग्री Essential Apparatus/Materials

- PVC पाइप के टुकडे
- सॉल्वेण्ट सीमेण्ट
- ऊष्मा उत्पादक यन्त्र
- यूजर मैनुअल
- सुरक्षा वस्त्र
- दस्ताने
- संडासी

सुरक्षा सावधानियाँ/निर्देश Safety Precautions/Instructions

1. यूजर मैनुअल का सावधानीपूर्वक अवलोकन करें।
2. किसी भी उपकरण/सामग्री को अनावश्यक न छेड़ें।
3. प्रयोग प्रारम्भ करने से पूर्व सुरक्षा वस्त्र पहन लें।
4. सभी जोड़ मजबूत होने चाहिए।
5. जोड़ लगाने के पश्चात् उसके लीकेज की जाँच अवश्य कर लें।

कार्यविधि Working Method

1. पाइप जोड़ के अनुसार PVC पाइप का चयन करते हैं।
2. PVC पाइप के जोड़े जाने वाले भागों की सफाई करते हैं।
3. पाइप के जोड़े जाने वाले भाग की मार्किंग करते हैं।
4. मार्किंग किए गए भाग को हीट प्रदान करते हैं।
5. हीटिंग किए गए भाग को (मेल तथा फीमेल) बलपूर्वक आपस में जोड़ देते हैं।
6. जोड़े गए भागों को कुछ समय के लिए ठण्डा होने के लिए छोड़ देते हैं।
7. पाइप जोड़ पर साल्वेण्ट सीमेण्ट लगाकर जोड़ की लीकप्रूफ बनाते हैं।
8. साल्वेण्ट सीमेण्ट के सूख जाने के पश्चात् जल के प्रवाह द्वारा लीकेज का निरीक्षण करते हैं।

परिणाम (Result) ले-आउट के अनुसार PVC पाइपों को जोड़ने का अभ्यास सफलतापूर्वक किया गया।

प्रैक्टिकल संख्या 77

✎ इन्स्पैक्शन चैम्बर, मैनहोल, गुल्ली ट्रैप, सैप्टिक टैंक, सोक पिट का प्रदर्शन करना
Demonstrate Inspection Chamber, Manhole, Gully Trap, Septic Tank, Soak Pit

उद्देश्य Object

अनुदेशक के निरीक्षण में इन्स्पैक्शन चैम्बर, मैनहोल, गुल्ली ट्रैप, सैप्टिक टैंक, सोक पिट का प्रदर्शन करना।

आवश्यक उपकरण/सामग्री Essential Apparatus/Materials

- यूजर मैनुअल
- इन्स्पैक्शन चैम्बर
- सोक पिट
- मैनहोल
- गुल्ली ट्रैप
- सैप्टिक टैंक

सुरक्षा सावधानियाँ/निर्देश Safety Precautions/Instructions

1. सभी सुरक्षा वस्त्र पहन लें।
2. यूजर मैनुअल का सावधानीपूर्वक अवलोकन करें।
3. इन्स्पैक्शन चैम्बर तल, धरातल से कम-से-कम 4 सेमी ऊपर होना चाहिए।
4. सभी सुरक्षा नियमों का पालन करें।

कार्यविधि Working Method

A. इन्स्पैक्शन चैम्बर

1. इन्स्पैक्शन चैम्बर का अवलोकन करते हैं तथा अनुदेशक महोदय से इसके विभिन्न भागों एवं कार्यप्रणाली के बारे में जानकारी प्राप्त करते हैं। चित्र (i)

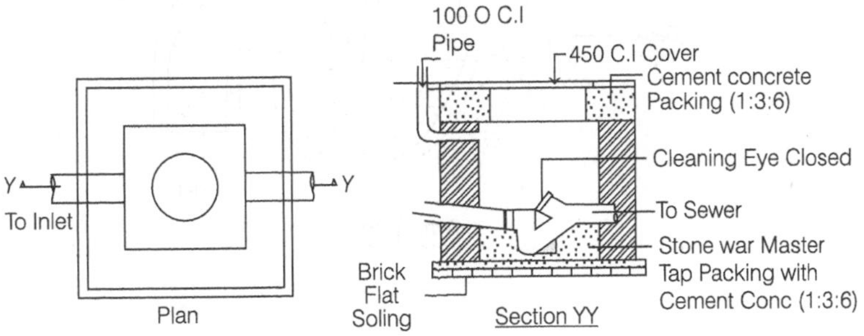

(i) इन्स्पैक्शन चैम्बर

B. **मैनहोल**

1. मैनहोल का अवलोकन करते हैं तथा अनुदेशक महोदय से इसके भागों एवं कार्यप्रणाली के बारे में जानकारी प्राप्त करते हैं। चित्र (ii)

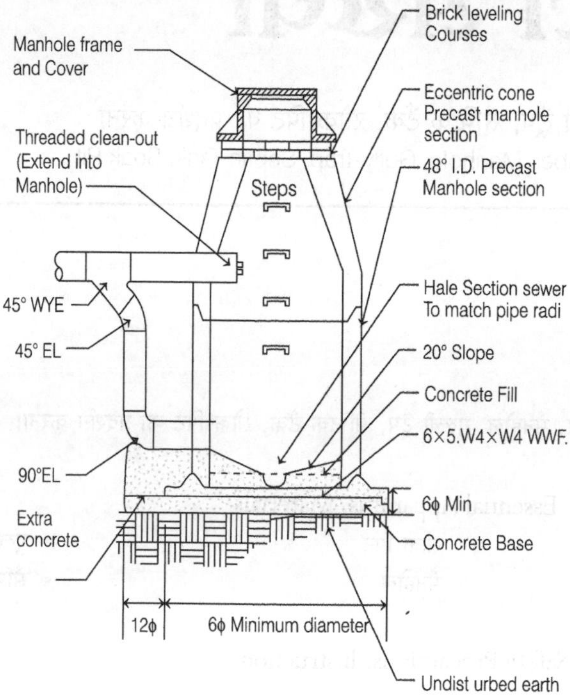

(ii) मैनहोल

C. **गुल्ली ट्रैप**

1. गुल्ली ट्रैप का अवलोकन करते हैं तथा अनुदेशक महोदय से गुल्ली ट्रैप के बारे में जानकारी प्राप्त करते हैं। चित्र (iii)

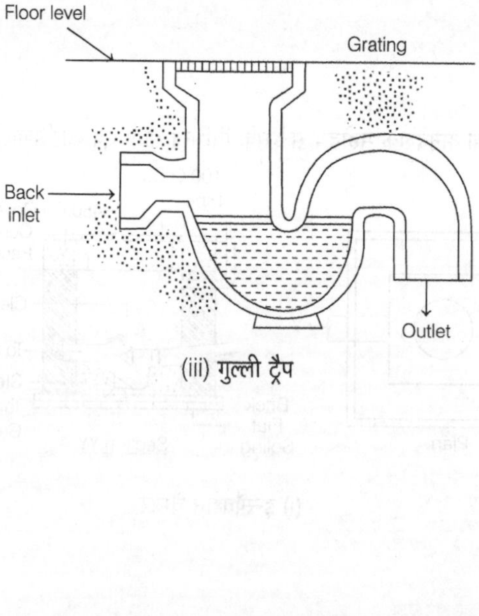

(iii) गुल्ली ट्रैप

D. **सैप्टिक टैंक**

1. सैप्टिक टैंक का अवलोकन करते हैं तथा अनुदेशक महोदय से सैप्टिक टैंक के विभिन्न भागों एवं कार्यप्रणाली के बारे में जानकारी प्राप्त करते हैं। चित्र (iv)

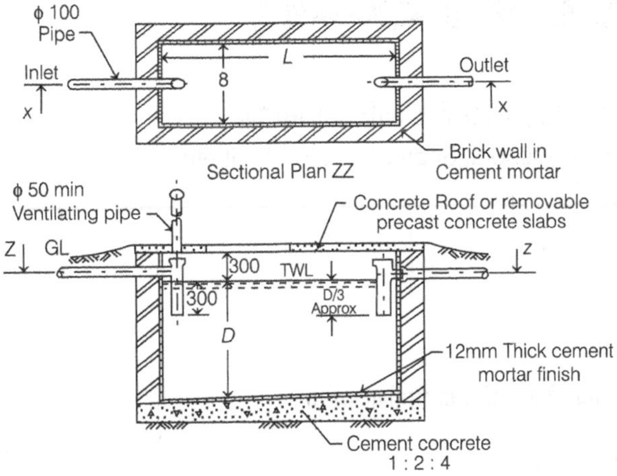

(iv) सैप्टिक टैंक

E. **सोक पिट**

1. सोक पिट का निरीक्षण करते हैं तथा अनुदेशक महोदय से सोक पिट के बारे में जानकारी प्राप्त करते हैं। चित्र (v)

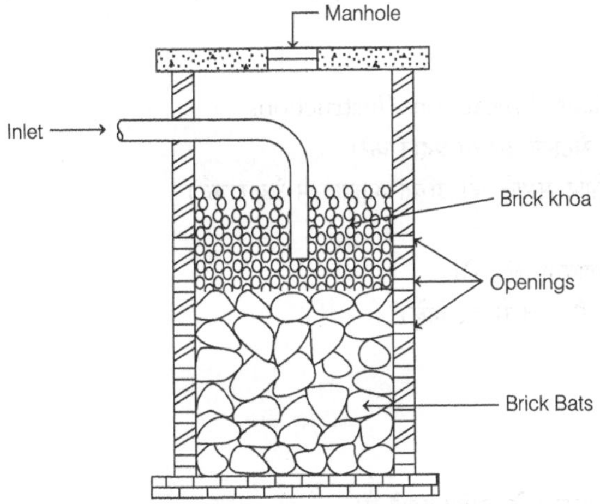

(v) सोक पिट

परिणाम (Result) इन्स्पैक्शन चैम्बर, मैनहोल, गुल्ली ट्रैप, सैप्टिक टैंक, सोक पिट का प्रदर्शन सफलतापूर्वक किया गया।

प्रैक्टिकल संख्या 78

✎ इन्स्पैक्शन चैम्बर, सेजपूल, सैप्टिक टैंक, सोक पिट आदि का निर्माण
Construct Inspection Chambers, Cesspool, Septic Tank, Soak Pit etc

उद्देश्य Object

इन्स्पैक्शन चैम्बर, सेजपूल, सैप्टिक टैंक, सोक पिट आदि का निर्माण करना।

आवश्यक उपकरण/सामग्री Essential Apparatus/Materials

- कन्नी (25 सेमी लम्बी)
- प्लम्ब बॉब
- मीजरिंग स्टील टेप
- स्पैड
- बालू रेत
- कास्ट आयरन कवर (300 × 300 मिमी)
- तसला
- लाइन व धागा
- स्प्रिट लेवल (15 मी)
- सीमेण्ट
- स्टोन मिलावा (40 मिमी मोटा)
- स्टील स्क्वायर (0.75 × 0.50 मी)
- स्ट्रेट एज (1.5 लम्बा)
- क्रो बार (1.5 मी)
- ईंट (230 × 110 × 70 मिमी)
- स्टोन मिलावा (20 मिमी मोटा)

सुरक्षा सावधानियाँ/निर्देश Safety Precautions/Instructions

1. इन्स्पैक्शन चैम्बर की ऊपरी सतह को सैटरिंग अवश्य प्रदान करें।
2. कार्य के अनुसार, गारा मसाले या सीमेण्ट मसाले को उचित अनुपात में तैयार करें।
3. सभी सुरक्षा वस्त्र पहनें।
4. गुल्ली ट्रैप को लगाने से पूर्व इसकी गुणवत्ता जाँच लें।
5. मैनहोल के लिए खोदी गई मिट्टी को मैनहोल से दूर फेंके।

कार्यविधि Working Method

A. इन्स्पैक्शन चैम्बर का निर्माण

1. सर्वप्रथम सभी उपयोगी सामग्री को कार्यस्थल के समीप रखते हैं।
2. इन्स्पैक्शन चैम्बर के लिए दी गई ड्रॉइंग की माप के अनुसार फावड़े की सहायता से खुदाई करते हैं।
3. खुदाई के पश्चात् इसमें कंक्रीट डालते हैं।
4. इसके पश्चात् सीमेण्ट व बालू रेत को 1 : 4 के अनुपात में मिलाकर सीमेण्ट मसाला तैयार करते हैं।
5. अब ड्रॉइंग के अनुसार ईंटों की चिनाई करते हैं।
6. ईंट की दीवार (इन्स्पैक्शन चैम्बर की दीवार) के बाह्य जोड़ों को चिकना बनाते हैं तथा साथ ही पाइप जोड़ व ईंटों की चिनाई वाले जोड़ को लीक प्रूफ बनाते हैं।
7. इन्स्पैक्शन चैम्बर में बाह्य पदार्थों के प्रवेश को रोकने के लिए इन्स्पैक्शन चैम्बर पाइप को बन्द करते हैं।
8. अब इन्स्पैक्शन चैम्बर की आन्तरिक सतह पर 12 मिमी मोटा सीमेण्ट का प्लास्टर करते हैं।
9. ड्रॉइंग के अनुसार चैनल व बैचिंग को 1 : 2 : 4 के अनुपात में कंक्रीट से ढकते हैं तथा इसकी सतह को साफ सीमेण्ट से चिकनाई प्रदान करते हैं।
10. अब इन्स्पैक्शन चैम्बर की सतह को दीवार से 10 मिमी दूर व इसकी निचली सतह को 40 सेमी दूर प्रोजेक्ट करते हैं तथा इसे कोलतार से पेण्ट करते हैं।
11. इसके पश्चात् इन्स्पैक्शन चैम्बर की ऊपरी सतह को सैटरिंग प्रदान करते हैं।

12. ऊपरी सतह को कंक्रीट से ढकते हैं तथा इसमें कास्ट आयरन का फ्रेम कवर लगाते हैं।
13. इन्स्पैक्शन चैम्बर की कार्यप्रणाली की जाँच करते हैं।
14. इसके पश्चात् सभी सैटरिंग व सपोर्ट को हटाते हैं। मैनहोल कवर फिक्स करते हैं तथा ग्रीस लगाकर मैनहोल को सील करते हैं।

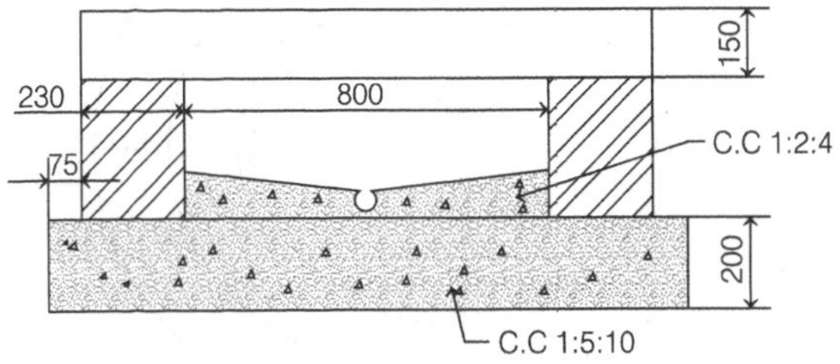

(i) इन्स्पैक्शन चैम्बर संरचनात्मक दृश्य

B. सेजपूल का निर्माण

1. आन्तरिक व्यास (1.5 m) के साथ सेजपूल का प्लान तैयार करते हैं।
2. सेक्शन का एलीवेशन व्यू ड्रॉ (draw) करते हैं।
3. ड्रॉइंग की विमाएँ बनाकर सेजपूल पूर्ण करते हैं।
4. सेजपूल को चैक करते हैं। यदि कोई लीकेज मिलता है, तो उसे तुरन्त ठीक करते हैं।

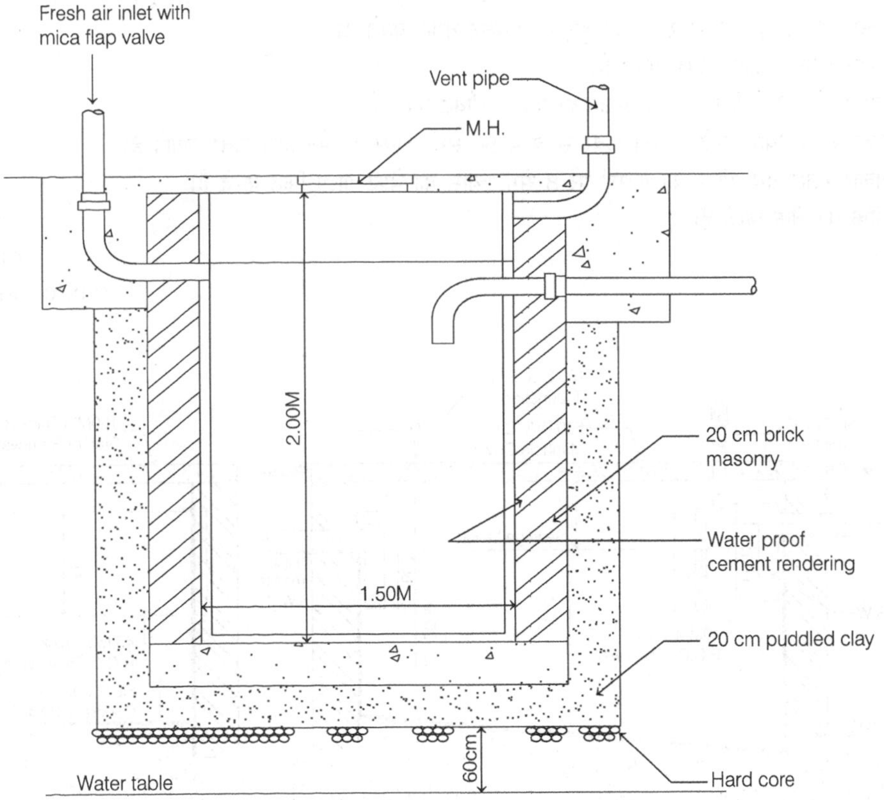

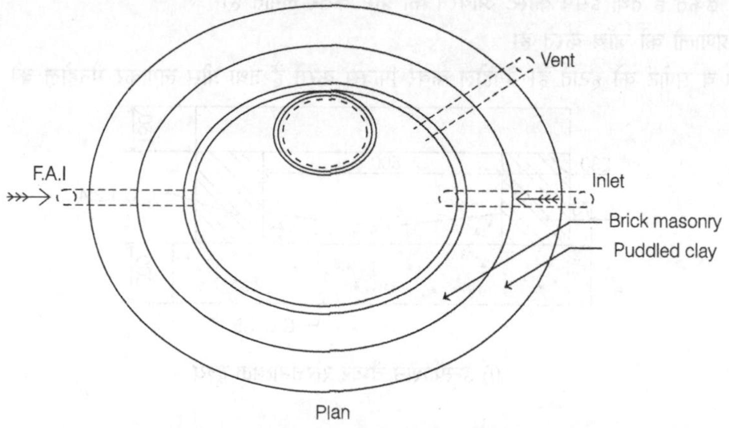

(ii) सेज पूल का संरचनात्मक दृश्य

C. **सैप्टिक टैंक का निर्माण**

1. 4.5 मी × 1.5 मी के आन्तरिक व्यास तथा 20 सेमी मोटाई की दीवार के साथ सैप्टिक टैंक का प्लान (plan) तैयार करते हैं।
2. इनलेट एण्ड से 90 सेमी की RCC बैफल दीवार बनाते हैं।
3. 10 सेमी के इनलेट व आउटलेट पाइप फिक्स करते हैं तथा ड्रॉइंग के अनुसार सैप्टिक टैंक का प्लान पूर्ण करते हैं।
4. सैप्टिक टैंक की कुल गहराई (2.30 मीटर) रखते हुए 'L' सेक्शन तैयार करते हैं।
5. वाटर लेवल के ऊपर इनलेट पाइप फिक्स करते हैं।
6. सैप्टिक टैंक के बॉटम से 10 सेमी व्यास का आउटलेट पाइप कनैक्ट करते हैं।
7. 10 सेमी मोटी कवर स्लैब तैयार करते हैं तथा कवर स्लैब में 50 सेमी व्यास का मैन होल कवर लगाते हैं।
8. सैप्टिक टैंक में फ्लोर स्लॉप तथा मीटर की गहराई पर 8 सेमी व्यास का वेण्ट पाइप फिट करते हैं।
9. अन्त में सैप्टिक टैंक को चैक करते हैं।

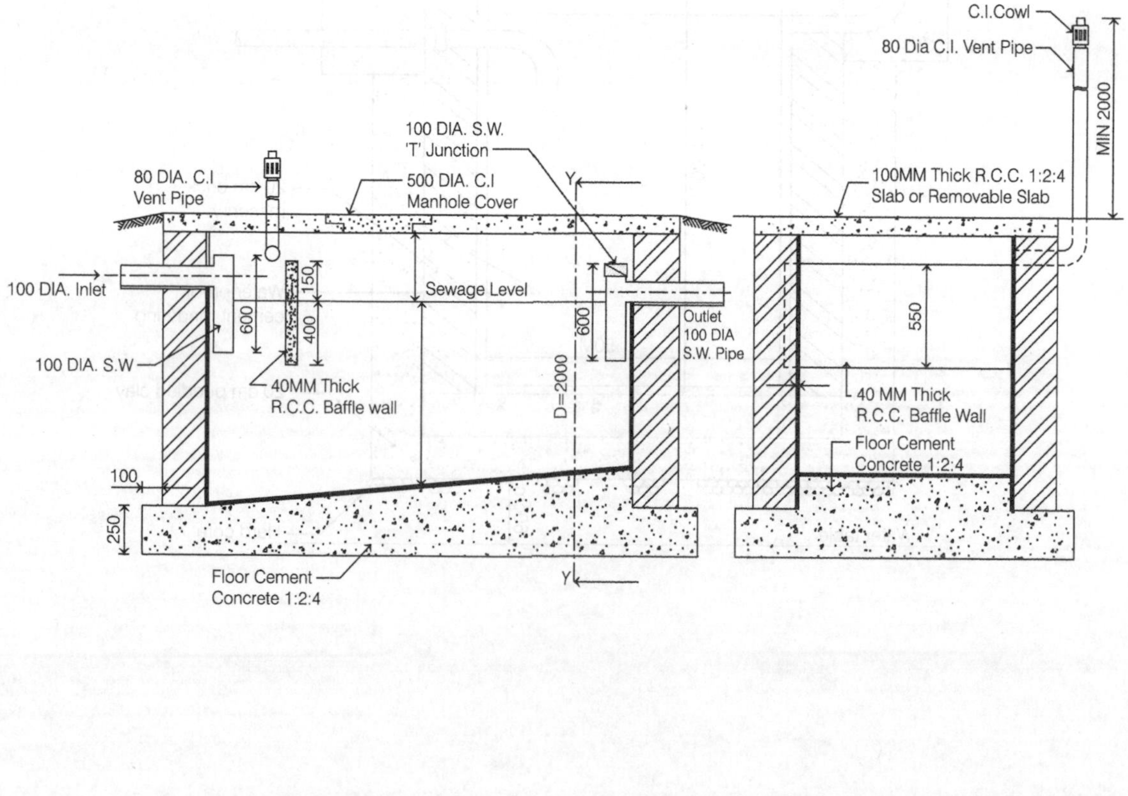

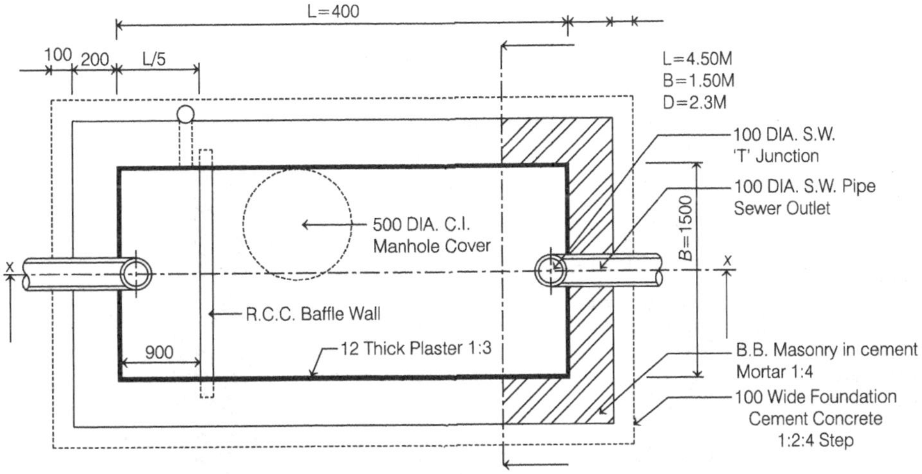

(iii) सैप्टिक टैंक का संरचनात्मक दृश्य

D. सोक पिट का निर्माण

1. इनलेट पाइप के इनवर्ट लेवल से 2.5 मी गहराई व 2 मी आन्तरिक व्यास के साथ सोक पिट का प्लान (plan) तैयार करते हैं।
2. अब 2.30 मीटर गहराई पर मोटी बालू रेत द्वारा 30 सेमी मोटी आउटर केसिंग बनाते हैं।
3. इसके पश्चात् आउटर केसिंग के ऊपर 20 सेमी मोटी ईंट या सीमेण्ट या कंक्रीट की दीवार बनाते हैं।
4. सोक पिट के अन्दर ईंट के टुकड़े या पत्थर के टुकड़ों को साफ करते हैं।
5. सोक पिट की आन्तरिक दीवार पर सीमेण्ट का प्लास्टर करते हैं।
6. सोक पिट का निरीक्षण करते हैं।

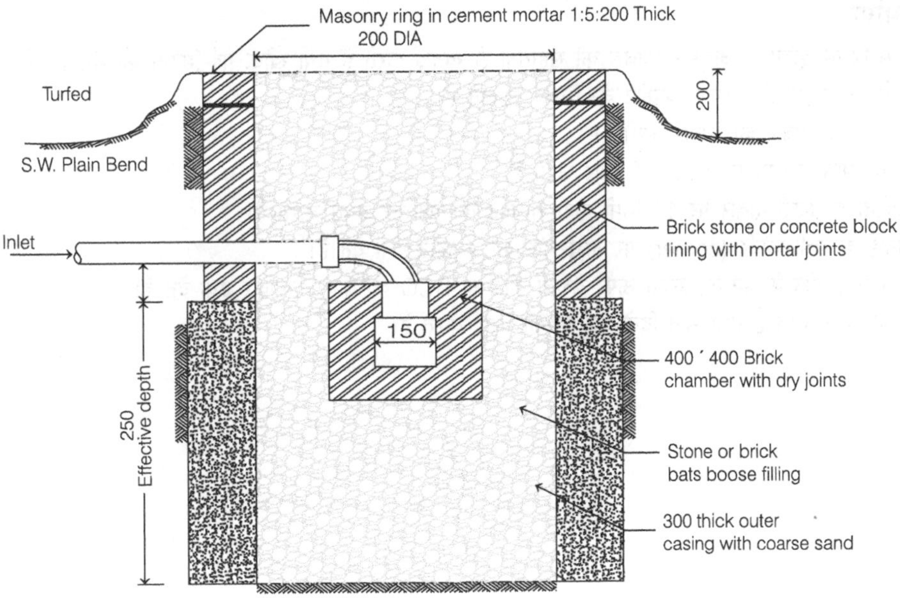

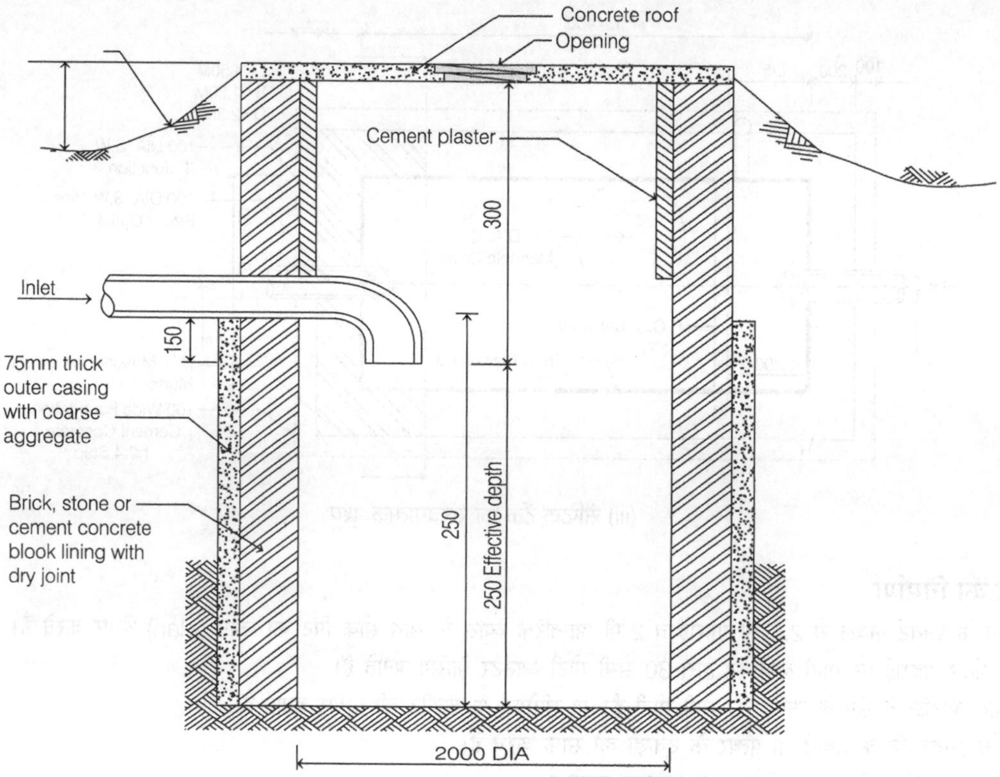

(iv) सोक पिट का संरचनात्मक दृश्य

E. मैनहोल का निर्माण

1. मैनहोल के लिए सर्वप्रथम ड्रॉइंग के अनुसार फावड़े की सहायता से खुदाई करते हैं तथा खोदी गई मिट्टी को मैनहोल से दूर फेंकते हैं।
2. खुदाई पूर्ण करने के पश्चात् इसमें सीमेण्ट कंक्रीट का मिश्रण डालते हैं।
3. इसके पश्चात् मैनहोल की दीवार की चिनाई करते हैं।
4. चिनाई कार्य के लिए सीमेण्ट मसाला (1 : 3) में तैयार करते हैं।
5. मैनहोल की आन्तरिक व बाहरी दीवार पर 13 मिमी मोटा सीमेण्ट का प्लास्टर तैयार करते हैं।
6. इसके पश्चात् चिनाई के सभी कोर्नर (corner) पर अर्द्ध-गोलाकार फिलेट बना देते हैं।
7. मैनहोल का कार्य समाप्त होने के पश्चात् इसके ऊपर ढलवाँ लोहे या RCC का कवर लगाकर ढक देते हैं।
8. अन्त में मैनहोल की जाँच करते हैं तथा सात दिनों तक इसकी तराई करते हैं।

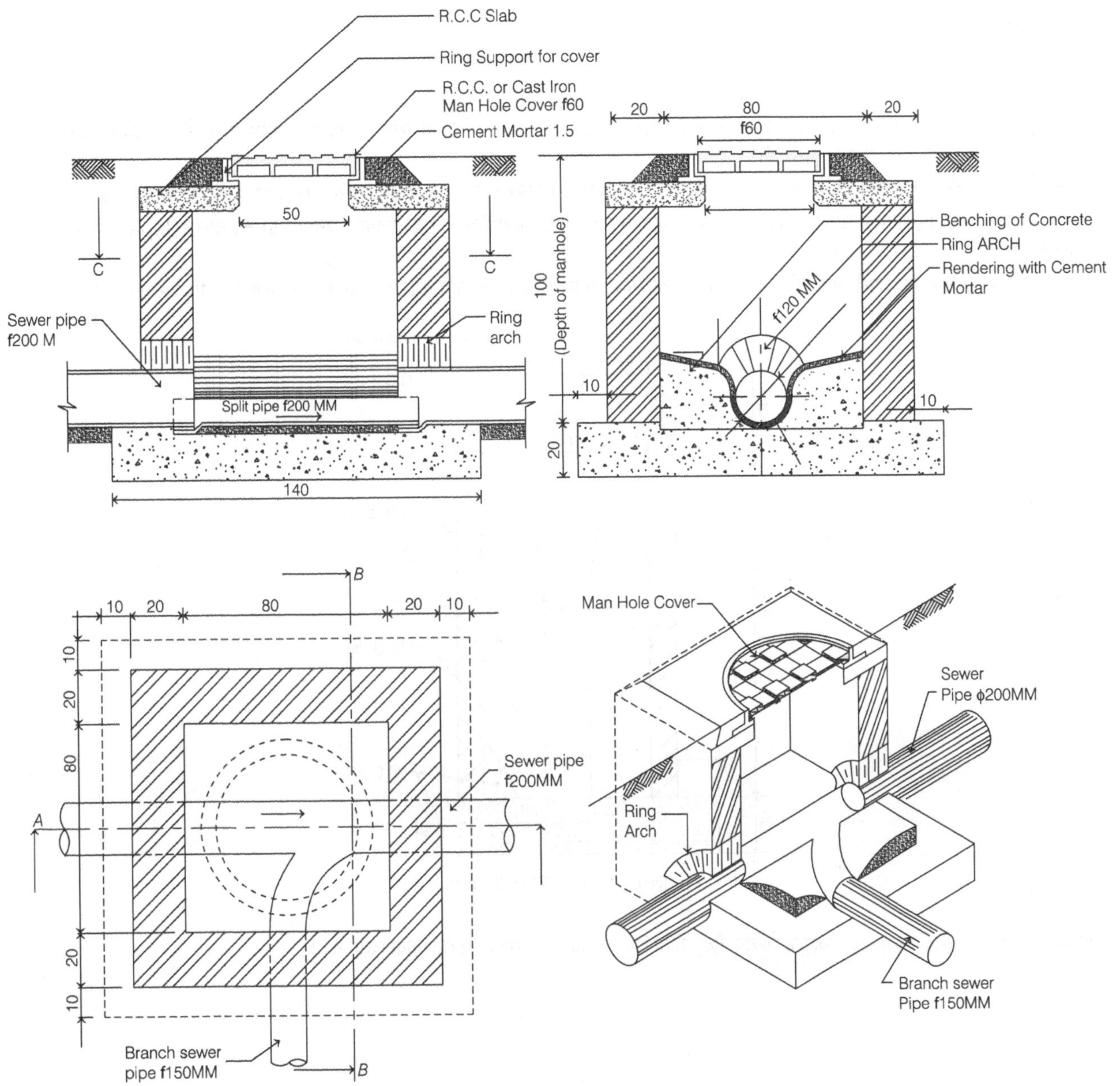

(V) मैनहोल का संरचनात्मक दृश्य

F. गुल्ली ट्रैप का निर्माण

1. गुल्ली ट्रैप के लिए दी गई ड्रॉइंग के अनुसार खुदाई करते हैं तथा इसमें कंक्रीट भरते हैं।
2. इसके पश्चात् गुल्ली ट्रैप को लगाते हैं तथा गुल्ली निकास को ड्रेन के बेंच से कनैक्ट करते हैं।
3. अब गुल्ली ट्रेप के चारों ओर 300 × 300 मिमी के क्षेत्र (area) में ईंट की 115 मिमी मोटी चैम्बर सतह का निर्माण करते हैं तथा इसकी सतह के आधार से जमीन तक अच्छी तरह कंक्रीट भरते हैं।
4. अब चैम्बर की दीवार व गुल्ली ट्रैप के बीच के गैप को सीमेण्ट व कंक्रीट के मिश्रण से भरते हैं तथा चैम्बर की ऊपरी सतह पर प्लास्टर करते हैं।
5. अब प्लास्टर किए गए भाग के ऊपर सीमेण्ट की पतली परत चढ़ाते हैं एवं किनारों व तल को चिकना बनाकर इसकी ढाल (slope) को ग्रेटिंग की ओर करते हैं।
6. इसके पश्चात् चैम्बर के ऊपरी भाग को कास्ट आयरन के कवर फ्रेम से ढकते हैं तथा सीमेण्ट-कंक्रीट के मसाले से फिक्स करते हैं।

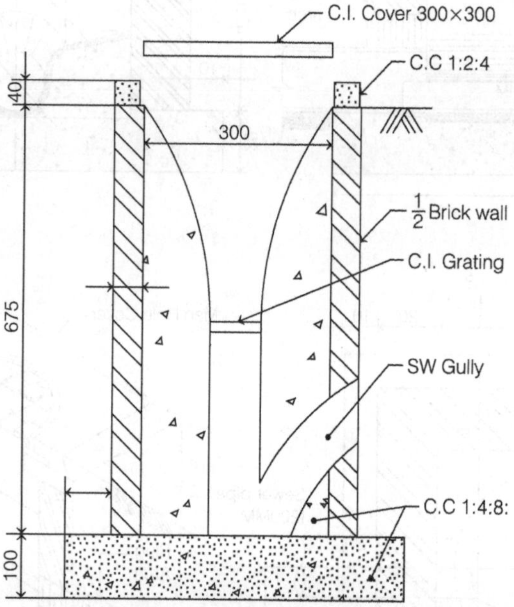

(vi) गुल्ली ट्रैप का संरचनात्मक दृश्य

परिणाम (Result) इन्स्पैक्शन चैम्बर, सेजपूल, सैप्टिक टैंक, सोक पिट इत्यादि का निर्माण सफलतापूर्वक किया गया।

प्रैक्टिकल संख्या 79

✎ ड्रेनेज पाइप लाइन के ले–आउट की ड्रॉइंग का प्रदर्शन
Demonstrate Drawing Layout of Drainage Pipe line

उद्‌देश्य Object

ड्रेनेज पाइप लाइन के ले-आउट की ड्रॉइंग का प्रदर्शन करना।

आवश्यक उपकरण/सामग्री Essential Apparatus/Materials

- ड्रेन पाइप
- सॉकेट
- मार्कर
- कन्नी
- हैमर
- मीजरिंग टैप
- पेंचकस
- 'Y' बैण्ड
- 'टी' सॉकेट
- सीमेण्ट मोर्टार

सुरक्षा सावधानियाँ/निर्देश Safety Precautions/Instructions

1. ड्रेनेज पाइपों की ढाल पर्याप्त होनी चाहिए।
2. सभी ज्वॉइण्ट्स जलरोधी होने चाहिए।
3. ड्रेनेज सिस्टम की सभी फिटिंग्स मजबूत व जंगरोधी होनी चाहिए।
4. ड्रेनेज सिस्टम को लगाने से पूर्व मार्किंग अवश्य करें।

कार्यविधि Working Method

1. सर्वप्रथम सभी औजार व सामग्री को कार्यस्थल के समीप रखते हैं।
2. ड्रेनेज पाइप को ड्रॉइंग के अनुसार मीजरिंग टैप की सहायता से मापते हैं तथा सभी फिटिंग्स जैसे 'Y' बैण्ड, 'टी' सॉकेट इत्यादि की स्थितियों को मार्क करते हैं।
3. फिटिंग के अनुसार कार्य एवं सॉकेट में प्रयुक्त होने वाले पाइप की लम्बाई मापते हैं।
4. अब एक निश्चित अन्तराल के पश्चात् स्ट्रक्चर में क्लैम्प फिक्स करते हैं।
5. स्ट्रक्चर को पाइप के बीच की लम्बाई के अनुसार फिक्स करते हैं तथा फिटिंग को अस्थायी रूप से क्लैम्प की सहायता से उपयुक्त स्थिति में रखते हैं।
6. प्रत्येक पाइप को सॉकेट में अच्छी तरह से फिट करते हैं।
7. इसके पश्चात् सॉकेट जोड़ को छोटी कील या पैकिंग का उपयोग करते हुए सेन्ट्रालाइज करते हैं।
8. अब सभी पाइप ब्रैकेट को लीड की सहायता से कसते हैं तथा सभी ज्वॉइण्ट्स को सीमेण्ट-मसाले से पैक कर देते हैं।

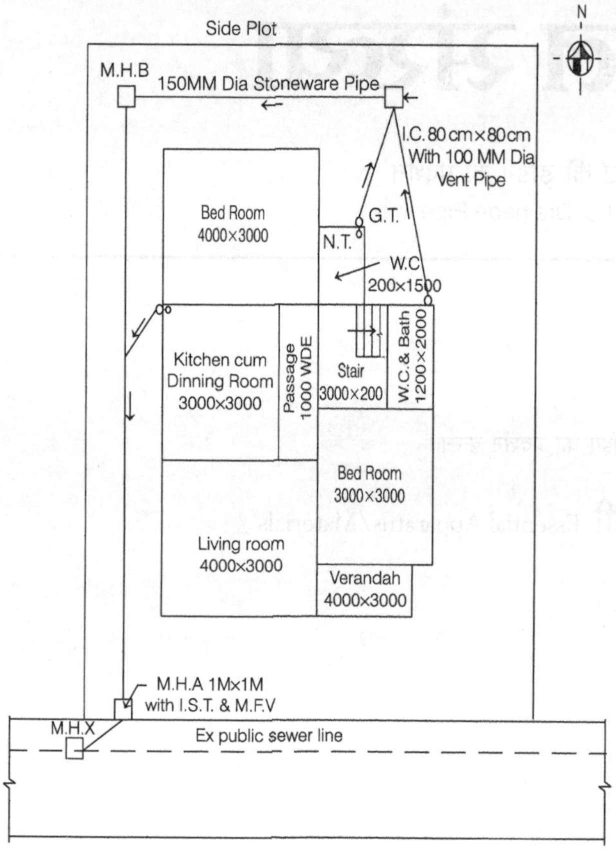

बिल्डिंग का ड्रेनेज प्लान

9. अब ड्रेनेज पाइप के लीकेज की जाँच करते हैं। यदि कोई लीकेज है, तो इसे ठीक करते हैं।

परिणाम (Result) ड्रेनेज पाइप लाइन के ले-आउट की ड्रॉइंग का प्रदर्शन सफलतापूर्वक किया गया।

प्रैक्टिकल संख्या 80

✎ स्मोक टेस्ट, वाटर टेस्ट, स्मैल टेस्ट, बॉल टेस्ट तथा मिरर टेस्ट का अभ्यास
Perform Testing for Smoke test, Water Test, Smell Test, Ball Test, Mirror Test

उद्देश्य Object

ड्रेनेज पाइप की वाटर टैस्टिंग, स्मोक टैस्टिंग, स्मैल टैस्टिंग तथा मिरर टैस्टिंग करना।

आवश्यक उपकरण/सामग्री Essential Apparatus/Materials

- कॉम्बिनेशन प्लायर
- सुरक्षा मास्क
- स्मोक टैस्टिंग मशीन
- कॉटन वैस्ट
- दर्पण
- टैस्टिंग प्लग
- सुरक्षा चश्मा
- स्पैनर सैट
- पेपर मिन्ट ऑयल
- ड्रेन पाइप
- हौज पाइप
- लीड कैप
- सोप सॉल्यूशन
- गर्म पानी
- टॉर्च

सुरक्षा सावधानियाँ/निर्देश Safety Precautions/Instructions

1. टैस्ट प्लगों को अच्छी प्रकार टाइट करें।
2. ड्रेन पाइप टैस्टिंग के लिए पानी को ड्रेन लाइन में 15 से 20 मिनट तक रहने दें।
3. स्मोक टैस्टिंग के समय सुरक्षा मास्क अवश्य पहनें।
4. ड्रेनेज सिस्टम की सभी ओपनिंग अच्छी प्रकार सील कर दें।
5. दर्पण को उचित कोण पर रखें अन्यथा दोष का पता नहीं चल पाएगा।

कार्यविधि Working Method

A. वाटर टैस्टिंग

1. सर्वप्रथम सभी औजारों एवं उपकरणों को कार्यस्थल पर रखते हैं।
2. अब ड्रेन लाइन की सभी ओपनिंग को टेस्ट प्लगों द्वारा बन्द करते हैं।
3. टेस्ट प्लग को ड्रेन लाइन पर इस प्रकार लगाते हैं कि गैस्केट ड्रेन के चारों तरफ अच्छी प्रकार फिट हो जाए।
4. अब टैस्ट प्लग के विंग नट को कसते हैं, जो वाशर को रबड़ गैस्केट पर भेज देता है। इससे रबड़ फैलकर ड्रेन लाइन की साइडों में अच्छी तरह फिट हो जाती है।

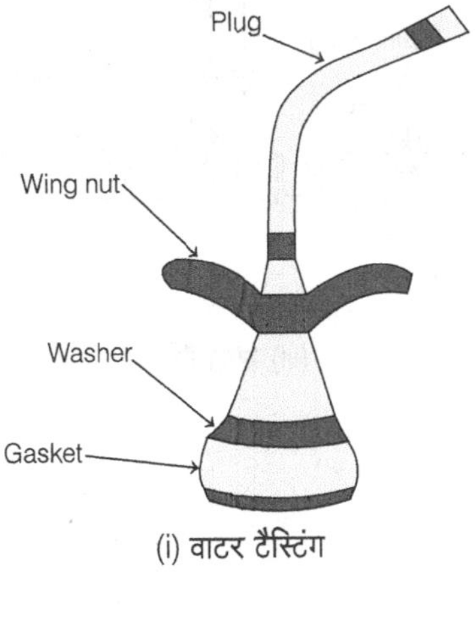

(i) वाटर टैस्टिंग

5. इसके पश्चात् ड्रेन लाइन की टैस्टिंग के लिए ड्रेन पाइपों में 3 मीटर तक पानी भर देते हैं तथा 15 मिनट तक पानी को ड्रेन पाइपों में रहने देते हैं।
6. ड्रेन पाइपों में वाटर के लेवल को मार्क करते हैं।
7. 15 मिनट के पश्चात् वाटर के लेवल की जाँच करते हैं। यदि वाटर का लेवल, मार्क किए गए स्थान के बराबर है, तो इससे स्पष्ट है कि ड्रेनेज पाइप लाइन में कोई दोष नहीं है।

B. **स्मोक टैस्टिंग**

1. सर्वप्रथम सभी उपयोगी सामग्री व औजारों (उपकरणों) को कार्यस्थल पर रखते हैं।
2. इसके पश्चात् सुरक्षा मास्क पहनते हैं।
3. ड्रेनेज पाइप लाइन की सभी ओपनिंग को टैस्ट प्लग द्वारा बन्द कर देते हैं।
4. स्मोक टैस्टिंग लेते हैं तथा इसके कम्बशन में तेल से भीगे रद्दी कपड़े या कागज जलाकर गाढ़ा धुआँ बनाते हैं।
5. इसके पश्चात् स्मोक टैस्टिंग मशीन को ड्रेनेज सिस्टम से जोड़ देते हैं।

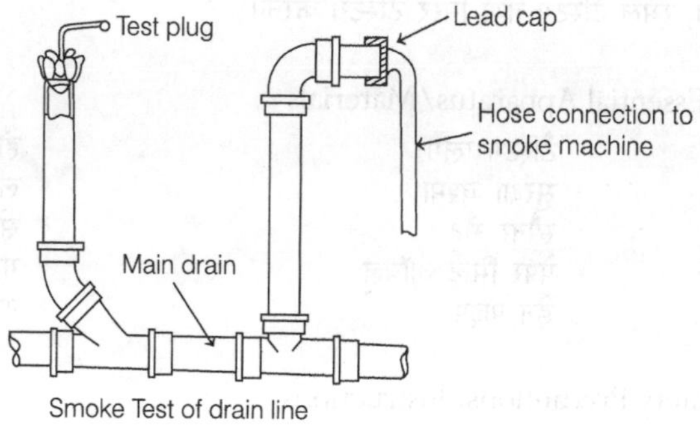

(ii) स्मोक टेस्टिंग

6. अब स्मोक टैस्टिंग मशीन द्वारा ड्रेन लाइन में धुआँ भरते हैं। ड्रेन लाइन में तब तक धुआँ भरते हैं, जब तक ड्रेन के स्टैक से धुआँ बाहर न निकलने लगे।
7. स्टैक के ऊपरी सिरे को टैस्ट प्लग से बन्द कर देते हैं।
8. इसके पश्चात् स्टैक पर सोप-सॉल्यूशन लगाकर या धुएँ की गन्ध से लीकेज की जाँच करते हैं।
9. यदि ड्रेनेज लाइन में कोई लीकेज है तो इसे ठीक करते हैं।

C. **स्मैल टैस्टिंग**

1. सर्वप्रथम सभी सामग्री व औजारों को ध्यानपूर्वक कार्यस्थल पर रखते हैं।
2. टैस्टिंग प्लग की सहायता से ड्रेनेज सिस्टम के आउटलेट सिरे तथा सभी वेन्ट ओपनिंग को बन्द कर देते हैं, परन्तु स्टैक के टॉप को खुला रहने देते हैं।

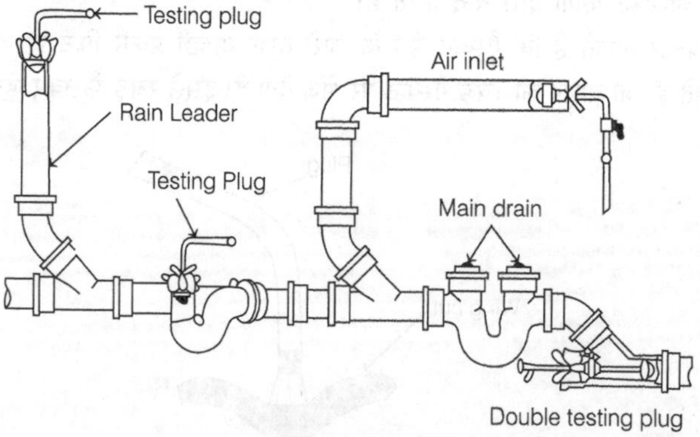

(iii) स्मैल टैस्टिंग

3. अब स्टैक के टॉप से ड्रेनेज लाइन में 50 से 70 ग्राम पेपर मिन्ट ऑयल डालते हैं।
4. इसके पश्चात् स्टेक में 6 से 7 लीटर गर्म पानी सावधानीपूर्वक डालते हैं।
5. स्टैक को बन्द करते हैं।
6. इसके पश्चात् स्मैल को सूँघकर, ड्रेनेज लाइन के लीकेज की जाँच करते हैं।
7. यदि ड्रेनेज लाइन में कोई लीकेज है, तो उस स्थान को मार्क करते हैं तथा लीकेज की रिपेयरिंग करते हैं।

D. मिरर टैस्टिंग

1. सर्वप्रथम सभी सामग्रियों एवं उपकरणों को कार्य स्थल के समीप रखते हैं।
2. इसके पश्चात् ड्रेनेज पाइप को उचित कोण पर व्यवस्थित करते हैं।
3. अब ड्रेनेज पाइप के इनलेट व आउटलेट पर दर्पण (mirror) सैट करते हैं।

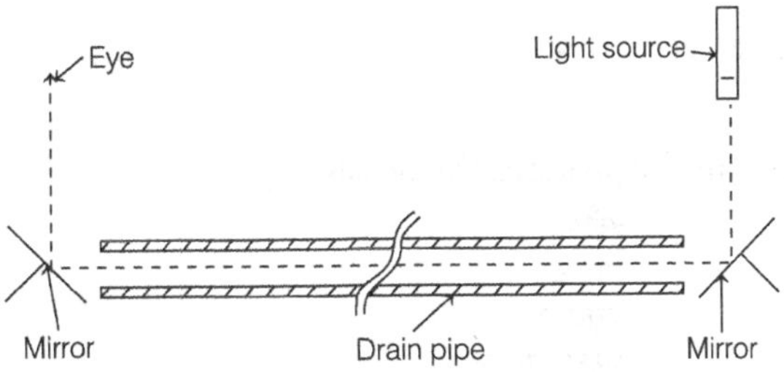

(iv) मिरर टैस्टिंग

4. इसके पश्चात् टॉर्च की सहायता से ड्रेन पाइप के इनलेट पर प्रकाश डालते हैं।
5. जैसे ही दर्पण पर प्रकाश डाला जाता है, तो पाइप के दूसरे सिरे पर स्थित दर्पण (आउटलेट) पर एक सर्किल प्राप्त होता है। यदि इस सर्किल में कोई विचलन प्रदर्शित होता है, तो पाइप के अन्दर दोष है।
6. उचित प्रक्रिया द्वारा ड्रेनेज लाइन के दोष को दूर करते हैं अथवा नया ड्रेन पाइप प्रयोग करते हैं।

परिणाम (Result) ड्रेनेज पाइप की वाटर टैस्टिंग, स्मोक टैस्टिंग, स्मैल टैस्टिंग तथा मिरर टैस्टिंग सफलतापूर्वक की गई।

प्रैक्टिकल संख्या 81

✎ भारी कास्ट आयरन सॉकेट पाइपों को जोड़ना

Join Heavy Cast Iron Socket Pipe

उद्देश्य Object

भारी कास्ट आयरन सॉकेट पाइपों को जोड़ने का अभ्यास करना।

आवश्यक उपकरण/सामग्री Essential Apparatus/Materials

- कास्ट आयरन पाइप
- पाइप वाइस
- पाइप फिटिंग्स
- हैक्सॉ
- प्लायर
- क्लैम्प
- सॉकेट
- पेंचकस
- सुरक्षा पोशाक
- स्पिगॉट

सुरक्षा सावधानियाँ/निर्देश Safety Precautions/Instructions

1. कास्ट आयरन पाइपों के जोड़ बनाते समय उपयुक्त उपकरणों का ही उपयोग करें।
2. सॉकेट व स्पिगॉट को ध्यानपूर्वक संरेखित करें।
3. अनुदेशक के निर्देशों का पालन करें।
4. कार्यशाला में अनावश्यक किसी भी सामग्री या उपकरण से छेड़छाड़ न करें।
5. कार्यशाला में अनुशासित रहें।

कार्यविधि Working Method

1. सर्वप्रथम कास्ट आयन सॉकेट पाइप का चयन करते हैं।
2. सॉकेट के व्यास के अनुसार मेल पाइप का चयन करते हैं।
3. सॉकेट कास्ट आयरन पाइप तथा मेल कास्ट आयरन पाइप को एक समान लेवल पर रखते हैं।
4. मेल पाइप पर रबड़ की रिंग लगाकर सॉकेट कास्ट आयरन पाइप में बलपूर्वक प्रवेश कराते हैं।
5. सॉकेट तथा पाइप के आपस में फिक्स हो जाने तक दोनों पाइपों पर बल को समान रूप से लगाये रखते हैं।
6. अब सॉकेट के खाली भाग में मोल्टन लेड डालते हैं।
7. मोल्टन लेड को रूम तापमान पर ठण्डा होने के लिए छोड़ देते हैं।
8. लेड के ठण्डा होने के पश्चात् कॉल्किंग टूल (caulking tool) द्वारा जोड़ को लीकप्रूफ बनाते हैं।
9. जल प्रवाह द्वारा जोड़ का निरीक्षण करते हैं।

परिणाम (Result) भारी कास्ट आयरन सॉकेट पाइपों को जोड़ने का अभ्यास सफलतापूर्वक किया गया।

प्रैक्टिकल संख्या 82

✎ लैड तथा कॉल्किंग टूल्स के साथ भारी कास्ट आयरन पाइप जोड़ की सीलिंग
Sealing of Heavy Cast Iron Pipe Joint with Lead and Caulking Tools

उद्देश्य Object

लैड तथा कॉल्किंग टूल्स के साथ भारी कास्ट आयरन पाइपों की सीलिंग करना।

आवश्यक उपकरण/सामग्री Essential Apparatus/Materials

- कास्ट आयरन पाइप
- पाइप फिटिंग
- क्लैम्प
- पाइप वाइस
- सुरक्षा पोशाक
- प्लायर
- छेनी
- कॉल्किंग टूल
- स्ट्रेट एज
- टोंग
- लेड
- मिट्टी
- काटन वेस्ट
- सॉकेट
- पाइप फिटिंग्स
- पेंचकस
- हैक्सॉ
- स्पिगॉट
- वायर ब्रुश
- हथौड़ा
- पिघलाने वाला बर्तन
- स्पिरिट लेवल
- ब्लो लैंप
- कता धागा
- मिट्टी तेल

सुरक्षा सावधानियाँ/निर्देश Safety Precautions/Instructions

1. कास्ट आयरन पाइपों के जोड़ बनाते समय उपयुक्त उपकरणों का ही उपयोग करें।
2. सॉकेट व स्पिगॉट को ध्यानपूर्वक संरेखित करें।
3. पाइपों के जोड़ पर्याप्त मजबूत होने चाहिए।
4. अनुदेशक के निर्देशों का पालन करना।

कार्यविधि Working Method

1. पाइप सॉकेट और स्पिगॉट सिरों को साफ करते हैं।
2. स्पिगॉट एण्ड सॉकेट एण्ड में फिक्स करते हैं।
3. सॉकेट की लम्बाई के 1/3 की गहराई तक जोड़ को कसकर बाँधते हैं।
4. कॉम्पैक्ट यार्न सामग्री ठोस रूप से लोहे के साथ चारों ओर सख्ती से बाँधते हैं।
5. जोड़ से चिपकी हुई सामग्री के किसी भी ढीले स्ट्रैण्ड को जला देते हैं।
6. लचीली एस्बेस्टस रस्सी को पाइप के चारों ओर लगभग 25mm तक लपेटते हैं।
7. कॉर्ड को सॉकेट में मजबूती से ऊपर की ओर धकेलते हैं।
8. रस्सी के चारों ओर मिट्टी लपेटकर गीले अंगूठे से मोल्ड का आकार प्रदान करते हैं।

9. पाइप के ऊपर डालने का छिद्र छोड़कर रस्सी को सावधानी से निकालते हैं।

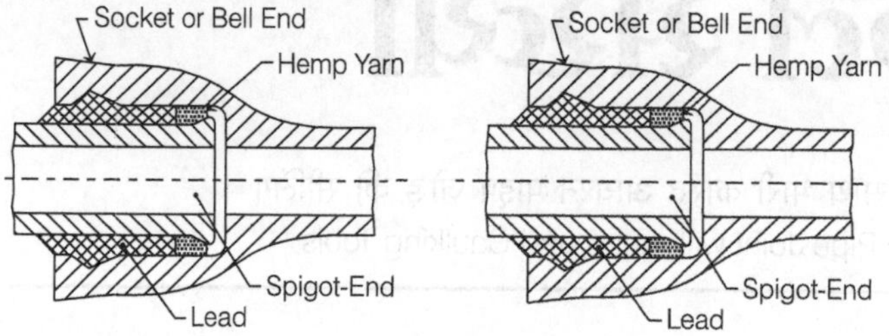

(i) यार्न फिक्सिंग

10. पिघला हुआ सीसा धीरे-धीरे छिद्र में डालते हैं।

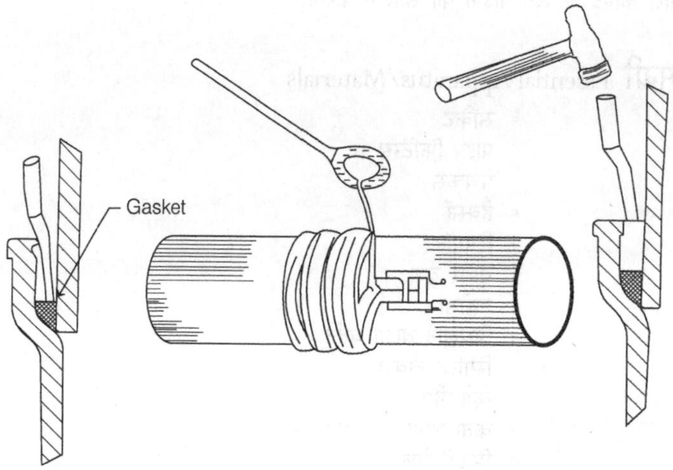

(ii) जोड़ लॉकिंग

11. मिट्टी के साँचे को हटा देते हैं।
12. कॉल्किंग टूल का उपयोग करके जोड़ के चारों ओर हथौड़े से दाब बनाते हैं।
13. जोड़ का निरीक्षण करते हैं।

परिणाम (Result) लैड एवं कॉल्किंग टूल्स के साथ भारी कास्ट आयरन पाइपों की सीलिंग करने का अभ्यास सफलतापूर्वक किया गया।

प्रैक्टिकल संख्या 83

✎ पाइप लाइन में लीकेज की स्थिति ज्ञात करना
Identify Location of Leakage Pipe

उद्देश्य Object

पाइप लाइन में लीकेज की स्थिति को ज्ञात करने का अभ्यास करना।

आवश्यक उपकरण/सामग्री Essential Apparatus/Materials

- एमरी पेपर
- एपॉक्सी पुट्टी
- सॉल्वेन्ट
- टेफ्लॉन टेप

सुरक्षा सावधानियाँ/निर्देश Safety Precautions/Instructions

1. पाइप लाइन की टैस्टिंग से पूर्व सभी संयोजनों की चैकिंग करें।
2. टैस्टिंग से पूर्व सील का निरीक्षण करें।
3. पाइप लाइन सिस्टम की सभी ओपनिंग अच्छी तरह से चैक करें।

कार्यविधि Working Method

1. सर्वप्रथम वाटर सप्लाई को ऑफ करते हैं।

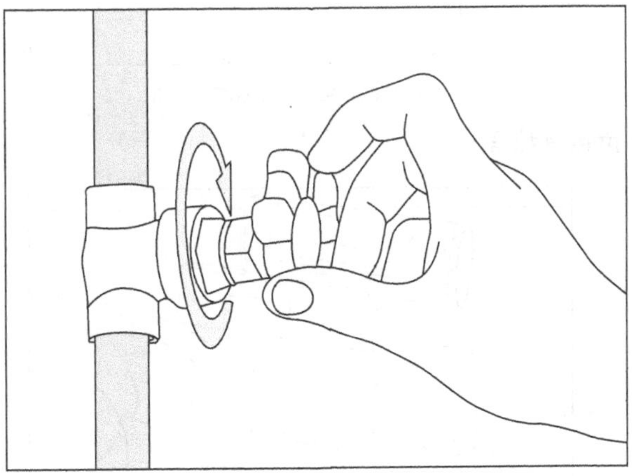

(i) वाटर सप्लाई ऑफ करना

2. टैप को खोलकर पाइप लाइन में उपस्थित पानी को ड्रेन आउट करते हैं।

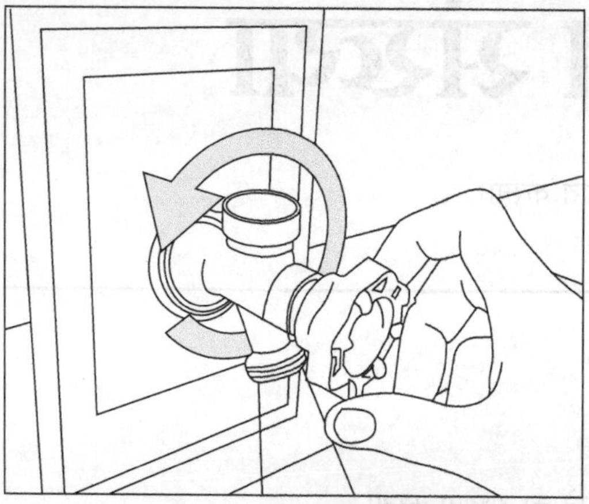

(ii) ड्रेन से पानी बाहर निकालना

3. पाइप लाइन को डिसमेण्टल करके लीकेज वाले स्थान को खोलकर साफ करते हैं।

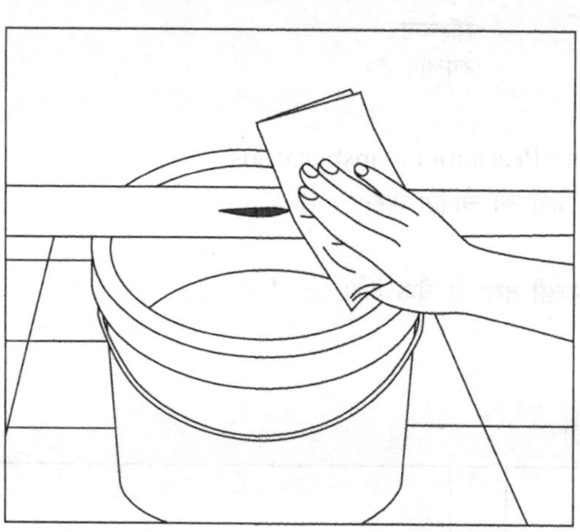

(iii) लीकेज स्थान को साफ करना

4. एपॉक्सी पुट्टी (epoxy putty) को मिक्स करते हैं।

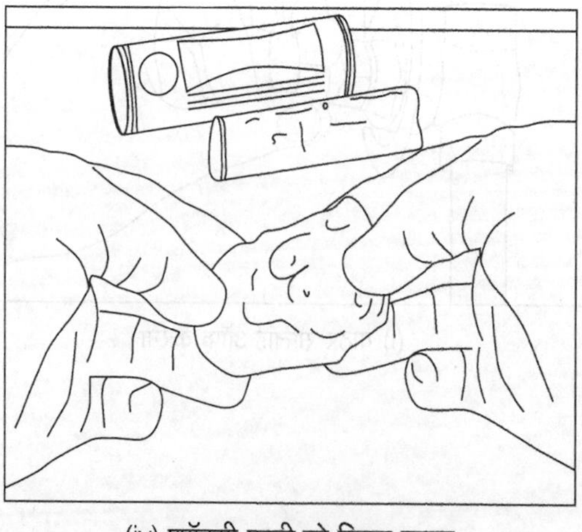

(iv) एपॉक्सी पुट्टी को मिक्स करना

5. एपॉक्सी पुट्टी को 1/2 इंच तक की मोटाई द्वारा पाइप पर लगाते हैं।
6. पुट्टी के दोनों ओर टेफ्लॉन पाइप को लगाते है।

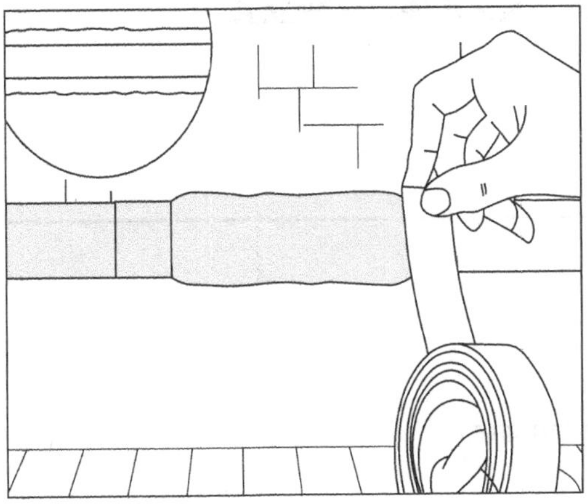

(v) पुट्टी पर टेफ्लॉन पेपर लगाना

7. 5 से 10 मिनट तक पुट्टी को सुखाकर वाटर सप्लाई को ऑन करते हैं तथा लीकेज का अवलोकन करते हैं।

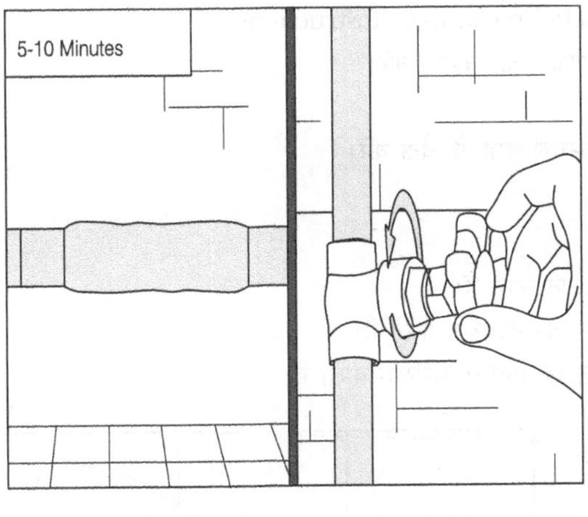

(vi) पुट्टी को सुखाना तथा वाटर सप्लाई ऑन करना

परिणाम (Result) पाइप लाइन में लीकेज की स्थिति ज्ञात करके उसे दूर करने का अभ्यास सफलतापूर्वक किया गया।

प्रैक्टिकल संख्या 84

✎ पाइप की लीकेज दूर करना
Removing Out Leakages Pipe

उद्देश्य Object

पाइप लाइन में से लीकेज को दूर करने का अभ्यास करना।

आवश्यक उपकरण/सामग्री Essential Apparatus/Materials

- पाइप वाइस
- नट बोल्ट
- स्टील टेप
- मैटल स्ट्रीप
- क्लैम्प
- कपलिंग
- पाइप कटर
- स्पैनर

सुरक्षा सावधानियाँ/निर्देश Safety Precautions/Instructions

1. पाइप लाइन की टैस्टिंग से पूर्व सभी संयोजनों की चैकिंग करें।
2. टैस्टिंग से पूर्व सील का निरीक्षण करें।
3. पाइप लाइन सिस्टम की सभी ओपनिंग अच्छी तरह से चैक करें।

कार्यविधि Working Method

1. सर्वप्रथम लीकेज वाले स्थान की स्थिति ज्ञात करते हैं।
2. लीक पाइप के आकार के अनुसार क्लैम्प की व्यवस्था करते हैं।
3. रबड़ गैस्केट को पाइप लाइन की लीकेज के अनुसार संरेखित करते हैं।

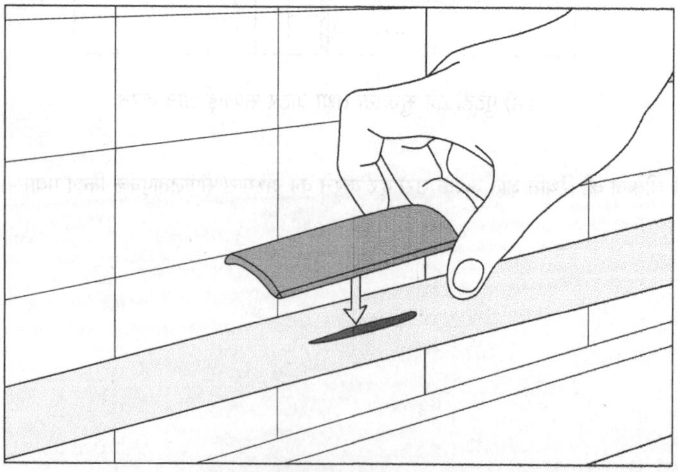

(i) रबड़ गैस्केट का संरेखन

4. गैस्केट के ऊपर कपलिंग को रखते हैं।
5. कपलिंग पर क्लैम्प को व्यवस्थित करते हैं।
6. क्लैम्प में नट तथा बोल्टों को फिक्स करते हैं।
7. इन फिक्स किए गए नट तथा बोल्टों को स्पैनर से टाइट करते हैं।

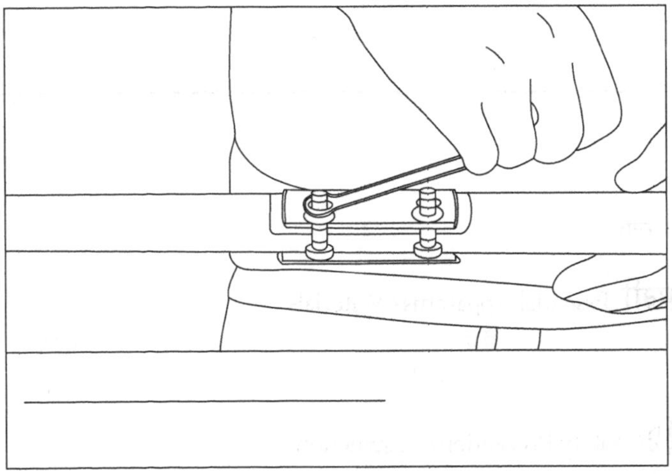

(ii) स्पैनर द्वारा नट-बोल्ट कसना

परिणाम (Result) पाइप लाइन में से लीकेज को दूर करने का अभ्यास सफलतापूर्वक किया गया।

प्रैक्टिकल संख्या 85

✎ एयर लॉक्स को हटाना
Removing of Air Locks

उद्देश्य Object

एयर लॉक्स को हटाने का अभ्यास करना।

आवश्यक उपकरण/सामग्री Essential Apparatus/Materials

- पाइप
- स्पैनर
- रिंच
- हौज पाइप
- गेस्केट

सुरक्षा सावधानियाँ/निर्देश Safety Precautions/Instructions

1. हौज पाइप को सावधानीपूर्वक जोड़े।
2. पाइप रिंच द्वारा टैप पर हौज पाइप को कसकर संयुग्मित करें।
3. सरल के फ्लों द्वारा दाबान्तर को कम करने का प्रयत्न करें।
4. अधिक पुरानी पाइप लाइन को बदल दें।

कार्यविधि Working Method

पम्प में एयर लॉक को हटाना

1. सर्वप्रथम सक्शन लाइन से हवा को निकालते हैं।
2. प्राइमिंग लाइन पर कैप/वाल्व को खोलते हैं।

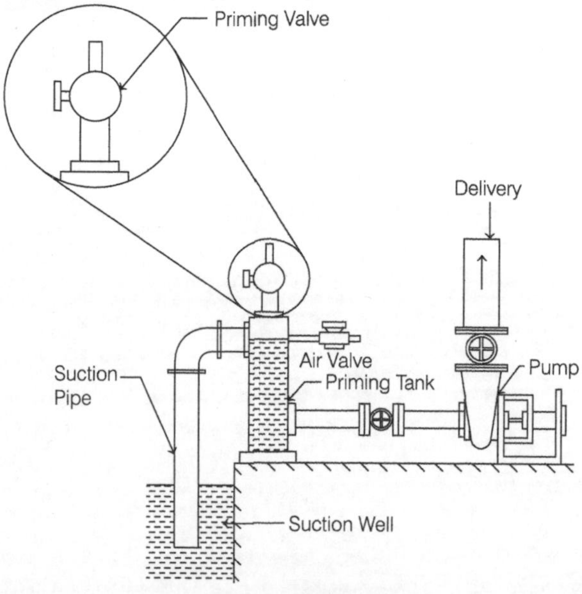

(i) प्राइमिंग

3. प्राइमिंग लाइन में पानी भरते हैं।
4. अब एयर कॉक को खोलते हैं।
5. हवा के बुलबुले को पूरी तरह से बाहर आने देते हैं।
6. एयर कॉक को बन्द कर देते हैं।
7. कैप को प्राइमिंग लाइन पर बन्द करते हैं।

मेन लाइन में एयर लॉक को हटाना

1. सर्वप्रथम पाइप लाइन में पानी प्रवाहित करने के लिए वाल्व को खोलते हैं।
2. पाइप लाइन में हवा के प्रवाह की मात्रा का निर्धारण करते हैं।
3. फिटिंग के निकटतम बिन्दु को डिस्कनैक्ट करते हैं।
4. एयर वाल्व के निरीक्षण कक्ष को संशोधित करते हैं।
5. निरीक्षण कक्ष में एयर रिलीफ वाल्व को फिक्स करते हैं।
6. एयर रिलीफ वाल्व पाइप लाइन में एयर लॉक को रिलीज करने के लिए हवा पाइप के शीर्ष से ब्लीड (bleed) की जाती है।
7. एयर रिलीफ वाल्व कक्ष का निरीक्षण करते हैं।

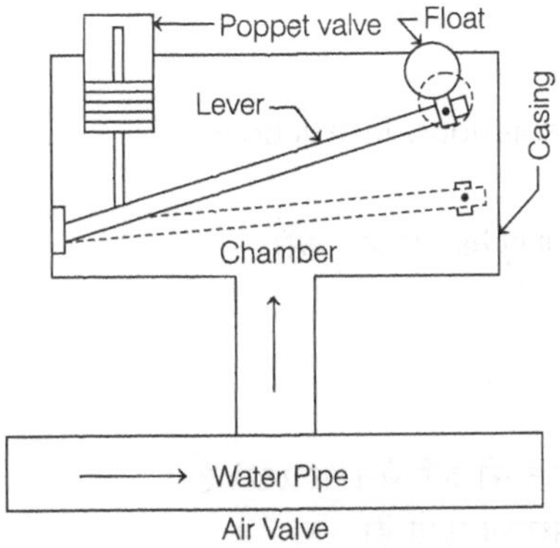

(ii) एयर रिलीफ वाल्व

घरेलू पाइप लाइन से एयर लॉक को हटाना

1. सर्वप्रथम वाल्व इनलेट को बन्द करते हैं।
2. सभी आउटलेट वाल्व को खोलते हैं।
3. अब वाल्व इनलेट को खोलते हैं।
4. पाइप और आउटलेट उपकरणों में पानी के प्रवाह की जाँच करते हैं।
5. पाइप पर किसी भी स्वेलिंग की जाँच करके उस स्थान को इंगित करते हैं।
6. इनलेट वाल्व को बन्द करते हैं।
7. स्वेलिंग वाले क्षेत्र को काट कर बदल देते हैं।

(iii) स्वेलिंग

8. पाइप की लम्बाई और पाइप की इनलेट की फिनिशिंग करते हैं।
9. पानी के हेड की गणना करते हैं।
10. लाइन में बेंड के प्रकार और बेंड की संख्या का निर्धारण करते हैं।

परिणाम (Result) एयर लॉक्स हटाने का अभ्यास सफलतापूर्वक किया गया।

प्रैक्टिकल संख्या 86

✎ रेन वाटर हार्वेस्टिंग सिस्टम का प्रदर्शन
Demonstrate Rain Water Harvesting System

उद्‌देश्य Object

रेन वाटर हार्वेस्टिंग सिस्टम का प्रदर्शन करना।

आवश्यक उपकरण/सामग्री Essential Apparatus/Materials

- यूजर मैनुअल
- रेन वाटर हार्वेस्टिंग सिस्टम का ले-आउट

सुरक्षा सावधानियाँ/निर्देश Safety Precautions/Instructions

1. यूजर मैनुअल का सावधानीपूर्वक निरीक्षण करें।
2. रेन वाटर हार्वेस्टिंग सिस्टम के ले-आउट का ध्यानपूर्वक अध्ययन करें।
3. अनुदेशक द्वारा दिए गए निर्देशों का पालन करें।

कार्यविधि Working Method

1. सर्वप्रथम रेन वाटर हार्वेस्टिंग सिस्टम के ले-आउट को वर्क बेंच पर रखते हैं।
2. रेन वाटर हार्वेस्टिंग सिस्टम के ले-आउट का अध्ययन करते हैं।
3. अनुदेशक महोदय से रेन वाटर हार्वेस्टिंग सिस्टम के विभिन्न भागों तथा इसकी कार्यप्रणाली एवं उपयोग के बारे में जानकारी प्राप्त करते हैं।

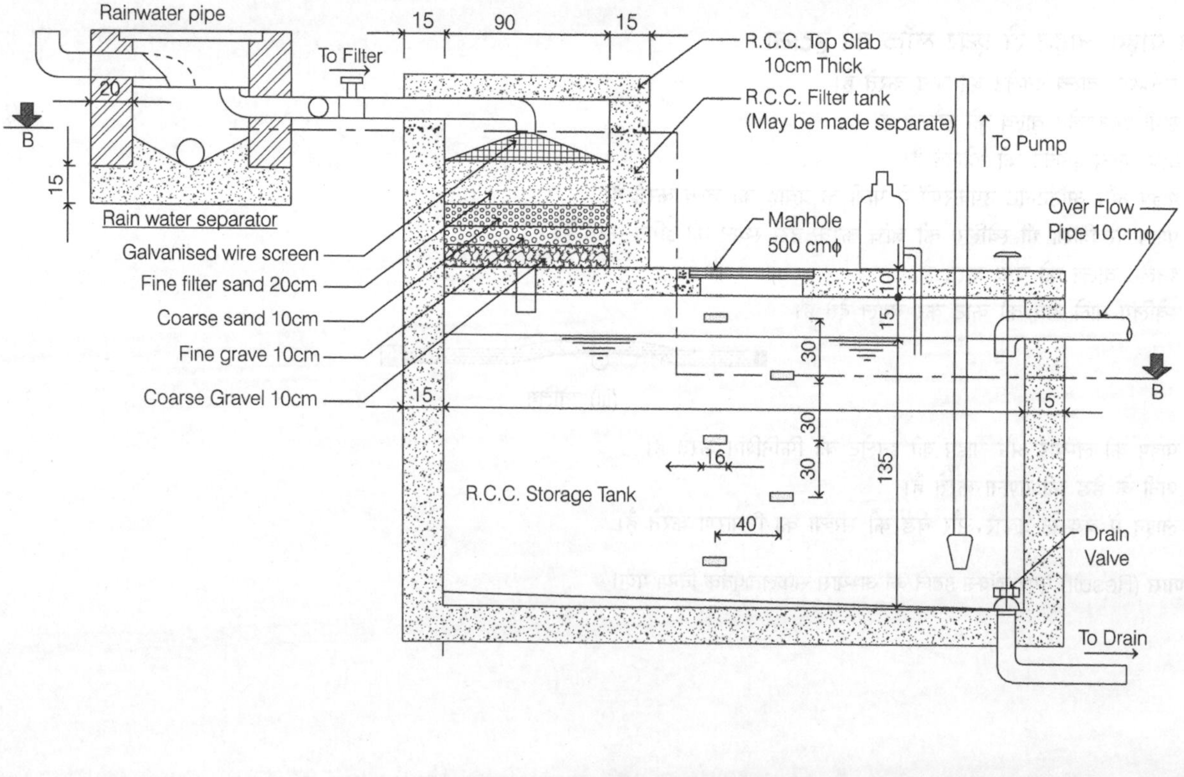

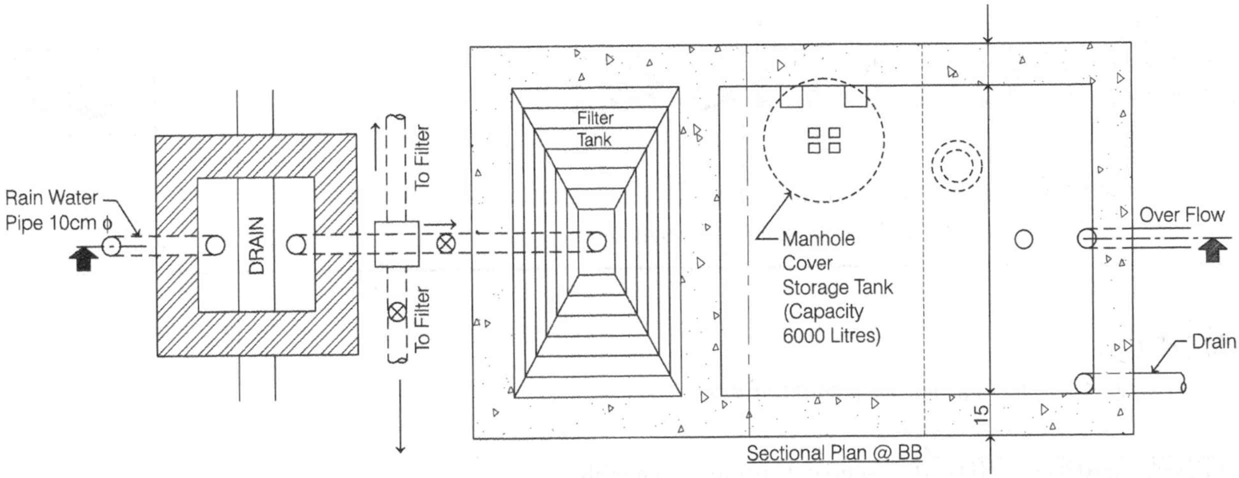

रेनवाटर हार्वेस्टिंग टैंक का विवरण

परिणाम (Result) रेन वाटर हार्वेस्टिंग सिस्टम का प्रदर्शन सफलतापूर्वक किया गया।

प्रैक्टिकल संख्या 87

✎ मैटेरियल सहित विभिन्न कॉक्स एवं वाल्वों का प्रदर्शन
Demonstrate Different Cocks and Valves Including Materials

उद्देश्य Object

विभिन्न कॉक्स एवं वाल्वों का उनके मैटेरियल सहित प्रदर्शन करना।

आवश्यक उपकरण/सामग्री Essential Apparatus/Materials

- विभिन्न प्रकार के वाल्व एवं कॉक्स
- यूजर मैनुअल
- वर्क टेबल

सुरक्षा सावधानियाँ/निर्देश Safety Precautions/Instructions

1. वाल्वों एवं कॉक्स के साथ अनावश्यक छेड़-छाड़ न करें।
2. वाल्वों एवं कॉक्स को फिट करते समय अधिक बल का प्रयोग न करें।
3. अनुदेशक के निर्देशों का पालन करें।
4. कार्यशाला में अनुशासित रहें।

कार्यविधि Working Method

1. सर्वप्रथम कार्यशाला में उपस्थित वाल्व के चार्ट्स का अवलोकन करते हैं।
2. अनुदेशक महोदय द्वारा वाल्व की कार्यविधि तथा इनके पदार्थों से सम्बन्धी जानकारी ग्रहण करते हैं।
3. वाल्व सम्बन्धी जानकारी को निम्न सारणी में नोट करते हैं।

क्र.सं.	वाल्व	उपयोग	पदार्थ
1.	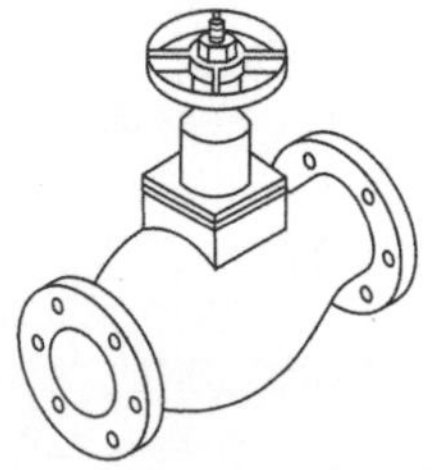		
2.	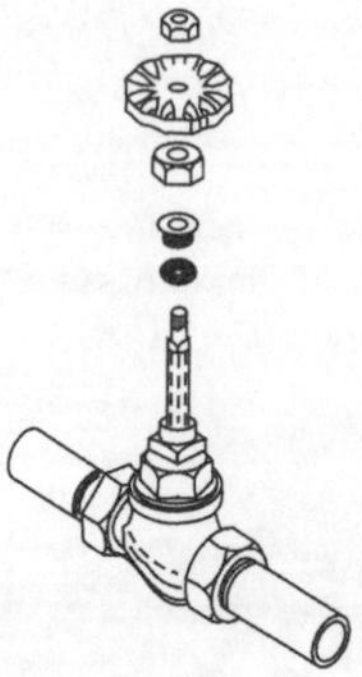		

क्र.सं.	वाल्व	उपयोग	पदार्थ
3.	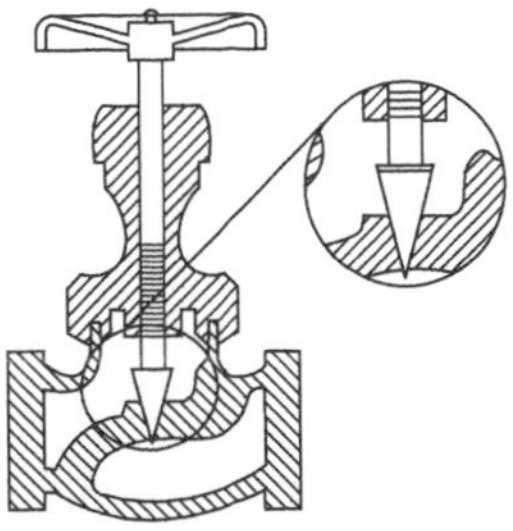		
4.	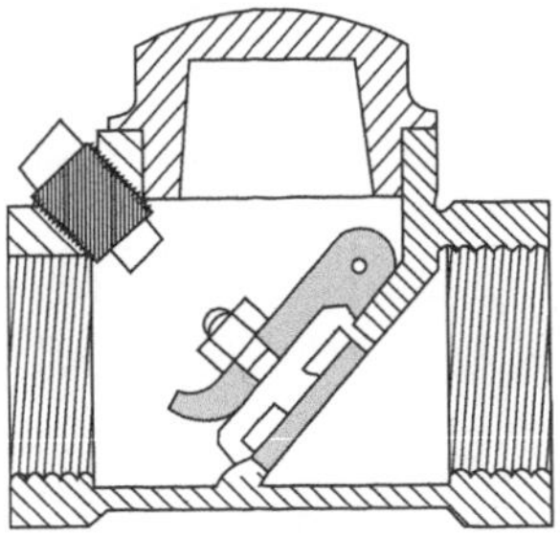		
5.	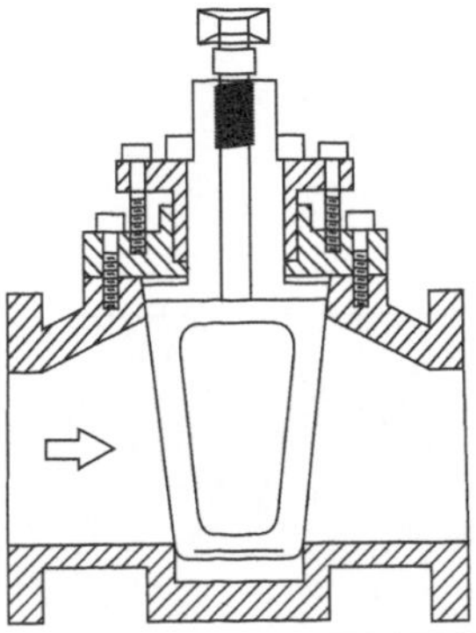		
6.	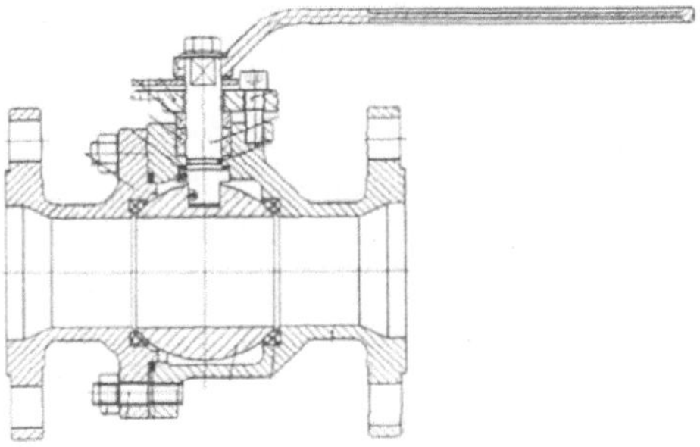		

क्र.सं.	वाल्व	उपयोग	पदार्थ
7.	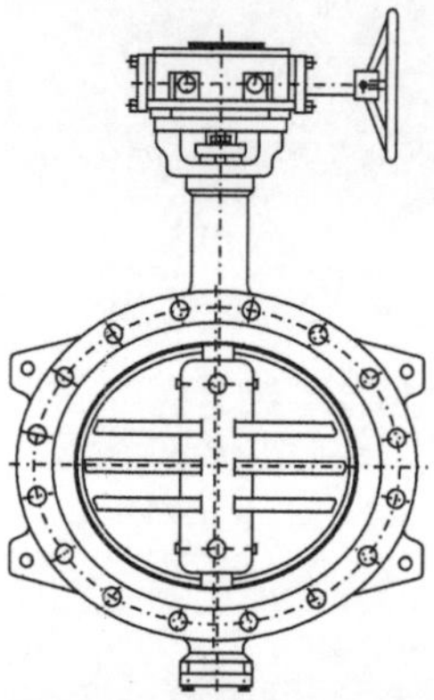		
8.	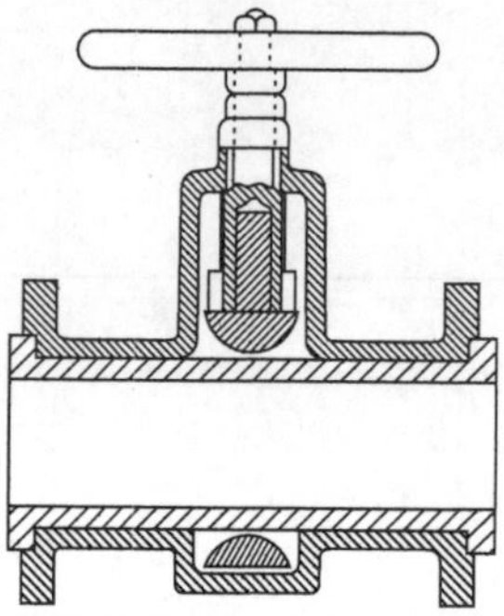		
9.	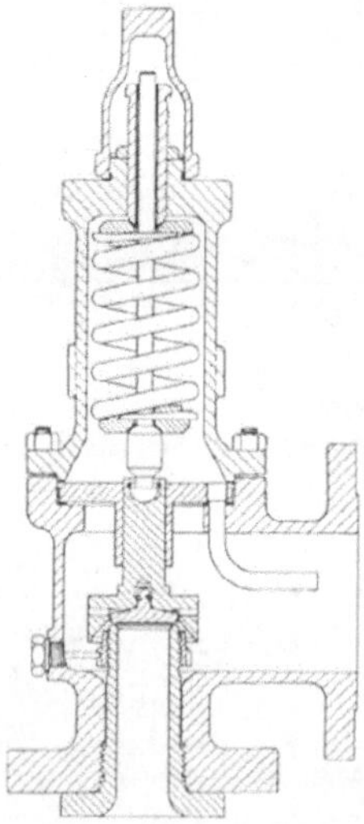		

क्र.सं.	वाल्व	उपयोग	पदार्थ
10.	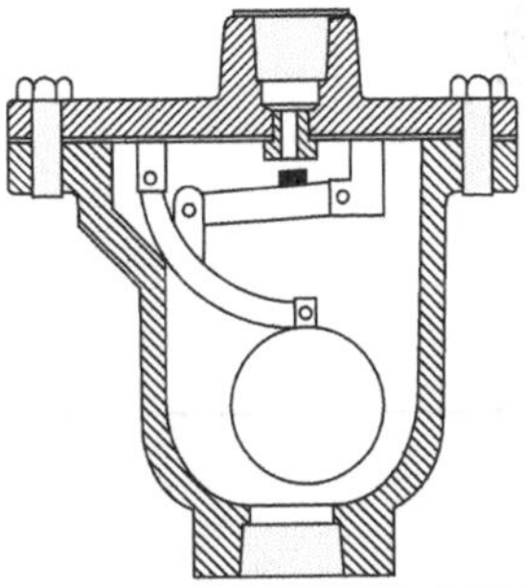		

परिणाम (Result) विभिन्न कॉक्स एवं वाल्वों का उनके मैटेरियल सहित प्रदर्शन सफलतापूर्वक किया गया।

प्रैक्टिकल संख्या 88

✎ विभिन्न स्थानों पर कॉक तथा वाल्वों को लगाना
Employ Cocks & Valves at Different Place

उद्देश्य Object

विभिन्न स्थानों पर कॉक तथा वाल्वों को लगाने का अभ्यास करना।

आवश्यक उपकरण/सामग्री Essential Apparatus/Materials

- स्पैनर
- थ्रेड सील मैटेरियल
- फाइल
- पाइप रिंच
- प्लायर
- यूनियन
- स्क्रू ड्राइवर
- स्क्रू स्पैनर
- ऑयल कैन
- बेंच वाइस
- स्टॉप कॉक
- हैमर
- हैक्सॉ
- डाई सैट
- पाइप वाइस

सुरक्षा सावधानियाँ/निर्देश Safety Precautions/Instructions

1. स्टॉप कॉक पर तीर का निशान पानी के प्रवाह की दिशा में होना चाहिए।
2. स्टॉप कॉक को फिट करने से पूर्व तीर की दिशा चैक करें।
3. स्टॉप कॉक तथा अन्य फिटिंग्स को अधिक टाइट न करें।
4. पाइप फिटिंग्स को खोलते एवं फिट करते समय उचित टूल्स का ही प्रयोग करें।

कार्यविधि Working Method

1. पाइप ज्वॉइण्ट्स पर लगे धूल तथा जंग इत्यादि को साफ करते हैं।
2. यूनियन को ढीला करके पाइप जोड़ को अलग करते हैं।
3. पाइप निप्पल को ढीला करके स्टॉप कॉक से अलग करते हैं।
4. स्टॉप कॉक को ढीला करके पाइप जोड़ से अलग करते हैं।
5. स्टॉप कॉक के समस्त भागों को एक-एक करके क्रमानुसार अलग-अलग रखकर सभी भागों को साफ करते हैं।
6. स्टॉप के भागों की चूड़ियाँ चैक करते हैं। यदि चूड़ियाँ घिसी हुई होती हैं, तो भाग बदलते है। यदि ये सही स्थिति में हैं, तो अच्छी प्रकार साफ करके प्रयोग में लाते हैं।
7. वाशर चैक करते हैं। यदि वाशर खराब है, तो इसे शीघ्र बदलते हैं।
8. भागों को पुनः असेम्बल करते हैं तथा यह सुनिश्चित करते हैं कि सभी भाग सही स्थिति में हैं।
9. असेम्बलिंग के दौरान, सबसे अन्त में खोले गए भागों को सबसे पहले फिट करते हैं तथा इसी प्रकार अन्य भागों को फिट करते हैं।
10. यदि स्टॉप कॉक खराब स्थिति में है तो इसे बदलते हैं।
11. स्टॉप कॉक को पाइप के एक सिरे पर फिट करते हैं।
12. स्टॉप कॉक के दूसरे सिरे पर पाइप निप्पल को फिट करते हैं।
13. इसके पश्चात् यूनियन को पाइप निप्पल के साथ उचित रूप से फिट करते हैं।

14. दाब आरोपित करके पाइप जोड़ तथा स्टॉप कॉक को चैक करते हैं।
15. अन्त में लीकेज चैक करते हैं। यदि लीकेज है, तो उपरोक्त कार्यविधि को सुनिश्चित करते हैं।
    स्टॉप कॉक को चित्र में दर्शाया गया है।

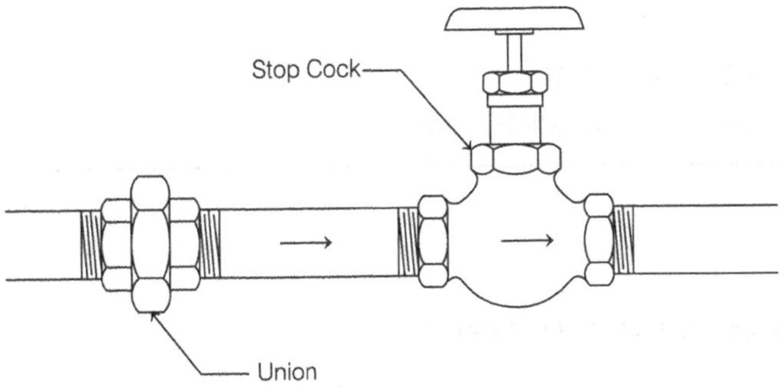

चित्र स्टॉप कॉक

परिणाम (Result) विभिन्न स्थानों पर कॉक तथा वाल्वों को लगाने का अभ्यास सफलतापूर्वक किया गया।

प्रैक्टिकल संख्या 89

✎ विभिन्न कॉक्स एवं वाल्वों को सेंसर सहित लगाना
Employ Different Cocks and Valves with Sensor System

उद्देश्य Object

विभिन्न कॉक्स एवं वाल्वों को सेंसर सहित लगाने का अभ्यास करना।

आवश्यक उपकरण/सामग्री Essential Apparatus/Materials

- विभिन्न प्रकार के कॉक्स एवं वाल्व
- बैण्ड
- रबर वाशर
- सूत का धागा
- स्पिरिट लेवल
- हथौड़ा
- हैक्सॉ
- पानी पम्प प्लायर
- यूरिनल सेंसर
- वॉल क्लैम्प
- एंगल कॉक
- वॉश बेसिन
- पीवीसी कनैक्टर
- रबर प्लग
- विलायक सीमेण्ट
- सीलिंग कम्पाउण्ड
- पाइप वाइस
- पाइप रिंच
- मीजरिंग टेप
- पेंचकस
- प्लंब बॉब
- छेनी
- पीवीसी पाइप और फिटिंग
- सफेद सीमेन्ट
- यूरिनल स्प्रेडर
- पिलर टैप (सेंसर प्रकार)
- रैग बोल्ट
- प्लास्टर ऑफ पेरिस

सुरक्षा सावधानियाँ/निर्देश Safety Precautions/Instructions

1. उपयोग करने से पूर्व कॉक्स तथा वाल्वों को अच्छी तरह जाँच लें। वाल्व एवं फिटिंग पर अधिक जोर से चोट न मारें।
2. वाल्व एवं कॉक्स के जोड़ मजबूत बनाएँ।
3. सेंसर के साथ अनावश्यक छेड़-छाड़ न करें।
4. अनुदेशक के निर्देशों का पालन करें।
5. कार्यशाला में अनुशासित रहें।

कार्यविधि Working Method

सेंसर सिस्टम के साथ फिक्सिंग कॉक

1. फर्श से 800 मिमी रैग बोल्ट की स्थिति को चिह्नित करते हैं।
2. रैग बोल्ट के लिए निशान की स्थिति को ड्रिलिंग करते हैं।
3. रैग बोल्ट को ठीक से सैट करते हैं।
4. वाश बेसिन में किसी भी तरह की खराबी की जाँच करते हैं।
5. वाश बेसिन को असेंबल करते हैं।
6. वाश बेसिन को रैग बोल्ट पर सैट करते हैं।
7. इनलेट पाइप और सेंसर केबल को बाथ रूम बेसिन के माउण्टिंग के माध्यम से पास करते हैं।

8. अपने सेन्सर टैप कण्ट्रोल बॉक्स पर इनलेट पाइप को इनलेट प्वॉइण्ट से अटैच करते हैं।
9. आउटलेट पाइप के लिए भी यही प्रक्रिया दोहराते हैं।
10. बॉटल ट्रैप कनैक्ट करते हैं।
11. बॉटल ट्रैप को फ्लोर ट्रैप पर सेमी-सर्कुलर ओपन ड्रेन पर छोड़ देते हैं।
12. कार्यिकी का परीक्षण करते हैं।

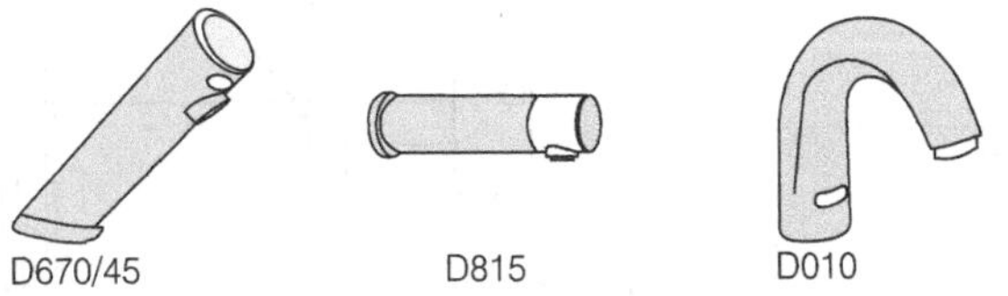

(i) टैप के प्रकार

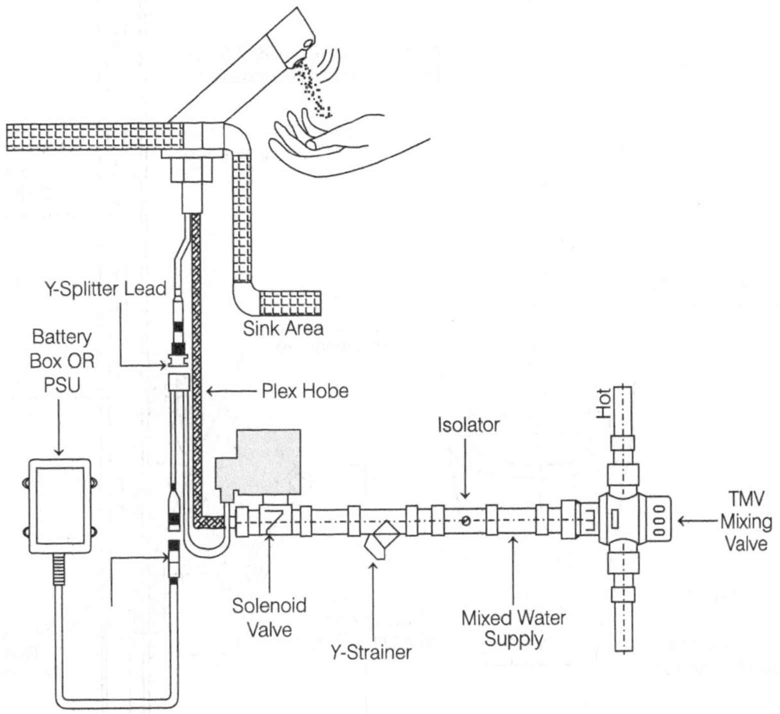

(ii) कॉक फिक्सिंग

सेंसर यूरिनल की स्थापना

1. इन्स्टॉलेशन क्लैम्प को ठीक से फिक्स करते हैं।
2. यूरिनल फिक्स करने से पहले सेन्सर सेट इन्स्टॉल करते हैं।
3. सेन्सर को स्लॉट में डालते हैं।
4. बोल्ट को बैक नट से कसते हैं।
5. यूरिनल को स्थापना पर रखते हैं।
6. इनलेट कनैक्ट करते हैं।

7. हरे तार को बैटरी बाक्स से कनैक्ट करते हैं।
8. शीर्ष पर सिरेमिक ढक्कन को सैट करते हैं।
9. स्क्रू को घड़ी की दिशा में घुमाकर सैट करते हैं।
10. फंक्शन की जाँच करते हैं।

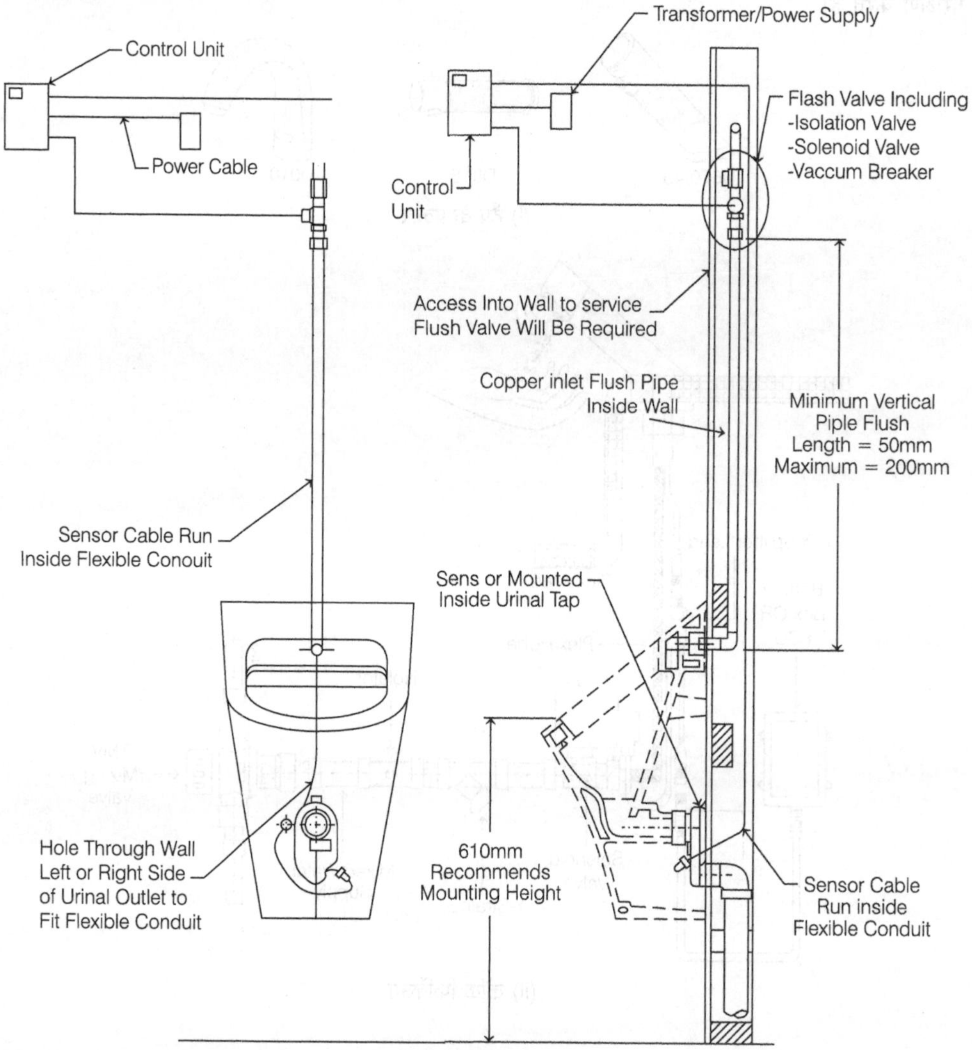

(ii) यूरिनल सेन्सर

परिणाम (Result) निरीक्षण में विभिन्न कॉक्स एवं वाल्वों को सेंसर सहित लगाने का अभ्यास सफलतापूर्वक किया गया।

प्रैक्टिकल संख्या 90

✎ विभिन्न कॉक तथा वाल्वों के रख–रखाव का प्रदर्शन
Demonstrate Maintenance of Different Cocks and Valves

उद्देश्य Object

विभिन्न कॉक तथा वाल्वों के रख-रखाव का अभ्यास करना।

आवश्यक उपकरण/सामग्री Essential Apparatus/Materials

- स्पैनर
- स्क्रू ड्राइवर
- डस्टर
- ग्लैण्ड बॉक्स
- फाइल
- कॉम्बीनेशन प्लायर
- फ्लैश लाइट बीम
- एमरी पेपर
- पाइप रिंच

सुरक्षा सावधानियाँ/निर्देश Safety Precautions/Instructions

1. यदि कोई पैकिंग अथवा वाशर खराब हो तो उसे तुरन्त बदल दें।
2. ग्लैण्ड डोरी को उपयोग करने से पूर्व हथौड़े की चोट से मुलायम करें।
3. वाल्व को कसते समय अधिक दबाव न डालें।
4. ग्लोब वाल्व के नट को खोलने एवं बन्द करते समय सही तथा उपयुक्त साइज के स्पैनर का उपयोग करें।

कार्यविधि Working Method

A. स्टॉप कॉक का रख-रखाव

1. सर्वप्रथम मुख्य गेट वाल्व बन्द करके पानी की सप्लाई रोकते हैं।
2. सिस्टम को खाली करते हैं तथा सिस्टम के पानी के दाब को छोड़ते हैं।
3. बोनट के स्क्रू को खोलते हैं तथा वाल्व की बॉडी से बोनट को अलग करते हैं। चित्र (i)

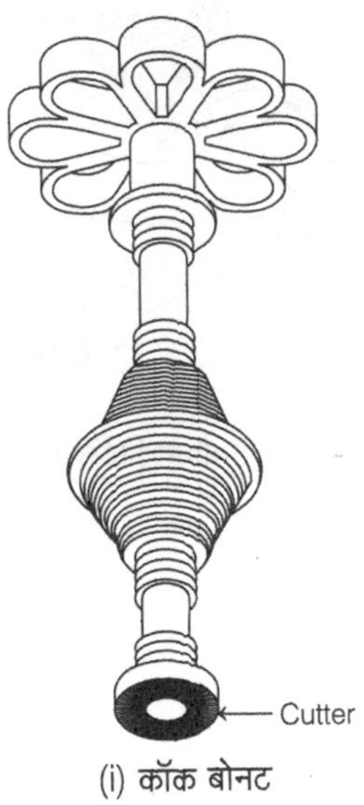

(i) कॉक बोनट

4. उचित आकार के कटर का चयन करते हैं तथा इसे रीसैटिंग टूल पर असेम्बल करते हैं। चित्र (ii)

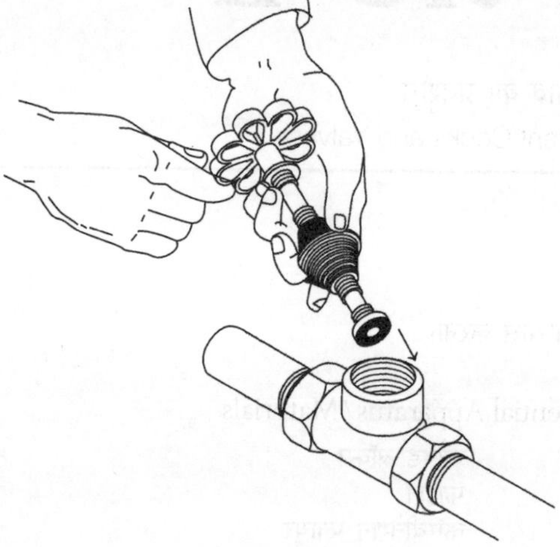

(ii) कटर फिक्सिंग

5. रीसैटिंग टूल को स्टॉप कॉक की बॉडी में इन्सर्ट करके बोनट को फिट करते हैं। चित्र (iii)

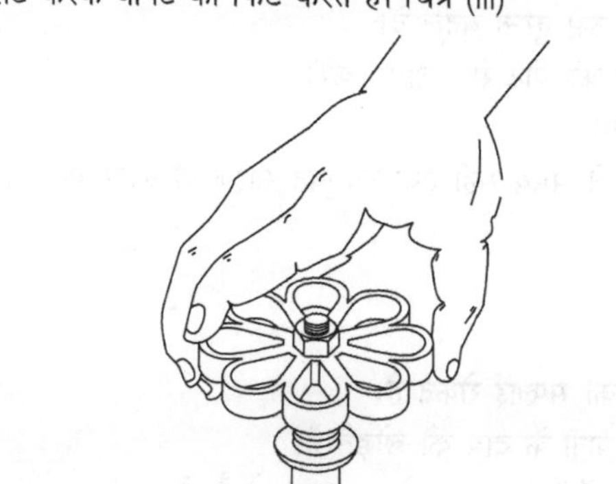

(iii) बोनट फिक्सिंग

6. टूल के शीर्ष पर हैण्डिल को स्थिर रखते हैं तथा फीड स्क्रू को तब तक क्लॉकवाइज घुमाते हैं, जब तक कि कटर बॉटम को छूने न लगे। चित्र (iv)

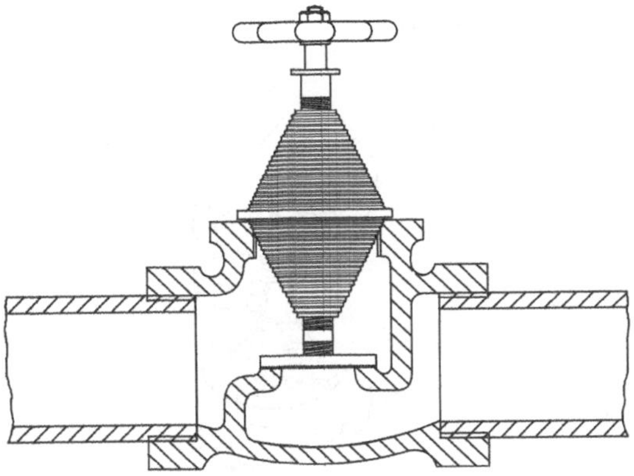

(iv) कॉक असेम्बली

7. अब फीड स्क्रू को पकड़कर, हैण्डिल को घुमाते हैं तथा कटर के साथ बॉटम सीट की फेसिंग करते हैं। चित्र (v)

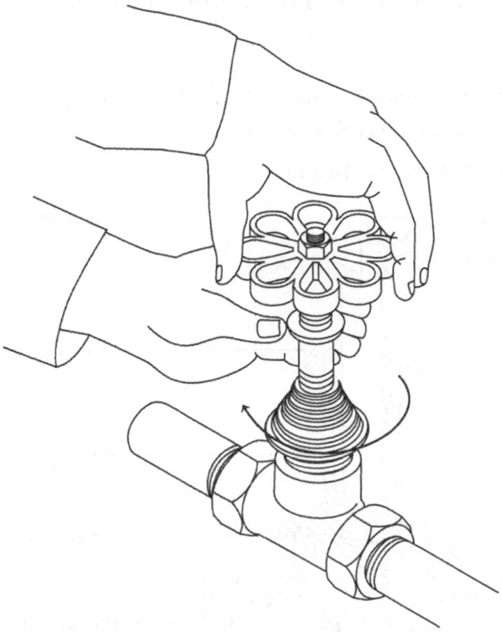

(v) बॉटम सीट की फेसिंग

8. फीड स्क्रू तथा एडॉप्टर को ढीला करते हैं तथा रीसैटिंग टूल को वाल्व की बॉडी से हटाते हैं। चित्र (vi)

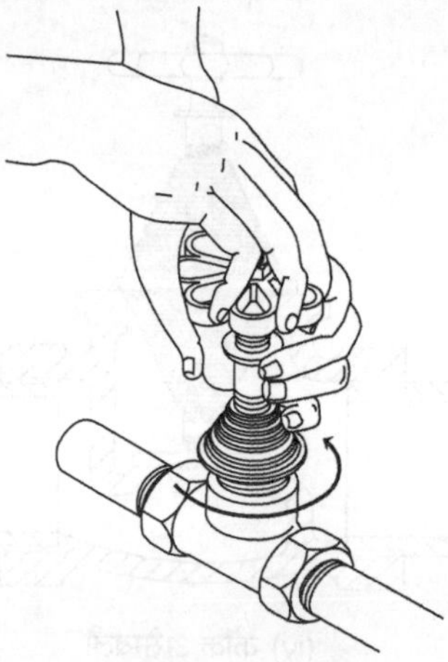

(vi) रीसैटिंग टूल को हटाना

9. फ्लैश लाइट की बीम द्वारा वाल्व सीट का निरीक्षण करते हैं।
10. सीट को साफ करते हैं तथा यह सुनिश्चित करते हैं कि यह चिप्स, बर्र इत्यादि से मुक्त है।

B. ग्लोब वाल्व का रख-रखाव

1. ग्लैण्ड बॉक्स में पैकिंग मैटेरियल को बदलते हैं, तत्पश्चात बोनट को कसते हैं तथा सभी ड्रेन टैप्स को बन्द करते हैं।
2. मुख्य गेट वाल्व को खोलकर ग्लोब वाल्व के लीकेज को चैक करते हैं।
3. ग्लोब वाल्व के विभिन्न भागों को चित्र में दर्शाया गया है। चित्र (vii)

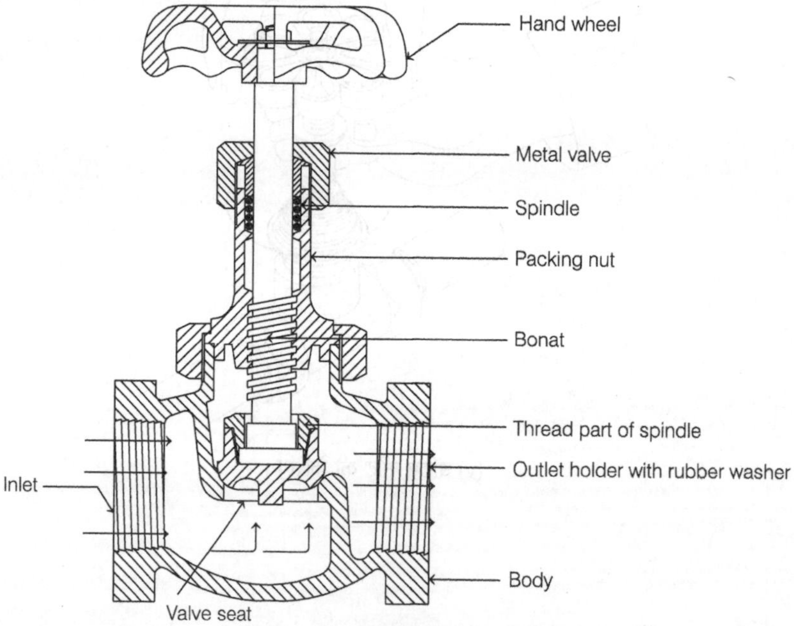

(vii) ग्लोब वाल्व

परिणाम (Result) विभिन्न प्रकार के कॉक तथा वाल्वों के मैन्टेनेन्स का अभ्यास सफलतापूर्वक किया गया।

प्रैक्टिकल संख्या 91

✎ विभिन्न कॉक तथा वाल्वों के लिए पैकिंग वाशर गैस्केट के उपयोग का प्रदर्शन
Demonstrate use of Packing Washer Gasket of Different Cock & Valve

उद्देश्य Object

विभिन्न कॉक तथा वाल्वों के लिए पैकिंग वाशर गैस्केट के उपयोग का अभ्यास करना।

आवश्यक उपकरण/सामग्री Essential Apparatus/Materials

- स्पैनर सैट
- पाइप रिंच
- एडजस्टेबल स्पैनर
- स्क्रू ड्राइवर
- वाटर पम्प प्लायर्स
- गेट वाल्व
- एस्बेस्टस रोप
- रबर शीट
- लैदर शीट
- एमरी शीट
- ऑयल
- ग्रीस

सुरक्षा सावधानियाँ/निर्देश Safety Precautions/Instructions

1. ग्लैण्ड नट को आवश्यकता से अधिक टाइट न करें।
2. गैस्केट को अधिक मात्रा में न लगाएँ।
3. डिस्क गेट को एमरी शीट से साफ करें।

कार्यविधि Working Method

1. सर्वप्रथम हैण्ड व्हील को क्लॉकवाइज घुमाकर सीट वाल्व को बन्द करते हैं।
2. स्पैनर द्वारा नट खोलते हैं तथा व्हील को अलग करते हैं।
3. ग्लैण्ड नट को एण्टी क्लॉकवाइज घुमाकर बोनट से अलग करते हैं।
4. स्टफिंग ग्लैण्ड को हटाते हैं।
5. स्टफिंग बॉक्स में लगी पुरानी पैकिंग को साफ करते हैं।
6. नई पैकिंग बनाने के लिए एस्बेस्टस रोप को काटते हैं।
7. स्पिण्डल गेट को बोनट पर असेम्बल करते हैं।
8. हैण्ड व्हील को असेम्बल करते हैं तथा हैण्ड व्हील नट को कसते हैं।

9. सीट वाल्व को खोलते हैं तथा ग्लैण्ड नट को तब तक कसते हैं, जब तक पैकिंग पूर्ण रूप से कम्प्रैस्ड होकर ग्लैण्ड नट से जल के प्रवाह को रोक न दे। सीट वाल्व के विभिन्न भागों को चित्र में दर्शाया गया है

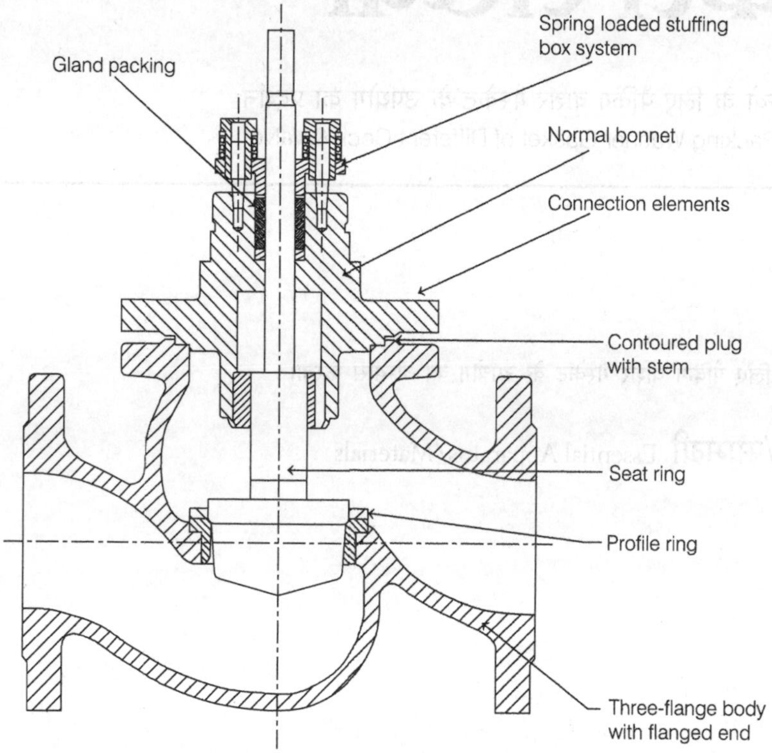

चित्र सीट वाल्व

परिणाम (Result) विभिन्न कॉक व वाल्वों के लिए पैकिंग वाशर गैस्केट के उपयोग का अभ्यास सफलतापूर्वक किया गया।

प्रैक्टिकल संख्या 92

✎ वाटर मीटर की स्थिति तथा वाटर मीटर बाथ टब व वाश बेसिन की फिटिंग का प्रदर्शन
Demonstration Location of Water Meter, Fitting of Water Meter, Bath Tub, Wash Basin

उद्देश्य Object

वाटर मीटर, वाटर मीटर की फीटिंग, बाथ टब व वाश बेसिन की स्थिति का प्रदर्शन करना।

आवश्यक उपकरण/सामग्री Essential Apparatus/Materials

- हैमर
- रिंच
- पेंचकस
- पाइप वाइस
- हैक्सॉ
- चीजल
- GI पाइप
- कन्नी
- 'S' ट्रैप
- सीमेण्ट
- स्पैनर
- वाश बेसिन
- बाथ टब
- वाटर मीटर
- वेस्ट पाइप
- क्लैम्प

सुरक्षा सावधानियाँ/निर्देश Safety Precautions/Instructions Talat azra

1. वाश बेसिन में भारी सामान न रखें।
2. ब्रेकिट की सतह एकसमान होनी चाहिए।
3. बाथ टब की फिटिंग के लिए समतल स्थान का ही चयन करें।

कार्यविधि Working Method

1. सर्वप्रथम सभी उपकरणों और आवश्यक सामग्री को वर्क बेंच पर रखते हैं।
2. वाटर मीटर की स्थिति, कार्य प्रणाली तथा इसकी फिटिंग के बारे में जानकारी प्राप्त करते हैं।
3. तत्पश्चात् वाश बेसिन की स्थिति, फिटिंग तथा इनकी कार्य प्रणाली के बारे में जानकारी प्राप्त करते हैं।

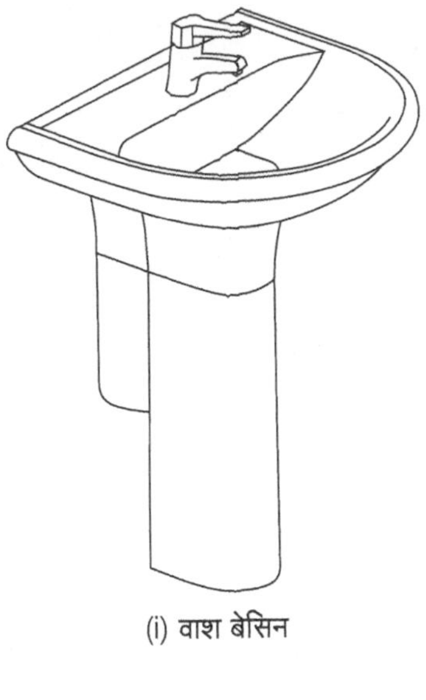

(i) वाश बेसिन

4. अब बाथ टब की स्थिति फिटिंग तथा कार्यप्रणाली के बारे में जानकारी प्राप्त करते हैं।

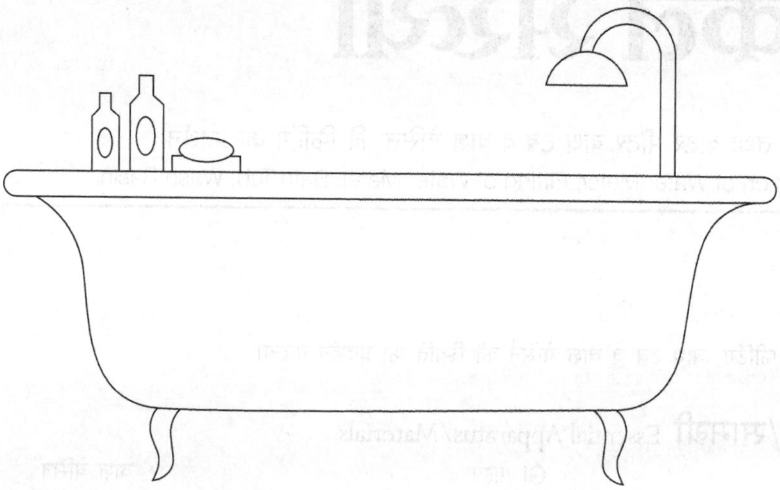

(ii) बाथ टब

5. वाटर मीटर, वाश बेसिन तथा बाथ टब की कार्यप्रणाली, उपयोग तथा फिटिंग प्रक्रिया को सारणी में नोट करते हैं।

सारणी

क्र. सं.	फिटिंग प्रक्रिया	कार्य प्रणाली	उपयोग
1. वाश बेसिन			
2. वाटर मीटर			
3. बाथ टब			

6. कार्य पूरा करने के बाद अनुदेशक से पुष्टि कराते हैं।

परिणाम (Result) वाटर मीटर, वाटर मीटर की फीटिंग, वाश बेसिन तथा बाथ टब की स्थिति के बारे में जानकारी सफलतापूर्वक प्राप्त की गई।

प्रैक्टिकल संख्या 93

✎ वाटर मीटर, बाथ टब, हैण्ड वाश बेसिन, वाटर क्लोजेट, यूरिनल, सिंक इत्यादि को सेंसर सिस्टम के साथ लगाना
Install Water Meter, Bath Tub, Hand Wash Basin, Water Closet, Urinal, Sink etc with Sensor System

---

उद्देश्य Object

वाटर मीटर, बाथ टब, हैण्ड वाश बेसिन, वाटर क्लोजेट, यूरिनल, सिंक इत्यादि को सेंसर के साथ लगाने का अभ्यास करना।

आवश्यक उपकरण/सामग्री Essential Apparatus/Materials

- वाटर मीटर
- हैमर
- सिंक
- क्लैम्प
- सीमेण्ट
- पाइप वाइस
- ब्रैकिट
- हैण्ड वाश बेसिन
- यूरिनल
- कन्नी
- पेंचकस
- कॉटन वेस्ट
- पाइप फिटिंग
- बाथ टब
- वाटर क्लोजेट
- छेनी
- पिलर टोंटी
- GI पाइप
- पाइप डाई
- यूनियन

सुरक्षा सावधानियाँ/निर्देश Safety Precautions/Instructions

1. वाटर मीटर को CI कैन्टीलीवर ब्रैकेट पर ही लगाएँ।
2. वाटर मीटर पर विद्युत् कार्य करने से पूर्व सुनिश्चित कर लें कि मैन पावर सप्लाई ऑफ है या नहीं।
3. बाथ टब को समतल स्थान पर ही लगाएँ।
4. वाश बेसिन पर कोई भी भारी सामान न रखें।
5. सिंक को फर्श की सतह से 80 सेमी की ऊँचाई पर ही लगाएँ।
6. वाटर क्लोजेट के ज्वॉइण्ट को सीमेण्ट द्वारा सील करें।
7. यूरिनल में पेंच धीरे-धीरे कसें।
8. कैन्टीलीवर ब्रैकिट मजबूती से लगाएँ।

कार्यविधि Working Method

A. वाटर मीटर की स्थापना

1. सर्वप्रथम सभी औजारों एवं यन्त्रों को कार्यस्थल पर ध्यानपूर्वक रखते हैं।
2. अब जिस स्थान पर वाटर मीटर लगाना है उस स्थान का चयन करते हैं।
3. अब वाटर मीटर को दीवार पर सीधा पकड़कर CI कैन्टीलीवर ब्रैकेट के लिए मार्किंग करते हैं।
4. अब मार्किंग किए गए स्थान पर छिद्र बनाकर ब्रैकिट लगाते हैं तथा सीमेण्ट द्वारा ब्रैकेट को फिक्स कर देते हैं।
5. अब वाटर मीटर को कैन्टीलीवर ब्रैकेट में लगे हुए बोल्ट से फिक्स कर देते हैं।

6. लेवलिंग गेज की सहायता से वाटर मीटर की सही स्थिति की जाँच करते हैं।

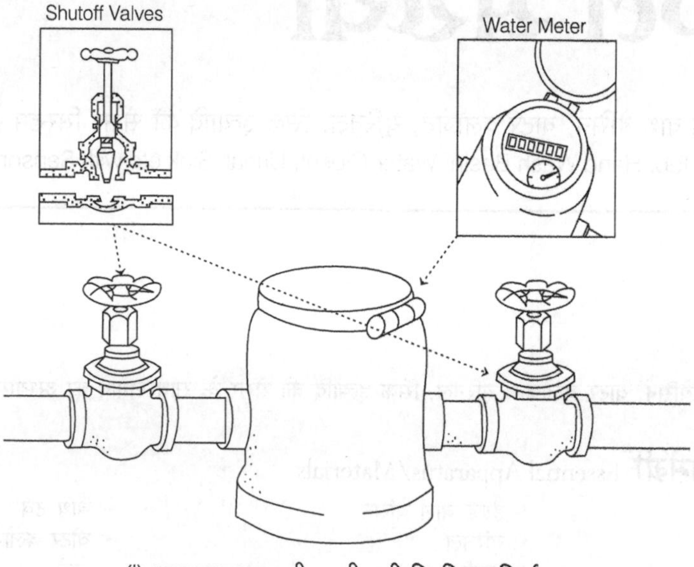

(i) वाटर तथा वाटर मीटर की सही स्थिति का निर्धारण

7. अब वाटर मीटर के इनलेट पर वाल्व फिक्स करते हैं तथा इसे फ्लैक्सिबल पाइप का प्रयोग करके जोड़ते हैं।
8. इसके पश्चात् वाटर मीटर के आउटलेट पर फ्लैक्सिबल पाइप को फिक्स करते हैं।
9. अब वाटर मीटर के कनैक्शन वायर, जोड़कर सप्लाई प्लग को स्विच बोर्ड में लगाते हैं।
10. इसके पश्चात् वाटर मीटर चालू करके इसकी कार्यप्रणाली की जाँच करते हैं।

B. **बाथ टब की स्थापना**

1. सर्वप्रथम सभी औजारों व सामग्री को कार्यस्थल के समीप रखते हैं।
2. अब बाथरूम में उस स्थान का चयन करते हैं जहाँ बाथ टब लगाना है।
3. इसके पश्चात् बाथ टब को फर्श पर रखते हैं तथा क्लैम्प की सहायता से फिक्स करते हैं।
4. अब बाथ टब के आउटलेट को वेस्ट पाइप लाइन से कनैक्ट करते हैं तथा 'S' ट्रेप लगाते हैं।
5. 'S' ट्रेप से निकले वेस्ट पाइप को सीवर लाइन से कनैक्ट करते हैं तथा इसमें ओवरफ्लो पाइप लगाते हैं तथा ड्रेन से कनैक्ट कर देते हैं।
6. अब बाथ टब पर किए गए टैप को पाइप के माध्यम से ठण्डे व गर्म पानी की सप्लाई लाइन से जोड़ते हैं तथा बाथ टब में यदि उपयुक्त स्थान दिया गया हो तो वहाँ शॉवर को वाशर नट की सहायता से लगाते हैं।

7. अन्त में सभी फिटिंग की जाँच करते हैं।

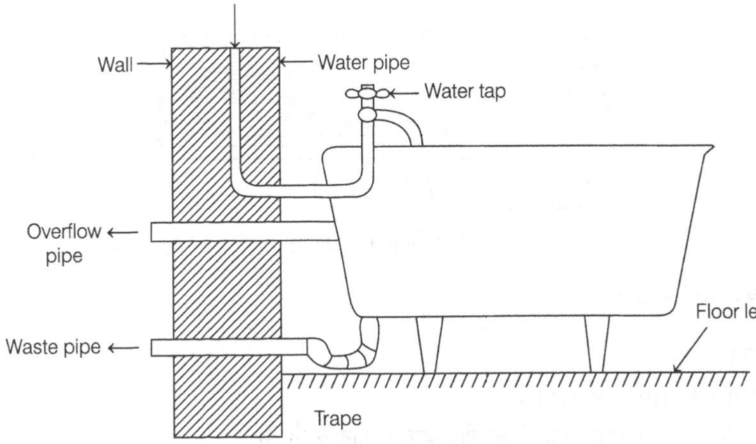

(ii) बाथ टब की स्थापना

C. वाश बेसिन की स्थापना

1. सर्वप्रथम सभी औजारों एवं सामग्री को कार्यस्थल पर रखते हैं।
2. वाश बेसिन फिट करने के लिए स्थान का चयन करते हैं।
3. अब चयनित स्थान पर छिद्र बनाते हैं तथा इन छिद्रों में MS ब्रैकेट लगाते हैं तथा सीमेण्ट मसाला लगाकर फिट कर देते हैं।
4. इसके पश्चात् वाश बेसिन को ब्रैकेट पर रखकर बोल्ट कस देते हैं। वाश बेसिन व दीवार के मध्य गैप को सीमेण्ट से भर देते हैं।
5. अब वाश बेसिन के आउटलेट पर वेस्ट पाइप लगाते हैं तथा इसके साथ 'S' ट्रैप फिट करते हैं।
6. 'S' ट्रैप को ड्रेन पाइप से कनैक्ट करते हैं।
7. वाश बेसिन में पिलर टोंटी लगाते हैं तथा गर्म व ठण्डे पानी के लिए अलग-अलग टोंटी लगाते हैं।
8. वाटर लाइन को वाटर सप्लाई से कनैक्ट करते हैं।
9. इसके बाद सभी बोल्टों व नटों को कसकर निकास नली पर एक जाली फिट कर देते हैं, जिससे कि अपशिष्ट पदार्थों को छिद्र में जाने से उत्पन्न होने वाले अवरोध को रोका जा सके।
10. वाश बेसिन की स्थापना एवं सिस्टम को चैक करते हैं।

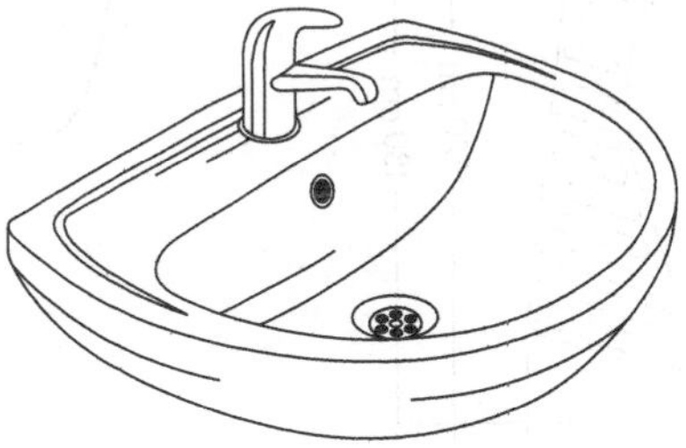

(iii) वाश बेसिन की स्थापना

D. सिंक की स्थापना

1. सर्वप्रथम सभी औजारों एवं सामग्री को कार्यस्थल पर रखते हैं।
2. अब सिंक लगाने के लिए उपयुक्त स्थान का चयन करते हैं।
3. मीजरिंग टैप द्वारा फर्श से 80 सेमी की ऊँचाई पर CI कैन्टीलीवर ब्रैकेट के लिए निशान बनाते हैं।
4. अब लगाए गए निशान में छिद्र बनाकर कैन्टीलीवर ब्रैकेट लगाते हैं तथा सीमेण्ट लगाकर मजबूती से फिट कर देते हैं।

5. सिंक को CI कैन्टीलीवर पर लगाकर पेंच कस देते हैं।
6. अब सिंक के आउटलेट पर GI या पीवीसी पाइप लगाते हैं।

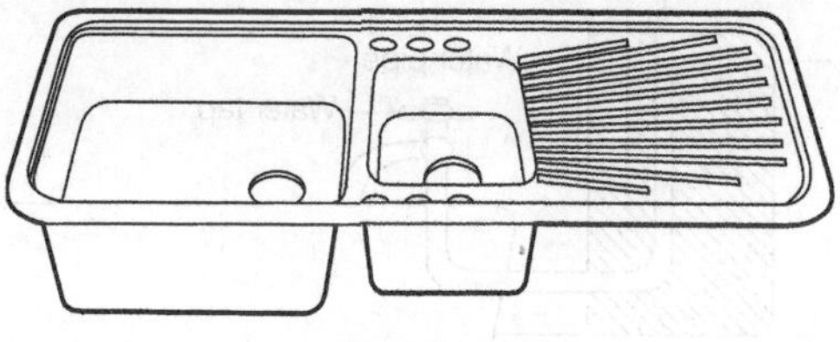

(iv) सिंक की स्थापना

7. अन्त में सिंक की स्थापना की जाँच करते हैं।

E. **वाटर क्लोजेट की स्थापना**

1. सर्वप्रथम सभी औजारों व सामग्री कार्यस्थल पर रखते हैं।
2. अब वाटर क्लोजेट को टेप द्वारा मापते हैं तथा विमाओं को नोट बुक में नोट करते हैं।
3. वाटर क्लोजेट को समतल स्थान पर रखते हैं।
4. बाथरूम के फर्श पर जहाँ वाटर क्लोजेट स्थापित करना है वहाँ ड्रेन पाइप को केन्द्र बिन्दु मानकर जगह निर्धारित करते हैं।
5. अब वाटर क्लोजेट के हील रैस्ट बैण्ड को लगाने के लिए हैमर व चीजल की सहायता से उचित माप के अनुसार फर्श की खुदाई करते हैं।
6. अब हील रैस्ट बैण्ड में आवश्यकतानुसार पाइप कनैक्ट करते हैं तथा इस पाइप का कनैक्शन इन्स्पैक्शन चैम्बर मैनहोल से करते हैं।
7. वाटर क्लोजेट को फर्श से 40 सेमी की ऊँचाई पर रखते हैं तथा 55 सेमी की ऊँचाई पर आयरन ब्रैकेट लगाते हैं।
8. इसके पश्चात् सिस्टर्न को वाटर क्लोजेट के साथ जोड़ देते हैं जिससे सिस्टर्न का जल, वाटर क्लोजेट में चला जाए।
9. फ्लशिंग सिस्टर्न के इनलेट से आवश्यक लम्बाई का GI पाइप का बैण्ड लगाकर जल सप्लाई लाइन से जोड़ देते हैं, जिससे जल फ्लशिंग सिस्टर्न में भरता रहे।
10. अब GI पाइप लाइन में एक स्टॉप कॉक लगाते हैं जो वाटर सप्लाई को नियन्त्रित करता है।
11. अन्त में वाटर क्लोजेट की जाँच करते हैं तथा कोई समस्या होने पर उसे दूर करते हैं।

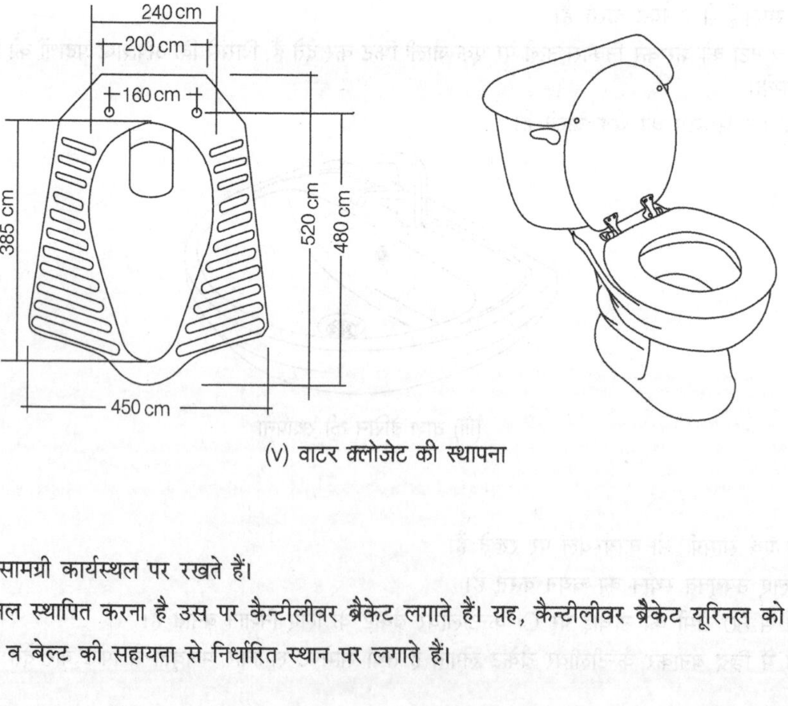

(v) वाटर क्लोजेट की स्थापना

F. **यूरिनल की स्थापना**

1. सर्वप्रथम सभी औजार व सामग्री कार्यस्थल पर रखते हैं।
2. अब जिस दीवार पर यूरिनल स्थापित करना है उस पर कैन्टीलीवर ब्रैकेट लगाते हैं। यह, कैन्टीलीवर ब्रैकेट यूरिनल को सपोर्ट प्रदान करता है।
3. यूरिनल को वाशर, कॉलर व बेल्ट की सहायता से निर्धारित स्थान पर लगाते हैं।

4. यूरिनल को सतह से 24 इंच ऊपर रखते हैं। स्टेन्सिल की सहायता से ड्रेन पाइप, सप्लाई पाइप व निकास पाइप की जगह निर्धारित करके सभी ज्वॉइण्ट्स को यूरिनल में दिए गए स्थान पर लगा देते हैं।
5. अब यूरिनल में दिए गए निकास छिद्र में पाइप लगाकर ड्रेन से जोड़ देते हैं।
6. फ्लश वाल्व यूनिट को दिए गए स्टड की सहायता से यूरिनल के ऊपर लगा देते हैं। अन्त में ज्वॉइण्ट वाटर सप्लाई पाइप को फ्लश यूनिट में दिए गए इनलेट से जोड़ देते हैं।
7. यूरिनल को स्थापित करने के पश्चात् इसमें लीकेज की जाँच करते हैं। यदि कोई लीकेज होता है, तो उसे ठीक करते हैं।

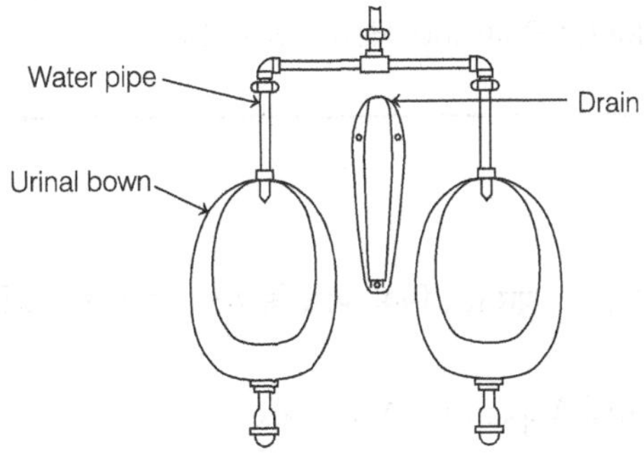

(vi) यूरिनल की स्थापना

परिणाम (Result) वाटर मीटर, बाथ टब, वाश बेसिन, वाटर क्लोजेट, यूरिनल सिंक इत्यादि को सेंसर के साथ लगाने का अभ्यास सफलतापूर्वक किया गया।

प्रैक्टिकल संख्या 94

✎ वाटर मीटर, बाथ टब, हैण्ड वाश बेसिन, वाटर क्लोजेट, यूरिनल, सिंक आदि के रख-रखाव का प्रदर्शन

Demonstrate Maintenance of Water Meter, Bath Tub, Hand Wash Basin, Water Closet, Urinal, Sink etc.

उद्देश्य Object

वाटर मीटर, बाथ टब, हैण्ड वाश बेसिन, वाटर क्लोजेट, यूरिनल, सिंक आदि के रख-रखाव का प्रदर्शन करना।

आवश्यक उपकरण/सामग्री Essential Apparatus/Materials

- वाटर मीटर
- क्लीनिंग ग्लव्ज
- सिंक
- क्लीनिंग मैनुअल
- लैब मैनुअल
- यूरिनल
- बाथ टब
- वाश बेसिन
- वाटर क्लोजेट

सुरक्षा सावधानियाँ/निर्देश Safety Precautions/Instructions

1. अनुदेशक के निर्देशों का पालन करें।
2. व्यर्थ ही किसी उपकरण या सामग्री को न खोलें।
3. लैब मैनुअल का ध्यानपूर्वक अवलोकन करें।
4. क्लीनिंग मैनुअल का ध्यानपूर्वक अवलोकन करें।
5. आवश्यक सुरक्षा उपकरणों को धारण करें।

कार्यविधि Working Method

1. पानी का मीटर

(i) संयुक्त मरम्मत में रिसाव की जाँच करते हैं।

(ii) उचित कार्य और मरम्मत की जाँच करते हैं।

2. बाथ टब

(i) अतिप्रवाह के लिए जल स्तर की जाँच करके मिक्सर के नल को बंद करते हैं।

(ii) बाथ टब की साफ-सफाई करके फिसलन से बचने के लिए हमेशा साफ-सुथरा रखते हैं।

3. वाश बेसिन

(i) पिलर टैप और सीपी वेस्ट कपलिंग को साफ करने के लिए एसिड के इस्तेमाल से बचें, इससे सीपी कोटिंग और ग्लेजिंग हट जाएगी।

(ii) बॉटल ट्रैप को आवधिक रूप से साफ करते हैं।

4. वाटर क्लोजेट

(i) वाटर क्लोजेट को साफ करने के लिए हल्के और पतला घोल का प्रयोग करते हैं।

(ii) ट्रैप के पानी की सील को सुरक्षित रखने के लिए एंटी साइफन पाइप का प्रयोग अवश्य करते हैं।

(iii) घोंसलों और मच्छरों को रोकने के लिए काउल को एयरवेंट करने के लिए पीवीसी जाल अवश्य लगाएँ।

5. यूरिनल

(i) सीपी स्प्रेडर्स को बार-बार साफ करते हैं।

(ii) दाग और स्केलिंग से बचने के लिए सेनेटरी फिटिंग के लिए शीतल जल का प्रयोग करते हैं।

6. सिंक

(i) सिंक को बहुत अधिक ऊँचाई पर लगाने से बचें, इससे स्प्लैशिंग होती है।

(ii) एबल्यूशन फिटिंग (ablution fitting) से निकलने वाला अपशिष्ट जल सीधे निरीक्षण कक्ष से नहीं जुड़ता है।

(iii) गन्दे पानी को गली चैम्बर से जोड़ा जाता है।

परिणाम (Result) वाटर मीटर, बाथ टब, हैण्ड वाश बेसिन, वाटर क्लोजेट, यूरिनल, सिंक आदि के रख-रखाव का प्रदर्शन सफलतापूर्वक किया गया।

प्रैक्टिकल संख्या 95

✎ वाटर मीटर, बाथ टब, हैण्ड वाश बेसिन के परीक्षण का प्रदर्शन
Demonstrate Testing of Water Meter, Bath Tub, Hand Wash Basin

उद्देश्य Object

वाटर मीटर, बाथ-टब, हैण्ड वाश बेसिन के परीक्षण का प्रदर्शन करना।

आवश्यक उपकरण/सामग्री Essential Apparatus/Materials

- वाटर मीटर
- हैण्ड वाश बेसिन
- कम्प्रैसर
- थ्रेड सील सामग्री
- सर्विस मैनुअल
- बाथ टब
- प्लम्बर टूल किट
- साबुन का तेल
- लैब मैनुअल

सुरक्षा सावधानियाँ/निर्देश Safety Precautions/Instructions

1. अनुदेशक के निर्देशों का पालन करें।
2. व्यर्थ ही किसी उपकरण या सामग्री को न खोलें।
3. लैब मैनुअल का ध्यानपूर्वक अवलोकन करें।
4. सर्विस मैनुअल का ध्यानपूर्वक अवलोकन करें।

कार्यविधि Working Method

1. यदि सिस्टम में कोई डिस्कनैक्शन है तो उसे कनैक्ट करते हैं।
2. सिस्टम के आउटलेट प्वॉइण्ट को बन्द करते हैं।
3. इनलेट पर कम्प्रैसर के फीड पाइप द्वारा 15 से 20 मिनट तक पाइप में 5 Psi के दाब पर कम्प्रैस्ड हवा प्रवाहित करते हैं।
4. गैस पास करते समय ध्वनि का निरीक्षण करते हैं।
5. असमान्य ध्वनि होने पर बिन्दु को नोट करते हैं।
6. लीकेज होने पर लीकेज बिन्दु को चिह्नित करते हैं।
7. लीकेज को दूर करके सिस्टम की कार्यिकी जाँच करते हैं।

परिणाम (Result) वाटर मीटर, बाथ टब, हैड वाश बेसिन के परीक्षण का प्रदर्शन सफलतापूर्वक किया गया

प्रैक्टिकल संख्या 96

✎ वर्षा जल पाइप तथा ड्रेनेज पाइप सिस्टम का प्रदर्शन
Demonstrate Rain Water Pipe and Drainage Pipe System

उद्देश्य Object

वर्षा जल पाइप तथा ड्रेनेज पाइप सिस्टम के प्रदर्शन का अभ्यास करना।

आवश्यक उपकरण/सामग्री Essential Apparatus/Materials

- ड्रेन पाइप
- सॉकेट
- लीड
- स्क्रू ड्राइवर
- मीजरिंग टैप
- रेन वाटर हैड
- टी
- कटिंग प्लायर
- हैमर
- स्पैनर
- पाइप शू
- रिंच सैट
- Y-बैण्ड
- क्लैम्प
- मार्कर
- कन्नी
- सीमेण्ट पाइप
- नट-बोल्ट

सुरक्षा सावधानियाँ/निर्देश Safety Precautions/Instructions

1. पाइप को ऊर्ध्वाधर में समकोण पर लगाएँ।
2. सभी ज्वॉइण्टस को सीमेण्ट मसाले से भरें।
3. रेन वाटर हैड छत व दीवार से सटा होना चाहिए।
4. रेन वाटर पाइप व ड्रेन पाइप को दीवार के साथ क्लैम्प लगाकर मजबूती से कस दें।
5. पाइप पर किसी भी प्रकार की चोट न मारें।
6. कार्य को सावधानीपूर्वक करें।

कार्यविधि Working Method

1. सर्वप्रथम सभी औजारों एवं सामग्री को कार्यस्थल के समीप रखते हैं।
2. अब भवन के बाहर की ओर ड्रेन के पास वाले स्थान की जाँच करते हैं।
3. सीमेण्ट का पाइप लेकर उसके एक ओर सीमेण्ट बैण्ड लगाते हैं तथा रेन वाटर या ड्रेन पाइप के साथ सीमेण्ट मसाला भरकर बैण्ड फिक्स करते हैं।
4. पाइप के दूसरी ओर ऑफसैट बैण्ड लगाते हैं तथा बैण्ड व पाइप के मध्य खाली स्थान में सीमेण्ट मसाला भरते हैं।
5. इसके पश्चात् बैण्ड के दूसरी ओर पाइप शू लगाकर सीमेण्ट मसाला के द्वारा (लगाकर) बैण्ड फिक्स करते हैं।

6. पाइप को उठाकर दीवार के सहारे छत की ओर लम्बाई में रखते हैं व दीवार में क्लैम्प करके लगाते हैं।

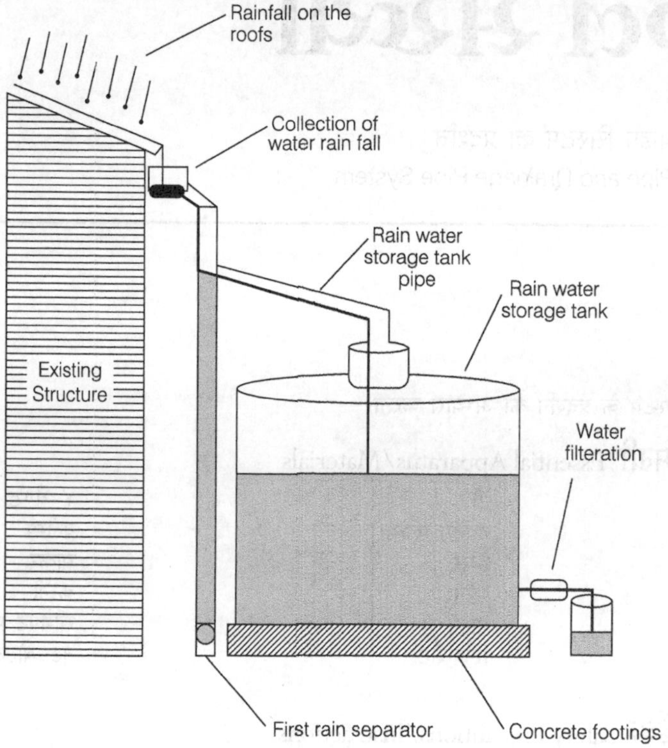

चित्र ड्रेनेज पाइप सिस्टम

7. क्लैम्प के साथ पाइप लगाकर नट-बोल्ट कसते हैं।
8. अब सीमेण्ट पाइप का बैण्ड वाला भाग ऊपर की ओर तथा शू वाला भाग नीचे के ओर रखते हैं।
9. शू वाले भाग को फर्श से 12-24 सेमी ऊँचा रखते हैं तथा ऊपर के बैण्ड में रेन वाटर हैड फ्लैट छत की दिशा में लगाते हैं।
10. अन्त में रेन वाटर पाइप या ड्रेनेज पाइप की फिटिंग की जाँच करते हैं। यदि कोई दोष मिलता है, तो उसे तुरन्त ठीक करते हैं।

परिणाम (Result) वर्षा जल पाइप व ड्रेनेज पाइप सिस्टम के प्रदर्शन का अभ्यास सफलतापूर्वक किया गया।

प्रैक्टिकल संख्या 97

✎ कन्सील्ड फ्लशिंग सिस्टर्न की स्थापना
Installation of Concealed Flushing Cistern

उद्देश्य Object

कन्सील्ड फ्लशिंग सिस्टर्न की स्थापना का अभ्यास करना।

आवश्यक उपकरण/सामग्री Essential Apparatus/Materials

- पाइप रिंच
- मीजरिंग स्टील टेप
- स्प्रिट लेविल
- वाटर पम्प प्लायर
- स्क्रू स्पैनर
- हैमर
- छेनी
- मोर्टर पैन
- ट्रॉवेल
- ड्रिलिंग मशीन
- वॉल चेजिंग मशीन
- सीमेण्ट
- कन्सील्ड फ्लशिंग सिस्टर्न
- थ्रेड सील पदार्थ
- कॉटन
- हैक्सॉ
- व्हाइट सीमेन्ट

सुरक्षा सावधानियाँ/निर्देश Safety Precautions/Instructions

1. पाइपों की फिटिंग करते समय जोड़ कम लगाएँ।
2. पाइपों के जोड़ों की लीकेज अच्छी तरह चैक करें।
3. स्पैनर का चुनाव नट के अनुसार करें।
4. डाई से चूड़ी काटते समय स्नेहक का प्रयोग करें।

कार्यविधि Working Method

1. सभी उपसाधनों (Accessories) के साथ कन्सील्ड फ्लशिंग सिस्टर्न का दृश्यिक निरीक्षण करते हैं।
2. उपयुक्त पदार्थ तथा उपकरण का चयन करते हैं।

3. जॉब शीट के अनुसार आरेख बनाते हैं। (चित्र i)

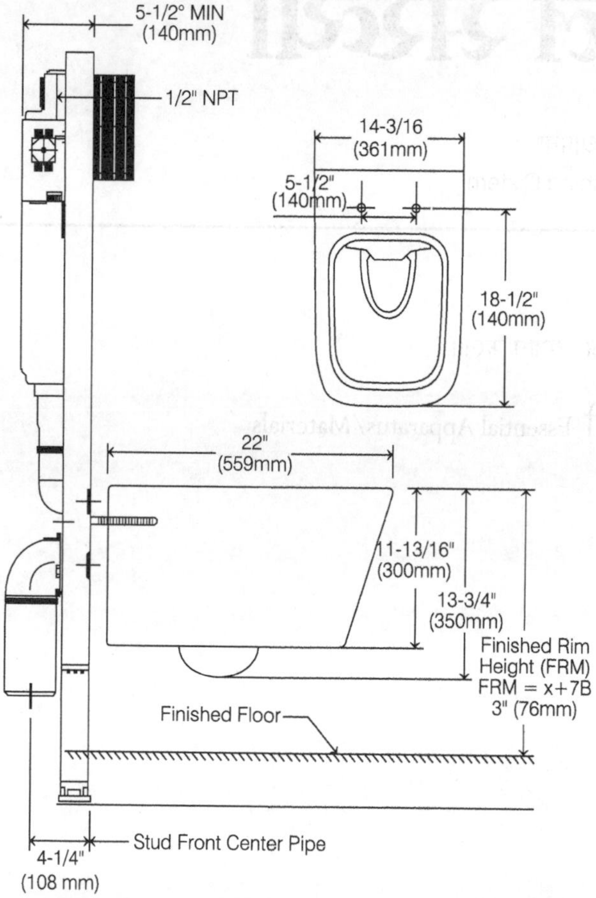

(i)

4. कन्सील्ड फ्लशिंग सिस्टर्न के लिए ब्रिक वॉल में पॉजिशन मार्क करते हैं।
5. वॉल कटिंग हैमर, छेनी, वॉल पीन हैमर या ड्रिलिंग मशीन के साथ छिद्रों की मार्किंग करते हैं।
6. वॉल ब्रेकेट तथा वॉल टाइट प्लाईवुड पैकिंग की फिक्सिंग करते हैं। (चित्र ii)

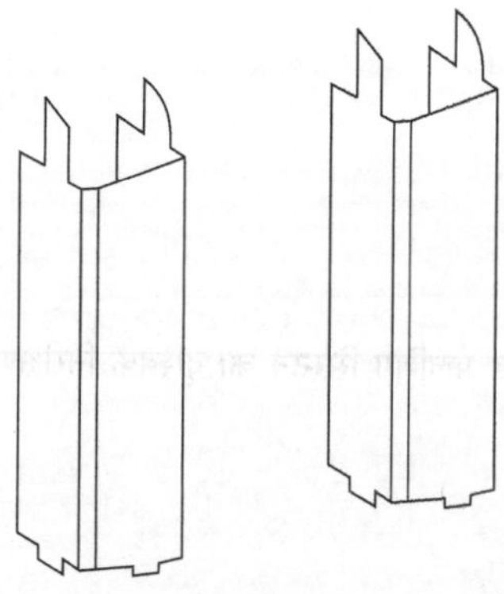

(ii)

7. ब्रेकेट पर कन्सील्ड फ्लशिंग सिस्टर्न को मार्क करते हैं। (चित्र iii)

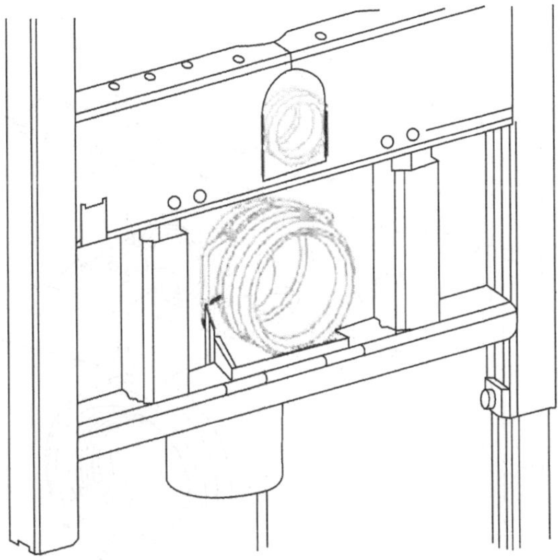

(iii)

8. फ्लशिंग सिस्टर्न से EWC तक फ्लश पाइप की मार्किंग करते हैं। (चित्र iv)

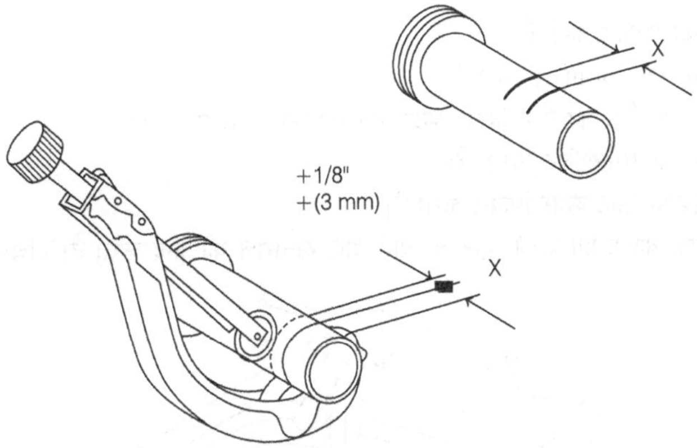

(iv)

9. पाइप कटर या हेक्सॉ का प्रयोग करके पाइप की कटिंग करते हैं ।(चित्र iv)
10. पाइप हब को दीवार में आसानी से फिक्स करने के लिए काटे गए पाइप की एज को बेवेल करते हैं। (चित्र v)

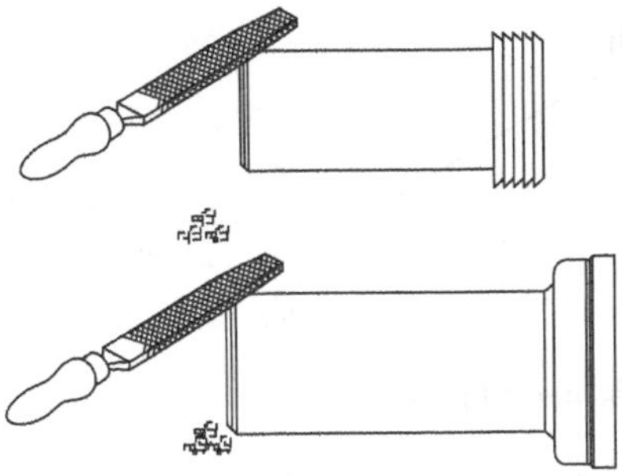

(v)

11. उपयुक्त हैण्ड टूल का उपयोग करके लॉक नट द्वारा फ्लश पाइप को सिस्टर्न से जोड़ते हैं। (चित्र vi)

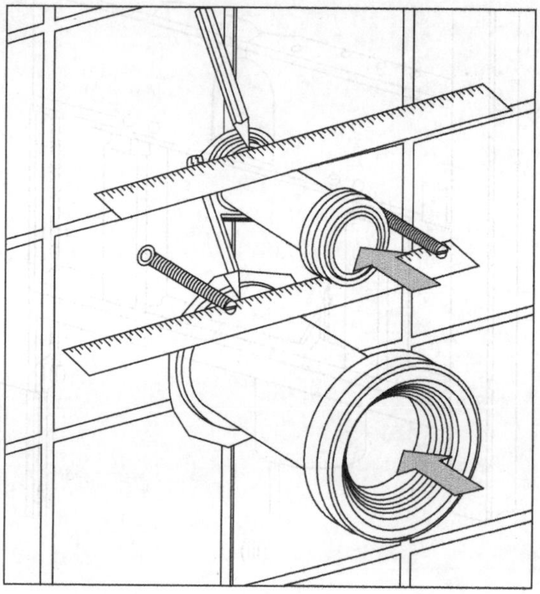

(vi)

12. ब्रिक वॉल में प्रेस बटन हाउसिंग की मार्किंग करते हैं।
13. 40 मिमी का होल ड्रिल करके प्रेस बटन को फिक्स करते हैं।
14. सिंक केबिल या बैण्ड आउट के साथ बैक नट तथा क्लिप बटन हाउसिंग को टाइट करते हैं।
15. सिस्टम में इनलेट वाल्व जल स्तर को समायोजित करता है।
16. यूरोपियन वाटर क्लोज पैन को जोड़कर सीट कवर फिक्स करते हैं।
17. वाटर प्रूफ सीमेण्ट या वाइट सीमेण्ट का प्रयोग करके शीट के चारों ओर अन्तराल को बन्द करते हैं। (चित्र vii)

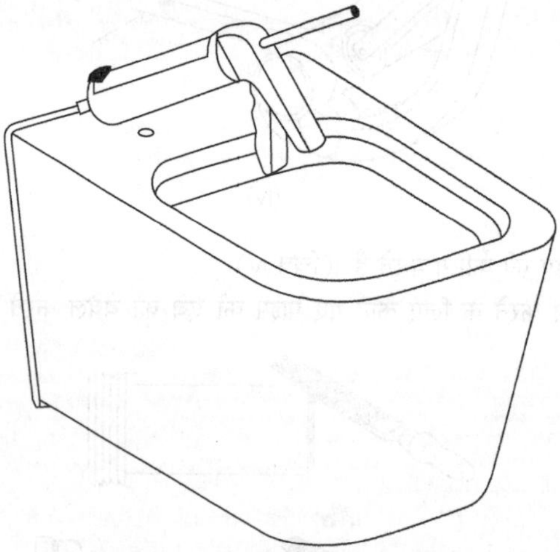

(vii)

18. फ्लशिंग सिस्टर्न की बिना किसी वाटर लीकेज के साथ चैकिंग करते हैं।

परिणाम (Result) कन्सील्ड फ्लशिंग सिस्टर्न की स्थापना का अभ्यास सफलतापूर्वक किया गया।

प्रैक्टिकल संख्या 98

✎ बैण्डिंग मशीन में पाइपों को मोड़ने की विधि का प्रदर्शन
Demonstrate Bending of Pipes in Bending Machine

उद्‌देश्य Object

बैण्डिंग मशीन में पाइपों को मोड़ने की विधि का प्रदर्शन करना।

आवश्यक उपकरण/सामग्री Essential Apparatus/Materials

- सभी उपसाधनों के साथ हाइड्रोलिक बैण्डिग मशीन
- पाइप (12 मिमी-75 मिमी)
- सूखी महीन सिलिका बालू
- मीडिया को चिह्नित करना
- ट्राई स्क्वायर
- मार्किंग टूल
- टेम्प्लेट
- लकड़ी का प्लग
- हाइड्रोलिक तेल
- स्टील टेप
- सॉफ्ट हैमर
- पोर्टेबल बैंडिंग मशीन

सुरक्षा सावधानियाँ/निर्देश Safety Precautions/Instructions

1. सुनिश्चित करें कि बैण्डिंग करते समय स्टैण्ड ठीक से सन्तुलित हो।
2. मशीन को धीरे से लोड करें।
3. फॉर्मर तथा पाइप के आवश्यक आकार की व्यवस्था करें।
4. पाइप को आवश्यकता से अधिक दाब प्रदान न करें।

कार्यविधि Working Method

पोर्टेबल हैंड से संचालित पाइप बेंडर

1. पाइप के चौकोरपन की जाँच करके यह सुनिश्चित करते हैं कि यह गड़गड़ाहट से मुक्त है तथा बेंड के केन्द्र को मापकर चिह्नित करते हैं। चित्र (i)

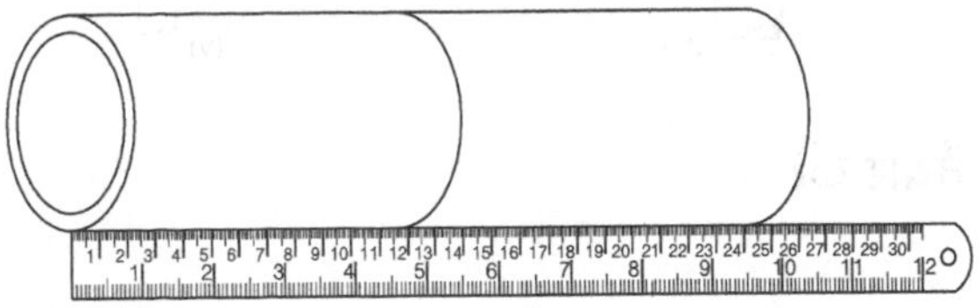

(i)

2. सेन्टर लाइन से मोड़ की स्टार्टिंग और एण्ड को चिह्नित करते हैं। चित्र (ii)

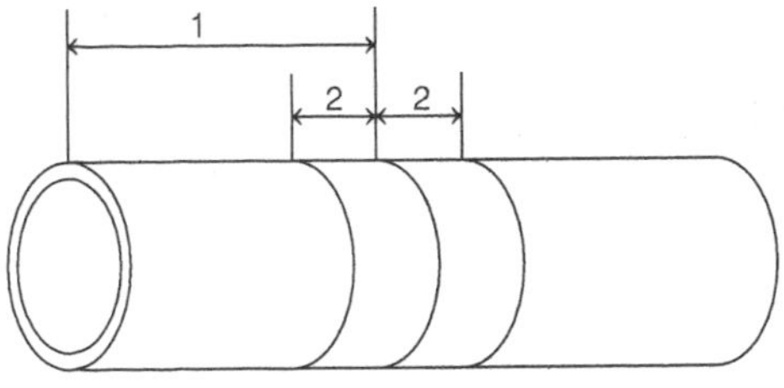

(ii)

3. पाइप बैण्डिग के लिए पाइप बेंडर तैयार करते हैं।
4. मशीन को ठीक से ग्राउट करते हैं।
5. पाइप बेंडर के लिए पाइप का चयन करते हैं।
6. सभी घटकों के साथ बेंडर की जाँच करते हैं। चित्र (iii)

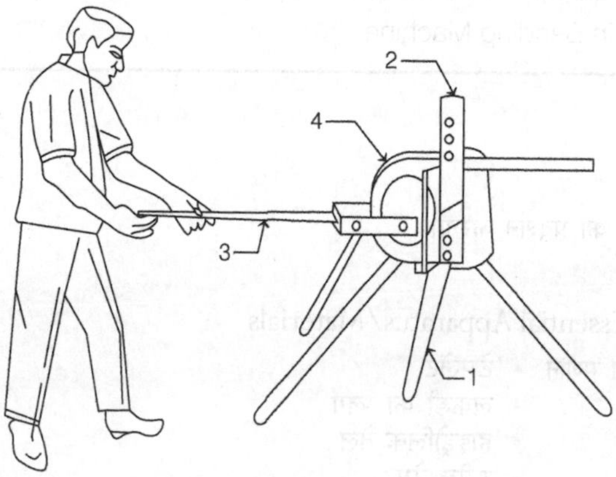

(iii)

7. उपर्युक्त फॉर्मर के साथ पाइप मशीन में डालते हैं।
8. लीवरेज हैंडल को पुश करते हैं।
9. पाइप के वांछित कोण को बैण्ड करते हैं।
10. बैण्ड हुए पाइप की जाँच करते हैं।
11. टेम्प्लेट का उपयोग करके बैण्ड के कोण और त्रिज्या की जाँच करते हैं। चित्र (iv व v)

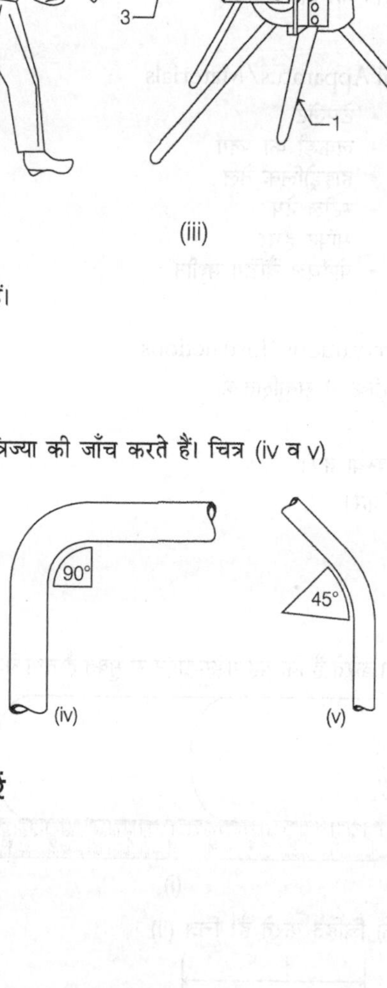

(iv) (v)

हाइड्रोलिक के लिए बैंडिंग मशीन तैयार करें

1. मशीन का चयन करते हैं।
2. फॉर्मर को मशीन पर सैट करते हैं।
3. प्रेशर रिलीज वाल्व को खोलते हैं।
4. आन्तरिक फॉर्मर को मशीन में डालते हैं।
5. पाइप को उचित स्थान पर सैट करते हैं।
6. बेस प्लेट को उचित छेद पर बन्द कर देते हैं।
7. प्रेशर रिलीज वाल्व को बन्द करते हैं।

8. ऑपरेटिंग लीवर को खींचकर धकेलते हैं।

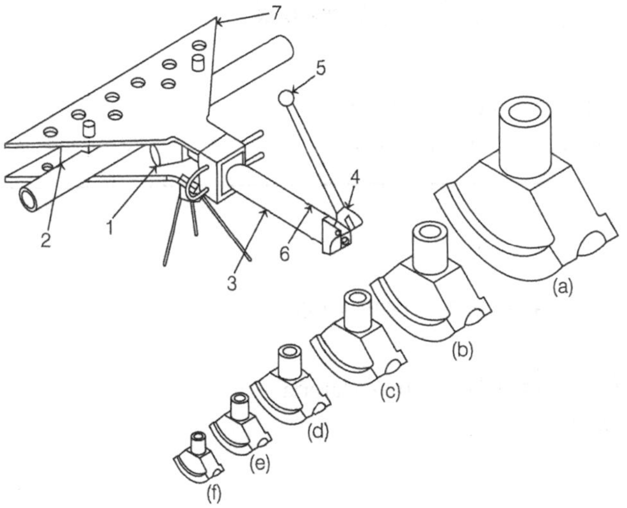

9. ऑपरेटिंग लीवर द्वारा पुल और पुश को रोकते हैं।
10. प्रेशर रिलीज वाल्व को खोलते हैं।
11. बेस प्लेट को खोलकर मशीन से पाइप हटा देते हैं।
12. टेम्प्लेट की मदद से पाइप के बैंडिंग कोण की जाँच करते हैं।

परिणाम (Result) बैण्डिंग मशीन में पाइपों को मोड़ने की विधि का प्रदर्शन सफलतापूर्वक किया गया।

प्रैक्टिकल संख्या 99

विभिन्न व्यासों के GI पाइपों को विभिन्न कोणों पर मोड़ना
Bend GI Pipes of Different Diameter in Different Angle

उद्देश्य Object

विभिन्न व्यासों के GI पाइपों को विभिन्न कोणों पर मोड़ने का अभ्यास करना।

आवश्यक उपकरण/सामग्री Essential Apparatus/Materials

- सभी उपसाधनों के साथ हाइड्रोलिक मशीन
- टेम्प्लेट
- GI पाइप
- लकड़ी की प्लग
- सूखी रेत
- हाइड्रॉलिक क्षेत्र
- मार्किंग मीडिया
- स्टील टेप
- ट्राई स्क्वायर
- सॉफ्ट हैमर
- मार्किंग टूल
- पोर्टेबल बैण्डिंग मशीन

सुरक्षा सावधानियाँ/निर्देश Safety Precautions/Instructions

1. सुनिश्चित करें कि बैण्डिंग करते समय स्टैण्ड ठीक से सन्तुलित हो।
2. मशीन को धीरे से लोड करें।
3. फॉर्मर तथा पाइप के आवश्यक आकार की व्यवस्था करें।
4. पाइप को आवश्यकता से अधिक दाब प्रदान न करें।

नोट *इस प्रैक्टिकल के अध्ययन हेतु प्रैक्टिकल संख्या-34 का अवलोकन करें।*

प्रैक्टिकल संख्या 100

✎ ड्रॉइंग तथा मापन के अनुसार GI पाइप को मोड़ना
Bend GI Pipe as per Drawing and Measurement

उद्देश्य Object

ड्रॉइंग तथा मापन के अनुसार GI पाइप को मोड़ने का अभ्यास करना।

आवश्यक उपकरण/सामग्री Essential Apparatus/Materials

- स्टील टेप
- ट्राई स्क्वायर
- सॉफ्ट हैमर
- पोर्टेबल बैण्डिंग मशीन
- मार्किंग मीडिया
- टेम्प्लेट
- लकड़ी का प्लग
- सूखी रेत
- हाइड्रॉलिक तेल

सुरक्षा सावधानियाँ/निर्देश Safety Precautions/Instructions

1. सुनिश्चित करें कि बैण्डिंग करते समय स्टैण्ड ठीक से सन्तुलित हो।
2. मशीन को धीरे से लोड करें।
3. फॉर्मर तथा पाइप के आवश्यक आकार की व्यवस्था करें।
4. पाइप को आवश्यकता से अधिक दाब प्रदान न करें।

नोट *इस प्रैक्टिकल के अध्ययन हेतु प्रैक्टिकल संख्या-34 का अवलोकन करें।*

प्रैक्टिकल संख्या 101

✎ विभिन्न व्यासों के PVC पाइपों को शुष्क रेत के साथ हीटिंग द्वारा विभिन्न कोणों पर मोड़ना
Bend PVC Pipe of Different Diameter in Different Angle with Dry Sand by Heating

उद्देश्य Object

विभिन्न व्यासों के PVC पाइपों को शुष्क रेत के साथ हीटिंग द्वारा विभिन्न कोणों पर मोड़ने का अभ्यास करना।

आवश्यक उपकरण/सामग्री Essential Apparatus/Materials

- सुरक्षा चश्मा
- गर्मी प्रतिरोधी दस्ताने
- सैंड पेपर
- हैक्सॉ
- हीट गन
- पीवीसी पाइप बेंडिंग हीटर
- P. V. C. पाइप 25′ mm ∅
- श्वासयन्त्र
- स्टील वूल
- मापने वाला टेप
- लकड़ी की धातु
- पीवीसी पाइप काटने की मशीन
- बेंड स्प्रिंग 25′ मिमी

सुरक्षा सावधानियाँ/निर्देश Safety Precautions/Instructions

1. बेंडिंग की प्रक्रिया अच्छी तरह तथा हवादार क्षेत्र में आयोजित की जानी चाहिए।
2. हमेशा सुरक्षात्मक कपड़ों का प्रयोग करें।
3. सुरक्षा चश्मे का प्रयोग करें।
4. पाइप को खुली लपटों या अत्यधिक तापमान के सम्पर्क में न आने दें।

कार्यविधि Working Method

A ओवन का उपयोग करना

1. पाइप को भरने के लिए गर्म रेत का प्रयोग करके इसे बिना टूटे बेंड करते हैं।
2. ओवन को 425°F(281.3°C) पर गर्म करते हैं।
3. पाइप को रेत से भरकर एक छोर से बेंड ब्लॉक से कुछ इंच आगे से लॉक करते हैं।
4. रेत को ओवन में डाल देते हैं।
5. सावधानी से गर्म रेत को वापस पीवीसी पाइप में डालते हैं। चित्र (i)

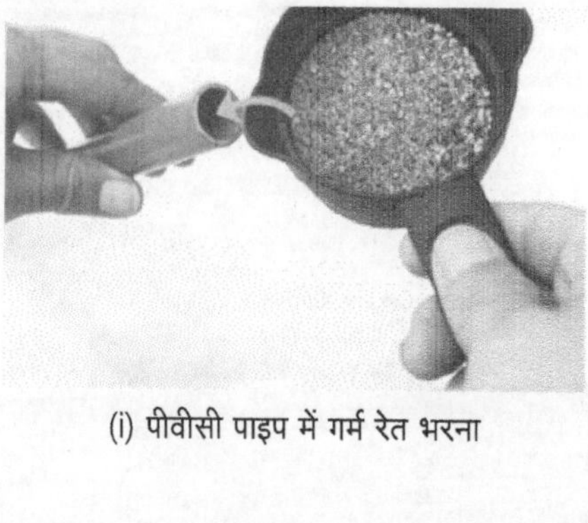

(i) पीवीसी पाइप में गर्म रेत भरना

6. धीरे-धीरे पाइप को वांछित आकार में बेंड करते हैं।
7. रेत को बाहर निकालकर पाइप को ठण्डा होने देते हैं।

B हेयर ड्रायर या हीट गन का उपयोग करके

1. पाइप को पर्याप्त रेत से भरकर नियोजित से दो से तीन इंच ऊपर से ढकते हैं। चित्र (ii)

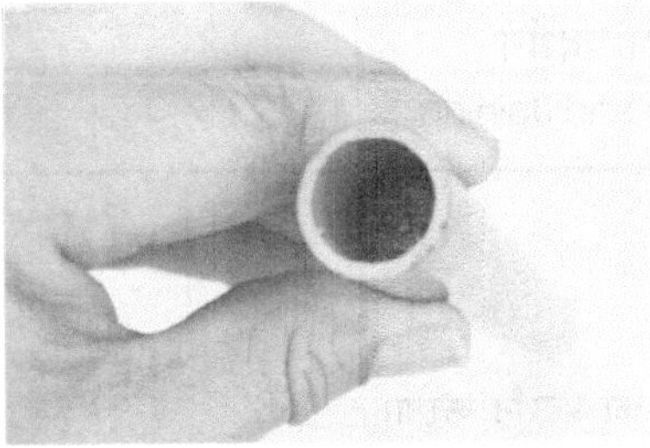

(ii) पाइप को ढकना

2. अपने नियोजित बेंड के चारों ओर समान रूप से ऊष्मा प्रदान करते हैं।
3. आवश्यकतानुसार अधिक ऊष्मा लगाते हुए पाइप को धीरे-धीरे मोड़ते हैं।
4. रेत को निकालकर पाइप को ठण्डा होने देते हैं।

परिणाम (Result) विभिन्न व्यासों के PVC पाइपों को शुष्क रेत के साथ हीटिंग द्वारा विभिन्न कोणों पर मोड़ने का अभ्यास सफलतापूर्वक किया गया।

प्रैक्टिकल संख्या 102

CI पाइपों को काटने एवं जोड़ने की विधि का प्रदर्शन
Demonstrate Process of CI Pipe Cutting and Joining

उद्देश्य Object

कास्ट आयरन पाइपों को काटने एवं जोड़ने की विधि का प्रदर्शन करना।

आवश्यक उपकरण/सामग्री Essential Apparatus/Materials

- CI पाइप
- पाइप रिंच
- सीलिंग कम्पाउण्ड
- हैक्सॉ (ब्लेड सहित)
- स्पैनर
- एल्बो
- पाइप फिटिंग्स
- पाइप वाइस
- एल्बो

सुरक्षा सावधानियाँ/निर्देश Safety Precautions/Instructions

1. किसी भी उपकरण/सामग्री से अनावश्यक छेड़-छाड़ न करें।
2. पाइपों को वाइस में मजबूती से काटें।
3. पाइपों को हैक्सॉ द्वारा सावधानीपूर्वक काटें।
4. कार्य के पश्चात् सभी उपकरणों/सामग्री को यथा स्थान रखें।
5. अन्त में अपने द्वारा किए गए कार्य की जाँच कर लें।

कार्यविधि Working Method

1. सर्वप्रथम उचित ग्रेड के कास्ट आयरन का चयन करते हैं।
2. कास्ट आयरन पाइप की मार्किंग करते हैं।
3. मार्किंग पर पम्प द्वारा विटनैस मार्क्स पंच करते हैं।
4. पाइप को वाइस में पकड़ते हैं।
5. मार्क किए गए स्थान से हैक्सॉ या ग्राइण्डर द्वारा पाइप की कटिंग प्रारम्भ करते हैं।
6. पाइप की कटिंग के पश्चात् किनारों की फाइलिंग करते हैं।
7. पाइप को पुनः वाइस में पकड़कर डाई तथा स्टॉक द्वारा पाइप के सिरों पर थ्रेड काटते हैं।
8. थ्रेडेड पाइप को वाइस से निकालकर संरेखित करते हैं।
9. सॉकेट का प्रयोग करके पाइपों को जोड़ते हैं।
10. अन्त में पाइप जोड़ का निरीक्षण करते हैं।

परिणाम (Result) कास्ट आयरन पाइपों को काटने एवं जोड़ने की विधि का प्रदर्शन सफलतापूर्वक किया गया।

प्रैक्टिकल संख्या 103

✎ विभिन्न खण्डों में अपशिष्ट पाइप लाइन के लिए CI पाइप फिटिंग की प्रक्रिया
Process of CI Pipe Fitting for Waste Pipe Line in Different Section

उद्देश्य Object

विभिन्न खण्डों में अपशिष्ट पाइप लाइन के लिए CI पाइप फिटिंग की प्रक्रिया का प्रदर्शन करना।

आवश्यक उपकरण/सामग्री Essential Apparatus/Materials

- CI पाइप
- हैक्सॉ (ब्लेड सहित)
- पाइप रिंच
- फिटिंग उपकरण
- पाइप वाइस
- डाई
- एल्बो
- सुरक्षा वस्त्र

सुरक्षा सावधानियाँ/निर्देश Safety Precautions/Instructions

1. कार्य प्रारम्भ करने से पूर्व सभी उपकरणों एवं सामग्री की जाँच कर लें।
2. CI पाइप को हैक्सॉ द्वारा सावधानीपूर्वक काटें।
3. फिटिंग प्रक्रिया द्वारा बनाए गए जोड़ पर्याप्त मजबूत होने चाहिए।
4. किसी भी उपकरण व सामग्री से अनावश्यक छेड़-छाड़ न करें।
5. अनुदेशक के निर्देशों का पूर्णत: पालन करें।

कार्यविधि Working Method

1. दीवार पर पाइप कार्य स्थापना की मध्य रेखा को चिह्नित करते हैं। चित्र (i)

(i) मध्य रेखा की मार्किंग

2. सभी फिटिंग जैसे 'Y' बेंड आदि की स्थिति को चिह्नित करते हैं।
3. दृश्य दोषों के लिए पाइप और फिटिंग की जाँच करते हैं।
4. सॉकेट में प्रवेश करने की लम्बाई सहित फिटिंग को जोड़ने वाले पाइप कार्य की माप लेते हैं।
5. संरचना में मानक अन्तरालों पर कोष्ठक लगाते हैं। चित्र (ii)

(ii) कोष्ठक फिटिंग

6. पाइप और फिटिंग्स को अस्थायी रूप से पाइप वर्क की सेन्टर लाइन के साथ स्ट्रक्चर के लिए फिक्स ब्रैकेट्स की सहायता से स्थिति में रखते हैं।
7. प्रत्येक पाइप को पूरी तरह से सॉकेट में फिक्स करते हैं। चित्र (iii)

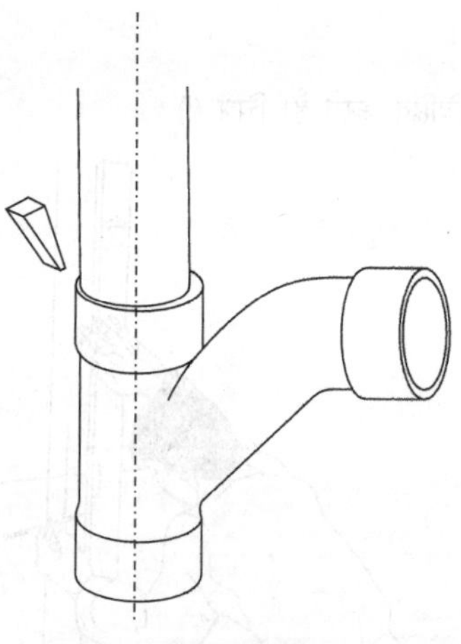

(iii) सॉकेट फिटिंग

8. छोटे पैकिंग का उपयोग करके जोड़ को केन्द्रीकृत करते हैं।

9. नीचे से शुरू करते हुए सीसा/सीमेण्ट मोर्टार का उपयोग करके पाइप और फिटिंग को जोड़ देते हैं। चित्र (iv)

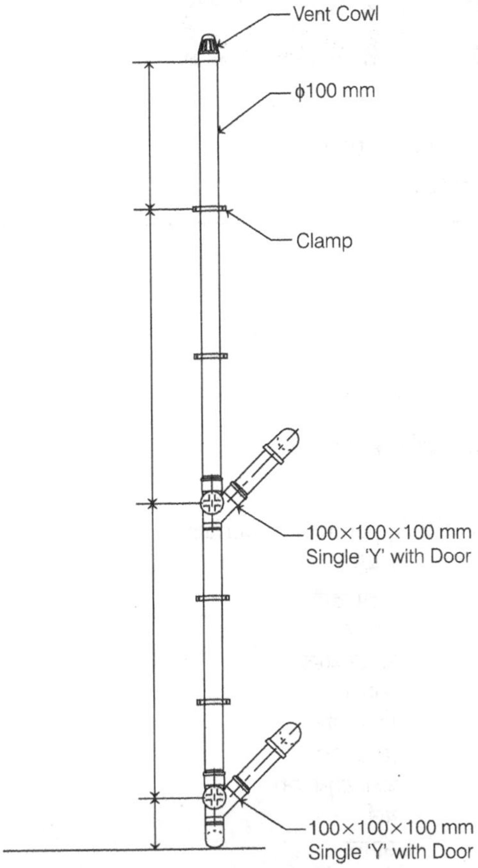

(iv) पाइप व फिटिंग जॉब

10. ब्रैकेट को कस देते हैं।
11. रिसाव के लिए परीक्षण का संचालन करते हैं।

परिणाम (Result) विभिन्न खण्डों में अपशिष्ट पाइप लाइन के लिए CI पाइप फिटिंग की प्रक्रिया का प्रदर्शन सफलतापूर्वक किया गया।

प्रैक्टिकल संख्या 104

✎ बाह्य मृदा पाइप को फिक्स करने की विधियों का प्रदर्शन
Employ Process of Fixing of External Soil Pipe

उद्देश्य Object

बाह्य मृदा पाइप को फिक्स करने की विधियों का प्रदर्शन करना।

आवश्यक उपकरण/सामग्री Essential Apparatus/Materials

- विभिन्न प्रकार के पाइप
- पाइप रिंच
- पेंचकस
- क्लैम्प
- मापने वाला टेप
- ट्रॉवेल
- प्लम्ब बॉब
- सीधा किनारा
- काता सूत
- लीड
- सॉल्वेंट सीमेन्ट
- सकल
- डोर टी
- कॉलर
- एल्बो
- पाइप डाई
- प्लायर
- सुरक्षा वस्त्र
- कुदाल
- मोर्टार पैन
- स्प्रिट स्तर
- जल ट्यूब स्तर
- यार्न
- सीमेन्ट
- ठीक नदी की रेत
- डोर बेंड
- प्लेन टी

सुरक्षा सावधानियाँ/निर्देश Safety Precautions/Instructions

1. क्षतिग्रस्त उपकरणों का उपयोग न करें।
2. काम से पहले पूरी फिटिंग की जांच की जानी चाहिए।
3. सुनिश्चित करें कि सभी अंकन सही हैं।
4. क्षैतिज रेखा सटीक ढलान में होनी चाहिए।
5. अच्छी फिनिशिंग के जोड़ को पूरा करें।
6. डब्ल्यू०सी० फिक्सिंग के स्तर की जाँच करें।
7. जोड़ को पूरी तरह से जांच लें।

कार्यविधि Working Method

1. सर्वप्रथम केन्द्र रेखा को निन्हित करते है।
2. मौजूदा लाइन को ट्रेप करने के लिए चिन्हन करते है।
3. आवश्यक सामग्री तैयार करते है।

4. फिअिंग ले-आउट तैयार करते है। चित्र (i)

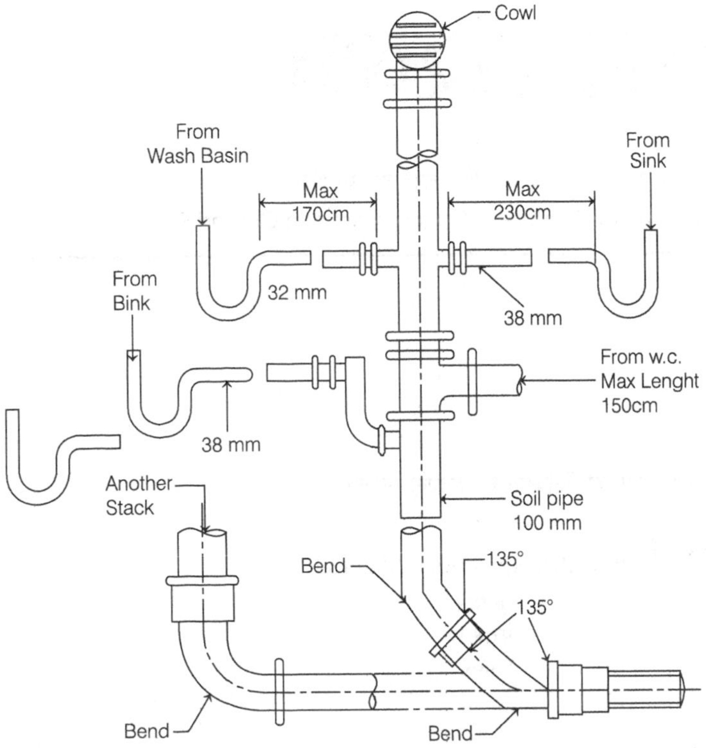

5. ट्रैप आउट लेट को आवश्यक चैंबर कनेक्ट करते है।

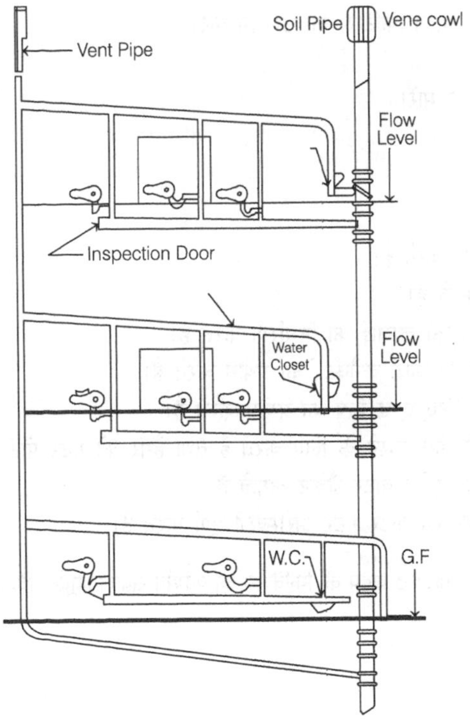

6. पाइपिंग सिस्टम की जाँच करते हैं।

परिणाम (Result) बाह्य मृदा पाइप को फिक्स करने की विधियों का प्रदर्शन सफलतापूर्वक किया गया।

प्रैक्टिकल संख्या 105

✎ रेन वाटर गटर आउटलेट तथा ग्राउण्ड पाइप की फिक्सिंग का प्रदर्शन
Demonstrate Process of Fixing of Rain Water Gutter Outlet and Ground Pipe

उद्‌देश्य Object

रेन वाटर गटर आउटलेट तथा ग्राउण्ड पाइप की फिक्सिंग का प्रदर्शन करना।

आवश्यक उपकरण/सामग्री Essential Apparatus/Materials

- विभिन्न प्रकार के पाइप
- क्लैम्प
- व्यक्तिगत सुरक्षा पोशाक
- पाइप वाइस
- यूनियन
- पेंचकस
- प्लायर

सुरक्षा सावधानियाँ/निर्देश Safety Precautions/Instructions

1. स्थिति एवं कार्य की प्रकृति के अनुसार ही पाइप फिटिंग्स का उपयोग करें।
2. सभी जोड़ पर्याप्त मजबूत होने चाहिए।
3. वाल्व या फिटिंग पर अधिक जोर से चोट न मारें।
4. अनुदेशक के निर्देशों का पालन करें।

कार्यविधि Working Method

1. सर्वप्रथम डाउन पाइप के स्थान का निर्धारण करते हैं।
2. तत्पश्चात् गाइड लाइन का आरेख तैयार करते हैं।
3. अब रेन वाटर गटर (rain water gutter) की लम्बाई का निर्धारण करते हैं।
4. रेन वाटर गटर तथा गाइड को जोड़ने के लिए कार्ड कनैक्टर का प्रयोग करते हैं।
5. रेन वाटर गटर के सिरे को सील करने के लिए एण्ड कैप का प्रयोग करते हैं।
6. अब हैंगर का उपयोग कॉर्निस पर गटर को ठीक करने के लिए करते हैं तथा हैंगर को गटर पोर्ट के साथ फिक्स करते हैं।
7. गटर के ड्रेनेज को सेन्ट्रालाइज्ड करने के लिए रेन वाटर ब्रैकेट लगाते हैं।
8. अन्त में गटर पर रिटेनिंग लीफ मैट लगाकर रेन वाटर गटर असेम्बली पूर्ण करते हैं।

परिणाम (Result) रेन वाटर गटर आउटलेट तथा ग्राउण्ड पाइप की फिक्सिंग का प्रदर्शन सफलतापूर्वक किया गया।

प्रैक्टिकल संख्या 106

✎ अपशिष्ट पाइप लाइन की मापन प्रक्रिया का प्रदर्शन
Demonstrate Process of Measurement of Waste Pipe Line

उद्देश्य Object

अपशिष्ट पाइप लाइन की मापन प्रक्रिया का प्रदर्शन करना।

आवश्यक उपकरण/सामग्री Essential Apparatus/Materials

- पाइप लाइन
- व्यक्तिगत सुरक्षा पोशाक
- दस्ताने
- हैमर ड्रिलिंग मशीन
- G. I फिटिंग
- थ्रेड सील सामग्री
- मीडिया को चिह्नत करना
- विशेष क्लैंप
- पाइप रिंच 25'0 मिमी, 300 मिमी
- हैमर बॉल पेन
- छेनी फ्लैट
- वाटर पम्प प्लायर
- स्क्रू ड्राइवर 12"
- इंच टैप
- सूती कपड़ा
- क्लैम्प
- P. V. C कनैक्शन 1/2" हैवी ड्यूटी
- जी०आई०पाइप

सुरक्षा सावधानियाँ/निर्देश Safety Precautions/Instructions

1. मापन प्रक्रिया से पूर्व पाइप लाइन का निरीक्षण कर लें।
2. पाइप लाइन का मापन सावधानी व ध्यानपूर्वक करें।
3. माप लेते समय जल्दबाजी न दिखाएँ।
4. माप लेने के पश्चात् अपने अनुदेशक को दिखाएँ।
5. अनुदेशक के निर्देशों को ध्यानपूर्वक सुनें एवं उनका अनुपालन करें।

कार्यविधि Working Method

1. एल्बो-1 नम्बर, टी-2 नम्बर के साथ 2 मीटर पाइप का उपयोग करके वाश बेसिन से निरीक्षण कक्ष में पाइप को कनैक्ट करते हैं।
2. 56m पाइप का उपयोग करके पाइप को एक कक्ष से दूसरे कक्ष में कनैक्ट करते है।

3. दूसरी तरफ बाथरूम की अपशिष्ट जल लाइन एल्बो-1 नम्बर, टी-1 नम्बर और पाइप 1.5 मीटर की मदद से चैम्बर से जोड़ते है। चित्र (i)

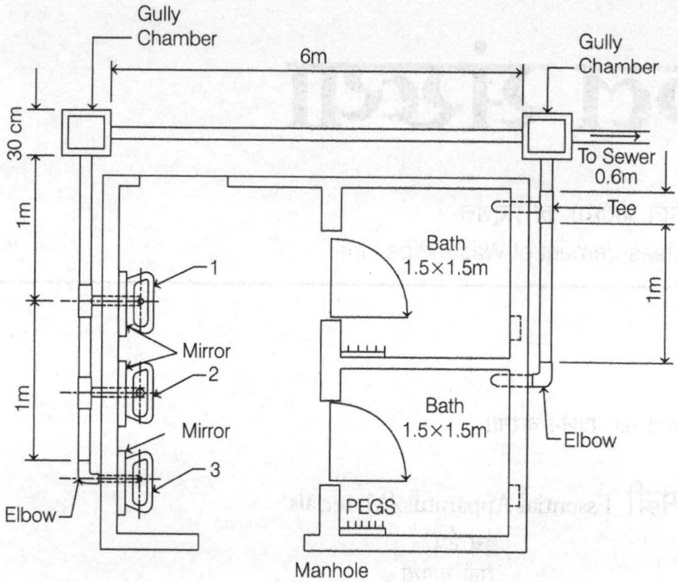

4. सम्पूर्ण प्रक्रिया में प्रयुक्त सामग्री का आकलन करते हैं।
   - एल्बो-2 नम्बर
   - टी-3 नम्बर
   - पाइप-9.5 मी
   - सॉल्वेंट सीमेन्ट-200 मिली
   - गली चैम्बर-30 × 30 सेमी
   - कवर के साथ चैम्बर फ्रेम
5. अपने कार्य की जाँच अनुदेशक से कराते हैं।

परिणाम (Result) अपशिष्ट पाइप लाइन की मापन प्रक्रिया का प्रदर्शन सफलतापूर्वक किया गया।

प्रैक्टिकल संख्या 107

सोलर वाटर हीटिंग सिस्टम की कार्यप्रणाली का प्रदर्शन
Demonstrate Working of Solar Water Heating System

उद्देश्य Object

सोलर वाटर हीटिंग सिस्टम की कार्यप्रणाली का प्रदर्शन करना।

आवश्यक उपकरण/सामग्री Essential Apparatus/Materials

- सोलर वाटर हीटिंग सिस्टम
- वाटर
- यूजर मैनुअल
- ग्लव्ज
- सुरक्षा वस्त्र

सुरक्षा सावधानियाँ/निर्देश Safety Precautions/Instructions

1. सोलर वाटर हीटिंग सिस्टम के साथ अनावश्यक छेड-छाड़ न करें।
2. सोलर वाटर हीटिंग सिस्टम को ऐसे स्थान पर लगाएँ जहाँ सूर्य का प्रकाश पर्याप्त मात्रा में उपलब्ध हो।
3. सोलर वाटर हीटर को प्रचालित करने से पूर्व दस्ताने अवश्य पहन लें।
4. अनुदेशक के निर्देशों का पालन करें।

कार्यविधि Working Method

1. जिस उपकरण में सौर ऊर्जा का उपयोग सीधे जल को गर्म करने के लिए किया जाता है उसे सोलर वाटर हीटर कहा जाता है।
2. सोलर वाटर हीटर में काले रंग से पेंट किया हुआ ताँबे का एक पाइप होता है जो एक कुण्डली के रूप में एक बॉक्स में फिट रहता है।
3. ताँबे की ट्यूब की बाहरी सतह और बॉक्स की भीतरी दीवारों को उच्च तापमान का उत्पादन करने व ऊष्मा के अवशोषण को बढ़ाने के लिए काला बनाया जाता है।
4. सोलर वाटर हीटर का बॉक्स, अन्दर की ऊष्मा को स्टोर करने के लिए काँच की शीट से ढका रहता है।
5. ताँबे के पाइप का एक सिरा जल के भण्डारण टैंक के नीचे से जुड़ा होता है, जबकि दूसरा सिरा इसके बीच में जुड़ा होता है। चित्र (i)

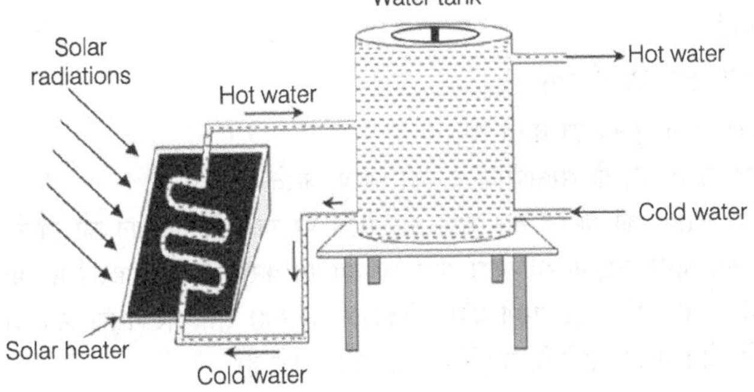

(i) सोलर वाटर हीटर का व्यवस्थापन

6. अब जल के भण्डारण टैंक में मौजूद ठण्डे जल को हीटर के नीचे जुड़े ताँबे के पाइप में प्रवेश कराया जाता है और बॉक्स में रखे ताँबे के तार से धीरे-धीरे गुजारा जाता है।
7. जब ठण्डा जल ताँबे की कुण्डली से होकर गुजरता है, तो यह सौर ताप को अवशोषित कर लेता है और गर्म हो जाता है।
8. यह गर्म जल ताँबे के पाइप के दूसरे सिरे से निकलता है और जल के भण्डारण टैंक के ऊपरी हिस्से में प्रवेश करता है।
9. इस गर्म जल को टैंक में मौजूद ठण्डे जल से बदल दिया जाता है। इस प्रकार स्टोरेज टैंक में मौजूद समस्त जल धीरे-धीरे गर्म हो जाता है।
10. टंकी में हल्का गर्म जल ऊपर के हिस्से में रहता है। भण्डारण टैंक के ऊपरी भाग से उपयोग के लिए एक नल में गर्म जल की आपूर्ति की जाती है।

परिणाम (Result) सोलर वाटर हीटर सिस्टम की कार्यप्रणाली का प्रदर्शन सफलतापूर्वक किया गया।

प्रैक्टिकल संख्या 108

✎ जल (गर्म व ठण्डा) के तापमान का विश्लेषण
Analyse Temperature of Water (Hot and Cold)

उद्देश्य Object

जल (गर्म व ठण्डा) के तापमान का विश्लेषण करना।

आवश्यक उपकरण/सामग्री Essential Apparatus/Materials

- जल (गर्म व ठण्डा)
- थर्मोमीटर
- डायरी
- प्लम्बर टूल किट
- दर डेटा शीट
- काँच की ट्यूब्स
- दस्ताने
- मग
- चश्मा

सुरक्षा सावधानियाँ/निर्देश Safety Precautions/Instructions

1. उचित पाइप लाइन उत्खनन प्रक्रिया सुनिश्चित करें।
2. काम करते समय उपयुक्त पीपीई का प्रयोग करें।
3. साइट पर उपयोग किए जाने वाले सभी उपकरणों का निरीक्षण करें।
4. आपातकालीन निकास और उपकरणों के लिए स्पष्ट और आसान मार्ग सुनिश्चित करें।
5. पानी की पाइप लाइनों को इन्सुलेट करते समय हमेशा सही प्रक्रिया का उपयोग करें।

कार्यविधि Working Method

Task-A गर्म पानी के तापमान का विश्लेषण

1. गहराई माप के लिए एक अच्छा स्थान सुनिश्चित करते हैं।
2. यदि आप किनारे के पास नमूना ले रहे हैं, तो सुरक्षात्मक दस्ताने धारण करते हैं।
3. तापमान जाँच को कई स्थानों पर 5'cm की गहराई तक डुबो कर सतह पर पानी के तापमान को मापते हैं।
4. अपने डिजिटल थर्मामीटर को कम करके टीईआरसी वाटर पम्प का उपयोग करके 5' की गहराई का पानी का नमूना लेते हैं।
5. इसी प्रकार 10 सेमी, 50 सेमी, 100 सेमी, 150 सेमी और (वैकल्पिक) 200 सेमी पर नमूना लेते हैं।
6. तापमान जाँच का उपयोग करके क्षेत्र में इन पानी के नमूनों का तापमान मापते हैं।

Task-B ठंडे पानी के तापमान का विश्लेषण

1. तापमान जाँच या थर्मामीटर का उपयोग करके, पानी की सतह पर कई स्थानों पर हवा के तापमान को मापते हैं।
2. धूप और छायादार दोनों जगहों पर मापन करते हैं।
3. डेटा शीट पर तापमान को नोट करते हैं।

परिणाम (Result) जल (गर्म व ठण्डा) के तापमान का विश्लेषण सफलतापूर्वक किया गया।

प्रैक्टिकल संख्या 109

✎ ड्राइंग के अनुसार ठण्डे व गर्म जल के वितरण के लिए पाइप लाइन का ले–आउट
Layout Pipe Line for Hot and Cold Water Distribution as per Drawing

उद्देश्य Object

ड्राइंग के अनुसार ठण्डे व गर्म जल के वितरण के लिए पाइप लाइन का ले-आउट तैयार करना।

आवश्यक उपकरण/सामग्री Essential Apparatus/Materials

- GI पाइप
- सीलिंग कम्पाउण्ड
- रिड्यूसर
- डाई स्टॉक
- गेट वाल्व
- रबर वाशर
- बिब कॉक
- पीवीसी कनैक्शन 1/2" हैवी ड्यूटी
- मार्किंग मीडिया
- पाइप रिच 25'0 मिमी, 300 मिमी
- हथौड़ा
- परीक्षक
- पेंचकस
- बैण्ड
- यूनियन
- क्रॉस
- T जोड़
- पाइप रिंच
- सूत का धागा
- हैमर ड्रिलिंग मशीन
- धागा सील सामग्री
- विशेष क्लैंप
- स्पैनर सेट
- छेनी
- पानी पम्प सरौता

सुरक्षा सावधानियाँ/निर्देश Safety Precautions/Instructions

1. पाइप फिटिंग में अधिक जोड़ न लगाएँ।
2. पाइप लाइन के जोड़ों को चैक कर लें।
3. पाइप लाइन का ले-आउट बनाने से पूर्व सम्बन्धित उपकरणों/युक्तियों के बारे में जानकारी प्राप्त कर लें।
4. अनुदेशक के निर्देशों का अनुपालन करें।

कार्यविधि Working Method

बाथ टब और वाश बेसिन के लिए गर्म तथा ठण्डे पानी का कनैक्शन

1. सर्वप्रथम इनलेट कनैक्शन को वाटर हीटर से कनैक्ट करते हैं।
2. हीटर से लेआउट के अनुसार वाश बेसिन और बाथ टब के लिए आउटलेट कनैक्शन करते हैं।
3. इसी प्रकार कोल्ड वाटर आउटलेट के कनैक्शन करते हैं।
4. वाटर हीटर से आउटलेट पाइप के कनैक्शन की जाँच करते हैं।

5. वाटर हीटर चालू करके गर्म पानी के प्रवाह की जाँच करते हैं।

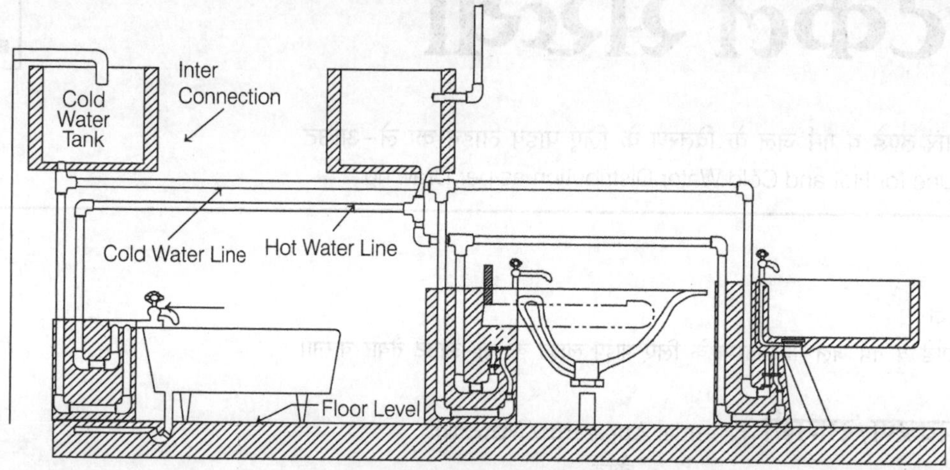

चित्र ठण्डी व गर्म जल पाइप लाइन

परिणाम (Result) ड्रॉइंग के अनुसार ठण्डे व गर्म जल के वितरण के लिए पाइप लाइन का ले-आउट सफलतापूर्वक तैयार किया गया।

प्रैक्टिकल संख्या 110

✎ ठण्डे व गर्म जल के वितरण के लिए पाइप लाइन लगाना
Install Pipe Line For Distribution of Hot and Cold Water

उद्देश्य Object

ठण्डे व गर्म जल के वितरण के लिए पाइप लाइन लगाने का अभ्यास करना।

आवश्यक उपकरण/सामग्री Essential Apparatus/Materials

- GI पाइप
- सीलिंग कम्पाउण्ड
- रिड्यूसर
- डाई स्टॉक
- गेट वाल्व
- रबर वाशर
- बिब कॉक
- बैण्ड
- यूनियन
- क्रॉस
- T जोड़
- पाइप रिंच
- सूत का धागा

सुरक्षा सावधानियाँ/निर्देश Safety Precautions/Instructions

1. पाइप लाइन में ज्यादा जोड़ न लगाएँ अर्थात् आवश्यकतानुसार ही जोड़ लगाएँ।
2. पाइप के जोड़ों को अच्छी प्रकार चैक करें।
3. स्पैनर का चुनाव नट के अनुसार ही करें।
4. थ्रैडिंग डाई से चूड़ी काटते समय स्नेहक का उपयोग करें।
5. ठण्डे व गर्म जल के लिए अलग-अलग पाइप लाइनों का उपयोग करें।

कार्यविधि Working Method

प्रस्तुत प्रयोग की कार्यविधि के अध्ययन हेतु प्रशिक्षु प्रैक्टिकल संख्या-109 का अवलोकन करें।

परिणाम (Result) ठण्डे व गर्म जल के वितरण के लिए पाइप लाइन लगाने का अभ्यास सफलतापूर्वक किया गया।

प्रैक्टिकल संख्या 111

✎ हॉट वाटर सिस्टम व सोलर वाटर हीटिंग सिस्टम लगाना
Install Hot Water System and Solar Water Heating System

उद्देश्य Object

हॉट वाटर सिस्टम व सोलर वाटर हीटिंग सिस्टम लगाने का अभ्यास करना।

आवश्यक उपकरण/सामग्री Essential Apparatus/Materials

- हॉट वाटर सिस्टम
- सोलर वाटर सिस्टम
- यूजर मैनुअल
- हैमर
- क्लैम्प
- हैमर
- हैण्ड हैक्सॉ
- स्क्रू ड्राइवर
- ट्रॉवेल
- वाटर पम्प प्लायर
- पाइप वाइस
- हैमर ड्रिलिंग एम/सी
- परीक्षक
- जी. आई. फिटिंग
- नट और बोल्ट
- एंगल कॉक
- सुरक्षा वाल्व
- इन्सुलेटर
- ड्रिल मशीन
- स्क्रू
- पाइप
- पेंचकस
- छेनी
- पाइप डाई
- स्पैनर सेट
- मापने वाला टेप
- पाइप रिच 250 मिमी, 300 मिमी
- तेल कैन
- सोलर वाटर हीटर कम्पलीट सैट
- वाटर हीटर कम्पलीट सैट
- जी.आई. पाइप
- पी.वी. सी कनैक्शन
- सीमेण्ट मोर्टार
- हैण्ड हैक्सॉ ब्लेड
- थ्रेड सील सामग्री

सुरक्षा सावधानियाँ/निर्देश Safety Precautions/Instructions

1. यूजर मैनुअल का ध्यानपूर्वक अवलोकन करें।
2. हॉट वाटर सिस्टम एवं सोलर वाटर सिस्टम के कनैक्शन ठीक प्रकार से करें।
3. क्लैम्प पर हैमर से चोट न मारें।
4. पेंचकस द्वारा स्क्रू को मजबूती से कसें।
5. अनुदेशक के निर्देशों का पालन करें।

कार्यविधि Working Method

Task-A वाटर हीटर की स्थापना

1. वाटर हीटर की फिक्सिंग की जगह का निर्धारण करते हैं।
2. हीटर को निर्धारित की गई जगह पर रखते हैं।
3. होल्डिंग प्वॉइंट को चिह्नित करते हैं।
4. दीवार में चेसिंग करते हैं।
5. 1 : 2 : 4 में सीमेण्ट कंक्रीट लेकर बोल्ट की आवश्यक स्थिति को ठीक करके निर्माता कैटलॉग से बोल्ट का आकार चुनते हैं।
6. कंक्रीट को क्योर करते हैं।

7. बोल्ट के माध्यम से हीटर की स्थिति ठीक करते हैं।

8. नट डालकर बोल्ट को कसते हैं।

9. वाल्व को ठीक करने और लचीले पाइप का उपयोग करने के बाद लम्बवत कनैक्ट इनलेट की जाँच करते हैं।

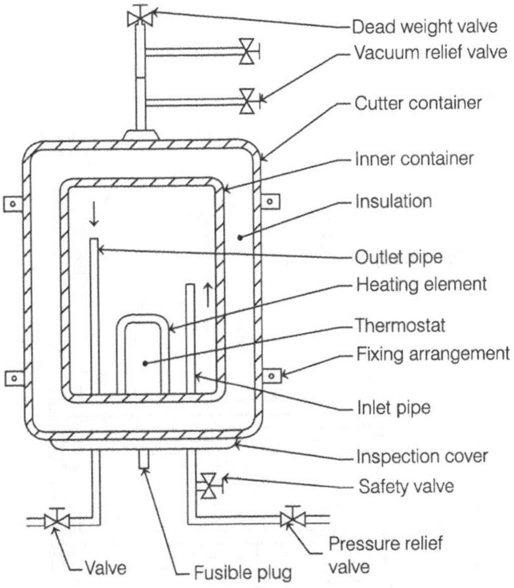

(i) वाटर हीटर की स्थापना

10. प्रेशर रिलीफ वाल्व और लचीले पाइप को ठीक करने के बाद आउटलेट कनैक्ट करते हैं।

11. हीटर को बिजली की आपूर्ति में प्लग करते हैं।

12. लीकेज की जाँच करते हैं।

Task-B सोलर हीटर की स्थापना

1. छत पर सोलर कलेक्टर लगाते हैं।

2. सौर भण्डारण टैंक और हीट एक्सचेंजर स्थापित करते हैं।

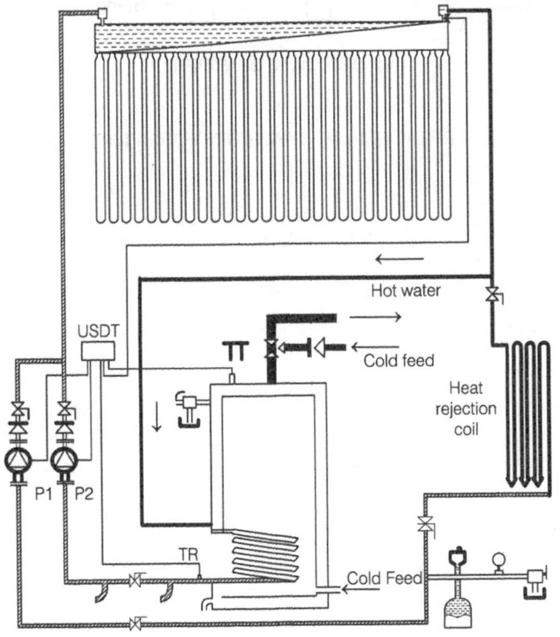

(ii) सौर भण्डारण टैंक एवं हीट एक्सचेंजर की स्थापना

3. ग्लाइकोल लूप के लिए पाइपिंग और प्रेशर पम्प स्थापित करते हैं।
4. पानी की पाइपिंग स्थापित करते हैं।
5. कण्ट्रोलर स्थापित करते हैं।
6. सिस्टम की फिलिंग करते हैं।
7. पानी और ग्लाइकोल लाइनों को इन्सुलेट करते हैं।

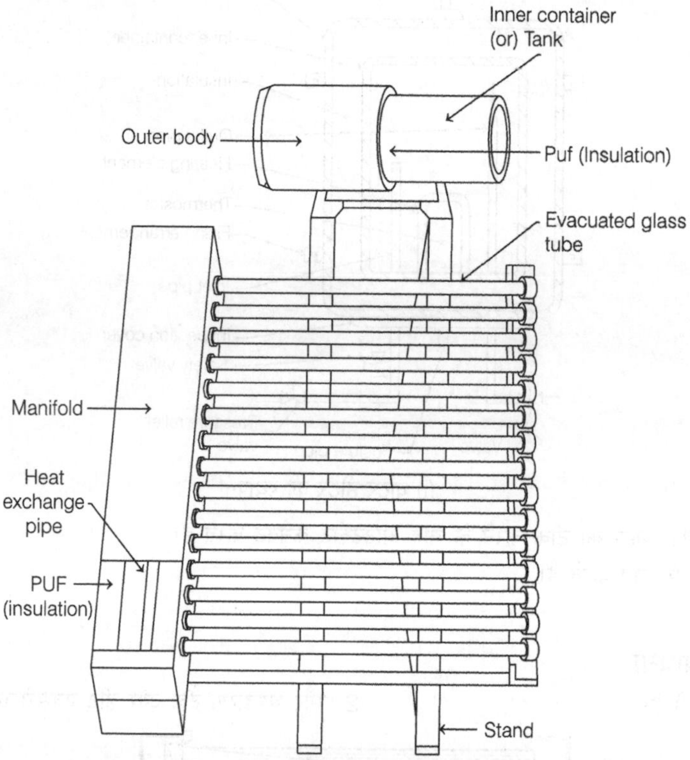

(iii) सोलर हीटर की स्थापना

परिणाम (Result) हॉट वाटर सिस्टम व सोलर वाटर हीटिंग सिस्टम लगाने का अभ्यास सफलतापूर्वक किया गया।

प्रैक्टिकल संख्या 112

✎ ठण्डे व गर्म जल की पाइप लाइन का प्रतीकात्मक वितरण
Symbolise Distribution of Hot and Cold Water Pipe Line

उद्देश्य Object

पेपर पर ठण्डे व गर्म जल की पाइप लाइन के प्रतीकात्मक वितरण का ले-आउट बनाने का अभ्यास करना।

आवश्यक उपकरण/सामग्री Essential Apparatus/Materials

- ठण्डे व गर्म जल हेतु पाइप लाइन
- पेपर
- यूजर मैनुअल
- पेन्सिल
- दस्ताने
- प्रतीकात्मक चिह्नों से सम्बन्धित गाइड

सुरक्षा सावधानियाँ/निर्देश Safety Precautions/Instructions

1. यूजर मैनुअल का ध्यानपूर्वक अवलोकन करें।
2. पेपर पर वितरण प्रणाली का ले-आउट बनाते समय सभी बिन्दुओं को ध्यानपूर्वक मार्क करें।
3. ले-आउट स्वच्छ होना चाहिए।
4. ले-आउट बनाते समय किसी भी प्रकार की समस्या आने पर अपने अनुदेशक से विचार-विमर्श अवश्य करें।

कार्यविधि Working Method

1. वितरण प्रणाली में गुणवत्ता का निर्धारण करते हैं।
2. पर्याप्त दाब वाले सिर के साथ सभी इच्छित स्थानों पर पानी की आपूर्ति करते हैं।
3. पीने के पानी के pH मान की जाँच करते हैं।
4. गर्म हवा को पाइप तक पहुँचने से रोकने के लिए विशेष वाष्प अवरोध पाइप इन्सुलेशन प्रदान करते हैं।
5. ऊष्मा की हानि को कम करने के लिए गर्म पानी के पाइप के चारों ओर उचित इन्सुलेशन प्रदान करते हैं।
6. हीटिंग तत्त्वों का निरीक्षण करते हैं।
7. पानी की टंकी में तलछट की जाँच करके गर्म पानी का प्रवाह सुनिश्चित करते हैं।

8. डिप ट्यूब फंक्शन की जाँच करते हैं।

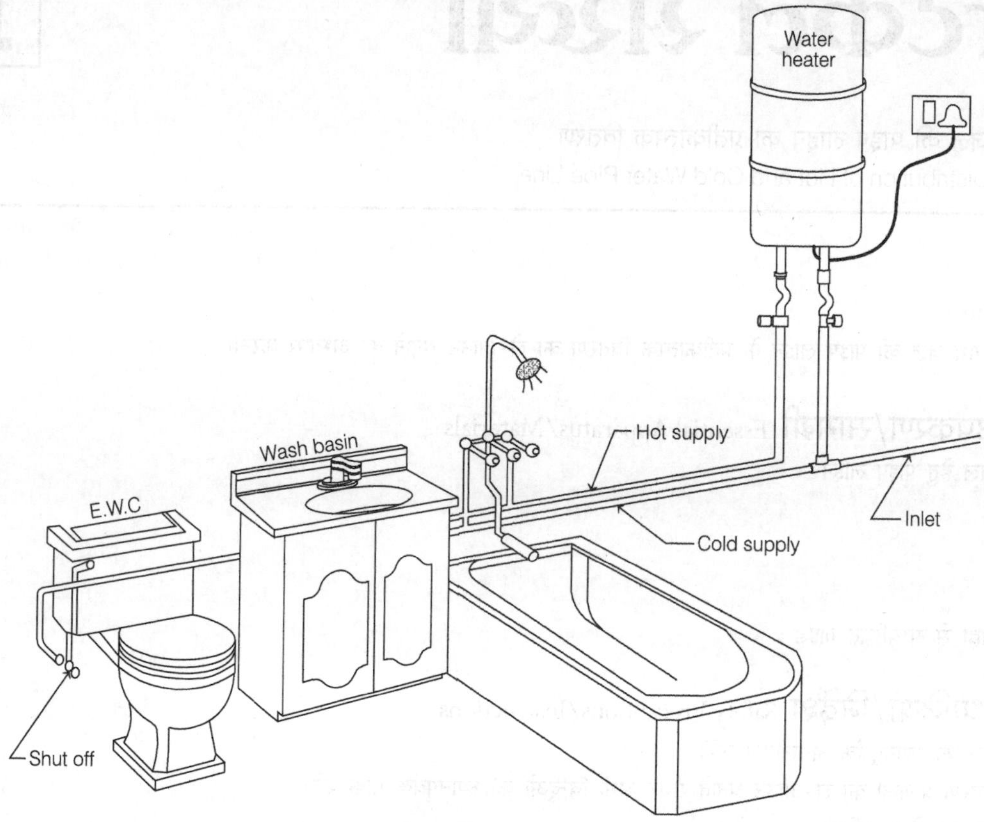

ठण्डी व गर्म जल पाइप लाइन

क्र. सं.	पदनाम	संकेत
1.	गरम पानी की पाइप लाइन	HW
2.	ठण्डे पानी की पाइप लाइन	CW
3.	गर्म पानी	H
4.	ठण्डा पानी	C

परिणाम (Result) पेपर पर ठण्डे व गर्म जल की पाइप लाइन का प्रतीकात्मक वितरण का ले-आउट बनाने का अभ्यास सफलतापूर्वक किया गया।

प्रैक्टिकल संख्या 113

✎ विभिन्न ट्रेप, वाल्व, सिस्टर्न आदि की रिपेयरिंग का प्रदर्शन
Perform Repairing of Different Trap, Valve, Cistern etc.

उद्देश्य Object

विभिन्न ट्रेप, वाल्व, सिस्टर्न आदि की रिपेयरिंग का अभ्यास करना।

आवश्यक उपकरण/सामग्री Essential Apparatus/Materials

- प्लम्बर टूल किट
- ड्रिलिंग मशीन
- ग्लैण्ड रोप
- हैम्प
- मैसूरनी हैण्ड टूल
- गेट वाल्व
- थ्रेड सील मैटेरियल
- ईंट
- डाई सैट
- एस्बेस्टस रोप
- पाइप
- एग्रीगेट
- पाइप वाइस
- CP एंगल कॉक
- चॉक पाउडर
- रेत
- बैंच वाइस
- फ्लश टैंक PVC
- गुली ट्रैप
- CI फ्रेम
- ऑयल कैन
- PVC हौज कनैक्टर
- ग्रेटिंग
- मल्टी फ्लो ट्रेप

सुरक्षा सावधानियाँ/निर्देश Safety Precautions/Instructions

1. उपयुक्त टूल्स का उपयोग करें।
2. फ्लोट वाल्व को केवल स्पैनर द्वारा निकालें।

कार्यविधि Working Method

A टैप की रिपेयरिंग

1. सर्वप्रथम मेन वाटर सप्लाई को स्टॉप कॉक या मेन गेट वाल्व द्वारा बन्द करते हैं।

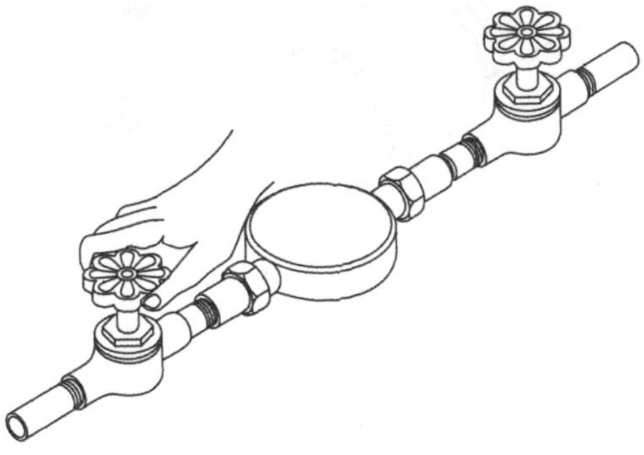

(i) वाल्व बन्द करना

2. रिपेयर किये जाने वाले टैप को ओपन पॉजीशन में रखते हैं।

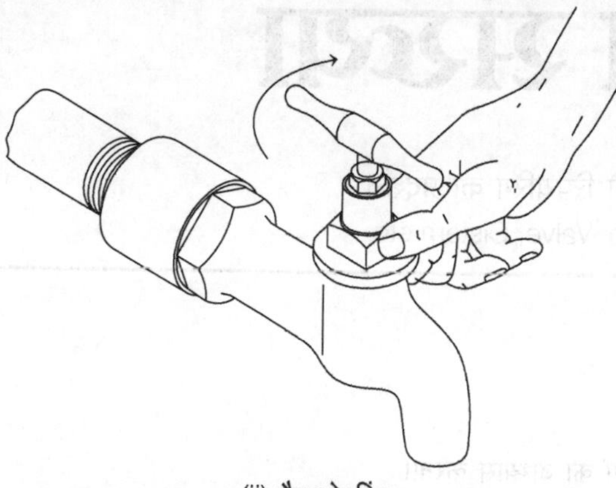

(ii) टैप ओपनिंग

3. स्पैनर का उपयोग करके वाटर टैप से बोनट को हटाते हैं।

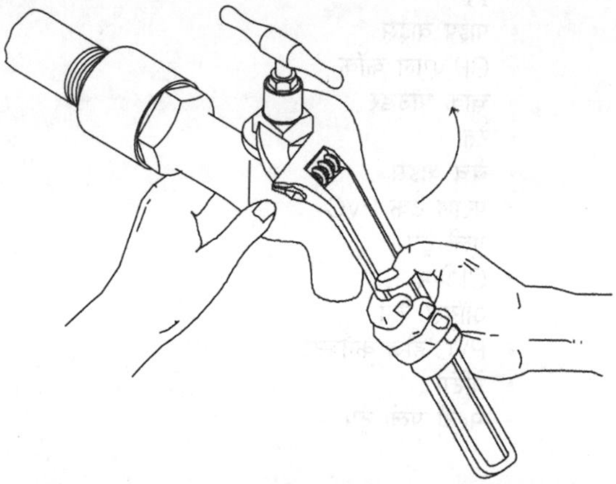

(iii) बोनट हटाना

4. वाशर का दृश्यिक निरीक्षण करते हैं।

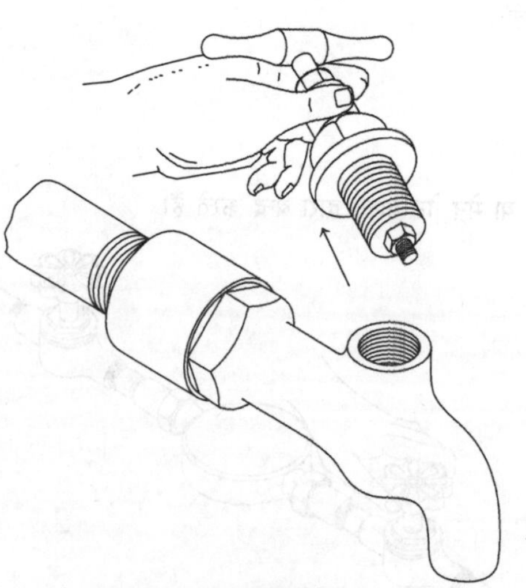

(iv) वाशर निरीक्षण

5. मैटल डिस्क प्लेट को प्लायर से पकड़कर वाशर नट को स्पैनर की सहायता से खोलते हैं।

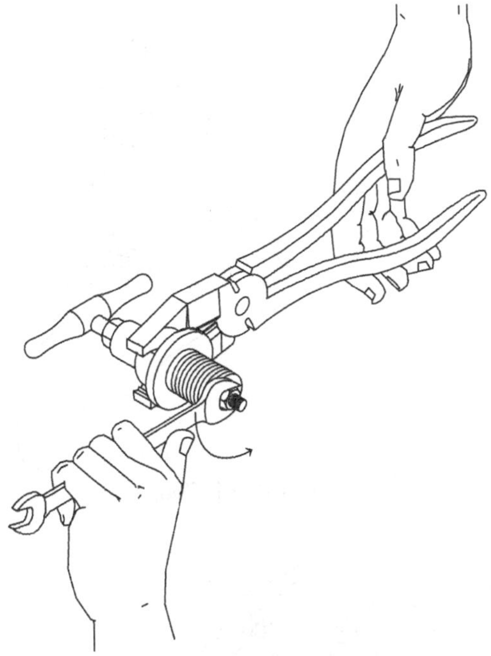

(v) वाशर को खोलना

6. वाशर को शीट से हटाते हैं।
7. नये वाशर को सीट में लगाते हैं।
8. वाशर नट को रि-फिट करते हैं तथा दृढ़ता से टाइट करते हैं।

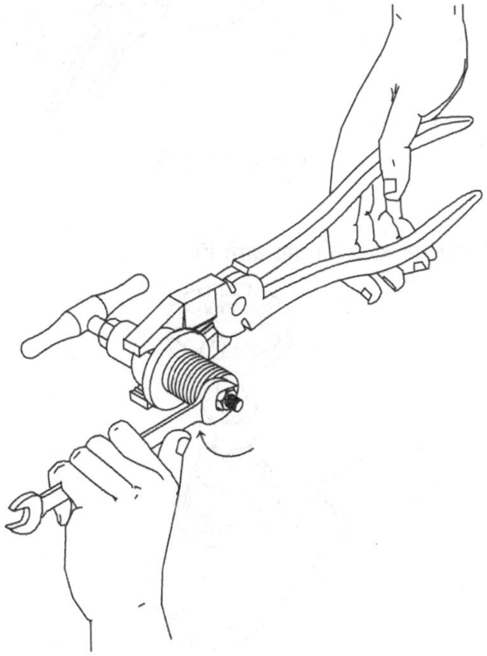

(vi) वाशर की रि-फिटिंग

9. बोनट को टैप पर उपयुक्त स्थान पर लगाते हैं।

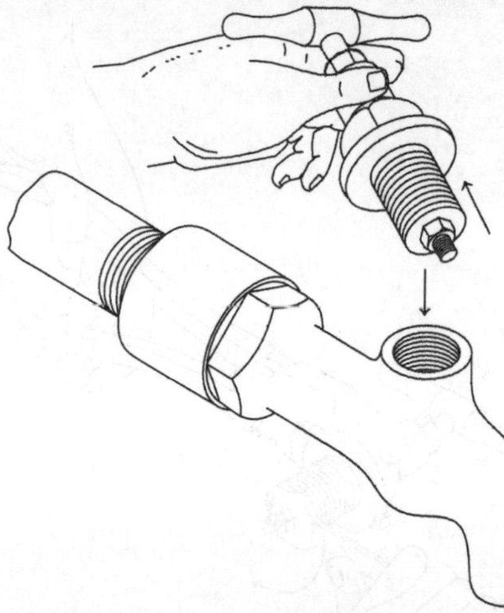

(vii) बोनट फिक्सिग

10. रिंच द्वारा बोनट को आवश्यक टॉर्क के साथ कसते हैं।

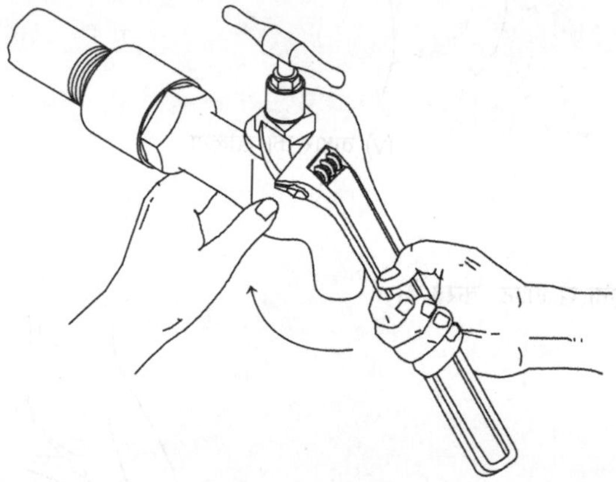

(viii) बोनेट टाइटनिंग

B गेट वाल्व की रिपेयरिंग

1. हैण्ड व्हील को वामावर्त (clockwise) घुमाकर गेट वाल्व को बन्द करते हैं।

(ix) वाल्व क्लोजिंग

2. स्पैनर द्वारा नट को हटाकर व्हील को उठाते हैं।

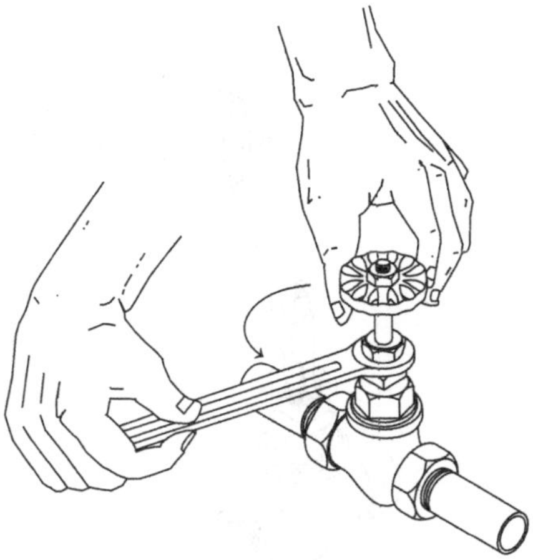

(x) व्हील रिमूविंग

3. ग्लैण्ड नट को दक्षिणावर्त दिशा में घुमाकर बोनट से हटाते हैं।

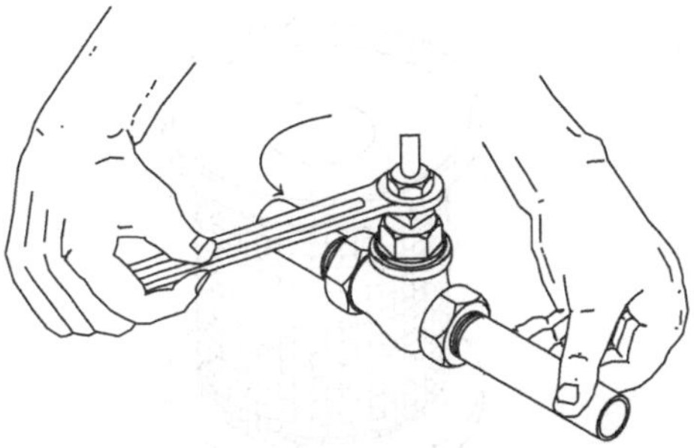

(xi) बोनट ओपनिंग

4. अब स्टफिंग ग्लैण्ड को हटाते हैं।

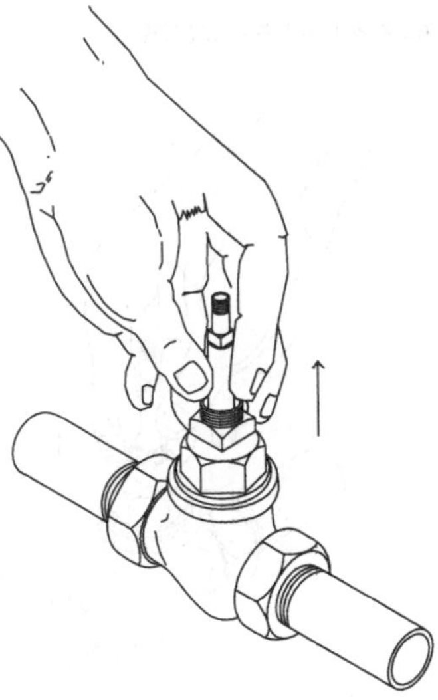

(xiii) ग्लैण्ड रिमूविंग

5. स्टाफिंग बॉक्स में से पुरानी पैकिंग को साफ करते है।

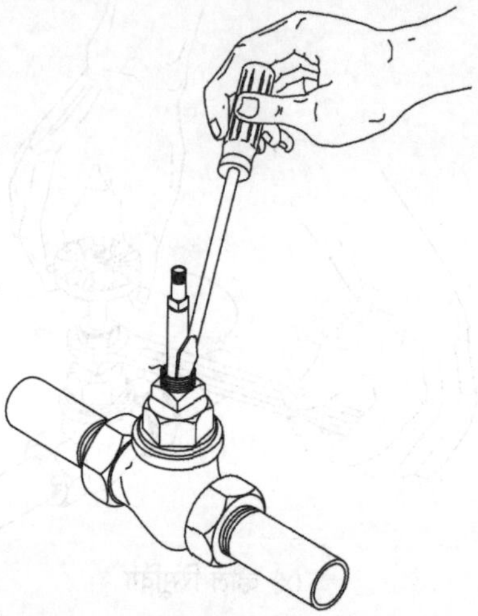

6. ऐस्बेस्टस पाइप के धागों को काटकर नई पैकिंग बनाते है।

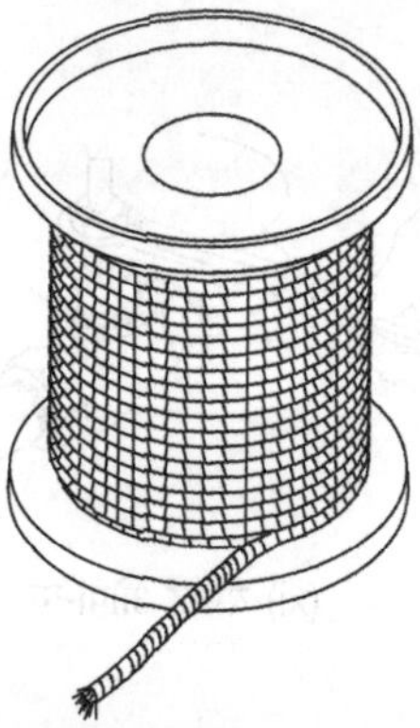

7. स्क्रू डाइवर का उपयोग करके डाई पैकिंग को दबाकर क्वायल का रूप देते है।

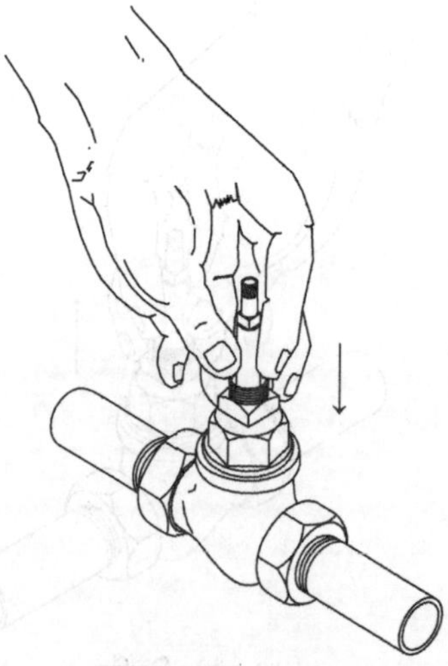

8. स्टीफिंग ग्लैण्ड को स्टफिंग बॉक्स में दृढ़ता से फिट करते हैं।

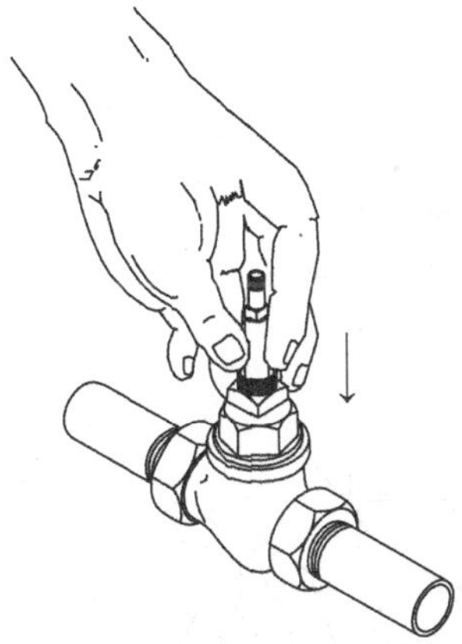

(xvi) स्टफिंग ग्लैण्ड फिक्सिग

9. ग्लैण्ड नट को हाथ द्वारा टाइट करके रि-असेम्बल करते हैं।

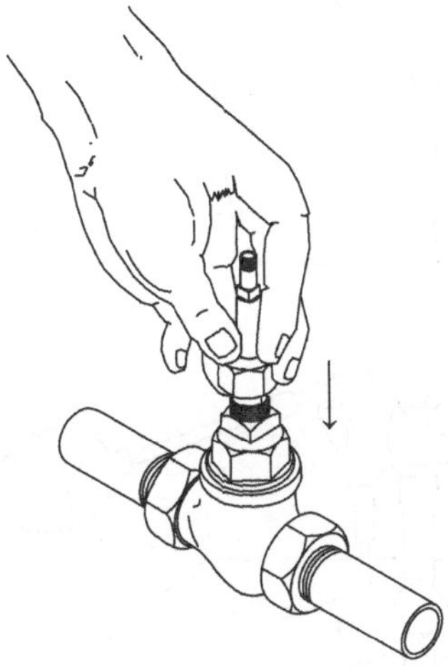

(xvii) ग्लैण्ड नट फिक्सिंग

10. हैण्ड व्हील को असेम्बल करके टाइट करते हैं।

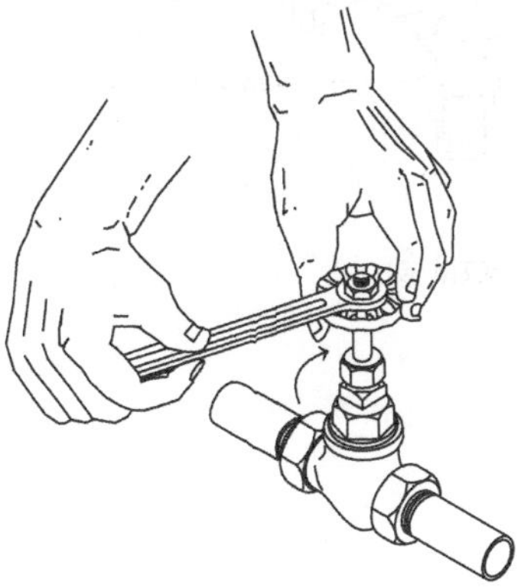

(xviii) हैण्ड व्हील असेम्बली

C सिस्टन का रिपयेरिंग

1. स्टॉक कॉ बन्द करके वाटर स्पलाई को बन्द करते है।
2. वाटर लेवल का निर्धारण करते है।
3. वाटर स्पाउट (water spout) को ड्रेन करने के लिए सिस्टर्न की फ्लशिंग करते है।
4. कपड़े या स्पंज (spoung) से सिस्टर्न को अन्दर से पोछते है।
5. पाइप रिंच का उपयोग करके सिस्टन्र से फ्लेक्सिल पाइप को हटाते है।
6. फ्लोट वाल्व को खोलकर हटाते है।

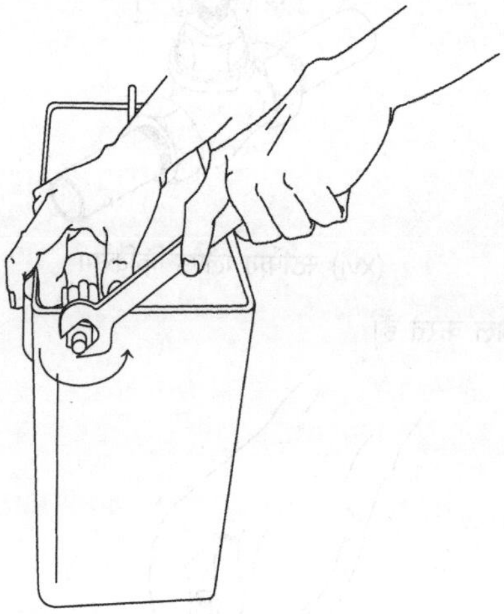

7. वाल्व, वाशर, लीवर आदि जाँच करते है।

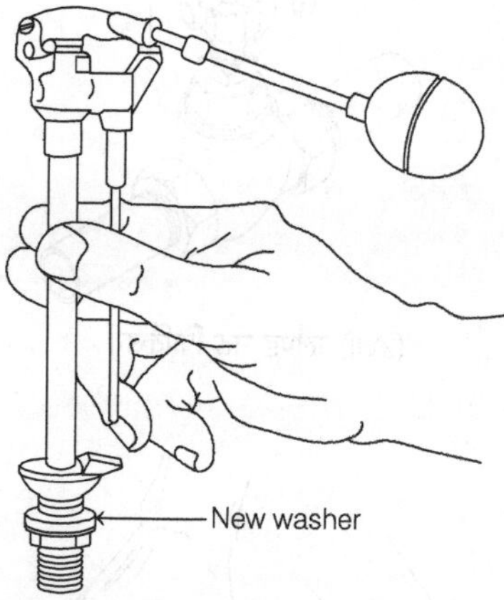

8. बॉटम पर लगे लॉक नट को टाइट करते है।
9. सिस्टर्न पर लगे फ्लेक्सिबल पाइप को चैंक नट को कसते है।

10. फ्लोट वाल्व के मुक्त प्रचालन की जाँच करते हैं।

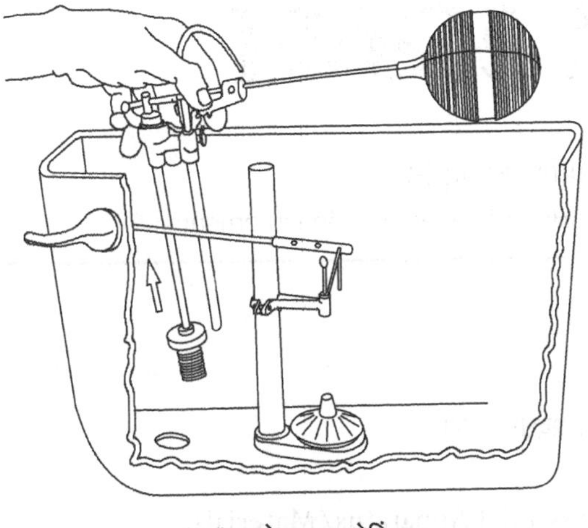

(xxi) फ्लोट वाल्व टेस्टिंग

11. वाटर सप्लाई को ऑन करके इनलेट तथा आउटलेट पर लीकेज की जाँच करते हैं।
12. वाटर लेविल उच्च होने पर फ्लोट आर्म को नीचे की तरफ बैण्ड करते हैं।

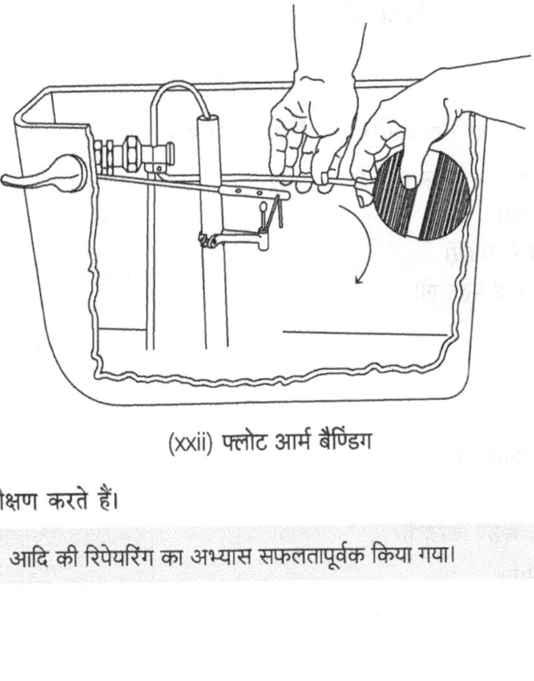

(xxii) फ्लोट आर्म बैंण्डिग

13. अब सिस्टम को पूर्णतः फिट करके निरीक्षण करते हैं।

परिणाम (Result) विभिन्न टेप, वाल्व, सिस्टर्न, आदि की रिपेयरिंग का अभ्यास सफलतापूर्वक किया गया।

प्रैक्टिकल संख्या 114

✎ माप के अनुसार ओवर हैड टैंक के निर्माण का प्रदर्शन
Demonstrate Construction of Over Head Tank as per Measurement

उद्देश्य Object

माप के अनुसार ओवर हैड टैंक के निर्माण का प्रदर्शन करना।

आवश्यक उपकरण/सामग्री Essential Apparatus/Materials

- सीमेण्ट
- सुरक्षा उपकरण
- सीढ़ी
- पानी
- ईंटें
- लोहे के सरिए
- बालू रेत
- डस्ट
- चिनाई औजार

सुरक्षा सावधानियाँ/निर्देश Safety Precautions/Instructions

1. किसी भी उपकरण/सामग्री से अनावश्यक छेड़-छाड़ न करें।
2. लोहे के सरियों को सुरक्षित स्थान पर रखें।
3. चिनाई कार्य हेतु मसाला उचित अनुपात में बनाएँ।
4. कार्य प्रारम्भ करने से पूर्व सभी सुरक्षा वस्त्र पहन लें।
5. कार्य के दौरान जल्दबाजी न दिखाएँ।

कार्यविधि Working Method

1. सर्वप्रथम ओवरहैड टैंक का ले-आउट बनाते हैं।
2. ड्रॉइंग के अनुसार विमांकन करते हैं।
3. आर.सी.सी. स्क्वायर ओवरहैड टैंक को एकत्र करते हैं।
   - टैंक का आकार 3300 × 3300 मिमी।
   - टैंक की दीवार की ऊँचाई -3 मी.
   - फ्री बोर्ड-0.5 मी.
   - निचले स्लैब की मोटाई 150 मिमी।
   - कवर स्लैब की मोटाई 100 मिमी।
   - कॉलम के शीर्ष पर बीम का आकार 250 × 250 मिमी।
   - ब्रेसिज का आकार – 250 × 250 मिमी।
   - ब्रेसिज का आकार – 250 × 300 मिमी।
   - स्तम्भ की ऊँचाई धरातल से – 6 मी।

- मैनहोल का आकार – 600 मिमी × 600 मिमी।
- टैंक के अन्दर पानी की गहराई – 2.5 मी
- नींव की गहराई धरातल से नीचे -1200 मिमी।
- कॉलम फुटिंग का आकार – 1400 × 1400 मिमी।
- इनलेट, आउटलेट और ओवरफ्लो पाइप का व्यास – 200 मिमी।
- स्कोअर पाइप का व्यास – 150 मिमी।
- वेंट पाइप का व्यास – 150 मिमी।
- कोई और आवश्यक डेटा उपयुक्त रूप से ग्रहण किया जा सकता है।

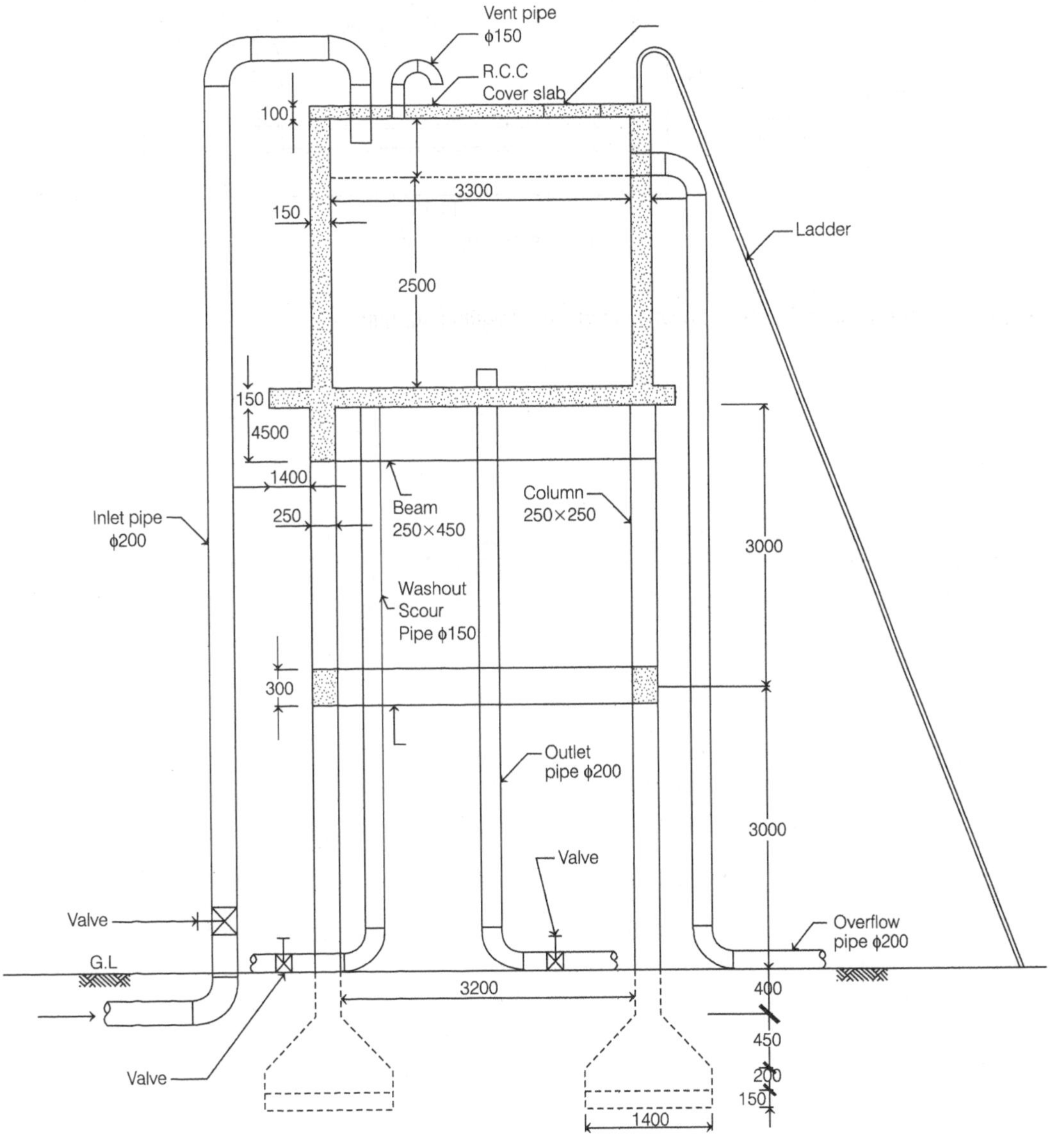

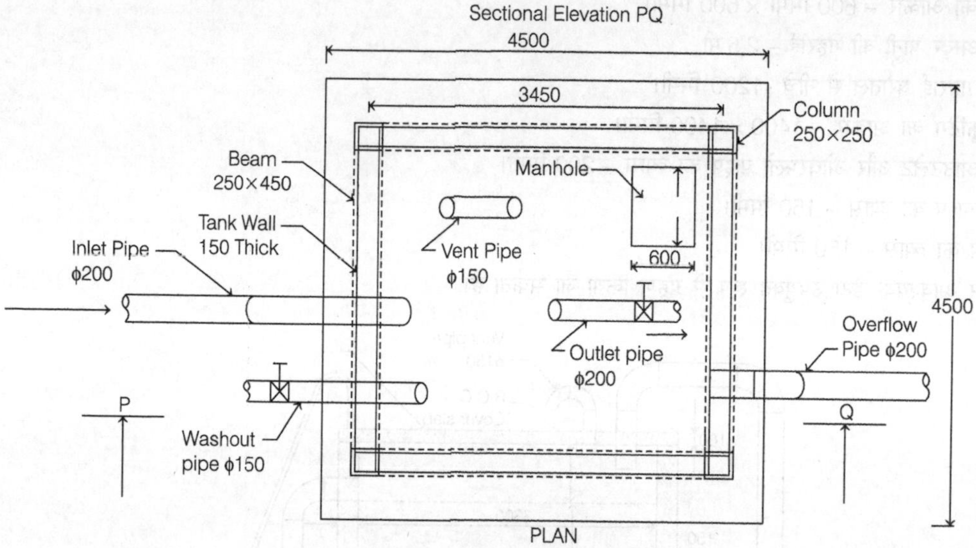

RCC स्क्वायर ओवर हैड टैंक

परिणाम (Result) माप के अनुसार ओवर हैड टैंक के निर्माण का प्रदर्शन सफलतापूर्वक किया गया।

प्रैक्टिकल संख्या 115

✎ पाइन लाइन का रख–रखाव एवं मरम्मत
Maintenance and Recondition Pipe Line

उद्देश्य Object

पाइन लाइन का रख-रखाव एवं मरम्मत कार्य करना।

आवश्यक उपकरण/सामग्री Essential Apparatus/Materials

- पाइप लाइन
- पाइप लाइन सम्बन्धी मैनुअल
- हैमर
- रिंच
- सुरक्षा वस्त्र
- ब्लेड के साथ हक्सा फ्रेम
- छेनी और हथौड़ा
- पानी पम्प सरौता
- मीजरिंग टैप
- पाइप रिंच
- पाइप और पाइप फिटिंग
- मौजूदा बाथ टब
- स्पैनर
- सीलेण्ट कम्पाउण्ड
- सॉकेट
- एल्बो
- बैण्ड
- ब्लेड के साथ फ्रेम
- समायोज्य रिंच
- स्पैनर सेट
- पेंचकस
- वाश बेसिन और सिंक
- थ्रेड सील सामग्री

सुरक्षा सावधानियाँ/निर्देश Safety Precautions/Instructions

1. पाइप लाइन का ध्यानपूर्वक अवलोकन करें।
2. किसी भी जोड़ अथवा सॉकेट पर अधिक जोर से चोट न मारें।
3. प्रयोग करने से पूर्व सभी सुरक्षा वस्त्र पहन लें।
4. पाइप लाइन के बोल्ट व नट को मजबूती से कसें।
5. पाइप लाइन के किसी भी पार्ट (जैसे—एल्बो, बैण्ड इत्यादि) के क्षतिग्रस्त होने पर उसे बदल दें।

कार्यविधि Working Method

A पाइप लाइन की मरम्मत

1. पाइप लाइन पर मिट्टी हटाकर पाइप को साफ करते हैं।
2. रिसाव के कारण का पता लगाते हैं।
3. यदि कोई जोड़ ढीला हो, तो उसे पूरी तरह से कस देते हैं।
4. मुख्य लाइन बन्द करते हैं।

5. अगर यह पाइप का टूटना है तो, पाइप के दोनों ओर 2m लम्बाई तक मिट्टी को निकाल देते हैं।

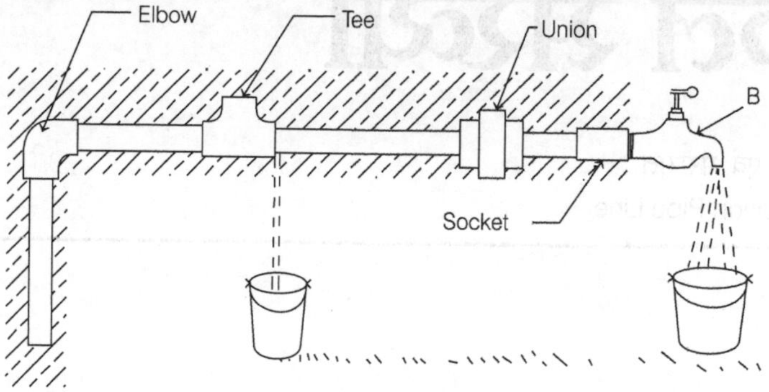

पाइप लाइन का निरीक्षण

6. टूटे हुए टुकड़े को काट कर अलग कर देते हैं।
7. कटे हुए टुकड़े की लम्बाई को मापते हैं।
8. कटे हुए टुकड़े के 2cm से कम पाइप के टुकड़े को काटते हैं।
9. दोनों सिरों पर व्यवस्थित करके उन्हें पाइप लाइन से जोड़ देते हैं।
10. रिसाव की जाँच करते हैं।

B बाथ टब, वाश बेसिन और सिंक की मरम्मत

1. टैंक से सेनेटरी इनलेट तक की लाइनों में रिसाव का पता लगाते हैं।
2. यदि कोई फिटिंग खराब हो जाती है, तो उसे बदल देते हैं।
3. फिटिंग में कोई भी ढीला थ्रेड होने पर उन्हें कस देते हैं।
4. यदि कोई सी लॉक नट, स्पिंडल (या) चैक नट ढीला (या) घिसा हुआ हो, तो उसे बदल देते हैं।

बाथ टब की मरम्मत

5. ओवर फ्लो लाइन को साफ करके रुकावट को दूर करते हैं।
6. यदि रुकावट को दूर करने में असमर्थ हों, तो ओवर फ्लो लाइन को ड्रेन लाइन में बदल देते हैं।
7. बाथ टब के ड्रेन की रुकावट को साफ करके गली चेम्बर तक की रुकावट को दूर करते हैं।
8. कपलिंग के पॉप की जाँच करते हैं।
9. यदि स्प्रिंग, रबर वाशर खराब हो गया है, तो कपलिंग के पॉप पर पुर्जों को बदल देते हैं।

वाश बेसिन की मरम्मत

10. वाश बेसिन के इनलेट कनैक्शन की जाँच करते हैं।
11. ड्रेन के पानी को वाश बेसिन में प्रवाहित करते हैं।
12. वाश बेसिन की रुकावट को दूर करते हैं।
13. बेसिन में अतिप्रवाह से बचने के लिए हाफ थ्रेडेड वेस्ट कपलिंग को ठीक करते हैं।
14. बॉटल ट्रैप को चेक करें और बॉटल ट्रैप को साफ करते हैं।
15. ट्रैप की ओर आउटलेट लाइन की जाँच करते हैं।

सिंक की मरम्मत

16. सिंक में अपशिष्ट आउटलेट पानी की रुकावट को साफ करते हैं।
17. अपशिष्ट छलनी/कपलिंग को हटाकर साफ करते हैं।
18. यदि कपलिंग (या) छलनी को बदलने की आवश्यकता हो, तो इसे बदलते हैं।
19. सिंक से ट्रैप कवर तक ड्रेन पाइप की लम्बाई बनाए रखते हैं।
20. यदि ड्रेन का पानी ठीक से नहीं बह रहा है, तो मल्टी फ्लोर को साफ करते हैं।
21. रुकावट दूर करके सामान्य अपशिष्ट लाइन की जाँच करते हैं।
22. वेस्ट लाइन में लीकेज की जाँच करते हैं।
23. रबर गैस्केट को बदलते हैं।
24. लाइनों की रुकावट को साफ करते हैं।
25. सीम के हब के साथ अपशिष्ट लाइन (सीम) की रुकावट को साफ करके हटा देते हैं।

परिणाम (Result) पाइप लाइन का रख-रखाव एवं मरम्मत कार्य सफलतापूर्वक किया गया।

प्रैक्टिकल संख्या 116

✎ वेस्ट पाइप लाइन के लिए स्मोक टेस्ट का प्रदर्शन
Perform Smoke Test for Waste Pipe Line

उद्देश्य Object

वेस्ट पाइप लाइन के लिए स्मोक टेस्ट के प्रदर्शन का अभ्यास करना।

आवश्यक उपकरण/सामग्री Essential Apparatus/Materials

- फनल
- ड्रेन प्लग
- पाइप रिंच
- स्पैनर सैट
- ब्रास बॉल
- CI पाइप
- नई पाइपलाइन
- तार (Tar) पेपर
- पीपरमेण्ट का तेल
- कॉटन
- फिटिंग
- दर्पण
- स्मोक मशीन

सुरक्षा सावधानियाँ/निर्देश Safety Precautions/Instructions

1. यूजर मैनुअल को ध्यानपूर्वक पढ़ें।
2. स्मोक मशीन सम्बन्धी जानकारी को एकत्र करें।
3. स्मोक मशीन के साथ अनावश्यक छेड़-छाड़ न करें।
4. अनुदेशक के निर्देशों को ध्यानपूर्वक सुनें व उनका पालन करें।

कार्यविधि Working Method

1. सर्वप्रथम सीवर लाइन तथा स्लज पाइप लाइन को मशीन पाइप लाइन के साथ प्लग इन करते हैं। (चित्र i)

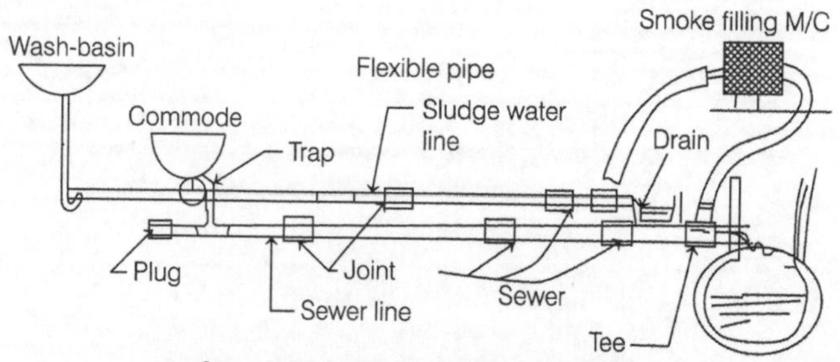

(i) सीवर लाइन व स्लज पाइप लाइन का संयोजन

2. अब स्मोक टेस्ट मशीन को तैयार करते हैं।
3. इनलेट तथा आउटलेट प्रोब को मशीन के साथ जोड़ते हैं। (चित्र ii)

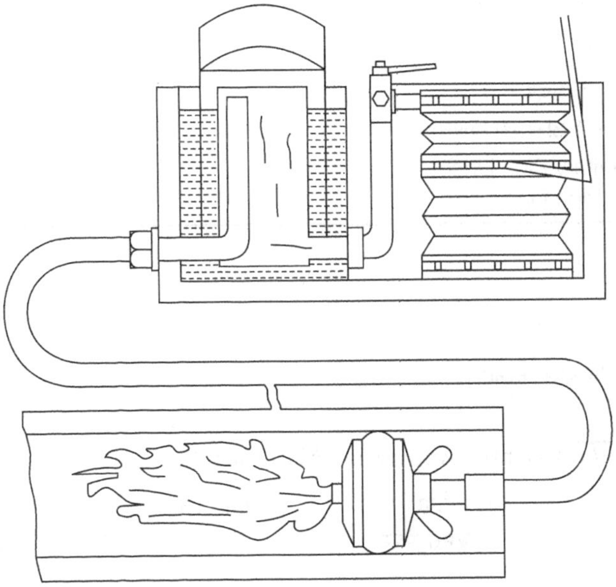

(ii) इनलेट व आउटलेट प्रोब का संयोजन

4. कम्बशन चेम्बर में स्मोक पदार्थ को फीड करते हैं।
5. मशीन को स्विच ऑन करते हैं।
6. वाल्व को ओपन करके स्मोक को पाइप लाइन में आने देते हैं।
7. पाइप लाइन में स्मोक को 15 से 20 मिनट तक रखते हैं।
8. पाइप में किसी प्रकार की लीकेज का दृश्यिक निरीक्षण करते हैं।
9. पाइप लाइन से मशीन को डिस्कनैक्ट करते हैं।

परिणाम (Result) वेस्ट पाइप लाइन के लिए स्मोक टेस्ट के प्रदर्शन का अभ्यास सफलतापूर्वक किया गया।

प्रैक्टिकल संख्या 117-118

- सेनेटरी पाइप लाइन की सफाई का प्रदर्शन
- सेनेटरी पाइप लाइन की सफाई का अभ्यास करना

Demonstrate Cleaning of Sanitary Pipe Line
Perform Cleaning of Sanitary Pipe Line

उद्‌देश्य Object

सेनेटरी पाइप लाइन को साफ करने का अभ्यास करना।

आवश्यक उपकरण/सामग्री Essential Apparatus/Materials

- कॉटन
- सूती कपड़ा
- विनेगर
- एमरी पेपर
- गर्म पानी

सुरक्षा सावधानियाँ/निर्देश Safety Precautions/Instructions

1. पाइप लाइन को ध्यानपूर्वक साफ करें।
2. सफाई करते समय पाइप लाइन पर अतिरिक्त दाब न लगाएँ।
3. पाइप लाइन में लीकेज का भी ध्यान रखें।
4. पाइप लाइन के जोड़ों को अत्यधिक न कसें।

कार्यविधि Working Method

1. सर्वप्रथम पाइप लाइन का दृश्यिक निरीक्षण करते हैं।
2. कॉटन से पाइप लाइन को साफ करते हैं। चित्र (i)

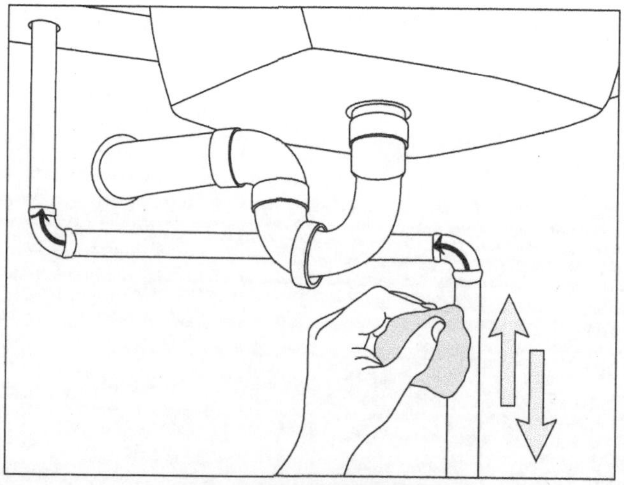

(i) कॉटन द्वारा पाइप लाइन की सफाई

3. 10 से 15 मिनट के लिए पाइप लाइन को सूखने के लिए छोड़ देते हैं। चित्र (ii)

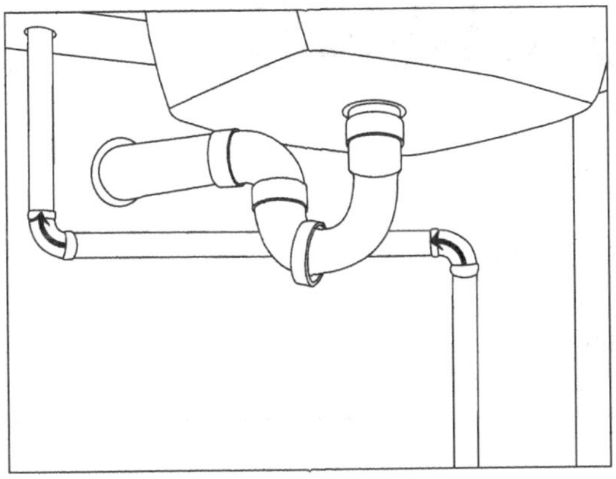

(ii)

4. पाइप लाइन पर गर्म पानी को केतली द्वारा डालते हैं।
5. पुनः पाइप लाइन का दृश्यिक निरीक्षण करते हैं। चित्र (iii)

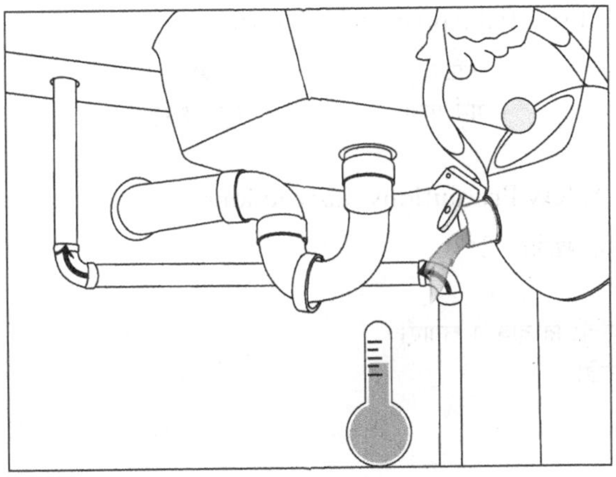

(iii) पाइप लाइन पर गर्म पानी डालना

6. अब पाइप को सूती कपड़े से साफ करते हैं। चित्र (iv)

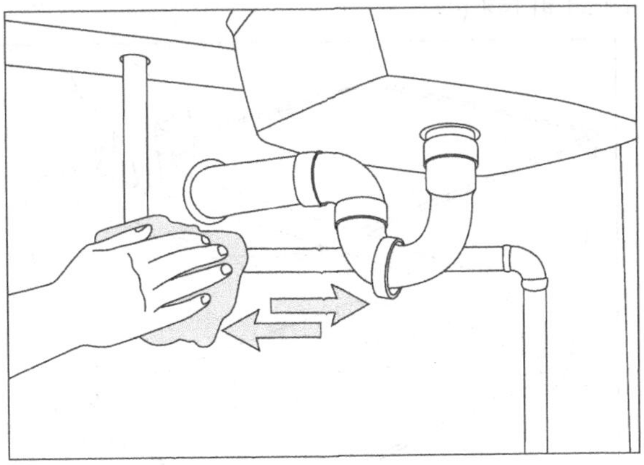

(iv) सूती कपड़े द्वारा पाइप को साफ करना

परिणाम (Result) सेनेटरी पाइप लाइन को साफ करने का अभ्यास सफलतापूर्वक किया गया।

प्रैक्टिकल संख्या 119-121

- पाइप लाइन से कोरोजन हटाना
- स्क्रैपिंग एवं पेन्टिंग का प्रदर्शन
- पाइप लाइन की स्क्रैपिंग एवं पेन्टिंग का अभ्यास

Remove Corrosion from Pipe Line
Demonstrate Scrapping & Painting
Perform Scraping & Painting of Pipe Lines

उद्देश्य Object

पाइप लाइन से कोरोजन हटाना, स्क्रैपिंग तथा पेन्टिंग का अभ्यास करना

आवश्यक उपकरण/सामग्री Essential Apparatus/Materials

- विनेगर
- एमरी पेपर
- कॉटन
- गर्म पानी
- स्क्रबर
- सूती कपड़ा

सुरक्षा सावधानियाँ/निर्देश Safety Precautions/Instructions

1. पाइप लाइन कनैक्शन को सावधानीपूर्वक खोलें।
2. पाइप लाइन को ध्यानपूर्वक साफ करें।
3. सफाई करते समय पाइप लाइन पर अतिरिक्त दाब न लगाएँ।
4. पाइप लाइन में लीकेज का भी ध्यान रखें।

कार्यविधि Working Method

1. सर्वप्रथम पाइप लाइन को खोलते हैं।
2. सभी पाइपों को पृथक् करते हैं।
3. पृथक् किये गये पाइपों को एक टब में रखते हैं। चित्र (i)

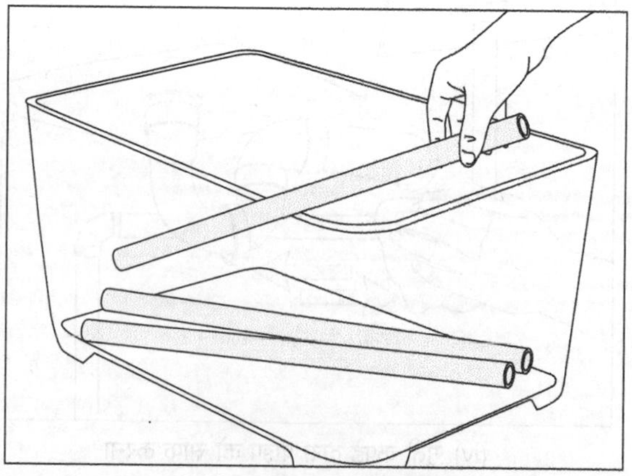

(i) पृथक् पाइपों को टब में रखना

4. पाइपों पर विनेगर डालते हैं। चित्र (ii)

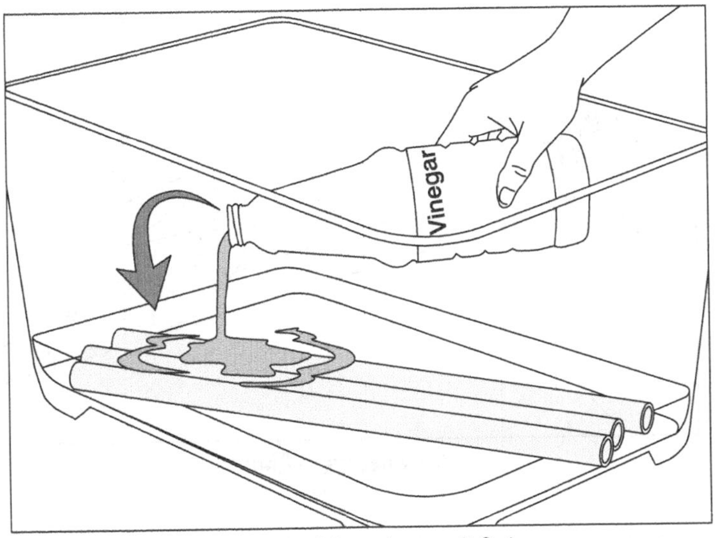

(ii) पाइपों को विनेगर सोल्यूशन में भिगोना

5. पाइपों को विनेगर सोल्यूशन में 15 से 20 मिनट तक रखते हैं। चित्र (iii)

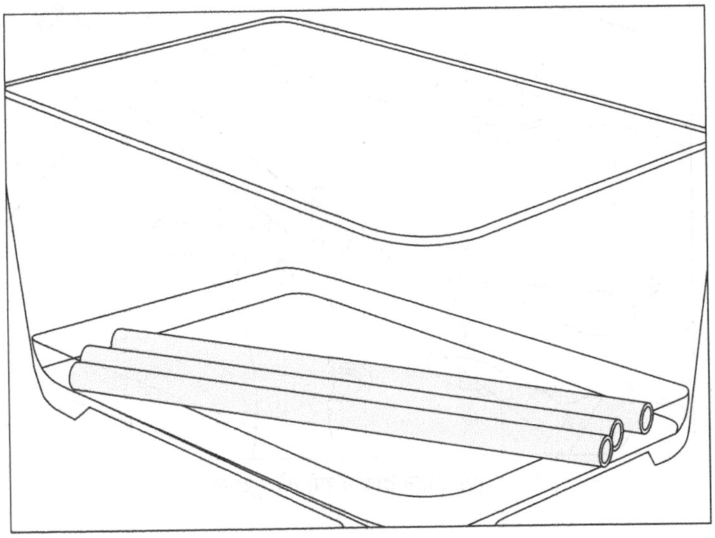

(iii) सोकिंग

6. पाइपों को सोल्यूशन से निकालकर स्क्रबर द्वारा साफ करते हैं। चित्र (iv)

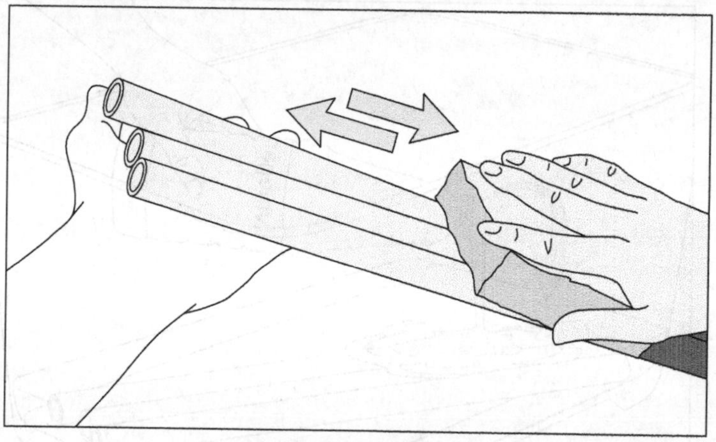

(iv) स्क्रबर द्वारा क्लीनिंग

7. अब पाइपों को साफ पानी में धोते हैं। चित्र (v)

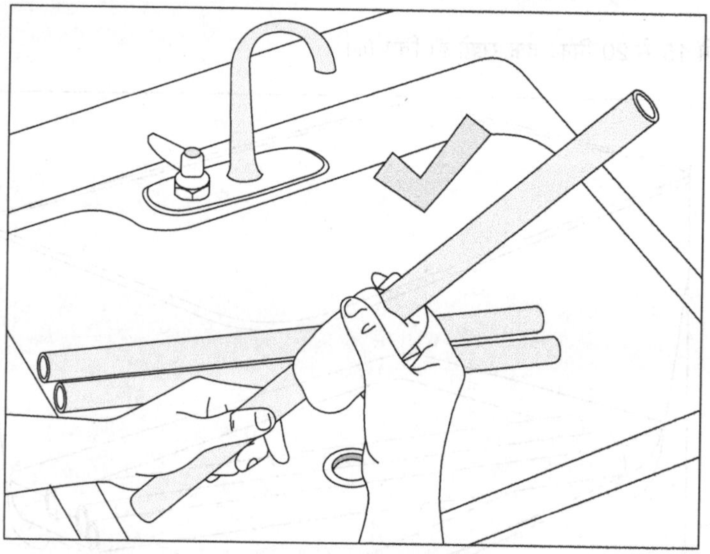

(v) कॉटन द्वारा पाइपों को सुखाना

8. तत्पश्चात् पाइपों को सुखाते हैं।
9. सूखने के बाद पाइपों को वांछित पेन्ट से रँगते हैं।
10. अन्तः पाइपों को उचित फिटिंग द्वारा उपयुक्त स्थान पर फिट करते हैं।

परिणाम (Result) पाइप लाइन से कोरोजन हटाने, स्क्रैपिंग तथा पेन्टिंग का अभ्यास सफलतापूर्वक किया गया।

प्रैक्टिकल संख्या 122

✎ टूटी या चटकी हुई सेनेटरी फिटिंग की मरम्मत
Maintenance of Broken or Cracked Sanitary Fitting

उद्देश्य Object

टूटी या चटकी हुई सेनेटरी फिटिंग की मरम्मत करना।

आवश्यक उपकरण/सामग्री Essential Apparatus/Materials

- वाश बेसिन
- यूरिनल
- वाटर क्लोजेट
- सिस्टर्न
- बाथ टब
- सिंक
- फ्लशिंग

सुरक्षा सावधानियाँ/निर्देश Safety Precautions/Instructions

1. सेनेटरी फिटिंग्स के साथ अनावश्यक छेड़-छाड़ न करें।
2. सेनेटरी फिटिंग्स को सावधानीपूर्वक उठाएँ।
3. सेनेटरी फिटिंग्स को मरम्मत करते समय सावधानी बरतें।
4. फ्लशिंग सिस्टर्न व यूरिनल को धरातल से नियत ऊँचाई पर ही इंस्टाल करें।
5. अनुदेशक के निर्देशों का पालन करें।

कार्यविधि Working Method

1. सर्वप्रथम टूटी हुई सेनेटरी फिटिंग का स्थान निर्धारित करते हैं।
2. टूटी हुई सेनेटरी फिटिंग को सपोर्ट द्वारा उचित स्थिति में रखते हैं।
3. सेनेटरी फिटिंग पर एपॉक्सी ट्यूब (epoxy tube) लगाते हैं।
4. ट्यूब को सूखने के लिए छोड़ देते हैं।
5. ट्यूब के सूख जाने के पश्चात् व्हाइट (white) लैड तथा M-सील को लगाते हैं।
6. व्हाइट लैड तथा M- सील को सूखने के लिए छोड़ देते हैं।
7. व्हाइट लैड तथा M-सील के सूखने पर सेनेटरी फिटिंग की मजबूती चैक करते हैं।

परिणाम (Result) टूटी या चटकी हुई सेनेटरी फिटिंग की मरम्मत सफलतापूर्वक की गई।

प्रैक्टिकल संख्या 123

✎ ड्राइंग के अनुसार प्लम्बिंग कार्य की अमूर्त लागत का अनुमान लगाना और उसकी गणना करना
Estimate and Work Out Abstract Cost of Plumbing Work as per Drawing/Layout

उद्देश्य Object

ड्रॉइंग के अनुसार प्लम्बिंग कार्य की अमूर्त लागत का अनुमान लगाना और उसकी गणना करना।

नोट उपरोक्त उद्देश्य को दृष्टिगत रखते हुए केवल प्लम्बिंग कार्य (बाथ टब की फिटिंग) सम्बन्धी अनुमानित लागत का विवरण इस प्रैक्टिकल में वर्णित किया गया है।

आवश्यक उपकरण/सामग्री Essential Apparatus/Materials

- बाथ टब
- सप्लाई लाइन
- यूनियन
- टैप
- ओवर फ्लो पाइप
- ट्रैप
- वेस्ट पाइप
- फिटिंग्स

सुरक्षा सावधानियाँ/निर्देश Safety Precautions/Instructions

1. किसी भी उपकरण/सामग्री से अनावश्यक छेड़-छाड़ न करें।
2. सभी उपकरणों के मूल्य की जाँच कर लें।
3. सभी उपकरणों/सामग्रियों से सम्बन्धित जानकारी एकत्र कर लें।
4. अनुदेशक के निर्देशों का पालन करें।

कार्यविधि Working Method

1. बाथ टब की स्थापना हेतु सर्वप्रथम उचित स्थान का निर्धारण करते हैं।
2. स्थान के निर्धारण के पश्चात् सभी फिटिंग को स्थान पर रखते हैं।
3. बाथ टब में लगने वाली फिटिंग को ड्रॉइंग के अनुसार फिक्स करते हैं।

4. बाथ टब तथा इसमें लगने वाली फिटिंग व उनकी लागत (मूल्य) का विवरण निम्न सारणी में नोट करते हैं।

क्र.सं.	उपकरण	उपयोग	पदार्थ	लागत/मूल्य
1.	बाथ टब			
2.	टैप			
3.	सप्लाई लाइन			
4.	ओवर फ्लो पाइप			
5.	वेस्ट पाइप			
6.	यूनियन			
7.	ट्रैप	म		
8.	फिटिंग्स			

5. अपने कार्य की जाँच अनुदेशक महोदय से कराते हैं।

परिणाम (Result) ड्रॉइंग के अनुसार प्लम्बिंग कार्य की अमूर्त लागत का अनुमान लगाना और उसकी गणना सफलतापूर्वक की गई।